语言与文化

本书的出版得到中国国家社科后期资助项目《认知语言学视域下的韩国语研究》(20FYYB045)的资助。

语言与

文化

王芳·王波

역락

前言

　　文化语言学通俗地说就是将文化与语言结合起来进行研究的科学,此类研究在西方最著名的当属19世纪前期德国的洪堡特,20世纪初的美国人类学家Franz Boas、萨丕尔、沃尔夫,并且有了萨丕尔——沃尔夫假说,欧洲则有马林诺夫斯基,不过西方人的研究更多的属于人类语言学,因为他们的主要研究对象是没有文字传统的民族语言。

　　中国的文化语言学源远流长,最初的专著有罗常培的《语言与文化》,这是中国文化语言学的开山之作(游汝杰 1995:11),但是文化语言学在中国作为一门相对独立的分支学科主要起源于20世纪后期,并形成了三大流派,其中之一是以游汝杰为代表的"双向交叉文化语言学",强调语言与文化的双向研究,以及历时与共时研究;其二是以陈建民为代表的"社会交际文化语言学";第三派是以申小龙为代表的"全面认同文化语言学",认为语言是一个民族看待世界的样式,是对该民族具有根本意义的价值系统的意义系统(邵敬敏 1995:2)。关于文化语言学,虽然各个流派的观点有的分歧较大,但在文化语言学是立足于描写语言基础之上的解释性语言学(游汝杰 1995:12)这一点上比较统一。

语言文化研究最终要上升到思想研究，纳日碧力戈在《地方知识》的代译序中提到"对现代思想作描述，是一项庞杂繁纷的工作，要涉及'爬虫类动物学、亲属关系理论、小说写作、心理分析、微分拓扑学(differential topology)、流体力学、图像学与数量经济等一切可以对我们构成起码范畴的东西'，这些都是我们这个生活世界中的社会活动"。文化囊括了整个社会的方方面面，文化还是一个自古延续至今的传承过程，对这样一个庞大的内容，要想面面俱到、保证正确无误，其难度之大可想而知。要想对一个民族社会的思想作描述需要无数学科的共同努力，而文化语言学则要主动借用社会学、历史学、人类学、心理学、生态学尤其是哲学等学科的知识进行研究。

"文化的分析不是一种寻求规律的实验科学，而是一种探求意义的解释科学"(格尔茨 2014/2017:5)。正因为文化分析的这种特点，所以纳日碧力戈在格尔茨(2014)的代译序中曾说"这是一门奇怪的学问，最有说服力，也最脆弱。"但"正是这样一项工作，不仅可以使我们熟悉一个国家的历史、文学和思维方式，而且将会照亮人类心灵中朦胧昏暗的领域"(赫尔德 2011:64)。

洪堡特(2011:28)曾说"每一种特定的语言实际上都是三种不同的力量会同作用的结果，其一是客体实在性质的作用，这种性质在心灵中造成印象；其二是一个民族的主观作用；其三是语言自身特性的作用。"这里所说的客体实在与民族的主观作用都是文化，换句话说，一种语言是文化和语言内在特性的有机合成，所以借助文化语言学，我们可以通过语言来反观一个民族的客体文化、主观文化的投影，来探讨一个民族的思维和认知，也可探讨三种力量对语言影响作用的大小和程度以及语言的演变。

本研究共分五部，分别是《韩国自然文化语言学》《韩国生活文化语言学》《韩国精神文化语言学》《韩国文化语言学综论》以及《语言与文化》。

如果说前四部的重点是分析韩国文化与韩国语这种媒介的关系，那么《语言与文化》则是跨文化视域下的宏观与微观相结合的语言与文化关系研究，共分三大部分四编十八章。其中第一编为"感觉、体验、文化与语言"，共分五章，分别是"触觉与语言""味觉、嗅觉与语言""色彩与语言""空间感觉与语言""体验、文化、认知与语言"。第二编为"文化与语言变化"，共三章，分别是"文化与语言的趋异变化""文化与语言滞后""语言变化的影响因素"。第三编为"文化与语言共性"，共两章，分别是"语言表达的象似性""汉韩语言表达的象似性"。第四编为"文化与语言差异"，共八章，分别是"韩国文化与韩国语""同一文化区域内的视角(关注点)与语言""异文化与语言""汉韩语言差异的影响因素""意象与汉韩语言差异""语法与汉韩语言差异""语义与汉韩语言差异""汉字词与汉韩语言差异"。

本研究的语料主要为韩国《표준국어대사전》收录的词条释义、惯用语和俗语。为探讨语言是如何与文化交融在一起的，本研究还借用了大量的电视剧剧本语料、新闻文本、小说文本、语料库、现行韩国语教科书等。借此，可以检验惯用语、俗语的时效性以及它们在人们的日常文化生活中是如何得以具体运用的，也可对大量的文化现象进行更细致具体的分析。例句都标明了出处，如未标明出处则来自《표준국어대사전》。本书例句只是为了例证相关语言现象的用法，不代表任何政治立场。

另外，关于本书中的标点符号，原则上采用汉语标识，与英语有关的采用英语标识，与韩国语有关的采用韩国语标识。关于作者的引用，为便于与参考文献统一，如果引文是外文原文，作者姓名则使用外文；如果引文是外文译文，作者则使用译著中所标出的中文译名；韩译日本文献的作者姓名因为要与参考文献一致，所以在文中引用时也使用韩译日语姓名。例句、图表序号以每章为单位编号。

目录

第三编 文化与语言共性

图表目录

第十章　汉韩语言表达的象似性

第十二章　同一文化区域的视角(关注点)与语言

第十四章 汉韩语言差异的影响因素

第十五章 意象与汉韩语言差异

第十六章　语法与汉韩语言差异

第一编

感觉、体验、文化与语言

事物只有被人所观察和体验，才有可能进入人的意识，从而上升为语言符号获得意义。在观察事物时，"人类心灵自然而然地倾向于各种感官，由身体自外向内来看心灵本身，只有凭借艰巨的努力，心灵才会凭反思来理解它自己。这条公理向我们提供了一切语种中的词源学的普遍原则：语词都是从身体和身体的属性转运过来指心灵或精神方面的各种创设"（奥尼尔 2010:14）。也就是说，语词是从感官和感觉开始的。

"所有直接经验中都有感觉的踪影"（冯特 2016:30），"感觉的诞生通常依赖于一些物理过程，这些过程一部分源于我们周围的外在世界，一部分来源于身体器官"（冯特 2016:32）。"通过某种感官（眼睛、耳朵、皮肤、鼻子、舌头）所接收到的信息，以及由这些信息得来的对外部世界的知识称作感官体验"（迪尔茨 2016:10）。

"感官对外界事物的感觉的灵敏度、分辨度都是文化的产物或者后果"（李鹏程 1994/2008:121）。因为"人的感知极其丰富、非常强劲，所以人不能同时注意所有的感知。在很大程度上，文化以这样那样的方式教导人学会富有成果的专门化。文化使人更注意其中一些感知，以此组织他的感知比率(ratio of sense)，使一些感知成为他关注的重点，令其他一些感知受到相对的忽视"(Walter J. Ong, 1967:6；普罗瑟 2013:98)。

因为人们对事物的感知比率不同，又因为人借助感觉来认识并适应周围的自然物理环境，在此基础上，还会借用感觉来表达抽象的思维和观念。即"我们的思维经常以我们的感觉为开端，通过新的感觉输入而得到发展，然后使自身与我们的感觉习惯相适应，反过来，思维又可以塑造我们的感觉方式"(卡比、古德帕斯特 2016:61)。正因为感觉与思维是互相影响的关系，所以"感知比率是令人神往的文化研究焦点。只需对文化里动用的感知比率有足够的了解，你大概就能界定文化的全貌，了解文化的各个方面"(Walter J. Ong, 1967:6; 普罗瑟 2013:98)。

"感知是一种文化共同现象，可以被视为人人共有的能力，凡认知能力正常者均有感知能力。每一种文化都形塑感知能力，其根据是文化的共同体验"(普罗瑟 2013:160)。也就是说，因为人人都有感知能力，所以感知能力在一定程度上具有共性，但感知又需要文化的共同体验，这使得感知又具有文化的差异性，这种感知差异最终会表现在语言上，因此就形成了因感知和文化不同而产生的具体语言形式与意义的不同。

源于感觉的体验、文化、认知与语言四者密切相关，语言基于人类的体验，受文化背景与认知的影响，同时又是文化与认知的载体，但四者之间并不完全一致。

下面将主要分析触觉、味觉·嗅觉、色彩(视觉)、空间感觉等是如何影响语言的产生、发展的，在此基础上分析体验、文化、认知与语言之间的关系。

第一章

触觉与语言

1.1 引论

经过对人类进化的心理研究，人们发现不同感觉体系分化的部分原因在于人类的综合进化过程。冯特(2016:33)认为"最初的感觉器官是包裹内着感觉器官的皮肤"，他还认为味觉、嗅觉、听觉和视觉是从皮肤结构分化出来的。缪勒(2010/2014:107)认为：从进化论的角度来看，触觉是最古老、最低等的感觉。

一般认为，触觉包括四种同质的感觉体系，如压力、热、冷和痛苦等(冯特 2016:29)。本章主要以轻重、冷热与疼痛等触觉语言为中心分析人们的生理感觉是如何抽象化为语言并发生意义变化的。

1.2 轻重

韩国语"가볍다"是多义词，有十五个意义，"무겁다"也是多义词，有十个意义，具体如表1所示：

	가볍다	무겁다
1	重量轻。	重量大。
2	比重、价值或责任小。	比重、价值或责任大。
3	罪过或失误不严重。	罪过或失误严重。
4	代价小的量刑或罚金。	代价很大的量刑或罚金。
5	病情或伤不严重。	无力，难以行动。
6	身体或手脚活动迅速。	活动慢、迟钝。
7	声音或颜色明快。	声音或颜色暗淡无光。
8	心情轻松愉快。	心情不愉快、抑郁。
9	想法或言行不沉着、没有韧性。	怀孕肚子大了，活动不方便。
10	努力或负担小。	气氛沉闷。
11	程度不深，很平常。	
12	处置起来很轻松。	
13	风或水非常小。	
14	接触的程度很轻。	
15	服饰或化妆很淡、不华丽、便于活动。	

[表1] "가볍다、무겁다"的语义

如上所示，"가볍다"的意义从重量小发展到了比重、价值、责任、过失、代价、病情、身体、声音、颜色、心情、想法、程度、服饰、化妆等，是触觉意义发展到了其他众多的感觉意义。"무겁다"主要从重量意义发展到了比重、价值、责任、过失、代价、身体、声音、颜色、心情、气氛等视觉与意觉意义。

当"가볍다"指人的想法或言行时多具有消极性，不仅固有词如此，类似的汉字词如"경솔하다(輕率)、경박하다(輕薄)、부박하다(浮薄--)"等在指人的想法或言行时也都具有消极意义。这种思想不仅表现在词语中，还表现在词组、惯用语中，例如与说话有关，

韩国语有"입이 가볍다",意思是嘴不严,而嘴不严的表现就是话多、话快,所以"입이 재다、입이 싸다"也产生了消极意义,这三个惯用语都比喻嘴不严、随便乱说话,都是消极意义,也就是说在韩国人眼里嘴不能轻贱。

这种思想还表现在固有词动词"나불대다、나불거리다"的语义引申上,这两个词本意为很轻的东西在风中飘荡,但也比喻乱说话,如(1a)。"나불거리다"有时与"입만 살다"一起使用表示不满和批评意义,如(1b)。

(1) a. 이명준이 나불대는 순간 상상도 못할 일이 벌어질 겁니다.《동네 변호사 조들호, 12회》李明俊只要一乱说话,那么就会发生想象不到的事情。

 b. 어디 입만 살아서 나불거리긴?《최고의 연인, 108회》就你嘴硬是吧?在这里乱说?

与"가볍다"相反,"무겁다"表示人的言行时多具有中性或积极意义,如"입이 무겁다 嘴很严实",近义词"신중하다(慎重)、묵직하다"一般也多表达积极意义。这种思想也反映在"무겁다"的名词"무게"之上。"무게"第一个意义指重量,第二个指事物的价值或重要程度,如(2ab);第三个指人品沉稳的程度,主要用来形容人的言行,如(2c);第四个指内心感觉到的喜悦或责任感的程度,如(2d-f)。其中(2a-c)中所表达的都是积极意义,只有(2d-f)表达的是消极意义,相反,"가볍다"在表达心理感情意义时多具有积极性。

(2) a. 무게 있는 작품 有价值的作品
 b. 과거 에너지 정책의 무게중심이 경제성과 수급 안정

에 있었다면…《동아일보, 2017.07.18》如果说过去

能源政策的重心放在经济性和供给稳定上的话……

c. 무게 있는 목소리 沉稳的声音

d. 세월의 무게 岁月的重压

e. 슬픔의 무게 悲伤的重压

f. 가난의 무게 贫穷的重压

如上，对韩国人来说，在指人的言行时，"가볍다、경박하다、경솔하다、부박하다"都表达消极意义，"무겁다、무직하다、신중하다、무게"一般都具有中性或积极意义。也就是说，在韩国人眼里，一个人的言行必须沉稳才是好的品质。但表达心理感情时正好相反，表达积极意义的是"가볍다"，表达消极意义的是"무겁다"。

韩国人在起名时也会运用这种轻重感，如이숭녕曾在《어감의 처리(语感的处理)》中提到：以母音"아"为中心，越往上越轻，越往下越重，所以起名字时，男性名字多用重音系统的字，最好是有"ㄱ"类厚重的收音，女性的名字最好用轻音系统的字，最好不要有收音(신봉승 2001:216)。

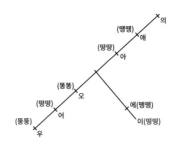

[图1] 韩国语母音的轻重感

1.3 冷热

韩国语里与冷热有关的词语本来是触觉或躯体感觉意义，但也有抽象的比喻意义。并且与表示温、热的词语相比，表达冷的词语更丰富，出现这种差异的原因可以从生理心理学角度来解释，因为温度感受器分为热反应和冷反应两种，皮肤中的冷感受器位于表皮之下，而热感受器位于皮肤的更深处(Carlson 2017:195)，所以处于表皮下的冷感更容易让人感觉到，感受性更强，因此语言表达也更多。

首先看汉字词"온도차(溫度差)"，这个词比喻抽象的热情，没有明显的感情色彩，如(3)。汉语多用"热度差异"。

(3) 양측의 온도차는 정부의 6·19대책 발표 후 커지고 있다.《동아일보, 2017.06.27》从政府的6.19方案公布以来，双方(对投资)的热度差异正逐渐拉开。

下面再看与温度低有关的表达，具体如表2所示：

[表2] 与"温度低"有关的词语

词语	意义	例子
차갑다	触觉非常冷。	밤에는 날이 꽤 차갑다. 晚上天气很冷。
	没有人情味、非常冷漠。	시장의 평가는 얼음장과 같이 차갑다.《쿠키뉴스, 2018. 01. 15》市场评价冷得就像冰块一样。
차다	物体或大气温度低。	물이 차다. 水很凉。
	没有人情味、冷淡。	성격이 차고 매섭다. 性格冷淡。

춥다	大气温度低，也指让人缩成一团的、非常冷的感觉。	꽃은 피었지만, 아직 춥다.《뉴시스, 2018.03.21》花已经开了，但天还很冷。
	比喻心情非常坏。	날은 춥고 어른들도 힘들 텐데 어린 것들 마음은 더 얼마나 추울까?《사랑이 오네요, 109회》天这么冷，大人们都觉得很难受，那些孩子们心里又该是多么寒苦啊?
쓸쓸하다	天气、风等阴沉沉的，非常冷。	하산길이 더욱 쓸쓸하다.《한겨레, 2018.03.20》下山的路更冷。
	人很孤独、孤单。	인생살이가 너무 외롭고 쓸쓸하다.《중앙일보, 2017.06.28》人生之路非常孤单、孤独。
쌀쌀하다	天气、风等阴沉沉的，非常冷。	낮에도 평년보다 쌀쌀하다.《머니S, 2018.04.04》白天也比往年冷。
	人的态度、性格等非常冷淡。	그녀가 어찌나 쌀쌀한지 말도 못 붙여 보았다. 她太冷淡了，连句话都没和她搭上。
싸늘하다	物体或气温有点凉。	아침 기온은 싸늘하다.《한강타임즈, 2017.09.07》早上气温有点凉。
	人的性格或态度有点冷淡。	여론의 반응은 싸늘하다.《IT조선, 2018.04.01》舆论反应冷淡。
	突然因吃惊或害怕而感到冷。	이 이상한 귀신 이야기에 나는 등골이 싸늘했다. 听了这个奇怪的鬼故事，我不禁感到脊梁骨直冒寒气。
냉랭하다 (冷冷一)	天气非常低、寒冷。	냉랭한 밤공기 凉飕飕的晚风
	态度冷淡不热情。	사건 터지고 수현이가 큰질부한테 얼마나 냉냉했는지 기억 안 나요?《빛나라 은수, 104회》你忘了这事被捅出来之后，秀贤对大侄媳妇是多冷淡啊?

　　如上所示，与冷有关的六个词在触觉意义的基础上都产生了比喻意义，比喻人的态度或性格冷淡，从上往下，程度逐渐降低。

除此以外，韩国语还有"진저리"，指身体接触到凉东西或感到害怕时抑或是撒尿后身体感觉有点发抖的动作；也指非常讨厌或者想摆脱某人或某物时的身体动作，如(4)。

(4) 이젠 니 옆에 있는 것 싫어. 진저리가 난다고.(网络)我现在不想再和你在一起了，和你在一起我就难受/不得劲！

韩国语还有一些实物可以表达类似情感意义，其中"얼음"比喻面无表情的人，如(5a)。"얼음장(--張)"意为宽宽的冰块，还比喻手脚或地板非常凉，也比喻没有人情味，非常冷淡。与此相关的"해빙기(解氷期)"比喻互相对立的势力之间的紧张氛围得到缓和，如(5b)。冷水意义的"찬물、냉수"也具有比喻意义，多比喻泼冷水。

(5) a. 언제나 큰 표정 변화가 없어 얼음공주라고 불렸던 최민정《스포츠Q, 2018.02.18》表情从来都没有太大变化的崔敏静(音译)的外号是"冰公主"……
    b. 정치적인 해빙기를 맞이하다 迎来了政治上的解冻期。

与气流有关，韩国语只有"냉기류(冷氣流)"比喻对立势力间的敌对氛围，"난류(暖流/煖流)"和"한류(寒流)"一般不用于比喻意义。与风有关，"찬바람"比喻冰冷阴森的感觉、冷淡的态度、心情或氛围冷。

与气流和温度有关，有"온기(溫氣)、난기(暖氣/煖氣)、한기

(寒氣)、냉기(冷氣)、찬기(-氣)"。这些词语中，只有与冷有关的词语有比喻意义，"찬기"比喻冷淡、没有人情味的气势或气韵，如(6a)。"냉기(冷氣)"指冷空气、冷气流，还比喻生硬、冰冷的氛围，如(6b)；也可比喻买卖促成的状态不理想，如(6c)。

(6) a. 그의 옆에만 가면 언제나 찬기가 느껴진다. 只要到他跟前总能感受到一股寒气。

b. 그는 지나갈 때마다 싸늘한 냉기를 풍겼으며 좀처럼 먼저 입을 여는 법이 없었다.《김용성, 도둑 일기》他每次经过浑身都充满了寒气，也从来没有主动开过口。

c. 전쟁 소식으로 증권 시장은 연일 냉기가 감돌고 있다. 因有战争爆发的消息，证券市场连日来一直非常冷清。

与"温"有关，韩国语里还有"미온(微溫)"，指温度或态度不冷不热的，多用于派生词"미온적(微溫的)"，表达的都是消极意义，如(7)。在表达类似意义时，汉语用的都是否定结构的表达，如"不温不火、不够强硬、不太乐意"等。

(7) a. 전남 여수 선소 일원에서 물고기가 떼죽음을 당했는데도 여수시가 미온적인 대응으로 일관하고 있다는 지적이다.《news1, 2022.01.14》有人指责说：全罗南道丽水船所一带发生了大面积死鱼的情况，但丽水市却采取了一贯的不温不火的对应措施。

b. 학교 측의 미온한 대처로 피해자들이 2차 피해를 겪는

등의 상황이 반복되고 있어.《동아일보, 2016.11.02》
由于学校的对应措施不够强硬，所以导致受害人遭
受二次伤害的情况反复发生。

c. 재단 기부에 미온적이었던 롯데에는 보복 조치를 했다
는 것이다.《조선일보, 2017.07.11》这是对当时不太
乐意进行财团捐款的乐天进行的报复。

不仅是这些具体表达温度的词语具有消极意义，与此相关的实
物如"온실(溫室)、온상(溫床)"也具有消极意义。

与"温暖、热"有关，"따뜻하다"指温度不热不冷正合适，也
比喻感情、态度或氛围好、温暖，其同源词"뜨듯하다"也有此意，
但强调形式的"뜨뜻하다"却比喻因害羞或没脸而感到脸红，是消极
意义。温度继续升高的"훈훈하다(薰薰—)"指能暖化人心的暖气，
如(8)；也指充满某种味道。"덥다、무덥다"分别指热、闷热，没有
比喻意义。

(8) 훈훈한 미소 令人心头一热的微笑

表示温度非常高的"뜨겁다"，可以指具体事物的温度，也指
身体发烧，当人的感情出现较大变化时身体也会伴随着出现温度差
异，其中一种指感到羞臊，如(9a)；还有一种指极度兴奋或激动，如
(9b)，汉语根据搭配分别对应"非常、热烈、热"等；当然也指一
种抽象的崇拜程度。与"뜨겁다"相关，有惯用语"뜨거운 맛을 보
다"，意思是经历苦痛或困难，如(9c)。

(9) a. 얼굴이 뜨거워 고개를 들 수 없었다. 脸臊得发烫，抬

不起头来。

  b. 뜨거운 감사/박수/눈물 非常感谢/热烈的掌声/热泪盈
   眶

  c. 허태학 그 놈이 뜨거운 맛을 볼 거요.《역적, 5회》许
   太学那小子肯定会尝到苦头的。

  表示发烧的词语还有动词"끓다",可以比喻出现强烈的感情波
动。

  如上,韩国人对冷、温、热的认识有比较明显的特点分布,与
冷有关的几乎所有词语(包括形容词和名词)都用来比喻人的态度或
感情,并且表达的都是消极意义。而表示微温的"미온、미온적、
온실、온상"等也都具有消极意义。不冷不热的"따뜻하다、뜨듯하
다"有积极的感情意义,暖烘烘的"훈훈하다"有积极的感情意义,
温度极高的"뜨겁다"与"끓다"则兼具积极和消极意义。

1.4 疼痛

  疼痛也是触觉的一种,韩国语的痛苦主要用"아프다"来表
达,这个词是从"앓다"演变发展而来的,有四个意义,第一个指
身体某一部位受伤、挨打或受到刺激而产生的难受感觉,如(10a);
第二个指身体生病,如(10b);第三个指因长期干某事而感到身体不
舒服,如(10c);第四个意义主要与"머리"结合,比喻因难以解决
的事情而焦虑或难受,如(10d);第五个多与表达"마음"的词语结
合,比喻因悲伤、怜悯或痛苦而难受,如(10e)。

(10) a. 손바닥을 아프게 때리다. 把手打得很痛。

b. 몸이 아파서 조퇴를 하였다. 身体不舒服，早下了班。

c. 책을 오래 보았더니 눈이 아프다. 书看得时间长了，眼疼。

d. 머리 아픈 문제 令人头疼的问题

e. 그와 헤어져 가슴이 아프다. 和他分手后，我非常痛苦。

如上，"아프다"的意义从具体身体部位的疼痛、生病、不舒服，发展到了焦虑、悲伤、痛苦等心理感情。或者说，韩国人是将抽象的心理感情借助具体的生理感觉表达了出来。

1.5 小结

触觉是人类最基础的感觉之一，本章主要分析了韩国语里与轻重、冷热、疼痛有关的触觉，其中冷热与疼痛也可以看作是一种基于触觉而产生的全身感觉。

正因为人类有相关的感觉体验以及因生理体验所引发的一系列心理体验，所以可以据此产生比喻联想，从而使这些触觉词汇发生抽象化，表达评价、心理、言语行为、感情等抽象意义。在通感隐喻的基础上，这些触觉词最终都发展成了多义词。

不同类型的触觉词在意义特点上也呈现出较为一致的倾向性，尤其是与温度有关的冷热词数量更多，语义更复杂。

第二章

味觉、嗅觉与语言

2.1 引论

"烹饪把所有文化概括成了单一的感觉。仅有极少数事物能让我们每天的生活不只是为了生存，而是会令人感觉愉悦，味道就是其中之一"(麦奎德 2017:7)。

味道与味觉有关，味觉可以说是人的感觉体系中非常基础、原始的一种感觉，麦奎德(2017:24-28)从进化论的角度出发提出"味道胜于视觉、听觉甚至是性，是我们之所以为人的核心要素。它创造了我们"，他还提出："哺乳动物胎儿的大脑新皮质发育最早的部分是代表嘴和舌头的区域，因为那是让它存活下来的重要角色。胎儿最早处理的感觉是温暖度、气味、甜味，以及对母乳的满足感。最早的哺乳动物有长长的口鼻部与强有力的嘴唇，还有发达的胡须。嘴巴和鼻子变成不只是用来追踪事物的生理工具，它们还让食物变成所有生命体验的焦点。"(麦奎德 2017:35)

正因为味觉对人类的重要性，所以味觉词几乎都产生了抽象的比喻意义。本章首先分析与味觉有关的上义词，再分析"酸甜苦辣辛酸咸淡"与"香爽馊臭"等味觉词，借此探讨韩国语里的嗅觉与味觉表现出了什么样的特征，最后分析"渴"这种感觉，借此探索味觉、嗅觉与韩国人之间的关系。

2.2 上义词:"냄새"与"맛"

韩国语里鼻子所嗅到的味道称作"냄새、내",其中"냄새"还指从某物或氛围中所感觉到的某种特殊的性质或迹象,如(1)。也就是说,韩国人是通过嗅觉来判断对象的,嗅觉发挥了视觉的作用,从而实现了嗅觉与视觉的通感。

(1) a. 가난뱅이 냄새 穷相

　　b. 사기꾼 냄새 一副骗子模样

韩国语"맛"在过去本来指"음식",最早见于1449年刊行的《석보상절(釋譜詳節)》,虽然对食物来说,最初是为了果腹,但随着食物变得极大丰富,人们开始对食物的味道变得讲究起来,所以表达食物意义的"맛"具有了味道意义。这种变化是从视觉到味觉的变化,因为食物作为一种事物,最初呈现给人们的是视觉意义。

"맛"除了指接触食物时的感觉,也指对某种事物或现象所感觉到的心情,如(2ab);"맛"还指所体会到的令人满意的心情,如(2c-e)。虽然汉语"味"有时也指情趣,如"趣味、性味、津津有味、星味",但多用于合成词中,单独使用的情况多限于"她长得很有味"类表达。所以韩国语"맛"的意觉意义在汉语里一般用"感觉"来表达。

(2) a. 청순한 맛 清纯的感觉

　　b. 이번 일은 새로운 맛이 없어 재미없다. 这次的工作没有新鲜感,没意思。

　　c. 파르르 떨리는 낚싯대의 감촉. 바로 이 맛에 낚시를 하

지. 扑棱棱抖动的钓鱼竿的触觉！钓鱼为的就是这种
感觉。

d. 피서는 꼭 바다로 가야만 맛인가? 避暑必须去海边才
有感觉吗？

e. 이 맛으로 산다. 要的就是这种感觉。

品尝味道韩国语用"맛보다"，它的第二个意义指亲身经历，这
种经历可以是积极的，如(3a)，此时汉语用双音词"品尝"；也可以
是消极的，如(3b)，此时汉语用"感到"。这种意义的产生证明味觉
是人类非常基础的一种认知。在这个意义基础上又发展出了第三个
意义，指挨整，这个意义实际是一种被动的消极经历，如(3c)，汉
语单音词"尝"有时也有此类用法，如"尝到点苦头"。

(3) a. 기분 좋은 우승을 맛봤다. 品尝到了胜利的喜悦。

b. 그것은 금세 절망적인 외로움을 맛보게 했다.《이동
하, 도시의 늪》但那马上让人感到一种近乎绝望的孤
独。

c. 한번 뜨겁게 맛봐야 그 버릇을 고칠 거다. 得让他尝到
点苦头/得好好教训他一次，他才会改掉那个毛病。

"맛"还有惯用语"맛(을) 들이다、맛(을) 붙이다"或"맛
(이) 들다、맛(이) 붙다"，比喻喜欢上某件事情，既可以与消极意
义的鸦片结合，如(4a)，也可以与中性意义的登山结合，如(4b)。汉
语类似的有"尝到甜头"，但主要指有利益可图的事情，与韩国语这
些惯用语并不对应，根据搭配的不同，汉语分别用"沾上"与"喜
欢"。

(4) a. 아편은 한번 맛을 들이면 끊기가 쉽지 않다. 鸦片只要
一沾上就很难戒掉。

b. 그는 요즘 등산에 맛을 붙여 매주 일요일마다 등산을
한다. 最近他喜欢上了登山，每周星期天都去登山。

人类都喜欢好吃的东西，所以就有了俗语"맛이 좋으면 넘기고
쓰면 뱉는다"，当然也用"달면 삼키고 쓰면 뱉는다"。因为味道在
正常范围的话才是可以吃的，如果不在正常范围内就成了非正常现
象。因此韩国语里"맛"和"가다"结合形成的惯用语"맛(이) 가
다"俗指不正常，这时主体已不仅仅局限于食物，而是扩大到了人，
如(5)，指的是人的精神，也就是说，"맛"的意义已经非常虚化。

(5) a. 우리한테 그렇게 망신을 당해 놓고서도 저렇게 난리를
치고 있네. 완전 맛이 갔어.《최고의 연인, 54회》被我
们笑话了一顿还这样闹腾，看来真是精神不正常了。

b. 얘 진짜 맛 갔나 보네. 완전 술꾼 다 됐어.《쾌걸 춘향,
9회》看来(她)真是醉得不行了。完全成了酒鬼了。

如上，上义词"냄새"实现了从味觉到视觉和意觉的转变，
"맛"则从视觉发展成味觉，又发展出了意觉意义。

2.3 酸、甜、苦、辣、辛酸、咸、淡

从生理心理学角度来看，味觉主要是"苦味、酸味、甜味、咸

味、鲜味、脂肪的味道"(Carlson 2017:201)。而中国人日常生活中提到味道主要指"酸、甜、苦、辣、咸"等五种。韩国语里的味觉形容词有"시다、달다、쓰다、맵다、짜다"等，对应的味觉名词有"신맛、단맛、쓴맛、매운맛、짠맛"等五种。虽然在生理心理学中"辣"属于痛觉(Carlson 2017:196)，但因为日常生活中人们一般倾向于把"辣"也视作味觉的一种，所以本章也将"辣、辛酸"列入讨论范围。此外，与"咸"相对的还有"淡"。

韩国语里与"酸、甜、苦、辣、辛酸、咸、淡"等七种味道有关的味觉词都发生比喻引申变成了多义词。

2.2.1 酸

汉语味觉词"酸"经常用来表达抽象的意义，可讥讽人的迂腐，如"寒酸、穷酸"；也指悲痛、伤心，如"心酸、辛酸、酸楚"等；有时还指人嫉妒，如"他说话酸溜溜的"或者用"吃醋"。

韩国语里与酸有关有很多固有词，其基本词是"시다"，基本意义为酸味，此外，还可以用来指痛觉，意为关节等酸痛，如(6a)，汉语"酸"也有此意，如(6b)，但两者的搭配并不相同。用于此意时韩国语还有近义词"시근하다、시큰하다"等。

"시다"还指被强光照射时很晃眼，如(7)，与韩国语用味觉词来表达相反，汉语用的是"耀、晃"或"刺"。另外，"눈이 시다"还有惯用语意义，指讨人厌。汉语虽也有"眼睛酸了"，但多指用眼时间长，劳累。"시다"还有相关词"신소리"，指用比较唐突的语言把别人的话接过来说，如(8)中的"신소리를 하다、신소리하다"对应的汉语是"调侃、说玩笑话"。

(6) a. 어금니가 시다 臼齿酸疼

b. 腰酸背痛 허리와 등은 다 쑤시고 아프다.

(7) 눈이 실 정도로 날씨가 좋다. 天气非常好, 阳光很耀眼/刺眼/晃眼。

(8) a. 구경꾼들은 신소리를 해 대며 웃었다.《하근찬, 야호》观客们互相调侃着、笑着。

b. 연방 신소리하던 그는 낯선 사내의 고함 소리에 겨우 입을 다물었다. 陌生男人一声高喊, 一直说玩笑话的他才勉强闭上了嘴。

韩国语与酸味相关的还有"신물", 指吃饭噎着后随着打嗝一起从胃里泛出的酸水, 如(9a), 此时汉语用"酸水"; 还指极其厌烦、让人头痛的想法或感觉, 也指那样的反应, 如(9bc), 此时汉语用"倒胃口、烦透"等。

(9) a. 신물이 올라오다 泛酸水

b. 신물이 나다 让人倒胃口。

c. 나는 이제 이런 종류의 논쟁에는 신물이 난다.《이문열, 영웅시대》现在这种争论我已经烦透了。

韩国人还将酸与动物关联了起来, 如俗语"시기는 산 개미 똥구멍이다", 比喻食物非常酸, 也可比喻人的行为非常让人生厌。也就是说酸表达的都是消极意义, 类似的还有"시쿰하여 지레 꿰어지다", 意思是酸溜溜一点也不好吃的东西先变软、裂开了, 比喻不行的东西或人却比别人先成熟、倚老卖老。类似的还有"지레 터진 개살구、개살구 지레 터진다"。韩国语还有"시지도 않아서 군내부터

먼저 난다", 比喻还没成人就不学好、花心。

如上, 韩国语 "시다" 从味觉意义发展出了听觉意义, 也发展出了意觉意义, 表达消极的情感。"신물" 主要是从味觉发展出了意觉意义。

从语义上看, 韩国语的 "시다、신물" 与汉语 "酸" 的共同之处主要表现在基本意义上。从语音上来看, 世界各种语言中, 与酸有关的词语大多都有 "s" 音, 如英语的 "sour", 爱尔兰语的 "searbn", 希腊语的 "stifos", 匈牙利语的 "savanyú", 日语的 "sui"(支顺福 2012:38)。

2.3.2 甜[01]

韩国语里表达 "甜" 的词语很多, 其中形容词都与 "달다" 有关, 并且都发展出了比喻意义。此外, 韩国语还用甜瓜、甜水、柿子、麦芽糖等实物来比喻相关意义。意为甜味的 "단맛" 却没有比喻意义。

2.3.2.1 形容词类

与甜有关的形容词主要有 "달다、달콤하다、달짝지근하다、달달하다、달갑다" 等, 其中大部分都从味觉意义发展出了积极的意觉意义, 只有 "달갑다" 具有否定意义。

"달다" 的基本意义是味觉, 指像蜂蜜、白糖一样甜, 从味觉出发还指提味、味道好, 如(10ab); 有时也用 "입이 달다" 比喻好

01　中国有一种瓷器称作 "甜白瓷", 是用味觉词修饰视觉颜色词。

吃，如(10c)；"달다"还形容酒好喝，如(10d)；汉语形容酒好喝时一般多用"小酒喝得那个美/舒坦呀！"不用"甜"来修饰；"달다"还指满意，高兴，如(10ef)；"달다"还多用于"달게"形式，指认为应该、高兴，如(10gh)。

(10) a. 밥이 달다 饭很香。

　　 b. 밥을 달게 먹고 잠을 푹 잤다. 饭吃得香，觉睡得也甜。

　　 c. 입이 너무 달아요.《빛나라 은수, 101회》真好吃。

　　 d. 크——! 달아! 달아!《연인, 4회》嗬——，这酒真好喝！好喝！

　　 e. 낮잠을 달게 자다. 美美地睡了个午觉。

　　 f. 두 분 너무 달게 주무시길래.《내 사위의 여자, 73회》因为看你们两位睡得那么香(甜)。

　　 g. 벌을 달게 받다 乐意受罚。

　　 h. 충고를 달게 받아들이다. 乐于听取劝告。

"달콤하다"指甜得非常好吃，如(11a)；还指非常可爱或声音模样等漂亮得动人心弦，使人感兴趣，如(11bc)；也指平安舒服，如(11de)。

(11) a. 달콤한 사탕 甜滋滋的糖块

　　 b. 달콤한 감상 甜美的感想

　　 c. 달콤한 여자 甜美的女人

　　 d. 정말 오랜만의 달콤한 꿈이었어요.《월계수 양복점 신사들, 10회》这么美好的梦真是久违了。

e. 모처럼 달콤하게 쉬었다. 终于好好/美美地休息了一
次。

"달짝지근하다"指略微有点甜味，也指满足、心情好，如
(12a)。缩略语"달짜근하다"也有这两个意义。但是"달착지근하
다、달차근하다、들쩍지근하다"等都只有味道意义，指略带有甜
味。"달달하다"也有香甜、美好之意，如(12b)。"달갑다"指没有
忌讳、不满，非常满意，但多用于否定句，如(12c)。

(12) a. 아씨는 있는 힘을 다해 재득이의 팔을 끌며 꿀같이
끈끈하고 달짝지근하게 속삭였지만….《박완서, 미
망》小姐用尽力气拉着载得的胳膊，就像蜜一样粘
着、温柔地低语着，但是……
b. 달달한 연애를 하다 甜蜜/甜甜蜜蜜地恋爱。
c. 난 솔직히 우리 연태가 벌써 시집간다는 게 달갑지만
은 않아.《아이가 다섯, 49회》说实话我并不太喜欢
我们妍泰这么早就结婚。

如上，当"달다、달콤하다、달짝지근하다、달달하다、달갑
다"表示抽象意义时，汉语多用"美、美美的"或"乐于、乐意、
高兴、喜欢、香"等，有时根据搭配也用双音词"甜美"或叠音词
"甜甜蜜蜜"。

2.3.2.2 实物类

韩国语里不仅用甜来比喻积极的感情、美好的东西，还用实物
来比喻，主要有"단물、참외、곶감、엿"等。

"단물"有三个意义，第一个指淡水；第二个指有甜味的水；第三个比喻精华或有实际内容的东西，如(13)。用于第三个意义时，还用"단물곤물"。虽然"단물"用于第三个意义时，有时可与汉语的"油水"对应，但是"단물"更强调用处，汉语的"油水"更强调财物[02]。此外，对"단물"的第一、二个意义之间的语义关联可以从生活常识去分析，相对于又咸又苦的海水而言，淡水是略带甜味的，所以"단물"就具有了两个看似没有关系的意义。第三个意义当然又是从第二个意义引申出来的。

(13) a. 내 신세랑 똑같네. 단물 쭉 빨리고 팽당하[03]는 것.《김과장, 18회》他和我的命一样啊，都是被别人榨干后又被扔掉了。

　　 b. 단물이란 단물을 다 빼먹어나니까 더 이상 나올 것 없어서 우리 세나 버리신 것 아닙니까?《달콤한 원수, 76회》所有能称之为油水的东西都叫你们给吃光了，现在一看再没什么油水可榨取了，就要把我们世娜抛弃了啊？

　　甜瓜"참외"的比喻意义多出现在俗语里，如俗语"크고 단 참외"比喻外表好看并且有内容、非常令人满意的东西。俗语"참외를 버리고 호박을 먹는다"中，用"참외"比喻过日子的老婆，用"호박"比喻又丑又拙的小老婆，比喻把勤俭持家的老婆扔掉反而

02　汉语"油水"之所以产生如此意义与中国的饮食文化有关，但韩国语"단물"为什么产生这种意义，虽然还需要进一步研究，但应该与韩国人喜欢吃糖、饮食里多加糖这一现象有关。

03　"팽당하다"意为被抛弃或遭到背叛，还没有被《표준국어대사전》收录。

娶又丑又拙的小老婆，也比喻把好的丢掉反而要不好的。

　　类似的还有柿子，如(14)，在这些丰富的俗语里柿子可比喻好处、财产等，在"곶감 죽을 먹고 엿목판에 엎드러졌다"中，柿子粥和麦芽糖都比喻口福或好运。

　　(14) a. 우선 먹기는 곶감이 달다

　　　　b. 당장 먹기엔 곶감이 달다

　　　　c. 곶감 꼬치에서 곶감 빼먹듯

　　　　d. 곶감 꼬치를 먹듯

　　　　e. 곶감 뽑아 먹듯

　　　　f. 감꼬치 빼 먹듯

2.3.3 苦

　　"苦"在英语里为"bitter"，源自印欧语系里的词根"bheid 割裂"，与"bite 咬"同源。《圣经》里犹太人以苦味来比喻受苦，逾越节(Passover)时，犹太人会将山葵、荷兰芹或菊苣泡在盐水里，做成苦菜，希望借吃这道苦菜来纪念过去在埃及被奴役的痛苦(麦奎德 2017:62)。这与中国的"卧薪尝胆"是异曲同工。这也说明，对苦味的认识是具有人类共性的。这种思想表现在语言上也具有较强的人类共性。韩国语里表达"苦"意义的形容词有"쓰다、쓰디쓰다"，此外，还用名词"쓴맛、고미(苦味)"以及实物"쓴잔(-盞)、고배(苦杯)"等。这些表达大部分能与汉语"苦"对应。

2.3.3.1 形容词

　　首先看"쓰다、쓰디쓰다"，这两个词的基本义都指苦味，此外

还发展到较高级、抽象的意义，指不满意、讨厌、难受，如(15)。

(15) a. 여러 번 실패를 경험했지만 언제나 그 맛은 썼다. 虽
然经历了多次失败，但每次的感觉都很苦涩。

b. 오늘을 위하여 얼마나 그동안에 고생을 참으며 쓴 일
을 쓰다 하지 않고 지냈던가?《김동인, 젊은 그들》
为了今天，这期间忍受了多少苦和累啊？有苦也不
说。

c. 쓰디쓰게 웃다 苦笑

惯用语"입이 쓰다"表示认为某事或话语不对而不高兴，如
(16a)，后面常出现"말하다"的否定结构。但汉语"嘴里发苦"
多指生理问题，指身体不舒服，不比喻感情;"苦口婆心"意思是反
复地劝说，相当于韩国语的"입이 닳도록 얘기하다"。当然韩国语
"쓰다"也指身体不好，没有胃口，如(16b)，多形成"입맛이 쓰
다"结构。

(16) a. 입이 써서 말하기도 싫다.《폼나게 살 거야, 35회》
我不喜欢，连话都不想说。

b. 며칠을 앓았더니 입맛이 써서 맛있는 게 없다. 病了
几天，嘴里发苦，觉得什么都不好吃。

在俗语里，苦还经常与甜一起出现，如俗语"쓰다 달다 말이
없다"比喻对某个问题没有任何反应或意见，如(17)。"달고 쓴 맛
을 보다[겪다]"比喻经历生活中的好事或坏事、高兴事或难受的事
情。而"쓰니 시어머니"则指婆婆折磨儿媳妇。

(17) 신호는 윤달수의 말에 쓰다 달다 대꾸를 하지 않고 거푸
　　 술잔만 기울였다.《최일남, 거룩한 응답》申浩对尹达
　　 洙的话不置可否/不做任何评论，只是不住地喝酒。

2.3.3.2 名词

　　与苦有关，还有"쓴맛"，除了指具体的苦味，还指不喜欢、不
高兴的感觉，如(18)。汉字词"고미(苦味)"也有这两种意义。相
反，反义词"단맛"没有比喻意义，不过"쓴맛、단맛"两者有时形
成惯用语"쓴맛 단맛 다 보았다"或"단맛 쓴맛 다 보았다"，比喻
世上的困难与幸福都经历过，如(19)。

　　(18) a.이 선수는 이번 대회에서 첫 패배의 쓴맛을 보았다.这
　　　　 个选手在此次大赛中第一次尝到了失败的苦涩/滋
　　　　 味。

　　　　 b. 걔도 세상이 어떤 것인지 쓴맛을 봐야 돼.《빛나라
　　　　 은수, 10회》他也得吃点苦，才会知道这个世界是什
　　　　 么样的啊。

　　(19) 걔는… 인생 밑바닥에서 쓴맛 단맛 다 본 애라고.《우리
　　　　 갑순이, 55회》她……过的是最底层的人生，什么事情
　　　　 都经历过。

2.3.3.3 实物

　　与苦有关的韩国语还有"쓴잔"，可以指盛了苦味液体的杯子，
但多用来比喻经受了失败的痛苦经历，多用于惯用语"쓴잔을 들
다[마시다/맛보다]"，比喻遭受失败，如(20a-c)。此外还有惯用语

"쓴잔을 안기다", 意为使对方遭受失败, 如(20d)。汉语多用"喝失败的苦酒"。

"고배(苦杯)"是汉字词, 也比喻痛苦的经历, 如(21a)。多用于惯用语"고배를 들다[마시다/맛보다]", 指遭受失败等痛苦的事情, 如(21b)。汉语也有"自己酿的苦酒自己喝", 即酒味是苦的。

(20) a. 실연의 쓴잔을 들다 经历失恋的痛苦。

　　 b. 오늘 경기에 또 쓴잔을 들었다. 今天的比赛又喝了一杯(失败的)苦酒。

　　 c. 우리 팀은 예선 탈락이라는 쓴잔을 마셨다. 我们队喝了一杯在预选中被淘汰的苦酒。

　　 d. 그는 경쟁자에게 쓴잔을 안겼다. 他让竞争者饮下了失败的苦酒。

(21) a. 생은 나에게 있어서 고배가 되었다.《안병욱, 사색인의 향연》对我来说, 生活就是一杯苦酒。

　　 b. 시험 낙방이라는 고배를 들었다. 我品尝到了考试落榜的苦酒。

(22) 술은 원래 다 써. 그게 달려면 진짜 어른이 되는 거고.《도깨비, 10회》酒本来就是苦的, 要想变甜, 说明你就是大人了。

酒是苦的, 如果喝酒能喝出甜味来, 说明已经历风霜成人了, 如(22)。在中国酒分"浓香型、酱香型"等, 虽然也都是从味道去讲的, 但主要是从嗅觉角度, 不是从味觉角度。

2.3.4 辣

韩国语里表示"辣"的词很多，如固有词"맵다、알알하다/얼얼하다、알근하다/얼근하다/얼큰하다、아리다、매콤하다、컬컬하다、쏘다"等，汉字词只有"독하다(毒)、악랄하다(惡辣--)"等，其中常用词是"맵다"。"아리다、매콤하다"仅表示味道，其他词都发展成了多义词，其中"알알하다、얼얼하다"还指肉体上的疼痛或因酒而精神迷糊；表示因醉酒而精神模糊的还有"알근하다、얼근하다、얼큰하다"；"컬컬하다"指嗓子干想喝东西或者嗓子像哑了似的声音。"쏘다"本是军事用语，却发展出了味道意义。"악랄하다"指恶毒、残忍。与辣有关还有名词"약01"。"독하다"指味道很重、刺激性很强。本章主要分析"맵다、약01"以及与实物"고추"有关的意义。

"맵다"指像辣椒、芥末那样的味道，与汉语"辣"一致，另外还有其它四个意义，如表1：

[表1] "맵다" 的比喻意义

	意义	例子
1	性格很凶、狠毒。	우리 엄마 아직 끄떡없네. 손이 왜 이렇게 매워?《아버지가 이상해, 16회》妈你身体还真是好啊。(打人)怎么打得这么疼/下手怎么这么狠? 어린 년의 입이 아주 맵구나.《옥중화, 2회》小丫头片子说话挺狠啊。어머니는 매운 시집살이를 하셨다. 母亲在婆婆家过得非常凄惨。
2	刚直、精明强干。	저 녀석은 하는 일마다 맵게 잘 처리해서 마음에 든다. 那小子所做的每件事都处理得非常精明，我很满意。
3	天气非常寒冷。	춘삼월 바람이 겨울바람보다 맵다 하는데.《우리집 꿀단지, 95회》都说阳春三月的风比冬天的风都冷。제법 날씨가 맵네. 곧 서리가 내리겠군.《박경리, 토지》天气真的冷起来了。马上该下霜了吧。

57

4	烟、肥皂水等呛眼睛或呛人。	매운 담배 연기 呛人的香烟味道、눈에 비눗물이 들어가면 매우니까 눈 뚝 감고.《내딸 금사월,20회》眼里如果进了肥皂水会很疼的，把眼闭紧。

如上，"맵다"指性格时，其主体一般不是人，而多是"손[04]、손맛、입、시집살이"等。汉语"辣"也指性格，如"心狠手辣"，但"手辣"一般很少单独使用。

"맵다"还经常与味觉词"짜다"连用，形成"짜고 맵다"结构，如(23a)；"맵다"有时还与触觉词"차다"连用，形成惯用语"맵고 차다"，指性格毒辣、冷酷，如(23b)。"짜다"和"차다"之所以能与"맵다"连用，因为这两者所表达的也基本都是消极意义，是消极意义的组合，因此惯用语的消极意义被强化。

(23) a. 우리 파파제과 면접이 어찌나 짜고 맵고 무서운지 실력 없으면 죄다 떨어지는 거죠.《사랑이 오네요, 9회》我们帕帕制果的面试很苛刻，很可怕的，如果没有实力都通不过的。

　　 b. 그 여자의 맵고 찬 마음 她那颗毒辣冷酷的心……

虽然"맵다"第1个引申意义是否定意义，但第2个意义却是肯定意义，指刚直、精明强干。汉语"辣"比喻性格时同样也有肯定意义，指泼辣，如"辣妹子"。由此可见，性格具有两面性，同样的性格表现在不同的事情上，有可能成为肯定意义，也有可能成为消极意义。

04　类似的还有"손때가 맵다、손끝(이) 맵다"。

"맵다"第3个引申意义指天气非常寒冷，第四个指呛眼睛[05]或呛人，有时说话会利用这种多义性，如(24)，第一个"매운"意为痛苦，而第二个"매워요"意为辣味。

　　(24) 매운 인생을 살아봐서 양파 냄새 맡아도 안 매워요.《내
　　　　 사위의 여자, 94회》我的人生很痛苦，所以洋葱味闻
　　　　 着并不辣。

　　韩国人喜欢吃辣，因此喜欢种辣椒，辣椒长得好，就会含有更多的刺激性成分，称作"약"，这种成分会刺激人的味觉、消化器官，所以"약"还用来指心情受伤时的感觉，因此惯用语"약(이)오르다"就具有了两种意义，第一个指辣椒或烟叶刺激性成分增多，如(25a)；也可比喻伤心、不高兴、暗自生气，如(25b)。也用于使动形式，如"약(을) 올리다"比喻使对方生气、发火，如(25c)，之所以没有具体意义，是因为辣椒等植物的生长是自然过程，所以无法产生使动形式。

　　(25) a. 고추가 약이 올라 맵다 辣椒的辣素上来了，很辣。
　　　　 b. 친구가 마땅히 하는 일도 없이 돈을 많이 번다는 것
　　　　　 이 약이 올랐다. 朋友没有什么正经活但挣钱挺多，
　　　　　 所以我很生气。
　　　　 c. 지금 누구 약 올리는 겁니까? 你这是给我拱火呢？

05　최창렬(2006:38)认为烟呛眼睛不应该用"맵다"来表达，而应该用与烟有关的形容词"냅다"来比喻。

不仅如此，实物辣椒或辣椒粉也被用来作比喻，其中"고춧가루 뿌리다"比喻使坏，"고추바람"比喻刺骨的寒风，"고추 먹은 소리"比喻感到不满意而说的气话，汉语多用"带刺的话"来表达。韩国语是用味觉来比喻气话，而汉语是用触觉来比喻气话。

2.3.5 辛酸

与辛酸有关，韩国语有汉字词"신산(辛酸)"，指味道又辣又酸，主要比喻世间的生活艰难困苦，如(26)。

(26) 두 분 다 상상하기 어려운 신산(辛酸)을 거쳐 그 자리까지 갔다.《동아일보, 2016.09.01》两位都经历了难以想象的艰难困苦才升到那个位置。

正因为辛酸被赋予了这样的比喻意义，所以韩国人过去在立春的时候都会吃"오신채(五辛菜)"，一般是从"김장 파 大葱、실파 香葱、자총이 紫葱、마늘 大蒜、달래 野蒜、평지 油菜、부추 韭菜、무릇 绵枣儿、海葱"等八种蔬菜中挑选红、黄、绿、白、黑等五种拌着吃，寓意是借吃五种味道的蔬菜来培养吃苦耐劳的精神(이규태 2000:244)。

2.3.6 咸

对中国人来说，"咸淡"多用来比喻人生的各种味道，如"人生咸淡皆有味""人生咸淡两由之"，甚至还有书名为"《咸淡人生》

(陈仓布衣)"，或者用"不咸不淡"比喻普通或冷嘲热讽。

　　韩国语里与咸有关主要有"짜다、짭짤하다、건건찝찔하다"等形容词，此外还有惯用语"염장 지르다"。其中，"짜다"指咸味，如(27a)，这里"짜고 맵다"虽然指的是味道，但比喻的是人心。"짜다"也直接指吝啬，如(27bc)。"짜다"也指给工资、学分等很少，如(27de)。之所以产生这种意义，是因为在韩国人的意识里有"咸了就是抠"这种思维[06]，韩国语里还用"왕소금、염전(鹽田)"比喻吝啬程度非常深。实际上这种思维与生活背景不仅韩国人有，中国人也有，例如做菜时，为了让大家每次吃得少一点，能够吃得长久一点，就可以多放盐，做得咸一些。但中国人一般不用咸味或盐等来比喻人抠门。

(27) a. 니들 쫓아낸 호랑이할망구 같은 그 시누이 만든 국밥
　　　　뭔 맛이 있겠어? 만든 사람의 양심처럼 짜고 맵기나
　　　　하겠어?《우리집 꿀단지, 66회》把你们赶出来的那
　　　　个像老虎似的大姑子姐做的汤饭能好吃得了吗？肯
　　　　定像做饭的人那样又咸又辣吧？

　　　b. 있는 것들이 더 짜다니까.《내딸 금사월, 51회》有钱
　　　　人更抠门/小气/吝啬。

　　　c. 사람이 짜도 저 정도면은 병이라고 전해.《다시, 첫사
　　　　랑, 45회》你去和他说，人就是再抠，但抠成那个程
　　　　度的话，就是有病了。

　　　d. 월급이 짜다 工资给得很少。

　　　e. 그 선생님은 학점을 짜게 준다. 那位老师给学分总是

<hr />

06　韩国语里俗指吝啬之人时还用"고바우"。

很吝啬/抠(门)。

韩国语还有合成词"맵짜다",有四个意义,第一个指食物又辣又咸,第二个比喻风非常凛冽,第三个比喻人的性格凶狠恶毒,如(28a),多指人的表情;第四个比喻性格干练、有手腕,如(28bc),多用来指过日子、办事。虽然第三个意义具有消极的感情色彩,但第四个意义却具有积极的感情色彩,两个不同的意义反映了不同的价值判断,同样的性格特点如果适用于与他人的关系时则是不提倡的,如果适用于过日子则是值得提倡的。

(28) a. 여자는 사내를 맵짠 눈으로 흘겨보았다. 女人恶狠狠地斜视着男人。

b. 보기보다 살림 솜씨가 맵짜다는 소리가 들리는 걸 보면….《김원우, 짐승의 시간》大家都说她比想象的会过日子,看来……

c. 이사 온 지 얼마 안 되는 이웃 간에선 여자가 부지런하고 맵짜고 야물다는 평판이 나 있긴 했다.《박경리, 토지》虽然搬来没多久,但邻居们都评价说女人很勤劳,很会过日子。

"짜다"的近义词"짭짤하다"除了指咸得有味,如(29a)。另外还有三个比喻意义,首先可以指事情或行动等规模较大,能干,如(29bc);第二个意义指事情进展好有收获,如(29de);第三个意义指东西很好、值钱,如(29fg)。"짭짤하다"的近义词是它的阴性元音词"쩝쩔하다",但"쩝쩔하다"仅仅指味道太咸了,而没有其他比喻意义。

(29) a. 짭짤하게 끓인 된장국은 입맛을 돋운다. 咸滋滋的大
　　　 酱汤让人胃口大开。

　　 b. 살림 솜씨가 짭짤한 며느리 很会过日子的儿媳妇

　　 c. 공장은 파괴만 당했지만 살림이 짭짤한 서해랑 집은
　　　 약탈까지 당했다. 《박완서, 미망》 虽然工厂只是被
　　　 砸了, 但日子红红火火的徐海廊(音译)家却被洗劫
　　　 一空。

　　 d. 지난 여름에는 수박 장사를 해서 짭짤하게 재미를 보
　　　 았다. 去年夏天, 贩西瓜赚了不少。

　　 e. 전옥서 주부가 명나라 왕조들이 마시는 차를 내놓다
　　　 니 전옥서 주부 자리가 제법 짭짤한가 보네. 《옥중
　　　 화, 1회》 典狱署的主薄竟然能拿得出明朝皇室人员
　　　 喝的茶, 看来典狱署的主簿位置油水不小啊。

　　 f. 짭짤한 세간 非常好的家具

　　 g. 신랑 집에서 보낸 봉채도 짭짤했지만 신부 집에서도
　　　 예단을 실팍하게 했다고 하데. 《박경리, 토지》 听说
　　　 新郎家送来的礼单像模像样的, 新娘家送来的礼单
　　　 也很丰厚。

　　比较“짜다”与“짭짤하다”, “짜다”的抽象意义带有贬义,
但“짭짤하다”的抽象意义却都是褒义, 这与“짭짤하다”的基本义
“咸得有滋味”具有肯定性有关。

　　韩国语里还有“건건찝찔하다”, 指略微有点咸但没有回味无
穷的感觉, 也用来嘲笑关系非常远、不亲密, 如(30)。汉语也用味
道来比喻人际关系, 如说一个人比较注重感情, 则说“有人情味”;
如果一个人不道德、冷酷无情, 则说“没人味”, 用的都是上义词

"味"，有时也用"不咸不淡"来比喻关系很普通、很平淡，但韩国语只用下义词"咸味"。

> (30) 그와 친하다기보다는 그저 건건찝찔한 사이이다. 和他不亲，只是不咸不淡的普通关系。

韩国语还有惯用语"염장 지르다"，如(31)。对其语源有几种说法，其中一种认为"염장"是汉字词"염장(鹽醬)"，因为"지르다"有撒的意思，所以"염장 지르다"的基本义指用盐腌制鲜鱼或肉类，之后语义发生延伸，指过去审问犯人时在犯人伤口上撒盐，使其更具痛苦以逼供。现代韩国语里比喻事情没有解决心里产生不满，于是向别人说起相关事情以使其生气[07]。汉语在表达此类意义时，有"煽风点火、拱火(方言)"。

> (31) a. 그 여편네가 아무리 염장을 질러도 나죽었어 엎어 있을 게. 《천상의 약속, 9회》那个女人不管再怎么挑衅，我就当自己死了一样/就当她是放屁，会尽量压住火的。
>
> b. 염장 지른 거야? 뭐야? 《내 사위의 여자, 39회》这是故意气我呢？还是什么？

如上，韩国语与"咸"有关的表达都产生了比喻意义，但汉语"咸"本身则没有这类引申义，造成这种较大差距的原因应该与韩

07　出自YTN2020年11月4日的新闻《염장지르다…' 염장' 이 무슨 뜻일까?》，新闻中还提到了另外两种说法。
https://www.ytn.co.kr/replay/view.php?idx=49&key=202011040320169816

国的腌渍食品发达有关。例如,"大酱、辣椒酱"等酱类,以及各种泡菜,还有很多其他的拌菜,最后都要用盐、酱油等来调味,而这些食品的味道都与咸度密切相关,所以韩国人对"咸"这种味道的感觉比较敏感、关注,而比喻总是发生在最常用、最容易接触到的身边事物之上,所以导致与咸有关的词语的引申比喻非常发达。

2.3.7 淡

如前所述,韩国语里表示"咸"意义的词语都是固有词,相反,韩国语里表示"淡"的词语中除固有词"싱겁다、맹맹하다、밍밍하다、밋밋하다、맹숭맹숭하다"等之外,还有丰富的汉字词,如"담하다(淡—)、담백하다(淡白—)、담박하다(淡泊——/澹泊—)、담담하다(淡淡—)",此外还有"담담하다"的同源词"덤덤하다"。

从固有词与汉字词的比例之差来看,表示咸的词语都是固有词说明:对韩国人来说,与淡味相比,咸味是非常重要的一种传统味道,所以有了丰富的表达,这也符合社会的发展情况。因为过去没有任何冷藏设备,食物要想长期储存必须要咸。而食物尤其是蔬菜等的短缺也导致食物需要做得咸一些,才能吃得长久一点。

与"짭짤하다"具有很多褒义相比,其反义词"싱겁다"具有更多的消极意义,除了指味道很淡外,还指烟酒、药等的味道不烈,如"싱거운 막걸리 低度的马格力酒"。此外"싱겁다"还有三个引申比喻意义,表达的都是否定意义,如表2所示,"싱겁다"表达否定意义时,汉语一般用"不咸不淡"或者"奇怪、没边没际""不疼不痒""单薄、单调"等。

	意义	例句
1	指话语或行动不合时宜，多少给人荒唐的感觉。	그는 괜히 싱겁게 잘 웃는다. 他有事没事就爱傻笑。점심때 먹은 설렁탕은 소금 안 넣고 잡수셨나? 왜 이렇게 싱거운 말씀을 하신 게야?《월계수 양복점 신사들, 1회》午饭吃的牛肉汤您没放盐吗？怎么净说这些奇怪/没边没际的话啊？
2	指行为、话语或文章等引不起大家的兴趣，不了了之。	무슨 소설이 이렇게 싱겁게 끝나니? 什么小说就这样不咸不淡地结束了? 어른들에게 머리를 한 차례씩 쥐어박히는 것으로써 우리의 싸움은 싱겁게 끝나 버렸다.《이동하, 장난감 도시》被大人各自敲了一下脑袋，所以我们的吵架就这样不疼不痒地结束了。
3	指物体或画作的安排上闲置地方太多，不紧凑，太松散。	집안 분위기가 싱거운 것 같으니 화초라도 좀 키우자. 家里的氛围有点太单薄/单调了，养点花花草草的吧。그 사진은 잡지 표지치고는 좀 싱겁다. 那个照片当杂志的封面有点太单薄了。

[表2] "싱겁다" 的意义

"맹맹하다" 主要指食物味道不够味，也指烟酒不烈，也比喻心情失落，如(32)。"밍밍하다" 的程度要比 "맹맹하다" 强。

(32) 최치수는 맹맹하게 이동진의 침울함과는 상관이 없는
얼굴을 하고 있었다.《박경리, 토지》和失落的李东振
相比，崔致洙反而一副无所谓的寡淡面孔。

下面再看与 "淡" 有关的汉字词。其中 "담하다(淡--)" 有三个意义，可以指味道不油腻，也指品性淡泊，也指颜色不浓。因为是单音节词，语用频率很低。"담백하다(淡白--)" 与 "담박하다(淡泊--/澹泊--)" 的语义非常接近，两者都指没有味道，味道太淡；但两者也有积极意义，意思是食物不油腻，吃了令人爽快，如(33a)；

两者还都比喻人没有贪心非常淡泊，如(33b)；两者也都可以比喻颜色不浓、清新，如(33cd)。

(33) a. 옥수수는 맛이 담백하고 이용 범위가 넓다. 玉米味道清口，用途很广。

b. 솔직하고 담백한 성격 直率淡泊的性格

c. 담백한 색의 옷 颜色清爽的衣服

d. 어머니께서 한복을 담박하게 차려입으셨다. 母亲穿了一身淡雅的韩服。

"담담하다(淡淡--)"指食物味道时，可以指没有味道，如(34a)；也可以指不油腻，如(34b)；第三个意义指客观的，如(34c)；第四个意义指声音、表情、心境等平静、沉着、安定，如(34d)。对别人的言行无动于衷，一般有两种原因，一种可能是本人淡定，另一种可能是不关心，所以"담담하다"就有了第五个意义，指不关心，没有感觉，如(34ef)。"담담하다"第六个意义指水流平稳和缓。

(34) a. 국에 간을 안 했는지 담담하다. 汤可能没调味，很淡。

b. 점심때 고기를 먹어서 그런지 담담한 음식을 먹고 싶다. 可能是因为午饭吃了肉，所以想吃点清口的东西。

c. 그는 회고록에서 자신의 인생과 학문을 담담하게 써 내려가고 있다. 他在回忆录上客观记录着自己的人生与学问。

d. 담담한 목소리/표정 平静的嗓音/表情

e. 모두들 열변을 토하고 있지만 그는 담담하게 앉아 있
　을 뿐이었다. 所有的人都在激烈地争辩，只有他在
　那儿安安静静地坐着。
f. 그는 사업에는 열정적이지만 정치에는 담담한 편이
　다. 他对事业很投入，但对政治不感兴趣。

　　"덤덤하다"有三个意义，第一个指食物没有味道，太淡，如
(35a)；第二个指没有特别的感情起伏，一如往常，如(35b)；第三个
意义指在需要说话的场合，非常安静、没有任何表情，也没有任何
话和反应，如(35c)。

(35) a. 제철이 아니어서 딸기 맛이 덤덤하다. 可能是因为不
　　　到季节吧，草莓吃起来没味。
　　b. 그는 오랜만에 만난 친구를 보고도 덤덤한 표정이었
　　　다. 他见到久违的朋友后也一脸平静。
　　c. 열띤 토론이 진행되는 중에도 그는 덤덤하게 앉아 있
　　　기만 했다. 就是在激烈的讨论中，他也只是静静地
　　　坐着。

　　上面这些汉字词和同源词所表达的意义整理如下：

[表3] 与"淡"有关的汉字词语义区分

意义分类		담하다	담박하다	담백하다	담담하다	덤덤하다
味道	无味		+	+	+	+
	不油腻、清淡	+	+	+	+	
品性	不贪、淡泊	+	+	+		

颜色	不浓	+			
	不浓、清新		+	+	
声音、表情、心境	平静、稳定				+	+
不关心					+	
需要说话时不说话、没反应						+

如上，这些词语都有味道意义，其中只有"담하다"不表达"无味"；"덤덤하다"不表达"清淡"意义。"담담하다、덤덤하다"没有品性意义。"담하다、담백하다、담박하다"都有颜色意义。只有"담담하다、덤덤하다"表达声音、表情、心境、态度。

与汉语"咸"相比，"淡"虽然有很多引申意义，但与"싱겁다、맹맹하다、밍밍하다"相比，汉语"不咸不淡"也有"没意思"之意，不过有时也用"不疼不痒"。汉语"淡"可表示无关紧要、无聊的，如"扯淡、淡话"等，与"싱겁다"的荒唐、不合时宜有一定距离。"淡"还指浅，薄，含某种成分少，与"浓"相对，如"淡绿、淡雅、天高云淡"等，这与"담하다、담백하다、담박하다"等一致，也与"싱겁다"表达不紧凑、松散时有一定的相似性。另外，汉语"淡"还指不热心，如"冷淡、淡漠、淡忘"等。"淡"还指营业不旺盛，如"淡季"。

2.4 香、爽、馊、臭

除了以上"酸甜苦辣咸淡"等基本味觉词之外，韩国语里还有"香爽馊臭"等味觉词，这些味觉词也经历了从低级向高级的语义引申发展。

2.4.1 香

香味代表性的就是芝麻香，韩国语里可以用实物"깨 芝麻"来表示美满幸福之意，除了用这种具体的事物来表达抽象意义外，韩国语里还用芝麻香的形容词"고소하다、구수하다"以及名词词组"깨소금 맛"来比喻抽象的感情意义。

首先看"고소하다"，其基本义指像炒芝麻或香油一样的香味，如(36a)；"고소하다"还指心情好、有意思，如(36bc)；"고소하다"还指看到自己不喜欢的人出事，心里舒坦，幸灾乐祸，如(36d-f)；

(36) a. 나물을 무칠 때는 참기름이 들어가야 고소한 맛이
나고 좋다. 拌青菜时，要放香油，才会有香味、好吃。

b. 자네 요즘 새살림 재미가 무척이나 고소한가 봐. 퇴근하기 무섭게 집으로 직행하는 걸 보니. 看来你最近的新生活很有意思吧，瞧你一下班就急着直接回家的样子。

c. 눈이 내리는 밤이면, 눈 쌓인 지붕 밑의 이야기는 더욱 고소했다.《정비석, 비석과 금강산의 대화》大雪纷飞的夜晚，白雪皑皑的屋檐下，这时所讲的故事更有意思。

d. 너 우리 오빠 집 나가는 것 좋냐? 고소해?《우리집 꿀단지, 66회》我哥离家出走了，你高兴了是吧？很爽

是吧？

e. 진숙 집 나간 것 고소하니? 재밌어?《내 사위의 여자, 57회》真淑离家出走你很高兴？觉得很有意思是吧？

f. 너 우리 제부 잡혀갔다는 걸 기다렸다는 거야? 아주 고소하다는 얼굴로 얘기한다.《내 사위의 여자, 41회》你好像一直在等着我妹夫被抓走是吧？看你说话完全是幸灾乐祸的表情啊。

　　"고소하다"的阴性元音词为"구수하다"，指像大麦茶、锅巴汤、大酱汤一样的味道，如(37a)；"구수하다"还指话或故事等具有动人心弦的魅力，如(37b-e)；"구수하다"还指心灵或人心宽厚、大度，如(37fg)；

(37) a. 보리차 끓이는 구수한 냄새 煮大麦茶的香味

　　 b. 구수한 옛날이야기 有意思的过去的故事

　　 c. 노랫가락이 구수하다 歌曲曲调很优美。

　　 d. 아저씨의 익살은 늘 구수했다. 大叔的插科打诨总是那么有意思。

　　 e. 우리 할아버지는 말씀을 아주 구수하게 잘하신다. 我爷爷说话总是非常有意思。

　　 f. 마을 사람의 인심이 구수하다 村民们人心笃厚。

　　 g. 균형이 꽉 잡힌 늘씬한 사나이야. 얼굴도 남에게 뒤지지 않을 정도로 구수하고 씩씩하게 생겼거든.《황석영, 장사의 꿈》那个男人身体匀称、纤细。脸长得很敦厚、很有生机，毫不逊色于他人。

如上，"고소하다"与"구수하다"在指具体的味道时意义也不尽相同，前者主要指香油或炒芝麻的香味，后者主要指大麦茶、大酱汤、锅巴的香味。另外，两者都指有意思，但"고소하다"还指心情好，或看到别人出丑幸灾乐祸的高兴。而"구수하다"主要指有魅力或心灵美。

与"구수하다"有关的是"숭늉 锅巴汤"，"숭늉"本身没有比喻意义，但由于锅巴汤本来味道就比较淡，如果再加水，那么就味道尽失，所以俗语"숭늉에 물 탄 격"比喻食物没有味道，也可比喻人非常无味，或者比喻没有任何趣味、乏味的情况。汉语在表达此类意义时，多用"平淡、寡淡、乏味"等，而不用具体的东西的味道来表达。

韩国语还有"깨소금 맛"，其中"깨소금"指炒芝麻碎或芝麻盐，因为芝麻盐吃一口喷香，所以"깨소금 맛"也用来比喻看着别人的不幸感到非常痛快，如(38)。

(38) 잘난 척하다 선거에서 떨어졌다니 깨소금맛이다. 那个自大狂在选举中落选了，真是大快人心啊。

2.4.2 爽

韩国语里表示味道清爽的还有"시원하다"，这个词是多义词，可以指天气凉爽，食物很凉(很热、很辣)，视野开阔，语言、行动活泼、不拖泥带水，长相大方，打扫得干干净净，心情或感觉很舒服等。"시원하다"还与否定词"않다、못하다"结合，表示没有满足期待、希望等，否定词组"시원치 않다"经过进一步融合又发展

出了合成词"시원찮다"，可以指心理不满意，"시원치않다"还指身体或身体的一部分不健康。

与"시원하다"不仅指天气，还指食物、视野、性格、感觉、心理相反，其相关词"시원시원하다"不指天气或食物、视野等具体东西，而是多用来指人，比喻话语或行动等爽快，让人感到满意、轻松，也比喻性格宽容、温和、活泼，有时还比喻长相。

与"시원하다"反义的词语是"답답하다"，如(39)，这句话中的"속 답답하지"指的是剧中人物在美国吃的东西太油腻所以导致胃不舒服。

(39) 속 답답하지. 너 좋아하는 동치미 싸왔어. 자, 시원하게
　　죽 들이켜.《내딸 금사월, 9회》胃不舒服是吧？我带了
　　你喜欢的冰镇萝卜汤。来，大口喝。

2.4.3 馊

韩国语还有"쉬다"，指饭菜等变质、变馊，是味觉、嗅觉意义。但有时也用于"쉰 세대"，指想法等不合时宜，落后于时代，但汉语"馊"没有比喻意义。此外，韩国语还有"쉰소리"，如"다친 데도 없는데 왜 쉰소리야?《내딸 금사월, 15회》也没有伤到哪儿啊？怎么说胡话啊？"

2.4.4 臭

韩国语里表示臭味的词语很多，并且都是多音节的固有词。首

先看 "고리다、코리다"。"고리다" 指烂草、烂鸡蛋等发出的类似味道。如果酱做坏了就会出现类似味道、不好吃，所以有了俗语 "고린 장이 더디 없어진다"，用来比喻坏东西反而存留时间长，消失得慢。"고리다" 也指内心以及所做之事猥琐、吝啬，让人难以忍受，如(40)。"코리다" 是 "고리다" 的加强形势，除具体意义外，也有抽象意义，如(41)。

(40) 어찌나 고리게 구는지 돈 한 푼 쓰는 데 벌벌 떤다. 他也太抠了，花一点钱就疼得要命。

(41) 그는 남한테 십 원 한 푼도 아낄 정도로 코렸다. 他抠得要命，对别人一分钱也舍不得花。

第二，"구리다、쿠리다"。"구리다" 指大便或放屁的味道，还指所做之事非常龌龊，如(42a)。在此基础上，还指行动不正当，令人怀疑，如(42b-d)。近义词是 "쿠리다"。

(42) a. 구리게 놀다 行事龌龊
b. 그 놈 처음부터 냄새 구렸어.《내딸 금사월, 13회》那小子一开始就很奇怪。
c. 금사월씨는 매사에 뒤끝이 그렇게 구린가?《내딸 금사월, 18회》金四月，你每件事都这么爱记仇吗？
d. 뭔가 구린 데가 있는 것 틀림없습니다.《사랑이 오네요, 2회》肯定有什么问题/不可告人之处。

第三，"타분하다、터분하다"。"타분하다" 指口腔味道不佳，如(43a)；也指食物味道不新鲜，如(43b)；也指天气不好、心情不爽

快，令人发闷。"타분하다"的同源词是"터분하다"，但语义比"타분하다"强，如(44)。

(43) a. 어제 술을 한잔해서 타분한데 뭐 개운한 것 없을까?
昨天喝了杯酒，嘴里有味，没有什么爽口的东西吗？

b. 사 둔 지 오래된 생선으로 만든 음식이라 맛이 타분하다. 买来的鱼放得时间长了，做出来后味道不太好。

(44) a. 일주일 넘는 장맛비 때문에 온 집 안이 터분하다. 梅雨持续了一周，家里都有霉味了。

b. 찬 바람이 불자 터분하던 정신이 맑아졌다. 一吹冷风，精神一下子爽快了。

第四，"고리타분하다"。这个词是"고리다"与"타분하다"结合形成的合成词，可以指味道不新鲜，难闻，让人作呕；也指所做所为、性格、气氛等让人烦，如(45)。"고리타분하다"的缩略语是"고타분하다、골타분하다、쿠리터분하다、구리터분하다"，也都具有以上两个意义。

(45) 할머니는 나에게 늘 고리타분하게 옛날 얘기만 하신다. 奶奶爱给我唠叨一些陈年旧事。

如上，韩国语的这些表达臭味的词都是三音节以上的形容词，这些词语在表达味道意义的基础上，有的产生了猥琐、吝啬之意，有的产生了奇怪、不正当之意，有的产生了天气或心情不好之意，有的产生了性格不好、令人心烦之意。

2.5 渴

"人的渴感分为三种类型:潜在渴感、人为渴感和焦灼渴感。潜在渴感又叫作习惯渴感,它是保持体表蒸发和适量补水之间平衡的自动调节机制。这种渴感使我们即使不渴也能喝下不少水。人为渴感是人类所特有的渴感。它与其说是自然需求不如说是人为奢侈。如为了平息渴感而消费的酒水。这种渴感代表性的就是酒鬼们的渴感。焦灼渴感是由于潜在渴感得不到满足,不断加强而导致的渴感。因为它伴随着舌头灼痛、上颚干燥和全身发热等症状,所以被称作焦灼渴感。这种渴感非常强烈,所以世界上许多语言中'渴'字都包含着极其贪婪迫切的欲望等含义"(萨瓦兰 2017:82)。

韩国语也毫不例外,虽然有的表达仅表达生理感觉,如惯用语"목(이) 타다"指非常渴,"목을 축이다"指喝水解渴。但韩国语里也有很多与渴有关的众多表达具有了渴望、贪婪的欲望之意。例如,"목(이) 마르게"指心急如焚,如(46)。惯用语"목이 마르다"还形成了合成词"목마르다",指非常想喝水,也用于"목마르게"形式比喻非常希望或感到非常可惜,如(47a)。"목마르다"也作动词,比喻非常希望得到某物,如(47b)。动词"목말라하다"意思是感觉口渴,比喻切身体会到不足,如(47c)。与渴相关还有很多汉字词具有类似意义,如"갈급증(渴急症)、갈증(渴症)、갈급령(渴急令)"都比喻就像口渴一样急切渴望某物,如(48)。

(46) 가출한 아들이 돌아오기를 목이 마르게 기다리다. 焦急地等待离家出走的儿子回来。

(47) a. 오래전에 헤어진 가족을 목마르게 기다렸다. 翘首等待分离很久的家人。

　　b. 사랑에 목마르다 渴望爱情

　　c. 평화를 바라는 사람들은 한국과 북한의 관계 정상화를 목말라했다. 希望和平的人们渴望韩国和朝鲜能实现关系的正常化。

(48) 전문 대학으로는 교육에 대한 내 갈증이 해소되지 않았다. 专科大学并没有满足我对教育的渴求。

　　与渴相关，还有"기갈(飢渴)"，指又饥又渴，虽然这个词本身没有比喻意义，但是惯用语"기갈(이) 들다"可比喻极度渴望拥有某物，如(49)。俗语"기갈 든 놈은 돌담조차도 부순다"比喻饥渴难耐的人会干出不可想象的事情。

(49) 역사 영화를 많이 찍다 보니 오히려 역사에 대한 기갈이 듭니다.《서울신문, 2017.06.23》拍历史电影多了，反而对历史感到更加的饥渴。

　　如上，对韩国人来说，味觉和嗅觉已经不是单纯的味道意义，已经成为韩国人认识世界、认识他人、评价他人的手段。所借用的手段不仅有味觉和嗅觉形容词，还有名词，以及与味觉和嗅觉密切相关的实物类。并且这些词语所表达的意义与给人带来的生理反应是一致的，引起美好生理反应的词语所表达的多是积极意义，否则表达的则一般是消极意义。

2.6 小结

味觉与嗅觉也是人类感觉器官之一。韩国语里与此相关的味觉、嗅觉词语都发生了通感隐喻，可以表达视觉、听觉等意义，也可以表达丰富的心理感情、性格、品行等抽象的意觉意义。除了味觉名词与形容词外，一些实物名词或俗语也都产生了抽象意义。

味觉与嗅觉词在表达抽象意义时一般具有较明显的感情色彩意义。

第三章

色彩与语言

3.1 引论

不同文化对事物的认识和分类不同，例如，颜色词在不同语言里有不同的词汇，在中韩两种语言里有赤橙黄绿青蓝紫七种颜色，而有的国家有5种颜色，有的则只有明暗两色，具体如表1所示：

[表1] 世界不同语言中的颜色词	
2 white black	Jalé(新几内亚高地)
3 white black red	Tiv(尼日利亚)[01]
4 white black red green	Hanunóo(菲律宾)
4 white black red yellow	Ibo(尼日利亚)[02]
5 white black red green yellow	Tzeltal(墨西哥)
6 white black red green yellow blue	Plains Tamil(印度)
7 white black red green yellow blue brown	Nez Perce(北美印第安)

01　根据《21世纪大英汉词典》，Tiv[tiv]指提夫人(尼日利亚南部贝努埃河下游的农民部族)，也指提夫语(属尼日尔—刚果语的中部分支)。

02　伊博语(Igbo)是一种通行于西非国家尼日利亚的语言，属于尼日尔-刚果语系的大西洋语支，有主要语言人口1800万，伊博语采用拉丁字母书写，有音调(百度百科)。

8-11 white black red green yellow blue brown /Purple/ pink/ orange/ grey	English(英语)

根据张公谨(1998:82-83)整理而成。

对不同文化中颜色词不尽相同这种现象的出现原因，沃德华 (2009:78-279)认为"科技不发达的社会里色彩术语最少是有一定 道理的；……另一方面，科技发达的社会有以上提到的全部11种色 彩"。中国颜色词的发达证明了这一观点是正确的。因为中国许多 表颜色的词语是随着上古时期丝绸染色工艺的发达而产生的，例如 "红、绿、紫、绛、绀、绯、缁、缇"等都是以"系"为形符的形 声字(邢福义 2000:121)，说明这些颜色词都与丝绸染色有关。

关于这种现象出现的原因有两种不同的意见。第一种意见认为 与视觉有关。代表性的是恩贝尔、恩贝尔(2016:130)所提出的，他们 认为"某种语言中基础颜色词的多少会受到某种生物因素的影响：眼 睛颜色更深(色素更多)的人比眼睛颜色更浅的人更难辨别光谱末端 的暗色(蓝-绿色)，所以可以推测：居住地距离赤道越近的人(这些人 眼睛的颜色更深，可能是为了防护眼睛不受强烈紫外线辐射的损害) 拥有的基础颜色词汇更少。"也就是说基础颜色词汇的数量多少与生 物和地理环境因素有关系。

第二种意见认为与文化有关。代表性的是奥莫亨德罗(2017: 173)，他认为基本颜色较少这种现象的出现"并不是说这些社会无 法看见这些颜色差异，而是说他们缺乏描述每一种颜色的词汇来区 分不同，实际上，他们会用'犀牛色'或'甜瓜色'这类称呼，很 恰当地做出区分。"并且，他还提出"某种具体的色彩名称，与某个 地区的生活方式最为契合。"他还引用Berlin & Kay(1969)的研究说 "用色彩装扮或用颜色区分自然特征的文化，其所使用的基本色彩名称也是最多的。""一个社会越大、越复杂，就会用到越多的基本色彩名称。"

不同文化不仅拥有不同的基本色彩名称，并且色彩词的象征意义也有很大的文化差异。例如在印第安人文化里黄色代表不祥，蓝色代表吉利(霍尔 2010/2015:109)。而中国则拥有传统的黄色文化，反之，西方则拥有传统的蓝色文化。中西这两种不同色彩文化的形成与地理环境有关，中国人拥有强烈的"恋上情结"，而古希腊人——西方人却重水而轻土，"在古希腊神话中，海神波赛顿占有很高的地位，荷马说:'海神夫妇是万物之父'"(陈丽芳 2005:26)。正因为这种不同的自然环境才造成中西不同的色彩观念:前者崇尚黄色，后者崇尚蓝色。

即使是在同样的东方文化圈里，颜色词有时也具有不同的象征意义。例如，比赛时，日本人一般分红队和白队，韩国人一般分蓝队和白队(조현용 2017:155)，而中国人一般分红队和蓝队，这反映出白、蓝、红在中日韩三种文化里具有不同的象征意义。

再看白人文化圈，例如Saroja Subbiah的一首诗《亲爱的白人》:

Dear White Fella	But you white Fella
When I am born I'm black	When you're born you're pink
When I grow up I'm black	When you grow up you're white
When I am sick I'm black	When you git sick you're green
When I go out ina sun I'm black	When you go out ina sun you go to red
When I git cord I'm black	When you git cold you go blue
When I git scared I'm black	When you git scared you're yellow
And when I die I'm still black	And when you die you're grey
	And you got the cheek to call me coloured

如上，在白人文化里，当人处于不同情况时，对自己身体的肤色有不同的颜色表达，这些颜色表达的使用具有强烈的文化色彩，即这些不同的颜色表达并不是视觉问题(平克 2015:137)。也就是说，某一种颜色在某个载体上产生何种象征意义，往往取决于不同民族的、文化的、宗教的习俗。每个民族不仅对颜色有自己独特的感受，而且对某种颜色的好恶往往左右于他们的宗教信仰或神话传说。

本章将根据色彩分类展开分析，首先分析色与光，然后分析原色、白色、黑色、黑白灰、红色、绿色、黄色、蓝色等的相关表达与意义。

3.2 色与光

《辞海》中解释说"色"是由物体发射、反射的光通过视觉而产生的印象，所以"色"来自于"光"，韩国语也不例外。下面分别来看一下韩国语固有词"빛"与汉字词"광(光)、색(色)"。

3.2.1 光、色

韩国语里光有固有词"빛"和汉字词"광(光)"。先看固有词"빛"，这个词是多义词，具体意义如表2所示：

[表2] "빛" 的意义

	意义	例子	对应汉语
1	光	빛 한 줄기 一束光	光
2	物体的颜色	맑은 날에는 바다의 빛이 더 푸르게 보인다. 晴天, 大海的颜色显得更蓝。	颜色
3	表情或眼、身体表现出的气色或态度。	얼굴에 난처한 빛을 띠다 面露难堪之色; 기쁜 빛 高兴的表情; 뉘우치는 빛 一脸悔恨; 경계의 빛 脸上充满警惕; 나를 귀찮게 여기는 빛 他的表情告诉我他很烦我。	色 表情 一脸
4	氛围	가을의 쓸쓸한 빛이 더해 가다 秋天的萧瑟之色更浓; 회의장에는 순간 긴장의 빛이 감돌았다. 会场内陷入一片紧张。	色
5	闪闪发光的光彩	찬란한 빛을 발하는 보석 发出灿烂光辉的宝石; 눈에서는 반짝반짝 빛이 나기 시작했다 眼睛开始熠熠生辉。	光辉 辉
6	比喻希望或荣光。	그의 사랑과 희생은 전 세계에 빛을 주었다. 他的爱与牺牲给全世界带来了光明。선생님은 우리 창수의 은인, 우리 창수 인생에 한 줄기의 빛 같은 분이세요.《아버님, 제가 모실게요, 47회》您是我们苍洙的恩人, 是我们苍洙人生中的太阳。	光明 太阳

　　"빛"有六个意义，基本义是光，其他五个意义都由基本义引申而来，这些意义有时与汉语的"光、色"或双音词"颜色、光辉、光明"对应，有时与"表情、一脸、太阳"等对应。与此相关还有惯用语"빛을 발하다"，指显露出自己的能力或价值，"빛을 보다"指业绩或能力显现出来，如(1a)；有时也用于否定句"빛을 못 보게 하다"，如(1b)，字面意义指使对方看不到阳光，可比喻无法施展抱负，根据剧情指将人关进监狱。

(1) a. 그의 재능이 빛을 보게 된 것은 훌륭한 선생님을 만났기 때문이다.他的才干能见天日，多亏遇到了一位优秀的老师。

   b. 한 성준 그 자식, 다시 세상 빛을 못 보게 할 거야. 《아버님, 제가 모실게요, 47회》 韩成俊那小子，我一定要让他在监狱里呆一辈子。

因为"빛"还有颜色意义，所以产生了很多颜色合成词，如表3所示，这些表颜色的词语主要与具体事物如"이슬、해、흙、장미"等有关，并且都产生了比喻意义，这些比喻意义与固有词"빛"的意义是一脉相承的。

[表3] "빛" 的合成词

词语	颜色义	比喻意义	例句
이슬빛	露珠的光	比喻亮晶晶的眼泪。	
햇빛	阳光	比喻流传于世并被称颂。	살아생전에 그의 소설은 햇빛을 보지 못하고 묻히고 말았다. 他在世时，他的小说没有问世就被埋没了。
흙빛	土色、带蓝黑色	比喻阴暗的表情或脸色。	그 말을 듣는 청년들의 얼굴빛은 금세 흙빛으로 변하였다. 《심훈, 상록수》 听了他的话，青年们的脸马上变成了土黄色。
장밋빛 (薔薇-)	玫瑰色	比喻乐观充满希望的状态。	모든 것 원하는 대로 다 해 주라고. 사람 정신 못 차릴 정도로 장미빛 환상 심어주라고 해. 계약서 봐도 바로 사인할 수 있게 말이야. 《다시, 첫사랑, 22회》 让他们按照她的要求来做，让他们给她很多玫瑰色/美妙的幻想，让她晕头转向的，好看到合同就能马上签。 장미빛 구상 玫瑰色的构想

如表3所示，"이슬빛、햇빛、흙빛"可以直译成汉语"晶莹的露珠、阳光、土黄色"，"장밋빛"虽然有时可译成"玫瑰色的"，但汉语"玫瑰色的"一般多与"梦境、梦想、憧憬"等搭配，所以有时并不能对应，如(2)，根据语境"장밋빛"可以译成"盲目"。

(2) 외교부 당국자는 '문 특보가 북한의 ICBM 관련 상황을 장밋빛으로 낙관하는 게 아닌가 싶다'고 헀다.《동아일보, 2017.07.07》外交部相关人士怀疑文特辅(总统统一外交安保特别辅佐官)是不是对朝鲜的ICBM状况太盲目乐观了。

与固有词"빛"相反，汉字词"광(光)"除了指一般光线外，还指物体表面被光反射而发出的韵致，有惯用语"광(을) 치다"，指发出光泽，如(3a)；也指吹牛皮、夸大事实，如(3b)，这种意义的产生隐含着:吹牛就是进行表面修饰，反映的是对做表面文章的一种否定思想。汉语一般用饮食用语"添油加醋"来表达。

(3) a. 구두에 광을 치고 다닌다. 穿着锃亮的皮鞋走路。
b. 이야기에 대충 광을 쳐서 말했으니 모두 놀랄 거야. 我讲故事时已经添了点油加了点醋，大家都会大吃一惊的。

光还有明暗之分，韩国语用汉字词"명암(明暗)"，统指明暗，如(4a)；也比喻高兴的事情与不高兴的事情或幸福与不幸，如(4b-d)，汉语分别用"幸福与不幸、得与失、是是非非"等。

(4) a. 이 사진은 명암이 너무 뚜렷하다. 这个照片色调非常
清晰。

b. 그들은 지금 이 순간이 그들의 삶의 명암을 영원히 바
꾸어 놓게 될 것이라는 것을 미처 깨닫지 못하고 있었
다. 他们并没有意识到这一瞬间会成为他们人生幸福
与不幸的拐点。

c. 서울시 버스운영 체제의 명암을 점검해 봤다.《동아일
보, 17.07.19》对首尔市公交车运营体制的得与失进
行了分析。

d. '올림픽 무대'로 도약한 강원도의 명암을 집중 조명했
다.《미주헤럴드경제, 2018.02.21》对一跃成为"奥
运会舞台"的江原道的是是非非进行了集中分析。

3.2.2 色

韩国语里表达色彩的词语非常多，其中固有词"빛깔"只有具
体意义。其他都是汉字词"색(色)、색채(色彩)、색조(色調)"，此
外还有混合词"색깔"，多用来比喻人的心理感情、政治倾向等，如
表4所示：

[表4] 与"色"有关的表达

颜色词	意义	例句
색	各种颜色或颜料	
	同类人所具有的同质东西。	그 사람은 보통 사람과는 색이 다르다. 他不同于一般人。

	色情、女色、色事等。	색에 빠지다 沉迷于女色 색을 밝히다 喜好女色
	脸色	
색깔 (色一)	颜色;政治或理念倾向。	내 색깔 사라진 것 같애 기분이 안 좋아.《흑기사, 18회》我的(服装设计)好像没了自己的特色, 所以心情很郁闷。이젠 다들 마지막 카드를 까는 순간 오는 것 같은데. 나도 색깔을 분명히 해야겠지.《당신은 너무 합니다, 31회》看来现在到大家最后亮牌的时候了。我也得表明自己的立场了。
색채 (色彩)	颜色;表现事物或对待事物的态度中所表现出的一定倾向或性质。	민족적인 색채 民族主义色彩
색조 (色調)	色彩的调和;美术学意义上的色彩强弱状态;倾向或性质。	진보적 색조를 띤 소설 具有进步色彩/倾向的小说

如上, 汉字词 "색" 是多义词, 当用于第二个意义时, 有惯用语 "색(을) 갈다", 指改变风格, 如(5a); 用于第三个意义时, 有惯用语 "색에 밭다", 指热衷于女色, 而 "색을 쓰다" 指男女性交, 或俗指卖弄风骚。用于第四个意义时, 有惯用语 "색(을) 먹다[머금다]" 指内心发怒而严肃起来或板起脸来, 如(5b)。

(5) a. 이 가게는 수시로 색을 갈아도 매상에는 별 차이가 없었다. 这个商店虽然把风格改了好几次, 但生意还是老样子。

    b. 가진 돈이 없다고 하자 깡패 녀석은 색을 먹은 얼굴로 나를 노려보았다. 一听说我没有钱, 那个痞子马上板起了脸, 恶狠狠地瞪着我。

"색깔"是"색"的派生词，指政治理念或倾向，"색채"与"색조"除基本义外，都比喻倾向或性质。这三个词抽象意义的形成与汉字词"색"有关。"색"还有派生词，如"정치색 政治色彩"，以及单纯词"사색(死色)、난색(難色)"等。

　　韩国语还有汉字词"윤색(潤色)"，指打磨使有光泽、漂亮，也比喻夸大美化事实，如(6)。这与前面的"광을 치다"表达类似的意义，都反映了对修饰的否定思想。

　　韩国语还用色味来比喻人，如"무색무취(無色無臭)"意为没有任何颜色和味道，比喻没有任何瑕疵、非常干净，如(7)可以比喻人，但汉语"无色无臭"和同义词"无色无味"一般不修饰人。

(6) 그는 들은 이야기를 윤색해서 들려주었다. 他把听到的故事又加工了一下讲给了我们听。

(7) 보수나 진보의 이념 성향으로 분류할 수 없는 무색무취한 판사라는 얘기도 듣고 있다.《동아일보, 2017.12.08》大家认为他是一个无法用保守或进步理念来区分的非常正统的法官。

3.3 原色

　　"원색(原色)"有五个意义，第一个指本来的颜色，第二个指绚烂的色彩，如(8a)；第三个指绘画或照片本来的颜色，义同于"기색(基色)"；第四个指成为所有颜色的基本色，如红、绿、蓝，在颜料里则指"자홍、청록、노랑"；第五个指没有修饰的本来的状态，

也指赤裸裸的状态，如(8b)。

派生词"원색적(原色的)"指具有强烈色彩的，或那样的，如(9a)；也指批评或表达非常露骨，或那样的，如(9b)，汉语可以用"粗俗"来表达，这是由视觉和触觉感觉词形成的抽象词。而(9c)中，汉语也可以用饮食用语"原汁原味"来比喻强度之大。

(8) a. 원색의 요란한 옷차림 华丽绚烂的衣服

b. 자유한국당은 경찰에 대한 원색 비난을 사과하고 자신을 성찰하는 시간 가져야 한다. 《아시아경제, 2018.03.25》自由韩国党要对自己谩骂警察的行为道歉，要进行自我反省。

(9) a. 원색적 작품 세계 色彩强烈的作品世界

b. 강의에 대한 진지한 의견은 없고 자신을 향한 원색적 욕설만 넘쳐났다. 《동아일보, 2017.07.19》他们不对授课提出真诚的意见，而是对自己展开了粗俗的人身攻击。

c. 대부분 원색적 비난이 담겨 있었다. 《동아일보, 2018.02.15》大部分都是原汁原味的/粗俗的指责。

3.4 白色

朝鲜民族以崇尚白色著称于世，朝鲜和韩国的国旗都用白色作为底色，百姓喜欢穿白色衣服，自称白衣民族。他们尚白的由来有很多种说法，在生活中也有很多特殊表现，并且形成了特殊的语言表达。

韩国人尚白的传统说法主要有三种:一种是源自箕子东渡传说,箕子是殷商的遗民,殷商尚白,故箕子将尚白的习俗带到了朝鲜;第二种说法是出自朝鲜民族的神话故事;第三种说法是18世纪中叶朝鲜实学思想家洪大容的解释:"我国以东方,故本尚青。百余年前,国丧[03]连仍,十余年穿白,因习以为常。近颇禁之,而终不变。《吕氏春秋白话今译》"。

除了以上解释外,还可以从多个角度去分析,其一是可以尝试从地理环境角度区去分析。海勒(2017:6)曾提到"爱斯基摩人掌握很多关于白色的名称,……因为爱斯基摩人必须在一个白色的世界里辨认方向。"那么韩国人热爱穿白衣,是不是与地理环境有关?因为朝鲜半岛也有大片大雪不断的地区。

其二,也有人认为,韩国人喜爱白衣可能与蒙古族有关,因为蒙古族喜爱白衣[04],并且统治过韩国(주강현 1996:89)。

其三,有的认为韩国人喜欢白色,是因为白色本身非常纯粹、象征完全的和谐(주강현 1996:90-91)。

其四,韩国尚白也可能与过去印染业落后有关。韩国语有汉字词"소족(素族)",指没有官职的平民百姓,这与汉语"白衣"意义相同。之所以用穿白来比喻平民,是因为过去有官职之人的穿戴

03　与丧服有关,东方社会都是白色丧服,但巴西是紫色丧服,墨西哥是黄色丧服,科特迪瓦是深红色丧服。(이어령 2002/2011:70)

04　蒙古族尚白,蒙古包都是白色的,蒙古人穿的衣服也是白色的。传说中成吉思汗骑白马,《马可·波罗游记》记载:"每逢新年,举国白衣,四方贡献白色的织物,白色的马匹,人们互赠白色的礼物,以为祝福。"古代流传到今天的琉璃瓦都是黄色、绿色、蓝色,甚至黑色的,白色的很少,流传到今天的白色琉璃瓦都是元朝时烧造的。元太祖成吉思汗像、元世祖忽必烈像以及元世祖出猎图中,两人都是身着白衣。(马未都 2017(8):58-59)

都有一定的颜色规定。并且在过去,"决定着装颜色的并不是品位,而是金钱。昂贵的面料用昂贵的颜料印染,便宜面料的染料自然价格低廉(海勒 2017:5)",从这个角度看,本研究认为,韩国过去百姓都穿白衣的原因之一是因为白色是自然色,不需要印染,最便宜。

其五,韩国人穿白衣也与心理因素有关,有的认为韩国人认为自己是太阳、老天爷的子孙,并且认为太阳光是"흰빛 白光",所以以穿白衣为豪,最后发展成了民族着衣习俗(최남선《조선상식문답》转引自주강현 1996:85)。也有人认为"在有生命、有欢乐的地方才会有色彩,身体张扬的地方才会光彩散发。夜晚、死亡和悲剧都拒绝色彩。而韩国人的历史充满了抑郁和苦闷,生活不但压抑而且泪水不断,在这样的背景下,色彩自然不会绚丽。"(이어령 2002/2018:256-257)所以韩国人的服饰多白色也与这种心理因素和历史背景有关[05]。

其六,关于韩国人喜欢穿白,이규태(2009(2):38)给出了一个新的解释,他认为尽管穿白衣给韩国女人带来了整体劳动量的45%[06],但过去的韩国女人仍然不放弃这种穿衣习惯是因为韩国女人无意识中知道忙着是幸福的,无事可做是不幸的,对韩国人来说,干活忙碌着已是生活中不可分割的一部分。

韩国人尚白的传统也影响他们的日常生活习俗。例如,韩国人在结婚随份子时会用白信封装钱,这与中国人一定要送红包截然不同。记得在新版的百元红钞刚发行时,有的中国人随份子还会刻意

---

05 过去韩国人穿艳丽服装的主要是贵族,因为有经济基础和精神上的余裕,第二是结婚时,第三是无忧无虑的孩子们。

06 韩国人的白衣服三四天就会变脏,因此要全部拆了用灰水洗净晒干,然后上浆晾干,之后用棒槌敲打展平,最后用熨斗熨平再缝起来(이규태 2009(2):38),所以工作量非常大。

地去银行把旧版的蓝钞换成红色的，图的就是给对方一个喜庆。

　　不管韩国人是因为什么原因喜爱白衣，但韩国人的这种服饰特点已经影响到其语言表达。例如，固有词"하얗다"用于"하얗게"形式，可以形容人多，如(10)。

　　(10) 사람들이 하얗게 몰려왔다. 人们来了黑压压的一片。

　　如上，这句话字面意义是"人们来了白乎乎的一片"，汉语却用"人们来了黑压压的一片"，也就是说，韩国语在形容人多时，视角集中在人们的服装之上，大家都穿白衣，所以白衣成了最突出的特征。但对中国人来说，服装颜色不统一，所以视角被集中到了头发上，所以就成了"黑压压一片"。不过韩国语有时也用"까맣다"来比喻人多。

　　韩国语还用"하얗게"的形式来比喻睁着眼睡不着，如(11)，汉语没有此类用法。

　　(11) 그날 밤 정말 하얗게 잠이 오지 않았다.《김용택[07],
　　　　 2004:23》那天晚上真的一点也没有睡着。

　　当然，中韩两国也有相同的地方，在比喻人紧张时，汉语用"大脑一片空白"，韩国语用"머리가 하얘지다"，都与白有关，不过汉语的"空白"与韩国语的"하얘지다"强调的都是"没有、不知道"之意。但韩国语里不仅固有词"하얗다"有此意，汉字词"백판(白板)"也有此意，这个词本来指白色的板子，但也比喻什么都

07　诗集《시가 내게로 왔다2》, 서울:마음산책, 2004。

没有的状况或什么都不知道的状态，如(12a)；作副词时则指非常生疏，如(12b)。

(12) a. 그야말로 영문을 모를 백판의 소리를 하는 것이
　　　　다.《염상섭, 백구》他这可真是什么也不知道啊。
　　　b. 백판 모르는 일을 안다고 할 수는 없소.《심훈, 상록
　　　　수》不能不懂装懂。

韩国语里与白有关还有"백지장、백지화"等，多用来比喻人脸色苍白。"백여우(白--)"用来骂妖邪的女人，"백골집(白骨-)"俗指没有任何丹青的宫殿或没有上漆的房子，而"백골단(白骨團)"俗指镇压示威群众的便衣警察。

因为韩国人思维里有"白色的是没有内容的"这种意识，所以才有了"흰소리"指没用的话，所以也就有了用喜鹊肚子作比喻的用法，如"까치 배 바닥[배때기] 같다"是用喜鹊的白肚子来嘲笑人总爱说没有实际内容的话。而颜色白净的"멍덕꿀"也被俗指傻瓜，这种意义的产生与韩国语里白色所具有的消极意义不无关系。

如上，虽然韩国人是白衣民族，但白色在韩国语里具有较强的消极色彩。

3.5 黑色

在非洲，黑色是最美丽的颜色，黑色象征独立自主的国家新生的自我意识，黑丝象征美好的土地，黑色之星象征自由（海勒

2017:132)。但一般情况下东西方文化中黑色基本都具有消极的象征意义，正像海勒(2017:133)所说："任何事物一旦加上'黑色'的属性，便表明它属于禁止的范畴"。例如，中国文革期间所形成的大量与"黑"有关的消极表达中，"黑名单、黑材料"等仍具有生命力(李国正　1991:150)，西方也有类似的"블랙리스트(blacklist)"，韩国则有"흑표(黑表)"指记录敌国中禁止交易人物、人名与住址的账簿，也指记录需要注意的危险人物、人名与住址的账簿。在贬称黑人时，韩国语用"흑귀자(黑鬼子)"，当然也用来嘲笑皮肤黑的人。

此外，韩国语还有很多与黑有关的表达，这些表达既有惯用语也有词语，既有汉字词也有固有词，且都具有消极意义。

3.5.1 汉字词

首先看形容词"암흑하다(暗黑--)"，这个词除了指又黑又暗之外，还比喻非常暗淡、悲惨，如(13)，汉语里一般不用"暗黑"，而是根据搭配有不同的用法，如"前途渺茫"。

(13) 생각할수록 자기의 앞길은 암흑한 절벽이었다.《이기영, 신개지》越想越觉得自己前途渺茫。

"암흑"还有很多合成词，其中"암흑가(暗黑街)"指犯罪或暴力、不法行为横行的地区或那样的组织世界，"암흑세계(暗黑世界)"比喻道德、理想衰败而被犯罪与暴力支配的无法天地，这样的社会称作"암흑사회(暗黑社會)"或"암흑천지(暗黑天地)"，不过

后者还指具体的又黑又暗的状态，如(14)，汉语用"漆黑一片"。

(14) 전기가 끊기자 거리는 암흑천지로 변해 버렸다. 一停
电，街道就成了漆黑一片。

非洲大陆因为文明发达程度比较落后也被称作"암흑대륙(暗黑
大陸)"。这样黑暗的时代或时期称作"암흑시대(暗黑時代)、암흑기
(暗黑期)"，前者还特指西方的中世纪。社会或人生的又黑又丑恶的
一面称作"암흑상(暗黑相)、암흑면(暗黑面)"。

汉字词中还有"흑심(黑心)"，指充满阴险、消极欲望的内心，
如(15)，汉语"黑心"虽然也有这个意义，但有时两者并不对应，
如(15a)译成"鬼胎"，(15b)译成"没安好心肠子"。如果是内心充满
消极阴险想法的人则贬称为"흑심꾸러기(黑心——)"。

(15) a. 흑심을 먹다 心怀鬼胎
    b. 이 새끼!내가 너 두 번씩이나 소주 집앞에 데려다 주
       었을 때 흑심 품는 줄 알고 있었어.《도둑놈, 도둑님,
       13회》你小子！你两次送少珠回家的时候，我就看
       出来你没安好心肠子！

"흑싸리(黑--)"指花牌中画有黑色胡枝子的牌，也贬称喜欢
毁谤他人的人，而"흑싸리 깝대기[껍데기]"比喻没有任何用处的
不起眼的东西。"흑기(黑氣)"比喻不吉利的阴森森的气韵。"흑막
(黑幕)"比喻没有显露出来的阴险内幕。"흑수(黑手)"指做阴险事
情的手段。

与云有关，汉字词"흑운(黑雲)"和固有词"먹구름"都可比

喻非常惨淡的状态或情势。与墨有关，还有"먹통01"嘲笑傻瓜，而"먹통02"的惯用语"속이 먹통"比喻外表正直，内心肮脏。

3.5.2 固有词

固有词"검다"的定语形式发展出很多合成词，如"검은손"比喻内心凶险的行动或力量，义同于"마수(魔手)"，如(16)。"검은돈"指贿赂或其他以非正当方法交易的钱，"검은약(--藥)"是"아편(阿片)"的隐语。

(16) a. 검은손을 뻗치다 伸出黑手/魔掌。
　　 b. 검은손을 드러내다 露出凶狠的面目。

固有词惯用语"눈이 캄캄하다"指精神恍惚，没有任何想法，或者比喻不识字。"한밤중(--中)"指深夜，但也可比喻对某事毫不知情的状态，如(17)。而"검정새치"比喻假装一伙但背后却替别人通风报信的人，"검측이、검측측이"比喻阴险贪婪的态度。

(17) 너는 아직 한밤중이구나! 담임 선생님이 전근 가셨어.
　　 你还蒙在鼓里啊！班主任已经被调走了。

韩国人还利用乌鸦黑这一特点来比喻人，如"까마귀가 아저씨 하겠다""까마귀와 사촌"用来嘲笑手脚或身体上灰太多，很脏。因为韩国的狱警都穿藏青色的制服，所以韩国罪犯还用乌鸦来指监狱的狱警，而"까마귀발"多比喻又黑又脏的脚。

与黑色有关的事物还有"먹、먹칠(-漆)",可以比喻抹黑他人。

3.6 黑白灰

虽然在韩国语里白色也具有较强的消极色彩,但当与黑在一起时,白就代表积极与肯定。例如,俗语"빛은 검어도 속은 희다"意为外表虽然很暗,但内里却非常清廉、干净,这里的固有词"희다"与"검다"对应的分别是干净与黑暗。此外,还有汉字词"흑백(黑白)、조백(皂白)"都比喻正确与错误,"흑백불분(黑白不分)"比喻是非不分,这些汉字词里的"백"都代表积极意义。

汉字词"백색(白色)"意为白色,也象征资本主义,但在一些词组或合成词里却表达中性或积极意义,如(18)中的"백색 소음"是中性意义。"백색선전(白色宣传)"指用值得信任的证据或资料来宣传,是积极意义。

(18) 백색 소음이라고. 적당한 소음은 집중력에 더 좋댔어
    요.《빛나라 은수, 83회》这叫作白噪音。说是适当的
    噪音反而能提高注意力。

与白色代表善意、良好相比,黑色和灰色都具有消极意义,如"흑색선전(黑色宣传)"指制造谣言中伤对方或制造混乱的政治手段,如(19a)。类同于"흑색광고(黑色廣告)"。"회색(灰色)"指政治立场不分明,当然也用来指一般立场不明,如(19b)。"회색선전(灰色宣傳)"指不说明确切出处或根据的模糊不清的宣传。

(19) a. 흑색선전과 근거없는 비방으로는 절대 국민의 지지
　　　 를 받지 못할 것임을 명심하길 바란다. 《동아일보,
　　　 2017.06.21》请记住:制造谣言和没有根据的诽谤绝
　　　 对得不到国人的支持。

　　　b. 이 분하고 이 분은 회색인데 표기는 잘못 되어 있군
　　　 요.절대 믿으시면 안 됩니다. 《사랑이 오네요, 100
　　　 회》这一位与这一位是中间人士，您标错了。绝对
　　　 不能相信他们。

3.7 红色

　　在西方语言里，红色多象征流血、暴力、危险等意义，所以
霍克斯在将《红楼梦》译成英语时，题目就译成了《The Story of
Stone》，并且将《红楼梦》中与红有关的表达都换成了其他表达，有
时非要用颜色词时，则改用"green"来代替"red"，如"怡红院"
译为"The House of Green Delights"，"怡红公子"译为"Green
Boy"(左飚 2009:35)。西方有霍桑的长篇小说《红字》，韩国也有电
影《주홍글씨》，这里的红色都具有消极的文化意义。

　　中国人喜欢红色是众所周知的事实，红色在中国具有丰富的文
化意义，红色象征吉祥，但妓院招牌、红灯区的红色意味着道德的
沦丧；过去表示判死刑时一般用红笔来圈点人名；在现代社会红色还
象征革命。

　　现在，世界通用的还有红色交通灯代表禁止通行，与此相关有
这样一段历史，1966年文化大革命开始后不久，红卫兵发表声明:红

色是革命的颜色，红灯必须让人高歌直进，全国的十字路口全部换成"绿灯停车"，虽然当时国内路上汽车很少，却还是出现了一些灾难性的车祸(赵毅衡 2015:165)。

至于全世界为什么都使用统一的交通信号灯，是因为色彩的使用不依赖于色彩本身，而是依赖于它在周围环境中的效果。"无论白天还是晚上，红色都是最不自然的色彩，因此它能在天空和自然风景的环境中仍然引人注目"(海勒 2017:70-71)。也就是说，红色信号灯代表禁止通行源于它的实际功用，具有客观性，是不受人们主观意志以及红色的文化象征意义限制的。

对韩国人来说，他们是尚白民族，但并不代表他们不喜欢红色，例如，韩国人将红色定为宫廷颜色，"주칠(朱漆)"只能用于宫中物品。另外，韩国传统韩服尤其是女性韩服多采用大片的红色，并且还有俗语"이왕이면 다홍치마"，意思是既然选择就选择红色，比喻既然选择就选择好的。韩国人传统的结婚礼服一般也是大红色的，这是因为韩国人认为红色是南方的象征，能够驱走象征阴间的鬼怪，这与巫婆也都穿红色系列的服饰是一致的(이규태 1991:143-149)。

此外，红色一般象征女人，如"기라홍군(綺羅紅裙)"指打扮华丽的女人，"홍일점(紅一點)"比喻群体中只有一个人夺人耳目，也比喻很多男人中间有一个女人，如(20)，也称作"일점홍(一點紅)"。如果是一个男人处于多个女人之间则称作"청일점(清一點)"，汉语用"葱花"。

(20) 그녀는 우리 과의 홍일점이다. 她是我们系唯一的女生。

韩国语还有"빨간 줄"，指有前科，如(21)。

(21) a. 무슨 일이 있어도 니 호적에 빨간 줄 안 가게 만들
어.《빛나라 은수, 95회》不管发生什么事情，我都
不会让你的户籍上被画上红线的。

b. 이러다 감옥살이하면 어쩌라구? 호적에 빨간 줄 남으
면 사람 취급 못 받아.《폼나게 살 거야, 22회》这样
下去要是蹲了监狱怎么办？户籍上要是留下印记，
没人会拿你当人看啊。

与白色相比，虽然红色不是韩国社会的代表性颜色符号，但
1995年12月韩国足球球迷们自动组建了名为"붉은악마"的啦啦队，
统一穿起了红色的T恤以象征斗志、激情和胜利。韩国足球队的优异
表现使红色T恤不仅成了韩国啦啦队的符号，如果身处当时的比赛现
场，甚至还会觉得那就是韩国的符号。

3.8 绿色

前面提到霍克斯将《红楼梦》中的红译成绿，但是杨宪益版的
《红楼梦》采用了忠实原文的译法。至少作为中国人，即使意译一般
也不会选择将红译成绿，因为绿色对中国人来说，是贬义性很强的
颜色词。

《汉书·东方朔传》中有"董君绿帻傅韝，随主前，伏殿下。"
颜师古注："绿帻，贱人之服也。"（许嘉璐 2011/2016:12）这里的"绿
帻"就是绿头巾。随着社会的发展，《元典章》有记载说娼家的男子
需要戴绿头巾，表明社会地位比较低（马未都 2017(3):193）。也就是

说绿色在过去是身份低下的象征。因此，在中国，绿色尤其是绿帽子演变成了贬义，深深影响着老百姓的生活。

环球网2017年5月3日有一条题为"中国女子赴美行房后遭32刀砍杀，只因一条绿枕巾"的报道，说是丈夫因为看到新婚之夜床上有一对绿色枕巾而误以为新婚妻子给自己戴绿帽子，因此记恨在心，最终对妻子痛下杀手。从这则报道可以看出，在中国婚姻爱情关系中，即使是绿色的物件也会让敏感的人产生不好的联想。

韩国语里绿色有固有词"파랗다"，这个词既可以指绿色，也指蓝色，并且还有比喻意义。韩国语里与绿色相关的词语绝大部分都是汉字词，如"녹색(綠色)、진녹색(津綠色)、선녹색(鮮綠色)、초록색(草綠色)、연두색(軟豆色)"。还有很多与女人有关的文化词也是汉字词，例如，"녹창(綠窓)"指闺房，"녹당(綠堂)"指女子的住处，"취장(翠帳)"比喻夫人的寝室；"녹의홍상(綠衣紅裳)"指漂亮的年轻女人的衣服，"청상(青裳)"指绿色裙子或穿绿色裙子的女人，特指妓女；"녹발(綠髮)"指光泽云润的头发，"녹운(綠雲)"比喻女性浓而密的黑发。此外，"녹창(綠窓)"还指穷苦女人住的地方，反义词"홍루(紅樓)"指红色的楼阁、富家女孩住的地方，也指妓楼。

韩国语还有俗语"초록은 동색"，意思是草色与绿色是同一颜色，比喻名称虽然不同但实际是同一种东西，也比喻处境相同的人们成为一伙。而"초록은 제 빛이 좋다"意思是草绿认为和自己一样的颜色好看，比喻应该与处境、水平相同的人一起相处[08]。

08　韩国语里不仅用颜色词来表达类似的意义，还用物品来表达相似意义，如"그 속옷이 그 속옷이다"与"초록은 동색"同义。

3.9 黄色

"在西方，黄色是识别所有受到社会排斥人群的颜色"，如15、16世纪的娼妓戴黄色的头巾或者穿黄色的披风或者戴黄色的面纱或者配黄色的鞋带，非婚生育的妇女也必须穿黄色的衣服，基督教徒曾宣布黄色为犹太人的色彩，纳粹分子曾强迫犹太人佩戴黄色六角星的标志。为什么西方文化中的黄色具有这么多的消极意义呢？其一是因为黄色非常明亮，穿黄色衣服的人能轻易就被发现；其二，穿淡黄色衣服的人会显得衰老和病态；其三，发黄还是衰老和腐变的标志；其四，烦恼和疾病、不良的生活状态也可以使皮肤变成淡黄色。(海勒 2017:189)

在中国古代，黄色兼具积极意义与消极意义。首先看黄色的积极意义，例如"黄花闺女"指没出嫁的女孩，古代皇帝穿明黄色，皇太子用杏黄色，皇子用金黄色(马未都 2017(1):27)，汉族之所以喜欢黄色是因为农耕民族对黄土地最亲，所以黄色被定为皇宫等级的第一颜色(马未都 2017(3):22)。中国的这种黄色文化具有积极意义，具有非常强的文化特性。此外，中国文化里的黄色也具有"病态、没有希望、不成熟"等消极意义。

在韩国，黄色除了具有与中国相似的"病态、没有希望、不成熟"等消极意义外，还具有吝啬、生气等特殊的文化意义。

首先，"노랑꽃"指因营养不良、过度劳累或疾病而脸色变黄的状态，如(22)。类似的还有"동방 누룩 뜨듯"，比喻人的脸色非常黄，看起来没有力气。

(22) 청년은 영양실조인 탓인지 얼굴에 노랑꽃이 피어 있었다.《김정한, 수라도》年轻人可能是营养不良，脸色暗黄。

其次，韩国语里的黄色还象征不成熟，此时一般多表现为汉字词。其中，"반청반황(半靑半黃)"比喻不成熟。小鸟的喙开始是黄色的，所以"황구소작(黃口小雀)"用来贬称小孩子或不成熟的人；"황구(黃口)、황구소아(黃口小兒)、황구유아(黃口幼兒)"指充满乳臭的人，贬称不成熟的人；"황구서생(黃口書生)"指就像充满乳臭味的小孩子一样的书生，用来贬称年轻的书生；而"황구유취(黃口乳臭)"意思是就像小孩子一样还充满了乳臭味，用来嘲笑又小又低贱的人。

第三，韩国语的黄色还表达身体感觉或感情状态，此时一般表现为固有词或惯用语。例如，与黄色有关的惯用语"하늘이 노랗다"比喻看不到希望，"하늘이 노래지다"比喻气力突然用尽或受到打击，精神眩晕。与韩国语相反，汉语一般用"眼前发黑"或"两眼一抹黑"，出现的颜色词是"黑"。韩国语里在表示生气时用与蓝黄有关的"푸르락누르락"或"누르락푸르락"或者与红蓝有关的"붉으락푸르락"或"푸르락붉으락"，如(23)，虽然可以直译，但汉语多用"红一阵白一阵、青一阵紫一阵"，也就是说，在表达相似的心理感情时，汉韩两种语言所用的颜色词是不同的。

(23) a. 그는 부아가 나는지 얼굴이 푸르락누르락 말이 아니었다. 他可能上火了，脸一阵黄一阵绿的，很不好看。

b. 아버지는 몹시 화가 나신 듯 얼굴이 붉으락푸르락 달아올랐다. 父亲脸红一阵青一阵的，好像非常生气。

由此可见，在形容脸色变化时，不同文化的颜色词不同，这与颜色词的规约化有关。

第四，韩国语里还用黄色来表达羡慕、吝啬、小气、机会主义

等心理状态、性格特征或思想。其中，"눈알 노랗다"比喻喜欢钱，汉语一般用"眼睛发绿"来比喻极其艳羡某物。韩国语还用黄来比喻吝啬，如"아주 송화색이라"，意思是非常黄，比喻吝啬得要命。"노랑이"除了指黄毛狗或者黄色的东西，也贬称那些心胸狭隘、非常小气的人。"노랑이짓"可以贬称那样的行动。"노랑돈"指过去用的黄色的叶钱，也用来贬称极其舍不得的少量的钱，如(24)。"노랑물"指黄色的颜料，在朝鲜语里还比喻机会主义思想。

(24) 그 구두쇠 친구가 노랑돈으로 밥을 산다니!那个吝啬鬼朋友竟然用自己那攥得出水的钱请客啊！

受西方文化的影响，韩国还出现了"노란리본"，这本来是祈求战场上的人平安归来的象征。2014年4月韩国发生了"岁月号"沉船事件，韩国人为了企盼当时的失踪者能够平安归来而在全国展开了系黄丝带的活动。当时韩国首尔市政厅前的广场就有专门为岁月号受害者建立的"焚香所"，周围都系满了黄色带子。

3.10 蓝色

英语有"blue Monday"，意思是烦闷的星期一，也比喻精神沮丧的时间，由此可见，英语里的"blue"表达忧郁之意。与英语"blue"的意义相反，韩国语里蓝色有"파랗다、새파랗다"以及"퍼렇다、시퍼렇다"等，每组的后一个词都是前一个词的强调词，这些词语都没有忧郁意义，而是有很多其他的象征意义，具体如表5所示：

[表5]"蓝色"的相关表达和意义

单词	意义
파랗다	天色很蓝。
	因冷或害怕而脸色或嘴唇发青。
	比喻心情不好、发火而显得很冷淡或很凶。
새파랗다	非常蓝。
	脸色或嘴唇非常青。
	刀刃等非常锋利。
	非常年轻。
퍼렇다	有点浊暗的蓝。
	因冷或害怕而脸色或嘴唇异常发青。
	刀刃类事物非常锋利。
	有生机和活力。
	比喻气势很盛，还强调有令人害怕的气场。
시퍼렇다	非常蓝。
	因冷或害怕而脸色或嘴唇非常青。
	刀刃类事物非常锋利。
	非常有生机和活力。

　　如上，这四个词语除了颜色意义外，都形容脸色发青。"파랗다"还用来比喻心情不好，如(25a)，其它三个词语还都比喻刀刃锋利，如(25b)。"퍼렇다"还有一个意义指气势很盛，如(25c)。"새파랗다、퍼렇다、시퍼렇다"还形容人年轻，如(26)。

(25) a. 얼굴이 파래서 묻는 말에 대답도 안 한다. 他铁青着
个脸，问他话，连回答都不回答。[09]

b. 날이 새파란 손도끼 泛着寒光的斧头

c. 사람들은 자기한테 이익이 되는 일이라면 모두 눈
에 퍼런 불을 켜고 달려든다. 只要是对自己有利的事
情，人们都眼冒绿光往前冲。[10]

(26) a. 그냥 핑크빛 소문 아니라 새파란 어린 여자 아이가
두 남자를 가지고 놀았다는 것 나왔으니까. 《그녀는
거짓말을 너무 사랑해, 12회》 这不是简单的桃色新
闻，而是一个年纪轻轻的小女孩脚踏两只船，玩弄
了两个男人，这样的绯闻出来了……

b. 죽었다던 사람이 퍼렇게 살아 있다. 传闻已经死了的
人却好端端地活着。

c. 눈이 시퍼렇게 살아 있다. 活得好好的。

　　如上，蓝色在韩国语里可以象征生机、活力、青春、气势等，
这些都是积极肯定的意义。这种思想也表现社会的其他方面。例
如，김용경(2005:49)研究发现，韩国商店的店名中与色彩有关的主
要涉及蓝色，要么是直接出现"푸르다"，要么是出现具有这种颜色
的词语，如"푸른바다、푸른솔、늘푸른、풀잎、하늘、한솔、소나
무、솔、솔밭、솔잎"等。不过，从这里也可以发现，对韩国人来说
"푸르다"的意义还包括绿色，因为与树木、草叶有关的"푸른솔、

09　朝鲜语言里"파랗다"还比喻气势很盛或者很年轻，其实这两个意义是相关的，因
为汉语就有"年轻气盛"的说法。

10　在朝鲜语里"퍼렇다"还指非常生气或发火而露出冷淡或凶色。

풀잎、한舎、소나무、舎、舎밭、舎잎"等在汉语里都用"绿色"来修饰。

根据前面的分析可以发现，视觉意义的色彩词语义都有了很大的扩展，除了指颜色意义外，还可以表达"性质、倾向""政治理念和倾向""批评很露骨的""没用、恐怖""没有想法、阴险、凶狠、惨淡""前科、不光彩""女人""病态、不成熟、低贱、头晕、呑啬、生气""年轻、生机、气势盛、心情不好"等，这些都属于意觉意义。

3.11 小结

虽然有的色彩具有一定的文化共性，但是很多色彩词在语义的引申过程中表现出了很强的文化性。从宏观角度来看，色彩词都发生了通感隐喻，发展出了抽象的意觉意义。从微观角度来看，韩国语里的色彩词也表现出了与世界其他语言与文化所不具有的文化性。

第四章

空间感觉与语言

4.1 引论

"如果我们寻找基本的空间组织原理，那么我们将发现两类事实，即人类身体的姿势和结构，以及人与人之间(或亲密或疏远)的关系。人类会根据自己的身体或者与其他人接触获得的经验来组织空间，以便所组织的空间能够满足自己的生物需要和社会关系需要"(段义孚 2017:27)。人类除了利用自己的身体来表达空间意义外，还根据空间方位、形状、地方或地点来对空间分类，这是个复杂概念，与触觉、视觉、听觉、意觉等密切相关。表现在语言上，就是大量空间意义的词语具有了多种意义，从而使空间语言具有了多义性。

本章主要分析与空间方位、空间形状以及地方、地点有关的空间词所具有的文化意义。

4.2 空间方位

具体的"空间被人类根据自己的身体结构区分为前后轴和左右

轴。垂直-水平、上下、前后、左右是人们推断的身体在空间中的位置和坐标"(段义孚 2017:28)，此外，空间方位还包括"内外、中心和边缘"以及"角落"，人类不仅将周围的世界分割成这些不同的空间，并且还赋予这些空间以抽象的文化意义，其文化意义都与地位、身份、级别、正当与否等有关。

4.2.1 上下

物理的高低会带来身份地位的高低，重要的建筑物总是建在台基上，"高大的纪念塔或胜利纪念柱比低矮的更让人肃然起敬"(段义孚 2017:30)。阿道夫·希特勒就是一个深谙此道理的演讲天才，希特勒除了具有杰出的演讲能力外，他还善于利用演讲场面的壮观宏伟，例如"成千上万踢着正步的军人，巨大的红色条幅高悬在威严高升的讲台之上，神秘(令人毛骨悚然)的聚光灯，瓦格纳进行曲。所有这一切都唤起一种震颤的情绪，把一种强大的权力感和重大历史意义传递给置身于集会的德国人"(津巴多、利佩 2007/2017:14)。

普通建筑也一样，房子的地基越高，数量越多，空间越大，说明身份越高。办公建筑、宾馆建筑中，位置越高意味着身份越高。

电视剧《돈꽃,16회》中，一楼的导引小姐对此有深刻说明：

(1) 일층에서만 일할 때 엘리베이터 타고 눌러서 갈 수 있는 층수가 꼭 그 사람 능력이라는 생각이 들었어요. 회장실도 펜타우스도 호텔 제일 좋은 방도 언제나 다 꼭대기에 있잖아요. 나만 일층에서 일해 봤고, 그때 나는 생각했다, 엘리베이터를 타면 갈 수 있는 층수가 꼭 그 사람의 능력. 회장 사무실, 빌딩 꼭대기 방,

宾馆最好的房间无不位于最顶端。

再如，电视剧《슈츠, 2회》提到，在某律师事务所大楼里，地下1-2层是资料室，3-5楼是准律师，6-7楼是一般合伙人，8楼是高端合伙人，9楼是会议室，10楼是VIP接待室，11-12楼是VVIP休息室，随着楼层的升高，人的身份也逐渐升高[01]。

物理上的高低也表现在语言上，韩国语里表示高低的形容词为"높다、낮다"，如表1所示：

[表1] "높다、낮다" 的意义

	높다	낮다
1	从下到上的长度长。	从下到上的长度达不到比较对象或普通程度。
2	从下到上的空间大。	可测量的上下数值或程度达不到比较对象或普通程度。
3	用数值所表现出的温度、湿度、压力等在平均值以上。	品位、能力、品质等达不到所希望的水平或普通程度。
4	品质、标准、能力、价值等在普通以上。	地位、职级达不到比较对象或普通程度。
5	价钱、比率等在普通以上。	声音在音阶以下或振动波数处于小的状态。
6	地位或身份在普通以上。	
7	声音在音阶以上或振动波数处于大的状态。	
8	名字或名声处于有名状态。	

---

01 不过家庭建筑好像比较复杂一些，现代多层公寓建筑中顶层或阁楼一般比较便宜，而中低楼层一般价格较高。如果是高层建筑，一般是楼层越高价格越高。

9	气势处于宏伟状态。	
10	某种意见与其他意见相比处于优势状态。	
11	梦想或理想很宏伟。	
12	声音的强度大。	
13	可能性等产生的几率大。	

　　如上，"높다"的意义要明显多于"낮다"，这种义项的差异首先反映的是语用频率的差异，因为只有一个意义语用频率非常高时，词典才会将其单独列成一个义项；而语用频率高反映的是人们对这种事物、现象或概念的重视，"높다"有13个义项，而"낮다"只有5个义项，这反映的是韩国人对"高"的关注和重视，对"低"的事物或现象的不重视和忽视；从具体的义项来看，"높다"不仅有具体的空间意义，还表达数量、品质、标准、能力、价值、价钱、声音、名字或名声、气势、意见、梦想等抽象意义，相反"낮다"表达的意义就非常笼统。

　　根据"低即不好"这种语义认识，"낮다"还通过"낮+브다(后缀)"派生出了形容词"나쁘다 坏"(천소영 2005:173)，从而完成了从"低"到"坏"这样的语义转化。

　　虽然"高、低"具有上述语义，但当与其他词语结合形成惯用语时，受文化和价值观的影响，也有可能产生其他语义，如中韩两国文化里都有对好高骛远的否定思想，所以韩国语里"눈이 높다"具有褒、贬两类意义，强调形式的"눈이 이마에 붙었다"和汉语的"眼眶子高"都只有贬义。

4.2.2 左右

韩国语里意为"右"与"左"的前缀分别是"오른-"和"왼-",其原型意义是固有词"옳다 正确"和"외다 误"的冠形词形式,之后发展成了前缀(고영진 1997:49-50;王芳 2013:33),它们的很多派生词以及相关的惯用语都产生了特殊意义。

例如,与身体器官有关的"왼고개"表示反对,"왼소리"指人的死讯,这两个词都具有消极性。

与一般事物有关的"왼새끼"指向左拧成的绳子,虽然本身没有消极意义,但因为一般拧绳子时都是右向的,所以"왼새끼"是反向的,其惯用语"왼새끼를 꼬다"产生了四个消极意义,比喻不知道事情会如何发展而焦躁,比喻非常担心地说或行动,比喻说话拗着来或阴阳怪气,比喻心怀鬼胎或打小算盘。与"왼새끼"有关还有俗语"왼새끼 내던졌다",比喻完全扔掉、不再理睬。

另外,还有与人体有关的惯用语"고개를 외로 돌리다"比喻歪头,"왼 눈도 깜짝 아니 한다"比喻一点也不吃惊,这里的"왼눈"比喻不重要的,"왼발 구르고 침 뱉는다"比喻虽然率先做事但很快就缩头,"기역자도 왼 다리도 못 그린다"比喻非常无知(김동섭 2013:82)。

由汉字词"좌(左)"形成的合成词也都表达消极的意义,如"좌족(左族)"义同"서족(庶族)";而"우"形成的合成词都表达积极意义,如"우족(右族)"指嫡子的系统,也指名门望族。

韩国人日常生活中也要区分左右,例如,摆放饭碗时,一般是饭左汤右,如果是祭桌,摆放规则正相反,所以如果把饭放在右边,那么就是祭饭(박갑수 2015:492)。韩国人给长辈行大礼时需要两手相合,一般男性是左手在上,右手在下,女性则正相反(김동섭 2013:87)。

4.2.3 前后

"前"与"后"都是空间意义，在此基础上也发展出了抽象的身份意义，如"전신(前身)"与"후신(後身)"分别指身体的前后，也比喻人的身份或身份、团体、公司等发生变化前的原体，"전신"也指佛教的"前生"。

与"前"相比，表达"后"意义的词语一般表达否定意义。例如与关系文化有关的"뒷손、뒷문、뒷구멍、배후、백、빽、뒷배"等都与"后"有关，都具有否定意义。"뒤"还是大便的委婉语，也婉指屁股。"뒤"还有很多其他表达，如"뒷구멍을 캐다[파다]"指找别人的毛病，"뒷구멍으로 호박씨 깐다""밑구멍으로 호박씨 깐다"比喻表面上很斯文稳重，但在别人看不见的地方却干奇怪的事情。

还有一些词都表达"不正当、偷偷摸摸"等意义，如"뒷주머니、뒷말、뒷소리、뒤안길、뒷거리、뒷골목、뒷걸음질、뒷공론、뒷방공론、뒷돈"等，这些词语已经没有了具体的空间意义，表达的都是抽象的消极意义。

4.2.4 内外、中心边缘、表里

关于内外，首先有"中心"与"核心"，两者都被用来比喻最重要的人或事物，韩国语里数学用语有"원심(圆心)"，但没有比喻意义。相关的有球心、震源、草木的内芯等具有比喻意义，具体如表2所示：

[表2] 与"中心"有关的词语意义

词语	概念意义	例子
구심 (球心)	球的中心。	
	比喻中心。	요즘 젊은이들에겐 생활의 구심으로 삼을 만한 기준이 없어 불안해하고 있는 것 같습니다. 现在的年轻人没有可当作生活重心的基准，所以看起来十分不安定。
구심적 (球心的)	起中心作用的。	구심적 역할/지위 中心作用/地位
구심점 (求心點)	球心运动的中心点。	
	比喻起中心作用的人、团体、思想等。	보수 지지층들이 구심점을 찾지 못하고 분산되거나 방황하고 있다는 것이다. 《동아일보, 2017. 06. 03》保守阵营的支持者还没有找到主心骨，仍然处于分散、彷徨的状态。문협은 50년이 넘도록 한국 문단의 구심점 역할을 해왔다. 《문화일보, 2018. 02. 02》五十年来，文协一直发挥着韩国文坛核心的作用。
진원 (震源)	比喻引起事件或骚动的根源。	분란의 진원을 파악하다 掌握问题的根源。
진원지 (震源地)	比喻引起事件或骚动的地方。	혁명 진원지 革命根据地 소문의 진원지 传闻的发源地 살충제 계란의 진원지인 유럽은 이미 한바탕 홍역을 치르고 있다. 《동아일보, 2017. 08. 16》作为"毒鸡蛋"发源地的欧洲已经因此吃尽了苦头。
고갱이	草木枝干最中心的内芯。	배추 고갱이 白菜心
	比喻事物的中心部分。	그의 삶 속에는 민족자존이라는 고갱이가 자리잡고 있었다. 在他的生活中居于核心地位的是民族自尊。

如上，与球心有关的"구심"、派生词"구심적"以及"구심

点"都产生了比喻意义，分别比喻中心、起中心作用的、起中心作用的人或思想等。与震源有关的"진원"可以比喻根源，"진원지"比喻引起骚动的地方。与植物内芯有关"고갱이"可以比喻中心部分。

与中心、圆心相反，如果处于边缘则是不受重视、没有地位的，所以韩国语里"변방(邊方)"比喻不重要的，如(2)。

(2) 여전히 축구계 변방에 가까운 한국《동아일보，
2017.04.16》仍然处于足球界边缘地带的韩国

与边缘有关，汉语有"敲边鼓、打边鼓"指从旁帮腔。韩国语类似的有"변죽(邊-)"，指碗碟、家庭用品、箭靶等的边角，惯用语"변죽(을) 울리다/치다"指拐弯抹角地说，与汉语"敲边鼓"不同。另外，"변죽을 치면 복판이 운다"意为敲山震虎。

不仅是形态上的中心和边缘具有这样相反的意义，表示内外的动作也具有这种相反意义。例如，与眼睛有关的动作表达中，与"눈에 담다、눈에 담기다、눈에 들어오다、눈에 넣어도 아프지 않다"等相关的动作是"放入眼中"，比喻关心、重视、认可，反之，与"눈에 나다、눈밖에 나다、눈밖에 나가다"等相关的动作是"脱离某人的视线"，比喻不关心、不重视。

"内外"还可以表达身份意义，例如，"안사람"指女性，而"바깥양반"指男性。

内外还有表面与内里之分。韩国语表示外、表面的有"겉"，与其相关的词语如果涉及人的言行，多比喻不重要、没有感情等消极意义。例如，"겉가지"比喻不重要的、非本质的东西。"겉귀"指不加注意、不经意地去听的耳朵或那样的听力，"겉눈질"指斜眼

看或把注意力放在不该注意的地方，"곁다리"指附属的东西或非当事人，"곁꾼"指帮手，"곁방석"指围绕在权贵周围的幕僚。"겉핥기"比喻不看详细的内容只看表面就应付过去。"겉치레"指只做表面文章。"겉울음"可以指失声痛哭，也指内心并不悲哀的干哭，而"겉웃음"指皮笑肉不笑或假笑。

4.2.5 远近

韩国语里表示远近有形容词"멀다、가깝다"，其意义如表3所示：

[表3] "멀다、가깝다" 的意义

	멀다		가깝다	
1	距离相距长。	집에서 버스 정류장까지는 매우 멀다. 从家到公交车站很远。	距离相距短。	우리 집은 학교에서 가깝다. 我家离学校很近。
2	达不到某个标准。	너의 그림 솜씨는 화가가 되기엔 아직도 멀었다. 你的绘画水平距离成为画家仍然还有很大一段距离。	达到某个标准。	일어나 보니 정오에 가까운 시간이었다. 起床一看，已经接近/快中午了。
3	关系不亲密、冷淡。	그가 멀게 느껴진다. 我感觉他离我很遥远。	关系亲密。	나는 그와 친형제처럼 가깝다. 我和他就像亲兄弟一样走得很近。
4	时间间隔长。	동이 트려면 아직도 멀었다. 离天亮还早呢。	时间间隔短。	둘은 가까운 장래에 결혼할 사이다. 他们俩不久的将来就要结婚。

5	亲戚关系不亲密。	먼 일가친척 远亲	亲戚关系亲密。	나는 가까운 친척이라곤 이모 한 분이 계실 뿐이다. 说起我比较近的亲戚的话，只有一位姨母了。
6	某段时间或距离到来之前。	그는 사흘이 멀게 병원을 다닌다. 他四天不到就去医院一趟。	性质或特性与某个标准相似。	다 큰 녀석이 하는 짓은 어린애에 가깝다. 已经长大成人的孩子行事却像小孩。

如上，"멀다、가깝다"都表示空间距离，但两者的意义已发生抽象化，可以指达到或达不到某个标准；关系是否亲密；时间间隔的长短；亲戚关系是否亲密等。此外，"멀다"的第六个意义指某段时间或距离到来之前，而"가깝다"第六个意义指与某个标准相似。也就是说，空间距离的远近带来的是抽象的标准远近、时间的远近、关系的远近。

除了用空间距离来比喻人的关系远近外，韩国语还可以用人与人之间的空间距离来比喻抽象事物的远近，例如汉字词"육박(肉薄)"指人与人贴得非常近，现在多用来指距离、数量、时间等非常接近，如(3)。

(3) a. 적진에 육박하다 靠近敌营。

　　 b. 회담이 타결점에 육박했다. 会谈已经几乎达成了妥协。

　　 c. 5만 명에 육박하는 관중들 接近5万名的观众

　　 d. 마감 시간이 육박해 온다. 快到结束时间了。

身体距离的远近还会带来心理距离的远近，所以身体距离也体现了关系的远近。如果表现在语言上，则体现为语言表达的长短，也就是说关系的远近与句子的长短成正比。

　　韩国人还用远距离来表达强调，如俗语"여산 칠십 리나 들어 갔다、십 리 눈치꾸러기、짐작(이) 팔십 리"都是用长度距离如70 里、10里、80里来表达强调意义。

4.2.6 角落

　　角落一般具有消极意义，其中"구석지다"指远离中心向一方 倾斜，如(4a)。惯用语"구석에 몰리다"指处境困难或很难堪，如 (4b)；"구석이 비다"指办事有漏洞或有不足之处。外来语"코너" 指一定空间的角落或路的拐角，比喻事情或状况无法打开局面的困 难处境，如(5)。汉字词"사각(死角)"意为某个角度看不到的范 围，也比喻关注或影响不到的范围。"사각지대(死角地帶)"比喻关 注或影响不到的区域，如(6)。

(4) a. 구석진 골방 角落处的小房子
　　b. 근데 이젠 내가 자기 뜻대로 안 움직이니까 일부러 날 구석으로 몰린 거야.《여자의 비밀, 53회》但现在因 为我不再听他的指挥，所以他故意把我往死胡同里 整。

(5) 더는 코너로 몰지 마세요.《사랑이 오네요, 63회》不要 再把他往死胡同里逼了。

(6) a. 경찰 수사의 사각지대 警察搜查的死角地带/盲点
　　b. 문명의 사각지대 文明的死角/盲点

4.3 空间形状

空间形状可分为"大小、长短、粗细、宽窄"以及"圆、突、尖"等。与这些空间形状有关的韩国语除了表达空间形状意义外，还会表达数量、程度意义，以及与人的能力、眼光、见识、品质、性格等有关的抽象意义。

4.3.1 大小

首先看与大小有关的形容词"크다、작다"，这两个词都是多义词，其意义具体如表4所示：

[表4] "크다、작다" 的意义

	크다	작다
1	外形长高宽、体积超过平常。	外形长高宽、体积平常。
2	衣服、鞋子超过正常尺寸。	大小不够定好的尺寸。
3	事情的规模、范围、程度、力量等非常大或强。	事情的规模、范围、程度、力量等不到普通水平。
4	人品优秀。	人品、想法不起眼。
5	声音强到刺耳。	声音弱小。
6	钱的金额单位高。	钱的金额单位低。
7	身体或心里所感受到的影响、冲击超过平常。	
8	想法的范围或度量广。	
9	无惧、勇敢。	
10	可能性很多。	
11	扩大范围的话。	缩小范围的话。

12	大体、大约。	
13	(性质)重要、优秀。	
14	长大。	
15	长大成人。	
16	水平或地位得到提高。	

如上，"크다"的1-13个意义都是形容词意义，14-16个意义都是动词意义。从义项的多少来看，"작다"的意义主要与"크다"的前六个意义相对应，没有"크다"所具有的第7-10、12-16等意义，这说明在韩国文化里"크다"所表达的这些抽象本质或意义是大多数人认为重要或所向往和追求的。

从具体意义来看，这两个词都从空间形状意义发展到了长度、规模、范围、程度、力量、人品、想法、声音、金额等，此外，"크다"的意义还扩大到了心理感受、性格、可能性、性质、水平、地位等，也就是说，形状的大可以象征人品、性质优秀、重要；水平或地位的高大，性格的勇敢，声音的强大等。相反，形状如果小则象征着不到普通水平、人品或想法不够格、声音弱小等。也就是说，与"작다"具有消极、否定意义相比，"크다"的象征意义是积极、肯定的。

4.3.2 长短

空间形状还包括"长短"，韩国语"길다"意为空间距离长、时间久远、文章或言语持续时间长，还指声音或叹息持续时间长。前三个意义的反义词是"짧다"，"짧다"还指资本、想法或实力等达不

到某个程度或标准，如"짧은 지식/안목 短浅的知识/眼光"。也就是说，与"길다"相比，"짧다"表达的第四个意义是消极性的。

韩国语里与长短有关还有一些具体的事物可以表达抽象的意义。例如，与麦芽糖有关的"엿가락을 늘이다""오뉴월 엿가락""촌놈 엿가락 빼듯"都可以比喻行动或说话慢、拖延。服饰语言中，衣服长、装饰品多意味着是上层社会的人，否则则代表下层社会。而书包带的长短则与知识多少、文化深浅有关系。

日常用品中，如烟袋的长度也与身份象征有关，越长说明身份越高。长的烟袋称作"장죽"，短的烟袋称作"단죽、곰방대"，韩国下层百姓如果用长烟袋，就要受刑。유득공在《경도잡지》里特别提到了吸烟风俗是如何体现上下贵贱的，"卑贱的人在尊贵的长辈、上司面前不能抽烟。宰相或高官经过的时候，如果有人抽烟，就折断他的烟袋，把人抓去打一顿。"因为韩国的烟袋太长了，嘴里含着烟嘴，自己的手就无法够着烟锅，所以就有了点烟的侍童。韩国还因此出现了《연경(煙經)》。(박태순 2009/2010：186-187)

4.3.3 粗细

韩国语里物体的直径大为"굵다"，此外，还指栗子、大枣、卵、雨点、汗珠子、雪花等东西体积大；也指字体的线条明显、粗大；也指声音大，想法或行动等的幅度宽大，如(7)；也指衣服布料等比较粗糙，或者空隙比较大。

(7) 할아버지는 일제 시대에 만주를 오가며 굵게 장사를 하
    셨다. 爷爷在日本统治时期来往于满洲地区，生意做得

很大。

　　"굵다"有两个反义词，其中"가늘다"也有与"굵다"相反的七个意义，虽然这两个词都不用来比喻人的言行，但有惯用语"선이 굵다"与"선이 가늘다"，都有两个意义，前者比喻长相结实、体格大，还比喻性格或行动大胆、有气度；后者比喻长相纤弱，性格过于拘于小节。与粗有关，还有"올(이) 되다"，其中"올"指线成绺，惯用语的字面意义是成绺了、变粗了，比喻很傲慢、固执。

　　"굵다"的反义词还有"잘다"，共有五个意义，第一个指粮食、水果、沙子等圆圆的东西或文字很小；第二个指有长度的东西体积细小，这都是具体意义；第三个意义比喻事情很小、琐碎，这是消极意义；第四个意义比喻态度细密、仔细，这是积极意义，如(8a)；第五个意义比喻想法或性格不大胆、很小气，这是消极意义，如(8b)。

(8) a. 소설을 잘게 분석하다 细致分析小说。
　　b. 그는 사람 됨됨이가 잘고 경망스러워 보인다. 他看起来很懦弱、轻浮。

　　如上，"잘다"第四、五个意义都与人有关，当指态度时是积极意义，但指想法或性格时却又是消极意义，这是从对人不同角度的观察所产生的两个性质相反的意义。

4.3.4 宽窄

韩国语里宽窄为"넓다、좁다",其中"넓다"指平面或地面等面积大,也指宽度大,这两个都是空间意义,在此基础上还发展出了抽象意义,可比喻心胸宽广,如(9a);也指内容或影响范围大,如(9b)。反义词"좁다"也有类似的四个意义,用于指人时,比喻心胸狭窄,是消极意义,如(10)。

(9) a. 넓은 아량으로 용서하다 宽宏大量地饶恕。

　　b. 넓은 식견 长远的见识。

(10) 마음이 좁다 心胸狭窄。

缝隙也有宽窄之分,例如"성기다、성글다"都指物体的缝隙大,这种空间意义还发展出了数量意义,指反复的次数或度数很少,如(11);从这个意义出发,还比喻关系不亲密。也就是说,见面的次数多少与关系的亲疏成正比。

(11) 매일같이 만나던 두 사람이 요즘 들어서는 만남이 성기다. 他们两人以前天天见面,但最近见得少了。

"배다"指物体的缝隙很小、很密,从这种意义出发,还发展出了抽象意义,指人的想法或眼光非常短浅,如(12)。

(12) 그는 속이 너무 배서 큰 인물은 못 되겠다. 他目光短浅,成不了大人物的。

如上,"넓다、좁다"多用来比喻人的心胸,但前者是积极意

义，后者是消极意义。与缝隙有关的"성기다、성글다、배다"指人时都具有消极意义，缝隙大意味着见面少、不亲密，缝隙小意味着目光短浅，这些消极意义的产生与基础意义"缝隙"的消极性有关。

4.3.5 圆、突、尖

空间形状中还有"圆、突、尖"等。与这些空间形状有关的词语除了基本的空间意义外，还有两种语义引申倾向，一是引申为积极肯定的意义，二是引申为消极否定的意义。

韩国语里表示圆的形容词有"둥글다"，比喻人际关系和谐，但是和谐了就意味着不突出，所以"두루뭉술하다"的基本义是没有棱角，比喻人言行不干练、不分明，是一种消极意义，如(13)。除此之外，圆形的鹅卵石也可以出现在俗语"장바닥의 조약돌 닳듯""장마당의 조약돌 닳듯"里，比喻人的性情变得非常圆滑。圆形的年糕"도래떡"也有类似意义，如"도래떡이 안팎이 없다"比喻非常圆滑很难做出判断。

(13) 말이 두루뭉술하여 의미가 분명치 않다. 话说得很乱，
　　　表达的意思也不分明。

表示突出有动词"불거지다"，意思是圆圆的东西从物体的表面上露出来，如(14a)；多形容面貌中眼睛比较突出，如(14b)；也比喻某事物或现象明显变大或突然产生，如(14c-f)，表达的都是消极意义。也就是说，"불거지다"在比喻外貌或者表达抽象意义时都是消极的，由此可以看出，"异乎寻常的突出"隐含的是消极意义。

(14) a. 해어진 양말 밖으로 발가락이 불거지다. 破了的袜子露出了脚趾头。

b. 그는 겉으로 두드러지게 불거진 눈을 갖고 있다. 他长了双格外突出的眼睛。

c. 커다랗게 불거진 소문 突然愈演愈烈的传闻

d. 입시 제도에 대한 개혁 문제가 불거지다. 对高考制度进行改革的问题浮出水面。

e. 직장에서는 유난스럽게 불거지지 말고 조용히 지내라. 在单位不要招惹是非，要小心从事。

f. 그는 매사에 톡톡 불거지기를 잘한다. 他凡事都格外喜欢出头。

再看与尖有关的词。这些词如果用来比喻能力、衣服等一般多是积极意义，如"두각(頭角)"本来指动物突出的角，可以比喻杰出的才能与渊博的学识。固有词"뾰족하다"以定语形式比喻计策、想法、性能等很好，如(15a)。"튀다"指有弹性的东西突出来、液体或小东西飞溅，也比喻言行吸引别人的注意，如(15b)。"날카롭다"意为尖锐，可以比喻想法又快又准，如(15c)。"모나다"意为事物模样或事情有突出的标志，比喻事物有用的一面，如(15d)。"날이서다"意为锐利，也比喻性格、表达、判断力非常准确，如(15e)。汉字词也有这种比喻倾向，如"이기(利器)"比喻有用的才能或具有这种才能的人，也比喻可随心所欲利用的权力，但反义词"둔기(鈍器)"没有这些比喻意义。此外，还有俗语"가락꼬치 아니면 송곳"，意思是因为尖利所以穿透力强，比喻判断准确。

(15) a. 기다려 보는 길밖에 달리 뾰족한 대책이 서지 않았

다.《이상문, 황색인》现在除了等待之外，没有别的
什么好办法。

b. 빨간 색깔의 옷은 너무 튄다. 红色衣服非常扎眼。

c. 그는 사태를 파악하는 능력이 날카롭다. 他对事态的
判断能力非常到位。

d. 그는 적은 돈이지만 모나게 쓴다. 虽然是小钱，但他
都能用到刀刃上。

e. 그의 말은 날이 서고 조리가 분명하다. 他的话观点突
出、条理分明。

"尖"意义的词语如果用来指人的言行、批评、反应等则具
有消极意义，其中"날카롭다"比喻对刺激的反应过于强烈，如
(16a)。"모나다"指言行比较挑剔，如(16b)。

(16) a. 가벼운 농담에도 날카롭게 반응했다. 一点玩笑她就
反应敏感。

b. 한국교총은 이 방안 역시 날 선 비판을 이어가고 있
다.《동아일보, 2018.01.11》韩国教总会[02]对这个方
案也进行了尖锐的批评。

这些消极意义的产生与文化有关，因为韩国文化追求人际关系
的圆滑与和谐，如"모난 돌이 정 맞는다"意思是崭露头角的人容
易找人嫉妒，也比喻耿直的人容易受到别人的攻击。

再看上面几个词，从能力角度来看的话，有棱角、突出、冒尖

02　这里的"한국교총"全称为"한국교원단체총연합회"，即韩国教员团体总联合会。

具有积极意义，而从人际和谐角度来看，没有棱角是和谐的基础。单纯从形态角度来看，突出的东西一般也具有消极意义。从多义性来看，一个词语或表达之所以产生不同的意义，是因为人们在观察事物时具有多视角的特点，是人们对同一事物展开多角度、多层面观察分析的结果。

4.4 地方、地点

表示空间位置的地方、地点等与社会关系密切相关，例如汉语的"地位"表达的就是社会化了的空间，韩国语固有词"자리"也表达类似的意义。除了这两个词语外，韩国语里表示空间地点的还有"무대(舞台)、풀랫폼、강단(講壇)、교단(教壇)、연단(演壇)"等，这些都是具有一定高度的空间位置，登上这些地方表示开始某种生活，如"강단에 서다"指开始教师生活，而"등단(登壇)"指第一次涉足某种社会领域，主要指第一次登上文坛。

地点和距离还与权威的树立密切相关，例如电视剧《내 남자의 비밀, 94회》中，강인욱成为"강인푸드"的代表理事后还与员工们共用一间办公室，因此강재욱说道：

(17) 정말 사무실 안 옮길 셈이야?...강인푸드를 이끌어 갈 최고 경영자가 평직원들과 같은 사무실 쓴다는 게 권위가 서지 않잖아? 你真不想换办公室吗？……作为领导姜仁食品的最高经营者却和一般员工们共用办公室，这可不利于树立权威啊。

这里所讲的共用办公室不利于树立权威，其实源于"距离产生权威"这种思想，距离太近难以产生神秘感，自然不利于树立自己的权威形象，这与汉语的"外来的和尚会念经"的心理机制是一致的。

座次和位次也具有一定的文化特色。中韩两国人都非常重视位次和座次，例如开会时的座次都是根据地位默认的，日本人也具有这种文化。这一点东西方有很明显的区别，Marriott（1993）发现日本商业公司开会时，各人所坐的位置代表着每个与会者的相对资历；相反，澳大利亚经理在决定坐在哪里时不考虑其地位（史密斯等2009/2015:194-195）。

在韩国，不仅是会议，在参加婚礼、去礼堂参加活动等公共场所里，普通人一般会不自觉地选择在后面坐下，因为大家都知道前面的位置是高职位的人的地盘（이규태 1983/2011(3):30）。这种思想也反映在韩国人的日常家庭生活中，不论是住房，还是同处一室的位置，抑或睡觉的位置，一般都是相对固定的。

4.5 小结

本章主要分析了空间方位、空间形状以及地方、地点等的语言表达。从宏观角度来看，空间感觉词具有很强的文化共性。从微观角度来看，韩国语里的空间感觉词也具有很强的文化性。

空间方位词以及地方、地点都与人们的社会、身份密切相关，因此相关的词语在具体意义基础上都发生了抽象引申。空间形状词一般都成对出现，意义都发生了抽象引申，一般多用来比喻人们的关系亲疏、性格与品行的好坏、地位的高低等。

　　空间词一般具有较强的褒贬性。褒贬性的产生与人们的认知和文化密切相关。

第五章

体验、文化、认知与语言

5.1 引论

我国古人曾提出"近取诸身,远取诸物"的观点,这反映了我们的祖先认识和描写实体的基本原则。法国社会学家涂尔干、莫斯(2015:100-101)曾从原始分类的角度提出"人类中心论"或"社会中心论"的说法,并且指出观念的"情感价值"是分类中的"支配角色"。从语言语义的演变角度来看,语义世界的中心虽然最初始于客观世界对人的刺激,但能发生作用,还是因为作用对象是人,因为处于同样的客观世界的其他生物并没有创造出语言。是人对客观世界的能动反应才创造出了语言。所以不同的客观环境下人创造出了不同的语言;处于相似的客观环境的不同的人也创造出了不同的语言。

人的意识的发展又使具体的意义创造出了抽象的意义,而抽象的精神文化,如宗教、文学、艺术、意识形态等又反作用于外界,从而形成了一个以人为中心的循环体。在这个过程中以及语言的具体使用语境中,语言不断发生变化,在一个较长时期语言就会发生演变。

5.2 体验、文化与语言

关于"现实—认知—语言—文化"之间的关系，语言世界观多元论认为:这四个要素之间存在着"多重相互作用"，即现实决定认知，认知决定语言;语言影响认知，认知影响现实(王寅 2008:8)。这里所说的现实、认知与文化都属于大文化范围。

语言是人们生活于世界之中的共同的背景(成龙 2015:15)。"在所有关于自我的知识和关于外界的知识中我们总是早已被我们自己的语言包围"(伽达默尔 1994:62)。所以民族文化中最鲜明的标志是语言，"民族文化的盛衰与本族语言的存亡是直接相关的"(张公瑾 1996/2007:11)。

"语言文字是文化中最重要的一种元素"(联合国教科文组织等 2006:116)，语言是一个民族最基本的文化特质，"世界上每一种语言都代表一种独特的人生经验和一种独特的世界观"(联合国教科文组织等 2006:20-21)。也就是说，语言的产生与发展都离不开一个民族对周围世界的观察和思考，语言是一个民族认知的结晶。

语词是"事物在心灵中造成的图像的反映，是人在发明词语的某个特定时刻对一个事物所作的理解"(洪堡特 2001:298)。例如，韩国语有两个前缀"개-"与"참-"，这两个前缀主要用于事物命名，韩国语里的"진달래 杜鹃花"又称作"참꽃"，字面意义为真正的花、可以吃的花，相反，山踯躅树"철쭉"被称作"개꽃"，意思是不能吃的花，这反映了韩国人追求完美的"완전주의"，也反映了韩国人对这两种植物的认识与有用性评价。因为金达莱花全身是宝，花可以吃，根可以做药材，所以用具有积极意义的前缀"참-"来命名。"철쭉"虽然与金达莱花同属一个科，但有毒性，对人类没有帮助，所以被贱视，并且用具有消极意义的前缀"개-"来命名。(이규

태 1991:133-134)

"语言把世界'词语化',把世界转化为精神和思想。它就像一张网,对由外部世界作用于人的感官而获得的材料进行过滤和规划。规划之后的认识成了人的意识内容,而认识的'规划性'体现了清晰的'语言性'。……所以客观的'自在'世界因语言之分类整理而成为被认识的存在,此时的它与其说是客观现实,毋宁说已是人对客观现实的主观态度"(申小龙 2014:10)。洪堡特在其早期论文中就曾提到,"多种语言的存在并不是说事物就有这么多的名称。而是说对同一事物有这么多不同的见解。"[01]前面所提到的杜鹃花与山踯躅树在韩国语里的两种名称也反映了韩国人对这两种植物的不同见解与分类,反映的是韩国人对两种植物的主观态度。

正像申小龙(2014:11)所说,"在人认识活动的两个主要角色——人和客体之间,存在着第三个特殊的、独立的角色——语言"。虽然在客观世界里这两种植物是同一类属的客体,但是韩国人在命名时根据不同的认识产生了两种命名方式,语言将人们对客观世界的认识表现了出来。或者说,语言将人和客体——周围的世界联系在了一起。

不仅是一般词语,俗语的出现更是人们对周围世界认识的反映,俗语可以将客观世界的多个事物与人的认识联系起来。并且韩国语的很多俗语则直接反映了人们体验的重要性。

例如,韩国语有俗语"산 까마귀 염불한다",这个俗语中出现了乌鸦与念佛两种事物与事态,根据文化背景知识,我们知道有寺庙就有念经之声,所以山里的乌鸦听多了自然也就会模仿,比喻即

---

01 Mehrere Sprachen sind nicht ebensoviele Bezeichnugen einer Sache; Esind verschiedene Ansichten derselben(Humboldt, 1801-1802:602)

使一无所知的人，如果看多了、听多了也就会了。类似的还有"서당 개 삼 년에 풍월(을) 한다[읊는다/짓는다]""독서당 개가 맹자왈 한다""당구 삼 년에 폐풍월(吠風月)"，这些俗语里都出现了书堂、狗、风月，强调的也是人们对周围世界的体验的重要性。这些俗语在字面意义的基础上还产生了比喻意义，这些比喻意义则更是人们认知的体现。

韩国周围的自然地理环境、动植物、生产方式以及空间方位等百科知识与文化都会对韩国语的表达、语义的发展发生很大的影响作用。例如，韩国语有与百足虫有关的俗语"노래기 회도 먹겠다、장지네 회 쳐 먹겠다"以及"노래기 푸념한 데 가 시룻번이나 얻어먹어라"，前两个与百足虫的生理特征——身上有臭味有关，此外，这三个俗语还都与韩国的饮食有关，如代表性的"生鱼(肉)片、年糕"，第三个俗语还与韩国的跳大神文化有关，这些都具有很强的文化性。

5.3 文化知识影响认知

"床前明月光，疑是地上霜。举头望明月，低头思故乡"(《静夜思》)，这是大家耳熟能详的一首诗，尽管如此，但并不见得大家都能正确理解这首诗。因为按照我们现代人的认识去分析的话，床是放在房内睡觉用的家具，如果是在房内，后面又怎么可能是"举头望明月"呢？应该是"举头望屋顶"或者应该是"(从窗子里)探头瞧明月"，是李白喝多了糊涂了，所以才写了这样的"歪诗"吗？

答案当然是否定的。实际上，"床"字是理解这首诗的关键，因为古人是席地而坐的，而这里的"床"又名"胡床"，相当于现在的几案，是用来放东西或累了放胳膊的，所以可以拿到室外。根据这个"床"字的意义，我们就可以明白这首诗的背景是户外。一旦明白了诗的背景是户外，那么一切疑问就迎刃而解。

如上，现在的中国人要想理解这首诗需要有词源学的知识，否则就只能是理解得糊里糊涂了。不过，如果让韩国人来看这首诗，可能就没有这样的曲折。因为韩国语的"상(床)"与古代汉语的"床"意义一致，都指吃饭或学习用的小桌子，可随时随地搬动。并且韩国有小院的家庭里，院子里一般都会放置一张"평상(平床)"，用来坐卧，可以吃饭，也可躺在上面"举头望明月"。

再如，中国拙政园有一处"与谁同坐轩"，这个轩小得只能坐一个人来赏景，有一个扇形的窗，临着湖。这个名字来自苏东坡在政治最失意时所作的一首词"与谁同坐？明月清风我"，正像蒋勋(2014/2015(二):168)所说"比较深远的文化传承一般都会将文化置放在生活的每一个细节里"。如果没有对苏东坡词的知识，那么自然不能理解"与谁同坐轩"的深厚文化内涵了。

文化知识的欠缺还有一种类型。例如，《红楼梦》第九回有一个细节，当贾政问宝玉的跟班李贵，宝玉在读什么书时，李贵说"哥儿已念到第三本《诗经》，什么'呦呦鹿鸣，荷叶浮萍'，小的不敢撒谎"，其实原文是"呦呦鹿鸣，食野之苹"，但因为李贵不识字，不知道"食野之苹"是什么东西，听学童们朗诵时，他就根据发音在自己的认知范围内展开了联想，在他的认知世界里与"食野之苹"发音近似的有"荷叶浮萍"，这是日常可见之物，所以他就认为是"荷叶浮萍"了。李贵这种认知带来的结果是，不仅使贾政周围的门客都忍俊不禁，就连平时颇为严肃的贾政也禁不住笑起来。

李贵的这种认知模式其实是人类的普遍模式，因为"人们一般都不喜欢毫无意义的东西，或者说得巧妙一些，是他们坚持用有意义的词语"，人们习惯于用已知来解释未知，习惯于把不熟悉的语音变成听起来熟悉的(戈德伯格 2003:258)。对李贵来说，"食野之苹"是他不熟悉的发音，所以他就根据自己的已知，将其变成了"荷叶浮萍"。而这种现象也是谐音现象中的一种，即"误听谐音"(赵金铭1987:32)。类似的"误听谐音"不仅出现在中国人身上，也会出现在韩国人身上。

如果是跨文化交际，那么对文化知识的范围要求更广。例如，韩国电视剧《전생에 웬수들, 7회》中提到做荞麦饼时放"적상추 紫生菜"会有苦味，不如放"청상추 绿色生菜"，这样味道更好。某网的字幕将"적상추"翻译成了"小白菜"，这种现象的出现是因为中国的生菜文化不如韩国发达，韩国人的烤肉文化中用来包肉的就是各种生菜，而如果没有韩国生活经验的人就很难注意到这些细节之处。

所以知识的积累意味着自己观察、探索世界的眼界和视野的不断开拓。也就是说要想摆脱井底之蛙式的视野，就需要积累知识以及经历，尤其是在面对一种异国语言和文化时。否则就很难正确识解周围的世界以及语言。

5.4 文化背景影响认知

个人文化背景包括个人的年龄、生长生活的环境、教育程度、阅历等，这些都会影响到一个人的认知和社会认知。

《红楼梦》第六回《贾宝玉初试云雨情，刘姥姥一进荣国府》中有一个片段，刘姥姥坐在炕上等王熙凤回来，关于这一段，《蒋勋说红楼梦》是如下解说的：

> "现在她要好好看一看这个房子跟她家有什么不一样。这时
> 她听到咯噔咯噔的响声，听声音很像乡下人打面、筛面的
> 机器。她能想到的只是自己家里有的东西。她东张西望，
> 忽然看到堂屋柱子上挂了一个很大的木头盒子，里面还装
> 了个秤砣，正在摇来摇去地晃……刘姥姥的世界里没有
> 钟，乡下人没有时间概念。……刘姥姥的世界跟富贵世界
> 的差距就是这么大。"(蒋勋 2014/2015(二):150)

对刘姥姥来说，钟的声音、钟的质地、钟摆等都是新鲜事物，
她只能从自己周边的事物出发去联想和想象这些新鲜事物，也就是
说她对世界的认知囿于自己所接触到的文化。如果自己周围没有这
种文化环境，那么就只能对新的事物作出自己思维认知内的判断。
尤其是当我们初次接触异文化时更会如此。

1854年4月2日俄罗斯人通过海路首次访问韩国，随行的小说家
I. A. Goncharov后来出版了游记《帕拉达战舰》，其中关于韩国的部分
有30多页，节选一部分如下所示：

> "…평범한 사람이나 특별한 사람이나 모두 **종이나 식물섬유
> 로 된 폭이 넓은 가운**을 입고 있었고, 그 아래에는 속옷을 대
> 신한 다른 것을 입고 있었다. 그 외에도, 모두 가운과 똑같은
> 재질로 된, 마치 **승마바지처럼 생긴 것**을 입고 있었는데 신분
> 이 높은 사람은 희고 깨끗한 것을, 신분이 낮은 사람은 희지
> 만 더러운 것을 입고 있었다. 많지는 않았지만 몇몇은 밝은

노랑이나 푸른빛의 가운을 입고 있었다.

…그들의 머리는 마치 유구인들처럼 **머리 위에 하나의 다발을 만든 모양으로 빗질되어 있으며**, 그 위에 모자를 쓰고 있다. 이 모자의 생김새라니! **모자의 꼭대기는 너무 좁아서 겨우 머리다발을 가릴 뿐인데, 반면 모자 아랫부분은 넓은 것이 꼭 우산 같다.** 모자는 갈대 비슷한 것으로 만들어진 듯하고, 머리카락처럼-실제로 머리카락과 매우 비슷한데다가 검은 색이었다. -아주 세밀하게 짜여있다. **모자는 투명해서 머리를 비로부터, 태양으로부터, 먼지로부터 보호해 주지 못한다.** 한편, 다른 모양의 모자도 많이 있다. 섬유질로 된 모자와 바다풀로 만든 원추형 모자도 있다."(转引自심지은 2005:398)

如上，Goncharov对异文化——韩国的服装样式、颜色、帽子样式和质地等都做了看似奇怪但却"非常正常"的描写，之所以说这是"正常"的描写，因为他是站在西方人的角度，从自己的文化背景来分析韩国人的服饰，所以将韩国人的韩服裤子描写成马裤，把韩国传统的帽沿比喻成雨伞，材质比喻成芦苇等，做出上面这样的描写自然非常正常。他还从帽子的功用角度对韩国人的帽子做出了"既不能防雨、防晒，也不能防尘"的评价，这是因为他不知道韩国古代人的帽子尤其是"갓"，并不具备西方人认知里的功用，反而仅仅是一种身份的象征。

文化知识水平很低的中国乡下女人——刘姥姥与文化知识水平非常高的俄罗斯小说家——Goncharov，他们在面对未知的文化时所做出的反应其实并没有太大的区别。

上面讲的是个人对事物的认知，下面再看个人的文化背景对文

学作品理解的影响。北京大学出版社的《大学韩国语》教材的课后习题里提到一首诗叫《세월이 가면》(박인환)，其内容如下：

세월이 가면
지금 그 사람 이름은 잊었지만
그 눈동자 입술은
내 가슴에 있네.
바람이 불고
비가 올 때
나는 저 유리창 밖 가로등
그늘의 밤을 잊지 못하지.
사랑은 가고 옛날은 남는 것.
여름날의 호숫가, 가을의 공원

그 벤치 위에
나뭇잎은 떨어지고
나뭇잎은 흙이 되고
나뭇잎이 덮여서
우리들 사랑이
사라진다 해도
지금 그 사람 이름은 잊었지만
그 눈동자 입술은
내 가슴에 있네.
내 서늘한 가슴에 있네.

习题考察对诗的分析，其中一题是考察学生们对 "바람이 불고 비가 올 때 나는 저 유리창 밖 가로등 그늘의 밤을 잊지 못하지" 这句话的理解，很多学生选择了 "对过去的回忆"，而习题的答案是 "痛苦的现实"。这种理解的不一致与学习者对俗语 "바람이 불고 비가 올 때" 的意义以及诗语的比喻意义不理解有关，同时也与学习者没有类似的经历与背景有关。因为现在的年轻人多没有遇到太大的挫折，没有经历多少波折，平坦、安逸的生活使人的理解出现了不同。但同样一首诗，如果让一位饱经风霜的老者去读，那么理解就又会有所不同。

下面再看社会认知对语言的影响。社会认知(social cogintion)又称社会知觉，"是人们根据环境中的社会信息推论人或者事物的过程"(Fiske & Taylor 1991)，即 "人们选择、理解、识记和运用社会信息作出判断和决定的过程"(侯玉波 2013:58)。英语有俗语 "It never rains but it pours"，铃木孝雄(2005:30)发现日本的六大英

日辞典都将其翻译成了消极意义的"祸不单行",而实际上这个英语俗语却没有这种语义限制,消极意义和积极意义都适用,对此,铃木孝雄(2005:34)认为:这可能是最初的编纂者受"日本人对下雨尤其是对瓢泼大雨的感受多是消极意义"这一认识影响而出现的结果,因为日语里与雨有关的表达多具消极意义。对此,笔者查看了韩国语对这个俗语的翻译,发现韩国人的翻译也全是消极意义的,即"안 좋은 일은 겹쳐서 일어나기 마련이다[불운은 한꺼번에 닥친다]"。对韩国语出现这种现象,也可能与日本人的翻译出于同样的原因,因为下雨、淋雨在韩国语里一般也多具有消极的联想意义;也有可能是将日本人的翻译直接拿来用了。但是与韩日两国相反,汉语里的翻译则是比较全面的,即翻译成了"祸不单行"和"不鸣则已一鸣惊人"两种意义,这种比较全面的翻译也可能是因为对中国人来说雨具有积极和消极两种意义。"雨"在英、汉、日、韩四种语言里所具有的不同意义以及出现的不同翻译现象所反映的不再是个人认知的问题,而是一种社会认知。

由此可见,文化背景在个人认知和社会认知中的作用之大,尤其是在理解外国文化和语言的认知过程中。

对文化的了解还会影响我们的认知思维和行动,进而影响到人们的语言。前面提到的刘姥姥到荣国府走一遭之后,认识到了"钟"这个东西,那么其认知里就会储存这个信息,等下次出现前面类似的情景时,那么她不会再联想到打面、筛面的机器或者秤砣。而如果再听到类似的即使不是钟的声音,或者类似钟但不是钟的东西,她就会利用对钟的知识去做联想,例如"听起来像钟表走动的声音""像钟摆一样的东西"。

5.5 语言是思维认知的载体

关于个人思维，吉仁泽(2016:18)认为"思维就是一个适配工具箱，里面装满了从基因、文化和个人层面创造与传输的经验法则。"也就是说思维受基因、文化和个人因素的影响。这里提到的文化就涉及到社会层面上的思维方式和类型。"从思维学的意义上说，思维方式是主体把握世界的方式的一种内化，这种内化造成了一种思维定势，在很大程度上内在地规范着人们的思维方向、过程和结果，造成一代或几代人的思维流程模式，以至于形成整个民族的思维惯性，制约着每一个个体的思维活动"(陈新夏等 1988:504)。

"人类思维的历史就是人类文化传统的历史。"[02]不同文化圈之间会出现思维类型的差异，关于造成这种差异的原因，H. Nakamura(1978:32-38)提出了气候环境、经济形态、宗教观念影响思维的观点。此外，思维差异也与哲学、科学以及人文学相关，但难以说的非常绝对。不过，思维差异一般来说与生理上的种族、血统没有本质的关系，而与气候环境(climatic envieonment)有密切关系，也就是说气候、天气、地质、土壤特性、地形等自然条件会决定人们的思考方式，此外，经济形态也会影响人们的思维，而宗教也会极大地影响人们的生活、经济和伦理。因为"每个民族依赖于生存的地理环境和生产方式，是历史发展的过程中对民族影响最大的基础性因素，各民族所具有的社会组织形式使这种因素更加强固，形成相对稳定的文化土壤"(陈新夏等 1988:527-528)。另外，思维方式有很多构成要素，如"各民族的知识、观念、方法、智力、语言、思维习惯、情感和意志等"，这些构成要素也会出现民族差异，所以也必然会使思维方式具有各自的民族特点(陈新夏等

02　引自罗伯特·布利福特《人类愤怒的理由》(转引自戈德伯格 2003:356)。

1988:528)。

　　"语言是同思维直接联系的，它把人的思维活动的结果、认识活动的成果用词和由词组成的句子记载下来，巩固起来，这样就使人类社会中的思想交流成为了可能"(斯大林　1971:19)，换句话说，语言是全部思维和感知活动的认知方式。而思维与感知活动自古以来就为一个民族代代继承，它对该民族产生影响的同时，也必然影响到语言(洪堡特　2011:45)。

　　记得有一次上课，笔者指着一个黄色的星星模样的图片问学生们，这叫作什么？学生们有的说"五星"，有的说"红五星"，尤其是说"红五星"的学生，本来是黄颜色的星星，但他们却说成"红五星"，那这是学生们的错误吗？好像不能简单地这样来下结论。从语言与思维的角度来分析的话，学生们之所以有这样的语言表达与认知，是因为"红五星"在中国人心目中印象非常深刻，已经成为一个固化的语言形式，所以导致学生们看到星星就会注意到"五个角"这样的形状与数字概念以及红色这一颜色概念。相反，韩国人看到星星，一般会说"별"，而不会去关注星星的颜色或者角的数量，而受外来文化的影响，韩国人看到星星有可能还会想起明星"스타"。也就是说文化与语言影响了人的思维，而这种被影响的思维又在话语与语言上体现了出来。

　　著名的萨丕尔—沃尔夫假说(Sapir-Whorf Hypothesis)认为：第一，语言不同的人，具有不同的思维；第二，语言决定思维，思维不可能脱离语言而存在。钱冠连用证伪法证明了这个假说，认为"说语言框架决定了思维框架，应该是说得通的"(钱冠连　2005:253)，并且论述说"每一种语言的自主运动性能成了它独特的变异与选择途径，独特的变异与选择途径形成了各自合理的语言规则或框架，各自合理的语言规则或框架最终规定了操不同语言的人的思维框式"(钱冠连 2005:271)。而从民族性来看，一个民族的精神特性和语言形成关系极为密切，不论从哪个方面入手，都可以推导出另一个方面(洪堡特 2011:52)。"每一种语言都给讲该语言的人提供一种以其独特的方式观察世界、对周围环境作出反映以及表达思想等方面的导向作用"(卢红梅 2006:297)。

江怡在写给钱冠连《语言是人类最后的家园》的序言中谈到，"语言不仅仅是(或主要是)表达思想的工具或手段，语言就是思想本身，在语言的背后，并不存在任何隐藏的思想需要表达；我们对思想的理解正是在使用语言的过程中完成的，我们理解思想的过程就是理解语言的过程；语言不仅构成了我们的思想，而且构成了我们的生存方式，语言就是我们存在的最后家园。"

正因为如此，所以张公谨(1998:49)提出了语言的文化价值问题就是语言与文化的关系问题，即"语言与语言之外其他文化现象的关系问题，诸如:语言与文学、哲学、宗教、历史、地理、法律、风俗以至于物质行为、社会制度、思维方式、民族性格等文化现象的相互关系问题"。

例如，中国有阴阳、五行学说，两者都是抽象升华了古人对天地自然和气候变化的规律性认识而形成的，是古人用于解释自然、探索自然的世界观和方法(孙天胜、高思华 2009:50)。而气、阴阳、五行学说又成了中医学自然哲学理论构成的核心(马伯英 1994:237)。《黄帝内经》中就提出"五脏一体观、形神一体观、疾病诊疗一体观、养生一体观"等理念(刘剑、刘佩珍 2015:33)，形成了五脏与人类精神和感情的对应关系，如表1所示:

五行	木	火	土	金	水
感情	怒	恨	怨	恼	烦
脏	肝	心	脾	肺	肾
腑	胆	小肠	胃	大肠	膀胱
观	目	舌头	口	鼻	耳

[表1] 五行、五脏与人类精神和情感的对应

(百度百科)[03]

　　韩国受中国文化的影响也有如上哲学和医学理念。中韩两国的这种哲学和医学思想反映在语言上有很多表现，其中之一是出现了大量用身体脏器来表达心理、感情的语言表达。

　　所以说，生活的任何领域都不可能脱离语言，而语言从本质上说可以表达为"世界现象"(Weisgerber 1953:20)。但语言所反映的"世界现象"与一般通过观察所得的"世界现象"不同，如果说通过观察所得的是表层文化，那么语言反映的则更多的是深层文化。이규호(1968)认为语言是源于其文化传统的一种世界观，日常的语言不仅构成人们的心理，还会形成心理现实。这种心理现实之一就是刻板印象。刻板印象[04]指"对某种群体的特征、行为和所处环境有着某种强烈的预期，还会对他们有着特定的情感反应"(孔达 2013:230)。从社会认知的角度来看，刻板印象是一种认知结构，其中包括我们对某一社会群体的了解、信念和期望(Hamilton &

03　https://baike.baidu.com/item/%E4%BA%94%E8%A1%8C%E7%9B%B8%E7%94%9F%E7%9B%B8%E5%85%8B/10979545?fr=aladdin，임지룡(2005:196)中也有同样的内容，但"火"所对应的情感却是"喜"。

04　社会心理学的"刻板印象"主要指对人的印象，但本研究引入这个概念，其对象不仅仅限于人，而是将其适用于整个社会。

Sherman 1994)，简单地说，刻板印象就是社会映射在我们"头脑中的图像"[05]，而这种"图像"最终必然要影响到语言表达的形成和变化。

所以要想了解一个民族的思维，就必须要研究这个民族的语言。"语言形式的无限变异，也就是说思维的实在过程的无限变异"（萨丕尔 1964:135, 138），所以为了了解韩国这个民族，也必须要对韩国语展开细致的研究，借此研究韩国人的文化和思维，继而了解这个民族和国家。

例如，韩国语里一胎中最早出生的小崽子称作"무녀리"，这个词比喻言语或行动看起来不太聪明的人。并且还有俗语"암탉의 무녀리냐"嘲笑个子非常矮的人。分析"무녀리"的两个比喻意义，可以发现:韩国人具有认为"头胎个小、不聪明"这种思想。

竹子从严格意义上来说，因为没有年轮，所以不是树。但韩国语里竹子为"대나무"，从命名可以看出，韩国人将其看作了树。

韩国语还有惯用语"떡을 치다"与"죽을 쑤다/만들다"，比喻将事情搞坏。从这两个惯用语也可以发现，对韩国人来说，正儿八经的饭就是干米饭，如果把干米饭捶打成糕或者做成粥，都是不太理想的情况，因此可以比喻把事情搞坏。

如上，通过这些语言表达，我们可以了解韩国人的文化、思维与认知。

05　1922年，Walter Lippman将刻板印象引入社会心理学，他把刻板印象简单地描述为"头脑中的图像"（孔达 2013:230）。

5.6 语言反映了认知和兴趣所在

通俗一点讲，语言是对事物做出的解释性符号，对事物的解释首先要涉及事物的类别，"表面上看，事物的类别是先行的，不可能因为解释不同而改变，实际上却不尽然。一件瓷器，可以属于多种范畴：日常用品、艺术品、名贵奢侈品、古董、家常用具、考古文物、废物等等。解释方式是人的意识中元语言集合的搭配，意识能改变的不是事物，而是事物在解释意向性压力下形成的对象类型。"(赵毅衡 2017:227)也就是说，对事物作出何种分类与人的意识和认知密切相关。

与人类认知对事物的普通意义上的分类相比，借助语言符号来对事物进行分类和解释时，又表现出了不同的特点，卡西尔(2014:102-103)曾说过，"分类是人类言语的基本特征之一。命名活动本身依赖于分类的过程。给一个对象或活动一个名称，也就是把它纳入某个类的概念之下。……人类言语中出现的名称……是由人的兴趣和目标所决定。……它们基于我们感官经验中某些经常出现的因素。"也就是说，人类对事物进行分类和命名时必然要借助语言，而在用语言对事物进行分类和命名时，要受到人类对事物的感官经验的限制，所以借助语言所表达出的只是事物的一个特殊方面。或者说，语言所反映的是人类对事物的感官敏感性和对事物的关注点。反过来，我们可以通过跨文化环境下对同一事物的不同分类和命名方式，来探究和发现不同民族和文化的人们的视角和关注点，而这样的视角和关注点又是思维和认知的一个方面，因此借此可以探索不同语言所体现出的民族思维与认知。

首先，某些范畴词语的有无反映了人们的认知和兴趣的有无。

列维—斯特劳斯(2006/2014:6)提到，我们在专业语言中见到的那种概念数目激增的现象，原因是因为人们更加经常地注意现实中的种种性质，更加细致地关心对这些性质做可能的区分。也就是说，语言表达反映了人们认知和兴趣的所在，如果没有相应的表达，则说明人们没有这样的认知和兴趣。

例如，菲律宾高山地区的土著民族티자데이民族没有"讨厌、厌恶、战争"这样的字眼，印第安民族中没有"撒谎"这样的字眼，所以人类学者认为"因为没有这样的语言表达，所以也就不存在这一类的思考方式或行动样式"(이석규 2007:22)。

韩国是半岛文化，海产品丰富，因此形成了很多与海产品有关的表达，如八带是海滩湿地的特产，韩国语里有俗语"묵은 낙지 캐듯"，比喻什么事情不一次痛痛快快地做完，而是慢慢地一点一点地做。"묵은 낙지 꿰듯"比喻事情非常容易。这两个俗语的产生与八带的习性有关，这里的"묵은 낙지"指在海边湿地里冬眠后准备产卵的八带，产卵结束后基本上生命就被耗尽了。所以"묵은 낙지"不像冬眠前被称作"꽃 낙지"的那种状态时有生机，所以很容易被抓住《네이버 지식백과》[06]。这些表达也反映了韩国人的生活以及借助这种与生活相关的事物来表达某种抽象意义所反映出的认知。正像哲学家伽达默尔所说，因为人通过语言而有了一种对世界的态度、看法或"观点"，而通过学习另一种语言，我们可以克服以前世界经验的局限(申小龙 2014:20)，获得新的世界体验。

当然，中国的沿海地区也有八带，也有丰富的文化特性，但在普通话里却缺少与此相关的语言表达，之所以会出现这种现象，应该与中国文化以及普通话的形成有关，中国文化是以农耕文化为基础的，并且普通话是以北京语音为基础音，以北方方言为基础方

06　낙지 – 싸움 소에게도 먹이는 보양음식 (이미지 사이언스)

言，以典范的现代白话文著作为语法规范的语言形式，而北方方言
又以内陆方言为中心，沿海文化没有占据太大的地位。虽然，随着
社会的发展，东部沿海地区逐渐成了经济最活跃的地区，其文化也
逐渐占据了重要地位，但根据语言的滞后性，我们现在所通用的语
言反映的更多的是核心文化。此外，与北方方言相比，南方方言对
汉语普通话的影响也较小，所以很多反映南方文化的语言表达在普
通话里是找不到踪影的。

第二，范畴分类的层位多少和高低也反映出人们的认知和兴趣
所在。

范畴分类从大的范围来看，可分为上位范畴、基本范畴和下
位范畴，如果范畴分类的层位越多说明这个范畴的事物越是人们的
认知和兴趣所在，而属于常用词的基本范畴层位就会向下移动。在
某种文化里可能是下位范畴的词，在其他文化里有可能是基本范畴
词，那么我们可以说，此事物在后面的文化里受到了更多的关注。

例如，与中国相比，韩国自古以来就是半岛文化，渔业是其重
要产业之一，所以渔业范畴的下位范畴分类层次多，与各种具体鱼
类、贝类、螺类以及其他水生物有关的词汇内容丰富，并且多产生
了比喻意义，有很多惯用语和俗语，经常用于日常生活中。与之相
反，汉语日常生活中经常用的是属于上位范畴的"鱼"，下位范畴的
各种具体鱼类词汇很少出现在日常生活中用作比喻或者产生比喻意
义。所以我们可以说，与中国相比，与渔业相关的语言在韩国文化
里受到了更多的关注。

第三，某些范畴词语或表达的多少、词汇类型以及语义引申有
无反映了人们的认知和兴趣的程度高低。

在某一范畴内，相关语义的词语或表达的多少并不完全相同，
"多"意味着相关文化发达并且受重视，"少"则意味着相对来说不

发达或不受重视；从词汇类型来看，韩国语的词汇系统包括固有词、汉字词和外来语，固有词代表的是韩国固有文化，而汉字词和外来语代表的是外来文化，外来语从某种程度上说明相关文化在韩国不存在、不发达或没有受到重视；从语义发展方向来看，一个词如果有引申比喻意义，说明这个词语所代表的事物或概念受到关注，说明这种文化现象是重要的。

例如，韩国语里与门的开闭有关，从词汇的多少来看，锁具词语明显多于表示开的词语；从词汇类型来看，锁具中固有词与汉字词各为一半，表示开的词语中固有词所占比例很少，汉字词最多，并且还有英语外来语；从词汇语义发展来看，三分之二的锁具产生了比喻意义，而表示开的词语中只有三分之一产生了比喻意义，并且其中一个还是英语外来语，所以这种"锁"与"开"的不对称现象从某种程度上说明"锁"对韩国人具有某种特殊的意义。

受各自的地理环境、生产方式、历史文化背景的影响，不同民族对世界万物的看法都会有自己不同的视角和认识，这都体现在语言表达上。借助这种对语言内容分类的方法来研究认知和思维，需要对文化和语言进行大范围的考察。其中代表性的研究就是语义场研究。本研究的内容之一就是对中韩文化的认知和兴趣点展开细致地分析，来探讨中韩两国人看待世界万物的不同视角。

5.7 语言、文化与认知并不完全一致

自然世界会影响词的语义，但语言不是照搬自然世界，并且语言在反映世界时已经有人类的认识介入，因此语言并不是客观世

界。而人类的认识也不可能全部体现在语言上，因为语言具有经济性，因此就有了标记项与非标记项的区分，但是世界万物并不存在标记项，所以语言与自然世界以及所反映的世界的认识之间并不完全对应。

例如，美学、哲学意义上的概念与语言学意义上的概念并不完全一致，虽然三者密切相关。美学意义上的"小"一般具有积极意义，多表达可爱、美等概念，但语言学意义上的"小"除了表达这种积极意义外，消极意义更突出。如韩国语的前缀"좀-"有丰富的派生词，除了(1abc)是中性的命名意义之外，(1de)所结合的词根与人的身份、言行、品行、动词、副词等有关，多表达消极意义。

(1) a. 좀거위、좀나방、좀도용、좀뒤쥐、좀매미、좀멸구、좀파리
b. 좀가래、좀겨풀、좀나무
c. 좀도끼、좀디기
d. 좀도둑、좀생원、좀말、좀노릇、좀노력、좀도적、좀사내、좀생이、좀팽이、좀것、좀꾀、좀놈、좀짓
e. 좀되다、좀먹다、좀스럽다、좀스레(王芳 2013:50)

从现实和文化内容的角度来看，现实和文化的内容非常丰富，即使具体到一个小的事物，其内容面也非常广，但这些内容不可能全部表现在语言上。事物的象征意义是文化的主要内容之一，但这些事物的象征意义不可能全部体现在语言表达上，并且相关语言形式的意义也不一定完全一致。

例如，与喜鹊有关，不同文化里的喜鹊具有不同的象征意义，其中中韩两国的民俗信仰中都认为喜鹊早晨叫意味着喜事来临或者有贵客临门，中国还有喜鹊不进愁家的说法，这说明在中韩两国里喜鹊的象征意义是积极的。不过在苏格兰语里，喜鹊飞临谁家的窗户，就认为这家会有人夭折，所以喜鹊在苏格兰文化里是消极形象（支顺福 2012:128）。

因为喜鹊具有叽叽喳喳的习性，所以很多语言里可以拿喜鹊来比喻话多，但各自的感情色彩不同。具体而言，英语里的喜鹊为"pie"，比喻叽叽喳喳爱说话的人，意大利语的喜鹊为"gazza"，也有此意义（支顺福 2012:128），这些意义是中性的。相反，韩国语的"까치"本身没有产生比喻意义，反而产生了俗语"까치 배 바닥[배때기] 같다"，意为就像喜鹊的白肚皮一样，因为在韩国文化里白色具有消极性，所以这个俗语也用来嘲笑说话没有实际内容、总说一些没用的话，表达的是消极意义。

人体可以表达丰富的感情意义，但并不是所有的人体语言都能发展出口头语言表达形式，这种情况非常普遍。所以从范围和内容上来讲，一般情况下语言的范围要小于文化，也就是说，语言是文化的一部分。

具体而言，与人体语言有关，韩国语有惯用语"눈을 감다"，可以表达两种意义，对应的汉语分别是"两眼一闭，心一横"与"睁一只眼闭一只眼"，因为人们在两种不同的心态下所表现出来的是不同的生理动作，在表示下决心时人们一般两只眼睛都是闭着的，但是在对他人网开一面时一般多是眯着眼或闭上一只眼的。在表示对他人网开一面时还会产生用手挡住自己眼睛这样的动作，因此德语里产生了惯用语"[jm.]durch die Finger sehen 通过某人的手指来看"，这样看的结果是看不清、看不全，所以比喻对他人睁一只眼闭一只眼（김수남 2003:214）。汉韩德三种语言里所产生的惯用语表达都与人们的日常体验有关。

人们用肢体语言表达认知时具有生理上的共性，并且肢体语言会出现多个，但在转换为语言符号时，会出现与不同肢体有关的语言形式，汉韩两种语言都利用了眼睛的相关动作，德语用了与手指有关的动作。并且语言形式的语义区分也有了区别，韩国语是同一语言形式表达两种意义，汉语是分别用各自不同的语言形式，德语则用了另外的语言形式。

文化具有多种表现形式和多个层次，其对语言的影响范围和程度不同。某一文化现象可以表现为多种语言形式，也可能无法表现为词语、惯用语、俗语等语言形式。

例如，人体部位如"鼻子"，本身所能发生的动作或所表现出的状态并不丰富，并且在人类借助面部表情表达感情时的作用也不是很突出，这具有文化共性，但在韩国语里却产生了丰富的词语和惯用语，如(2)，其中很多还是夸张性表达，这种语言现象反映了韩国人独特的文化、思维与认知。但汉语里显然没有如此丰富的表达。

(2) 큰 코 다치다、코앞、엎어지면 코 닿을 데、코를 잡아
    도 모르겠다、선코(先-)、코 아래 입、코 아래 진상(珍
    尙)、눈코 뜰 새 없다、눈코 뜰 새 없이 바쁘다、콧등
    이 찡하다、콧등이 시큰하다/시다、코허리가 저리고 시
    다、콧등(이) 붓다/세다、콧구멍만한、코딱지만한、말
    을 콧구멍으로 들었니、코털(이) 세다、잠자는 사자 코
    털을 건드리다、코가 솟다/우뚝하다/높다、코를 쳐들
    다、콧대가 세다、콧대가 이마에 붙다、콧대가 높아지
    다、콧대가 천장을 뚫고 나가다、콧대가 오뚝하다、콧
    대를 세우다、콧대를 꺾다/깔아뭉개다/내려놓다/꺾다/
    낮추다/납작하게 만들다、코가 납작해지다/빠지다、코

가 쉰댓[석] 자나 빠졌다、콧방(을) 맞다、코를 싸쥐다/
떼다、코 떼어 주머니에 넣다、코를 꿰다、코가 꿰이
다、코에 걸다、코가 비뚤어지게[비뚤어지도록]、코를
깨다、코주부、코배기、코쟁이、코 큰 소리、코(가) 세
다、콧방귀、코대답、콧웃음、콧노래、콧먹은 소리、
코 막고 답답하다[숨막힌다]고 한다

相同的文化生活即使都表现为语言形式，但语言与现实也不一定完全一致。例如，日常生活中，人们经常会出现用食指点人的不礼貌行为，尤其是在骂人时多用食指，但表现在语言上却不具体到食指，而是仅仅具体到食指的上位范畴词——手指，如韩国语用"손가락질"，表示点着手指头骂人。韩国语还有汉字词"지탄(指弹)"，意为指出对方错误并进行指责。现代汉语在表达此意义时，也用与手指有关的"戳手指头、指指点点、指责"等表达。也就是说，汉韩两种语言在表达相同意义时既有共性又有差异，共性是各种表达中出现的都是上位范畴词"指头"，差异是汉韩两种语言中所出现具体的语言形式与多少不同，具体用法也不尽相同。

语言有多个下层分类，即使是一个词语，也有基本义和引申义之分，也有搭配关系的不同，还有惯用语、俗语等，这些语言现象可能是多个文化特点的反映，也可能只反映了某个区域、某个阶层、某个时代的文化现象，所以语言与文化之间的关系并不是简单明了、一对一的对等关系。例如，韩国语里有"양반"，与此相关有丰富的俗语，如(3)，但这些反映的是与贵族有关的生活或认识，而不是社会平民的生活或认识。

(3) a. 양반은 얼어 죽어도 겻불은 안 쬔다

b. 양반은 물에 빠져도 개헤엄은 안 한다

c. 양반 김칫국 떠먹듯

d. 양반은 안 먹어도 긴 트림

　　所以从范围和内容上来讲，一般情况下语言的范围要小于文化，也就是说，语言是文化的一部分。所以借助语言来研究文化、思维与认知，需要对语言进行深层次、大范围、全面的探讨，才能接触到文化、思维与认知的本源。

　　在不同的文化区域之间，受人们的思维和表达习惯等复杂因素的影响，相似的文化现象在语言上的表现可能一致，也可能正好相反。例如，英美两国不同的搬家文化导致同一俗语"a rolling stone gathers no moss"产生了截然相反的意义，但在搬家率同样很高的韩国文化里，反而出现了告诫搬家会招致不好后果的大量俗语，而汉语却有相反的表达(详见笔者的《韩国精神文化语言学》)。也就是说，语言对文化的反映形式并不是单一或同一方向的，而是表现为多种形式或多个方向，话语生活的具体语言表现形式是文化、认知与语言本身特点综合作用的结果。

5.8 小结

　　本章主要分析了体验、文化、认知与语言四者之间的关系。语言源自人们的体验，但受到文化背景、人们认知思维的影响，是思维和认知的载体，也反映了人们的认知和兴趣所在。

　　从体验、文化、认知发展到语言，中间经历了概念化、抽象化的过程，因此四者之间并不完全一致。现实世界有的表现在语言上，有的则不能。即使表现为语言，但具体的语言形式有的也会与现实有一定差异。有时还会出现语言形式与意义多少的不同。语言形式所反映的只是周围世界的一部分而非全部。受文化与认知的影响，同样的现实表现在语言上有可能会出现完全相反的情况。

第二编

文化与语言变化

第六章

文化与语言的趋异变化

6.1 引论

虽然我们平时应用的语言非常的庞杂、无序，但所有的语言现象其实内部都是千丝万缕地联系在一起的，语言的发端，也就是最基础的词汇、表达都是从人类的身边开始的，然后逐渐从具体向抽象延伸，单义词逐渐成了多义词，并逐渐有了词组、惯用语、俗语等语言形式。

语言的演变是一段时间内一种语言(语言变体)长期的变化过程，其中包括一系列的重构过程，从而导致其与早期情形越来越多的偏离(S·穆夫温 2017:33)。因为"语言自身就有一种生命力，一种特殊的吸收和成长的力量。但是，语言也会衰败，也会死亡"(斯坦纳 2013/2016:110)。

语言的变化主要表现为词汇的变化，因为句法的变化相对来说比较缓慢。关于因语言的变化而引起的语言趋异现象，实际是一种创新，这种创新是一种自发的行为，"在较大社会中的任何文化群体，都倾向于创造其独特的词汇，不论是街头黑帮、姐妹会、宗教团体、狱友，还是一个排的士兵。通过改变现有单词的含义，或创造新的单词，一个群体的成员可以在和'自己人'进行交流的同时有效地把听到他们谈话的局外人排除在外。最后一点，如果能想出一个有趣的新说法、有用的词语或一种特别时髦的发音，只要不妨碍交流，人们都倾向于欣赏它们的发明者"（哈维兰等 2014:107-108）。

这种语言创新在最初的时候都是一种个人行为，因为"任何创新的语言成分都来自于个人的语言习惯；任何新的语言变化都是出于对个人创新成分的模仿和传播"；只不过"有的创新者由于社会地位较高，文学影响较大，他们的个人语言表现风格更容易在社会上传播，产生一呼百应的效果，就像但丁对于意大利语的影响那样"；只是影响的大小不同而已，"每一个个人的语言创造都在无意中改变着民族语言，因为个人是民族的一部分，个人的精神是民族精神的一部分"。（申小龙 2014:32）

但是个人的语言创新最终离不开外部的世界以及社会、经济、文化的发展，并且个人的语言创新被社会所接纳并最终成为新词、常用词需要长久的时间，并且有时国际因素的影响和国家政策也会影响语言的创新。而在面对一些新的事物或概念时，采用何种语言表达，或者如何改造现有的语言表达以适应新的事物或概念，在这个事物/概念——认知——语言的加工过程中，文化、认知的民族性和语言的民族性也会发生很大的作用。

语言的创新最终导致的结果就是语言逐渐发生变化，出现趋异过程。虽然最初的语言具有偶然性，但当语言发展到一定阶段后，需要借助原始语言进行再创造时，社会约定性则起着更大的作用。当需要表达一个新的事物或概念时，人们倾向于借助已有的词语来进行表达。

本章主要分析语音与形态发生变化、语义发生变化、复活旧词赋予新义、方言势力的发展、词组发展成合成词、产生新的构词方式、语言消亡等七方面的内容。

6.2 语音与形态发生变化

6.2.1 固有词

现代韩国语的书写规则是按照词语的原形书写，不按照发音书写，但有些词语在特定领域里会出现按照发音进行书写的情况。例如，"물밥"在民俗语里写成"무랍"，所以容易造成理解的障碍，俗语"자발없는 귀신은 무랍도 못 얻어먹는다"中的"무랍"指"물밥"，即在跳大神等祭神活动中把饭用水泡了扔给神吃，比喻如果行动轻率那么连应该得到的也得不到。

再看前面提到的"무녀리"，哺乳动物分娩要把子宫门打开，即"문(門)+열-+-이"，如"문열이 首産 《국한회화 123》"，因为"문열이"的发音是[무녀리]，所以根据发音、形态变化，最后的形态被标记成了"무녀리"，指一胎中最早出生的小崽子，比喻言语或行动看起来不太聪明的人。

表示年龄时固有词为"살"，这个词过去写作"설"，如《释谱详节》中有"그 아기가 닐굽설 머거"，后来发生变化成了"살"(박갑수 2015:363)。这种母音发生变化的类型很难被一般人认识到两者之间的关系。

再看"코끼리"，这个词从"코+길+이"发展而来，意为鼻子长的，但形态已发生了很大变化，一般人很难认识到原先的意义，使这个词的命名理据变得极其模糊，这个词也逐渐变成了一般的专名。

韩国语还有"술래"，这个词是从"순라(巡邏)"演变而来的，"순라"指朝鲜时期为防盗、防火而在一定区域内巡逻的军卒，形态发生变化后，"술래"指捉迷藏时的寻找者，虽然保留了与原型词的语义关联，但由于形态变化，两者的联系一般无法被认知到。

田鼠为"두더지",其原型是"豆地鼠",读作"두디쥐",是动词"뒤지다 翻"的原型词"두디다"的词干"두디-"与名词"쥐"结合形成的合成词,这种命名方式的理据是田鼠喜欢翻地的生活习性和长相,但"두디쥐"之后变形成为"두더지",失去了与"쥐"的关联性(조항범 2014:278)。

蚯蚓韩国语为"지렁이",这个命名来自汉字词"디룡(地龍)"(瘡診方撮要66),最早出现于16世纪,顾名思义身体长长的像龙,17世纪"디룡"又与后缀"-이"结合,形成了"디룡이"(東醫寶鑒 2:14),18世纪之后出现了变形词"지룡이"(蒙語類解下:35)和"지롱이"(通學經編 18),最后于20世纪初以"지렁이"的形式被《朝鮮語辭典》所收录。

韩国语里锥子为"송곳",최창렬(2002/2003:112)认为这是表达"细"意义的形容词"솔다"的形容词形式"솔은>손"和表示"钻插"意义的名词"곳"结合形成的名词,即"손곳",之后根据发音演变成了"송곳"。

6.2.2 汉字词

韩国语里的麻布为"베",即使在词典里也都看作是固有词,但这个词是从汉字词"布"发展而来的,经历了"布>보>뵈>베"的演变过程(최창렬 2002/2003:84)。这种形态发生变化而不被看作汉字词的词语非常多。

韩国语里僧人的衲衣称作"납의(衲衣)",此外还有"나비춤",后者在词典里并没有被标注为混合词,但其中一个意义为僧舞,说明两者之间有联系,但两者之间由于形态不同,所以容易产

生语义的阻断。两者的联系是因为"납의"的发音是"나비",所以僧舞可以称作"나비춤"(최창렬 2002/2003：209-217)。

韩国语"튀하다"指将抓到的鸡或野兽放在开水里烫一会再拿出来褪毛，如"닭을 튀하다 褪鸡"，而词典里并没有将其标注为汉字词"褪"，但汉语里此时用"褪毛"，如果将"튀하다"与汉语"褪"的语义一致、发音一致的现象都归结为偶然性的话，于理不通，所以笔者认为"튀하다"是汉字词"褪"演变而来的。

韩国语里"탕"表示往返或往返的次数，词典里没有将其标注为汉字词"趟"，但根据各种例证，笔者认为"탕"是汉字词。当然要验证这种推断是否正确，还需要借助历时语言学的知识去证明。

韩国语还有"안반"，指打年糕时所用的又厚又宽的板子，而汉语里也有"案盘"，形状与韩国的"안반"相似，所以有理由去推理韩国语"안반"与汉语"案盘"有关，应该是汉字词。但《표준국어대사전》《고려대사전》并没有将其标注为汉字词，只有《한국민족문화대백과》将其标注成了"案盤"。

韩国语"상투"指成年，大约是二十岁时举行"冠礼"，并且要把发髻盘到头顶，挽成一个发髻，称作"상투"。其原形词是"상두（上头）"，因为过去中国女子加笄、男子加冠的仪式称作"上头"。只不过后来发生形态变化，变形成了"상투"。

韩国语流放称作"귀양"，其原型是汉字词"归乡 귀향"，后来发生形态变化成了"귀양"。

6.2.3 混合词

此类型的词语较少，例如"시러베장단"，其原型是"실(實)+

없+-의+장단",发音是[시러베의 장단],后来根据发音被记录成了合成词"시러베장단",贬称没有实际内容的话或行动。俗语"시러베장단에 호박 국 끓여 먹는다"比喻与不切实际的人做奇怪的事情。

韩国有一种商人,称作"방물장수",指走街串巷卖针头线脑、化妆品等女性用品的女人,"방물"的原型是"박물(瓠-)",因为过去韩国人会将瓠瓜藤切断把汁控在罐子里然后当化妆水销售,后来根据发音被写作"방물",又因为现在有了新式化妆品,这种事物就消失了,所以"방물장수"这种表达现在也几乎不用了。

6.3 语义发生变化

法国符号学家P. Guiraud(1975)曾说,语言的创造都与语源具有一定的关系性。而使已有的词语意义发生变化产生新义也是语言创造的一种,并且是最常见的方式,但选择哪些已有词语? 使其发生怎样的语义变化? 一般会受到社会文化以及认知与思维的影响,所以词语就有了民族性。

6.3.1 具体事物产生比喻意义

赋予具体事物以比喻意义是最常见的方式。例如,钟是常见事物,中国人有送礼不送钟的忌讳,因为"钟"与表示结束的"终"同音,这是借助同音现象而赋予了"钟"以特殊的象征意义。韩国语里也有与"钟"有关的表达"종치다",意思是完蛋,如(1),韩国语里之所以产生这样的表达和比喻意义,与过去多用敲钟来报时有

关，并且与教会里举行葬礼时会敲三下钟也有关系。

(1) 그 놈이 이젠 종쳤다고 봐야지.《동네 변호사 조들호, 6회》那小子现在可以说已经完了。

再如，韩国语里"코딱지"从具体的鼻屎意义发生比喻引申，用来比喻非常小，表达此意义时，汉语一般不用"鼻屎"而用"丁点"。

中韩两国都可以用身体语言比喻紧急，韩国语用"발등에 불이 떨어지다"，是用火掉在脚背上来比喻情况危急，汉语常用的是成语形式的"火烧眉毛"，是用火与眉毛来作比喻。

6.3.2 用抽象事物比喻具体形象

有时也会出现用抽象事物来比喻具体形象的现象，但比较少见。例如，韩国语用"(큰)대자로 눕다、대자로 뻗다"形容四仰八叉地躺着，因为人这样躺着的样子像"大"字，同样的样子，韩国语还有"육자배기(六字--)"，因为胳膊腿都伸开躺着也像"六"字。在汉语里，一般多用"四仰八叉"，即四肢都伸开，因为两腿叉开与上体一起看起来像八字，并且具有贬义，多用于口语。也就是说，对同样的身体语言，两个民族的联想是不同的，所以借用的抽象表达也不同。

6.3.3 指示范围发生变化

指示范围的变化主要表现为扩大或缩小，这种指示范围的变化很多与当时的文化有关。

先看语义缩小的例子。例如，"비바리"本来指采鲍鱼的人，在17世纪末，采鲍鱼的多是男人，但由于采鲍鱼工作充满了危险，并且官府压榨无度，所以到18世纪初，很多采鲍鱼的人都逃离了济州岛，所以这一工作被曾经从事海带采摘工作的女人来接替（《동아일보, 2016.12.02》），所以"비바리"的意义也发生了变化，开始指海女。从过去没有性别之分发展成了专指女人，并且"비바리"在济州方言里还专指处女。

再看语义扩大的例子。韩国《朝鲜日报》2016年9月19日报道了一则新闻，大意为《표준국어대사전》对"작은아버지"的词义作了修改，"작은아버지"原先的词典释义是"아버지의 남동생을 이르는 말. 주로 기혼자를 가리킨다. 指父亲的弟弟，主要指已婚者。"没有结婚的叔叔一直被称作"삼촌"。随着时代的变化，越来越多的韩国人晚婚或者过起了独身生活，根据这一时代变化，《표준국어대사전》将"작은아버지"的定义修订为"아버지의 남동생을 이르는 말 指父亲的弟弟"，删除了"主要指已婚者"这一附加条件，语义被扩大了。[01]

有时指示范围的变化呈现出更加复杂的现象。例如"아낙네"，这个词是"안악"与表示复数的词缀"-네"结合形成的，其中"안악"发展成了"아낙"，指女人们居住的小小的内庭（홍윤표 2003），是空间意义。之后，"아낙"开始用空间意义来转喻人，指住在这

01　但是不知什么原因，《표준국어대사전》现在又恢复了"작은아버지"原来的释义，还是保留了"주로 기혼자를 가리킨다"这一限定范围。

种空间里的女人，19世纪末的《韩佛字典》(1880年)和《韩英字典》(1897年)收录了"아낙"，并且标注的意义只有"女人"义，但《朝鲜语辞典》(1920年)和《朝鲜语辞典》(1938年)却都收录了空间意义和女人意义，现在《标准国语大辞典》也收录了这两个意义(조항범 2014:171-172)，但是空间意义已经几乎不用，因为空间意义多用"안뜰"来表达(홍윤표 2003)。之后，"아낙"开始与后缀"-네"结合，这个词本来在中世韩国语里具有复数意义，但进入近代韩国语之后其复数意义开始消失，主要表达谦称意义，所以在指称多个女人时，则又要添加表示复数的后缀"-들"(조항범 2014:172-173)。所以"아낙"的语义先是出现了扩大化，即从空间意义又扩展出女人意义，但随后空间意义消失，语义出现缩小，而"아낙네"的语义也从复数意义缩小为单数意义，这也是语义缩小的一种。

6.3.4 指示范围变化多会产生抽象意义

这种类型非常多，这里仅分析一个汉字词的例子做以说明。

韩国语里的汉字词语义发生变化，有一类是受文化影响导致的。例如《三国志·蜀志·马良传》记载："马良，字季常，襄阳宜城人也。兄弟五人，并有才名，乡里为之谚曰：'马氏五常，白眉最良。'良眉中有白毛，故以称之"。所以"白眉"用来比喻兄弟或侪辈中的杰出者，也可比喻一弯新月。汉字词"백미(白眉)"继承了第一个意义，但语义又发生了泛化，不仅可以指人，还指其他事物更加出色，如：

(2) a. 춘향전은 한국 고전 문학의 백미이다.《春香传》是韩

国古典文学的经典。

b. 이번 연주회의 백미는 단연 바이올린 독주였다. 这次
演奏会最出彩的当然是小提琴独奏了。

6.3.5 感情色彩发生变化

这里主要分析感情色彩的文化性、感情色彩的变化方向以及语义感染。

6.3.5.1 感情色彩的文化性

即使是在同一文化背景中，同一词语也会因时代的不同和历史文化原因而产生不同的感情色彩，这就导致词语的感情色彩出现程度差异。具体可分为以下两种类型：

第一，有的词语的感情色彩意义产生于历史文化，其意义比较固定，已经被词典收录为不同的义项意义。

例如，韩国语里的汉字词"인정(人情)"指人本来的感情或心情，如(3a)；也指同情心，如(3b)；也指人心，如(3c)；这三个意义都属于中性意义，但"인정"还有第四个意义，并且具有了贬义，指过去送给官吏们的贿赂，如(3d)，这种贬义的产生与历史文化有关，因为在朝鲜末期人们在进城的时候，守门人会让交过路钱，而借了官府的粮食去偿还时还要额外缴纳"인정미(人情米)"(정재호1995:104)。

(3) a. 돈을 보면 욕심이 나는 것이 인정이다. 见钱眼开是人
之常情。

b. 인정이 많은 사람 富有同情心的人

c. 인정이 각박하다/메마르다. 人心淡薄/世态炎凉

d. 성문 출입할 적에 그놈들한테 인정 안 바친다고 구박
   받은 일을 생각하면 치가 떨리느니.《현기영, 변방에
   우짖는 새》过城门的时候如果不给那些小子"进贡"
   就会遭难，一想到这些我就恨得牙痒痒。

第二，有的词语的感情色彩意义产生时间短，还只是一种临时
性的组合意义，没有被收录为义项意义。

例如，与饮食有关的"잔치"可以转喻结婚仪式，因为"잔
치"的基本意义是有高兴的事情时准备饭菜和大家一起庆祝，具有
积极的感情色彩。但韩国语还有"빚잔치"，比喻没钱还债的情况
下却过度地借债，也指破产没有能力还债时用剩下的资产抵账，如
(4)。虽然借债或者以资抵债都是不好的事情，但"빚"却与"잔
치"结合形成了"빚잔치"。由此可见，韩国语里的"잔치"所具有
的积极的感情色彩已发生变化。

(4) a. 빚잔치를 벌이다 大肆举债

    b. 집을 빚잔치로 날렸다. 房子因为债务太多被折腾没
       了。

再看中性意义的"땜、땜질"，这两个词都指将裂了的缝或破
了的洞补上，也比喻把做错的事情根据需要随时改过来，并没有贬
义，但在词组"땜질 처방/예산、땜질식 처방、땜질식 대책/조치"
等结构中却产生了贬义色彩，这时"땜、땜질"所表现出的也是一种
临时性的组合意义上的贬义。

感情色彩还包括谦称与他称之分，汉字词"미망인(未亡人)"本来指死了丈夫的女人，一般用作女性的谦称词，意即自己是未能追随死去的丈夫而苟延残喘的罪人，但现在却也被用来指称这样的人，如(5)中的"미망인"就是用作他称，汉语多用一般指称意义的"遗孀"。所以박갑천(1995:113)认为"미망인"的这种他称用法从语义和感情色彩上是讲不通的。但这种他称用法的出现说明"미망인"的感情色彩正在发生变化。

(5) 이번 행사는 나라를 위하여 숭고한 헌신을 하신 참전유
　　공자의 미망인에게 그동안의 노고에 감사의 뜻을 전하고
　　위로하기 위해 마련됐다. 《매일일보, 2019.06.25》举办
　　此次活动的宗旨是为了慰问那些为祖国献出生命的参战
　　有功人士的遗孀。

6.3.5.2 感情色彩的变化方向

感情色彩并不是一成不变的，而是可以发生变化的，这种变化从程度来看可分为两种类型，第一类是感情色彩分明的词语，如前面提到的"인정"等，第二类是处于变化中的词语，如前面提到的"잔치、땜/땜질、미망인"等。

从演变方向来看，感情色彩的变化也可分为两类，第一类是积极意义或中性意义的词语向消极意义转变，前面提到的"인정"是褒义词向贬义词发展，"땜、땜질"是中性词向贬义词发展，第二类是消极意义的词语向积极意义转变，下面主要看一个这种类型的例子。

例如，韩国语里"사고(事故)"指意外发生的不幸，如(6a)；第二个意义指给别人造成危害或者引起混乱的坏事，多与消极性的动

词结合，如(6b)；第三个意义指引起某事发生的原因，如(6c)。也就是说，"사고"的意义基本都是否定或消极色彩的，但是现在这种意义在逐渐发生变化，如(7)所示。

(6) a. 사고를 당하다 遭遇事故

　　b. 사고를 치다/저지르다/내다 惹事/出事

　　c. 그가 결근한 사고를 알아보아라. 了解一下他旷工的原因。

(7) a. 한국 스피드스케이팅의 '신성' 김민석이 13일 강릉 스피드스케이팅경기장에서 열린 스피드스케이팅 남자 1500m에서 '사고'를 단단히 쳤다.《동아일보, 2018.04.13》韩国速滑新秀——金珉锡13日在江陵速滑赛场上举行的男子速滑1500米比赛中"犯了件大事"/"闯了个大祸"。

　　b. '사고 한번 치고 싶다'던 차민규가 생애 첫 올림픽 출전에서 값진 은메달을 목에 걸었다.《동아일보, 2018.02.20》曾说"我想惹/弄/搞点事"的车闵奎第一次参加奥运会就得到了一枚不菲的银牌。

如上，(7a)讲的是韩国运动选手金珉锡获得2018年冬季奥运会上速滑项目的第一枚奖牌，用了带引号的"'사고'를 단단히 쳤다"。(7b)用于第一人称，用了"사고 한번 치고 싶다"，虽然这里的用法可以看作是贬义词的褒用，但也说明"사고"的贬义色彩在逐渐减弱。

6.3.5.3 感情色彩与语义感染

引起感情色彩变化的原因有多种形式，其中代表性的有语义感染。语义感染有三种类型，一种是词组之间的语义感染，一种是合成词内部的语义感染，还有一种是句子内部的语义感染。

1) 词组之间的语义感染

据Ullmann(1962)的研究，法语中具有肯定或中性意义的词passus(脚步)、punctum(点)、pexsona(人)等常与否定词ne结合，从而也获得了否定的意义，而这些词产生否定意义后，即使不附加否定词ne也还表达否定意义。这种语词在多个语言环境中出现，一个语词的意义会转移到其他语词上的现象被称为"感染"(남성우1988/1992:273)。韩国语里也存在这种语义感染的现象。

例如，韩国语里形容词"좋다"的核心意义是积极的，所以其引申意义也都是积极性的。但是也有例外，当"좋다"的主语是"염치、비위、넉살"等时，表示人不讲脸面、没有廉耻，是一种消极的否定意义，如(8)。

(8) a. 염치도 좋아.《아이가 다섯, 9회》脸皮也真厚。

　　b. 내 친구는 넉살이 좋아서 부끄러움을 잘 안 탄다. 我的朋友是厚脸皮，都不知道害羞。

"좋다"之所以产生这种否定意义，是因为受到了具有消极意义的主语"염치、비위、넉살"等的感染。也就是说在语义变化上出现了"否定+肯定→否定"的现象(王芳 2011:66)。

词组"망할 놈"中，定语"망할"与中心词"놈"都是消极意义的，所以整个词组具有强烈的消极性，符合语义变化的"否定+否

定→极度否定"的现象(王芳 2011:66)。

惯用语"호박씨(를) 까다"有两个比喻意义，比喻背后说坏话，也比喻背后搞小动作，都是消极否定的意义，这种意义的产生有两个影响因素，一个与"호박"有关，因为"호박"在韩国语里有否定意义，比喻女人长得丑；一个与动词"까다"有关，因为"까다"本身就有说坏话之意，这两者结合使得惯用语也具有了否定意义。

2) 合成词内部的语义感染

不仅一般的词组和惯用语之间有这种语义感染力，在合成词内部也存在这种感染力。下面我们看后缀派生词"-질"，"-질"有多个意义，其中有一个意义是消极意义，主要用来贬低不好的行为，如"노름질、싸움질、계집질、서방질、돈질、자랑질"，其中词根"노름、싸움"虽然是否定意义的，但"계집、서방、돈"却是中性意义的，而"자랑"是积极意义的，不管词根意义如何，受后缀"-질"的否定意义的影响，所有派生词表达的也都是否定意义。

下面我们举例看一下实际生活中"돈질"后缀派生词的否定意义。

(9) 야, 넌 선거가 뭔지 알아? 자격 갖고 하는 줄 알아? 돈 갖고 하는 거야, 돈질! 선거 나가다가 물먹고 파산한 객주한 두 갠 줄 알아?《객주, 22회》我说，你知道什么是选举吗？你以为是按照资格来选啊？是按照钱来选的。钱！出马参加选举被整，最后破产的客主，你以为少啊？

(10) 우진:돈 돌려드릴 테니까 화 푸세요. 我会把钱退回去的，别生气了。

우진엄마:니가 어디가 모자라서 그런 대접을 받아?우리
집에 와서 그런 시건방진 소리 해댔는 것도 분통
이 터질 일인데. 어디다 대고 돈질이야? 1억?그런
딴돈 필요없으니까 자기가 다시 먹고 떨어지라
고 그래.《가족을 지켜라, 37회》你哪里比不上
她啊？竟然被她家这样对待？她到咱家来说风
凉话就已经让人气炸了肺了。竟然还拿钱耍威
风！1个亿？我们不需要这钱，让她们自己来拿
走，让她们滚蛋！

　　(9)是剧中宋万治对千奉三说的话，意思是参加选举就是拿钱
赌博，用的是"돈질"的词典意义。(10)是우진与母亲的对话，听说
儿子未来的丈母娘为了拆散自己女儿的婚姻，竟然拿了一亿韩币让
우진滚蛋，所以우진的母亲极度生气，并将这种行为称作"돈질"。
也就是说在现代社会"돈질"的意义发生了改变，比喻拿钱来耍威
风，也是消极意义。也就是说虽然经历了历史的变化，但是"돈
질"却一直延续着本身固有的消极意义。
　　下面再看前缀派生词。王芳(2011:63)认为在前缀派生词内部，
前缀与词根的语义感染方向都是"否定意义→肯定意义"，即否定意
义影响肯定意义，具体可分为四类:

　　(11) a. 알나리、소장부、소인물
　　　　　b. 찰거머리、찰가난
　　　　　c. 생소리
　　　　　d. 날강도、불여우、생불한당

(11a)中的词根"나리、장부、인물"都是积极性的词语，但由于前缀"알-、소(小)-"都是消极意义的，所以派生词也产生了消极意义。(11b)中的词根"거머리、가난"等是消极意义，虽然前缀"찰-"是肯定意义的，但受词根的消极意义影响，派生词也都产生了消极意义。所以(11b)与(11a)都符合"肯定+否定=否定"的规律(王芳 2011:66)。(11c)中的词根"소리"是中性的，但前缀"생(生)-"是消极意义，所以符合"否定+中性=否定"的规律(王芳 2011:66)。(11d)中的词根"놈、강도、여우、불한당"，以及前缀"날-、불-、생-"等都是消极意义，符合"否定+否定=极度否定"的原理(王芳 2011:66)。也就是说，在词语的演变过程中不存在物极必反的现象。

3) 句子内部的语义感染

语义感染所出现的"否定意义影响肯定意义"的方向性不仅表现在合成词内部，就是在句子中也表现出了这种倾向性，例如下面的俗语。

(12) 아가리에 자시오 할 땐 마다하다가 아가리에 처먹으라
    해야 먹는다. 对他好好说的时候不听，最后话说难听
    了他才听。

如上，这句话里出现了俚俗语"아가리"以及褒义词"자시다"和贬义词"처먹다"，当用敬语"자시다"时，前面的"아가리"并没有换成中性意义的"입"，这反映出敬语"자시다"仅仅是表达一种感情意义，但是语法上的影响力很弱。也说明敬语意义无法对消极意义的词语发生作用，反而是消极意义的词语却可以与积

极意义的词语结合，并发生作用，使整个俗语所表达的是消极意义。

6.4 复活旧词赋予新义

语言的再创造还表现为复活已经消亡的词，这类词语代表性的就是称谓语。例如，中国2018年的十大流行语之一有"店小二"。"店小二"本来指过去茶馆、酒肆、旅店等处负责接待顾客的伙计，随着社会的发展，"店小二"这个称呼退出了历史舞台。但在新社会，浙江主要领导人曾提倡，政府部门、领导干部要当好服务企业和基层的"店小二"，所以"店小二"重新复活，并产生了新义，指推进经济发展、为企业提供周到服务的政府部门及领导干部，也就是说，过去"店小二"作为服务主体、顾客作为被服务对象以及端茶倒水等服务项目变了，但是热情周到的服务态度被继承下来，并被赋予新的服务主体和服务对象，从而成了流行语。

韩国语也有类似的情况，例如与古代社会制度有关的"양반、마마、공주、상전、머슴"等，随着封建社会的消亡，这些词也退出了历史舞台，但是发展到现代韩国语，日常生活中却经常借来表达谐谑的感情。

6.5 方言势力扩大

这类例子比较少，例如，韩国语"억수"指非常大的雨，现在

多与"같이、-로、처럼"等结合表达丰富的意义，其中"억수로"本是庆尚道方言，是方言的势力逐渐强大慢慢走向标准语的典型例子，但还没有被认作是标准语(조항범 2014:257)，所以韩国《표준국어대사전》还没有收录这一表达。

6.6 词组发展成合成词

语言的再创造还表现为词组发展为合成词。词组发展为合成词时主要有三种类型。

第一，词组不常用。例如，韩国语里蛀虫为"좀"，比喻不声不响地将事物一点点损坏掉的人或事物。有主谓结构的合成词"좀먹다"，指蛀蚀，也比喻使事物一点点被损坏，但是词组"좀이 먹다"已经不常用，常用的是"좀이 들다/쑤시다"。

第二，合成词的义项减少。韩国语"물"有五个意义，由词组"물을 먹다"发展出的合成词"물먹다"只有三个意义，前两个意义分别指植物吸收水分或纸张等吸水，这两个意义还与词组意义发生关系，但"물먹다"还产生了比喻意义，指考试落榜、从职位上被扯下来、遭遇不好的事情等，这是词组"물을 먹다"所没有的意义，也就是说由词组发展而来的合成词语义上会发生较大变化。

第三，合成词语义发生变化。例如，词组"한 눈"表示具体的动作意义，经常与"팔다"结合表示"移开视线"，如(13a)，不过根据语境，惯用语"한 눈을 팔다"也可比喻抽象意义，即"关注他人"，如(13b)。

(13) a. 한 눈 팔지 말고. 不要东张西望。

b. 저희 영혼까지 닮은 사이라 서로가 없으면 살 수 없
어요. 근데 어떻게 한 눈 팔겠어요?《우리집 꿀단지,
78회》我们之间连灵魂都非常相像，离开彼此就无
法生活。怎么会红杏出墙呢？

合成词"한눈"的意义就比较抽象，有两个意义，首先指看一
次，或看一会儿，如(14a)；"한눈"还指一次，或一瞬间所看到的视
野，如(14b)。

(14) a. 그는 내가 학생이라는 걸 한눈에 알아보았다. 他一眼
就看出我是个学生。

b. 시가지가 한눈에 들어오다. 市区一下子尽收眼底。

如上，与词组"한 눈"相比，合成词"한눈"的动作意义已消
失，表达的更多的是一种视野意义。

6.7 产生新词、新的构词方式

6.7.1 新表达方式的产生原因

由于语言可以代表文化的有无，所以新鲜事物的出现一般都会
带来新词、新语的产生。而这些随着时代发展、新事物的出现所产
生的新词汇就叫做新造词(语)。

2007年《纽约时报》专栏作家Marcia Alboher写了一本书《双重

职业》，书中提到越来越多的年轻人能够拥有多种职业和多重身份的多元生活，他们在自我介绍时会用斜杠来区分不同的职业，于是"斜杠(Slash)"成了他们的代名词。从此就有了"斜杠青年"这一表达。再如，"中国大妈"是网络上引用美国媒体调侃国内中年女性大量收购黄金引起世界金价变动而来的一个新兴名词。《华尔街日报》甚至专创英文单词"DYma"来指称"中国大妈"。这些新词的出现都反映了社会和文化的发展以及不同文化里的不同生活方式的发展。

韩国人的生活理念与文化以及所发生的变化也可以通过新词或新的表达方式来进行分析。例如，随着智能手机的普及产生了很多新的社会现象，如"스마트폰 노안"指智能手机使用太久出现老花眼的状态，"스몸비족"指沉迷于智能手机而与外界隔绝的人。与家庭有关，产生了"기러기부부"，指空中飞人家庭，"펭귄 부부"指与饮食、时间、经济等有关的家庭生活方式都围绕着小孩进行的夫妇，"달팽이족"指带着全部家当辗转露宿街头的人，"장거리 연애"指异地恋等。

6.7.2 新表达方式的类型

从构词角度来看，新表达方式的产生有多种渠道，具体可分为六类：

6.7.2.1 借用现有的词语构成新词

语言的再创造可以表现为借用现有词语构成新词。此时，为了具有社会约定性，新表达方式的产生要建立于社会和文化以及人类的一般思维方式之上。

例如，在表达小的店铺时韩国语用"구멍가게"，是由"구멍"与"가게"结合形成的合成词，之所以选择"구멍"作定语，是因为在有超市以前的小商店一般都是在墙上开个小洞当窗户来收钱或递商品，在这种社会文化背景下，使得"구멍"逐渐与"가게"结合了起来，并且"구멍가게"也产生了小商店之义，并且具有了社会约定性。

再如，"공해(公害)"一词是已经存在的现象和概念，指因产业和交通发展而造成的对人类的伤害，但现在还出现了"노래공해"，如(15)，这种表达是对"공해"原有意义的一种扩大，也属于再创造的一种方式。

> (15) 이제는 조금만 노력하면 누구나 노래를 만들 수 있는 시대가 되어 전 세계에서 새로 만들어지는 노래들이 실시간으로 인터넷을 통해 쏟아져 나오고 있다. 가히 '노래 공해'의 시대라고 할 수 있을 지경이다.《문화일보, 2018.02.02》现在这个时代，只要稍微努力一下谁都能写词谱曲，世界各地出的无数新歌第一时间就能出现在网络上。这种程度都可以说:这个时代是"歌曲公害"时代了。

之所以需要借用现有的词语，可以从两个角度去解释:第一，就像赫尔德(2011:62)所说，大胆有力的比喻、从一种感觉向另一种感觉的义转，这些"现象起因都在于人类心灵的贫乏，在于原始人身上各种知觉汇合。"第二，从语言的经济性角度来看，如果每一个新事物或概念都再创造一个词来表达的话，那么人类的语言会无穷尽地增大，那人类的学习量将会剧增，这不利于人类的学习。所以借用现有词语构成新词或者形成新的意义就非常有必要。

6.7.2.2 根据旧词创造同形异义的新词

例如，韩国语里房地产中介称作"복덕방(福德房)"，房地产投资的人即"炒房客"称作"복부인"，后者是根据前者发展而来的。不过现在还出现了另外的同形异义词"복부인"，是由"복어처럼 간이 부은 인간"缩略而成的[02]，指像河豚一样大胆无比的人。

6.7.2.3 对原有表达方式的再创造

例如，韩国语里形容人心不在焉时用"마음은 콩밭에 있다"，但为了表示强调还会临时创造出一些新的表达，如(16)，第二句用了"머리는 갈대숲에 가 있다"，这个表达是根据"마음은 콩밭에 가 있다"的结构创造出来的。

> (16) 딱 보니까 그렇던데 뭐? 마음이 아예 콩밭에 가 있잖아?
> 머리는 갈대숲에 가 있고.《전생에 웬수들, 5회》我一
> 看就知道。你现在完全是魂不守舍啊。心根本就不在
> 这儿嘛。

对销售人员来说，有时会碰到一些光看不买并且还找茬嫌不亲切、要找老板告状之流的顾客，对这种顾客，韩国店员们会将其称作"손놈"，其结构是"손+놈"，如(17)，这种表达是对"손님"的改造，"-님"是敬称后缀，将其换成了贬称意义的"놈"，从而形成了贬称词"손놈"。

> (17) 손님들은 아니, 손놈들은 대응을 해주면 안 돼요. 그

02　例子出自왕한석(2008:113)。

냥 웃으면서 보내야돼. 알바생이 괜히 알바생이겠어요?
(网络) 对顾客，啊，是顾兽，对这样的人就不要理会
他，要面带微笑把他打发走。你以为"打工姐"的名号
是白得啊？(就是这样练出来的)。

6.7.2.4 利用新出现的事物再创造新的表达形式

韩国语里在表达火上浇油时传统表达是 "불난 집에 부채질
하다"，即用扇蒲扇来比喻，随着社会的发展出现了 "가스통 煤气
罐" "화염병 火焰瓶" 等事物，所以韩国人转而用这些事物来表达强
调意义，如(18)出现的分别是 "불난 집에 가스통 던지다、불난 가
슴에 화염병 던지다"。

> (18) a. 지금 불난 집에 가스통 던지러 왔어?《달콤한 원수,
> 112회》你这是来火上浇油啊？
> b. 지금 가득이나 이혼당하게 생겨가지고. 불난 가슴에
> 화염병 던지고 있어?《밥상 차리는 남자, 24회》(我)
> 现在本来就要被离婚了，(你)这是往(我)怒火中烧的
> 胸口扔火焰瓶啊？

在表达班门弄斧时，韩国语用 "번데기 앞에서 주름잡다"，而
挖地的传统表达为 "삽질하다"，随着社会的发展有了新事物 "포크
레인 挖掘机"，这三者结合起来就有了下面的表达，如(19)，在传统
的俗语后面，又添加了 "포크레인 앞에서 삽질하다"。

> (19) 너 지금 번데기 앞에서 주름잡냐? 포크레인 앞에서 삽질
> 해?《연인, 9회》你这是蚕蛹面前拿褶呢？在挖掘机面

前耍铁锹啊？

在表达乞讨意义时，因为古时乞丐一般腰里都会拴着一个瓢子，需要时就用来要饭吃，所以"쪽박(을) 차다"指成为乞丐，这里的"차다"是"拴、带着"，类似的还有"바가지(를) 차다"。随着社会的发展，瓢子已经不常见，而是出现了铁桶"깡통"，所以韩国很多乞丐乞讨时换了装备，不再用瓢了而多会用个小铁桶，因此"깡통을 차다"就用来转喻乞讨，如(20)。

(20) 아이구, 강품호씨 웃겨! 그 나이 먹어서 이혼하면 깡통
    밖에 더 차?《당신은 선물, 87회》姜品浩，你真搞笑
    哎，你这把年纪，离了婚还不得去乞讨啊？

再如，比喻闭嘴时，韩国语有"입에 자물쇠를 채우다"，随着社会的发展还出现了与新锁具——拉链有关的"입에 지퍼를 채우다"。除了给嘴上锁、上拉链之外，还有给嘴涂橡皮膏的"입에 반창고를 붙이다"。这些都是根据新事物创造出的新的表达方式。

6.7.2.5 产生新的词缀形式

外来语"아이돌"是从希腊语发展而来的idol[03]，意思是偶像，但韩国语里现在又出现了"연기돌"，指演技好的偶像派或者演技、歌手双栖的偶像派。从结构上来说，"연기돌"的产生是将"아이돌"中的"-돌"看作后缀，然后在前面添加了汉字词词根"연기"而形成的。

---

03 https://ko.wikipedia.org/wiki/아이돌

6.7.2.6 产生新的缩略语

与传统的构词方式不同，年轻人的语言中还产生了很多异于一般韩国语构词方式的缩略表达，具体的表现形式如表1所示：

[表1] 新型缩略语

	组合方式		例子	汉语
单纯缩略	每部分的第一个音节合成	词组	은따：은근히 다돌림	不显山露水的欺凌
			두타：두산 타워	Doosan Tower
			옥떨메：옥상에서 떨어진 메주	屋顶上掉下来的酱豆块
			건성위：건전한 성생활을 위하여	为了健康的性生活
			사사사사：사랑하면 사랑할수록 사랑하고 싶은 사람	越来越想恋爱的人/爱情中毒者
			걸걸걸：걸면 걸리는 걸리버	过去的手机广告
			죽팅：죽치고 앉아 때가 오길 기다리는 미팅	苦等机会来临的会议
			즐통：즐거운 통신	愉快的通信
			조나발：조국과 나라의 발전을 위하여	为了祖国和国家的发展
		句子	미나공：미안해, 나 공주야.	对不起, 我是公主。
			이지함 피부과：이유득, 지혜구, 함익병 피부과	李柳德、池慧九、咸益炳皮肤科
双关缩略		一般名词	천재：천하에 재수 없는 놈/천원 갖고 재는 놈	天才：天下第一倒霉蛋/拿着一千块钱蹦跶的家伙
			귀공자：귀신같이 공부 못하는 자식	贵公子：中邪一样的学渣
			무아지경：무지무지 아무 것도 아닌 경치	无我之境：没一点看头的景致
			교수：교만한 수위	教授：傲慢水准

		장학생:장래에 대한 생각이 없는 학생	奖学生(拿奖学金的学生)：对未来没有一点想法的学生
	专有名词	백설공주:백방에서 설치는 공포의 주둥아리	白雪公主：到处乱说话令人恐怖的大嘴巴
		정몽주:정신이 몽롱한 주정뱅이	郑梦周：精神恍惚的酒鬼
		안기부:안주 기습 부대	安企部：奇袭下酒菜的部队
		비너스:비교적 너무한 스타일	维纳斯：有点太说不过去的形象
音节随意合成	一般名词	여치:여행 스케치	蚂蚱/旅游素描
		우등생:우겨서 등수를 올린 학생	优等生/强词夺理地把排名提上去的学生
		선발대:선천적으로 발 안 닦고 다니는 대학생	先锋队/天生不洗脚的大学生
		바보:바라볼 수록 보고 싶은 그대	傻瓜/越看越想看的心上人
		건달:건빵에 달관한 군인	痞子/对干饼干有一家之见的军人

(韩文例子来自왕한석 2008:102-112)

　　如上，韩国年轻人喜爱的缩略语主要有两种类型，一类是单纯缩略，一类是双关缩略，其中单纯缩略所形成的缩略语是不曾存在的词语，双关缩略所涉及的很多是现有的一般名词，如"천재、귀공자、무아지경、교수、장학생、여치、우등생、선발대、바보、건달"，或者是专有名词，如"백설공주、정몽주、안기부、비너스"等。

　　从缩略组合的方式来看，大部分是"每个组成部分的第一个音节进行结合"，如"은근히、다돌림"的第一个音节"은+다"合成"은따"。但在双关缩略中，如果按照这种组合方式，就无法形成双关，所以部分表达就打破了这个规则，而是音节随意合成，如"여

193

행 스케치"第一部分的首音节"여"和第二部分的末尾音节"치"合成成了"여치"。

从缩略合成的成分来看，既有一般简单的词组，如"두산 타워"缩略成"두타"；也有较长的词组，如"옥상에서 떨어진 메주"缩略成"옥떨메"；此外还有句子，如"미안해，나 공주야"缩略成"미나공"。

从对应方式来看，这些新兴的缩略语在汉语里难以找到对应的词语，具有典型的文化特色。其中单纯缩略体现了韩国语拼音文字的特点，双关缩略在此基础上还结合了既有的词语。

除此之外，韩国语还有一种网络聊天用语，如表2所示：

[表2] 网络聊天语

构词方式		例子	意义
母音破坏型的外星语(即去掉元音，只留辅音的，简略网络聊天用语)	韩国语单词的头字母	ㅊㅋ-축하	祝贺
		ㄱㅅ-감사	感谢
		ㅈㅅ-죄송	对不起
		ㅅㄱ-수고	辛苦
		ㄷㄷ/ㅎㄷㄷ-덜덜/후덜덜	抖抖(形容害怕的样子)
		ㅎㅎ-하하/호호/히히	哈哈/吼吼/嘻嘻
	英语韩文标记的头字母	ㅎㅇ-하이	Hi
		ㅂㅇ-바이	Bye
		ㅋㅋ-ㅋㅋ	呵呵
		ㄱㄱ- GoGo	走
		ㄹㄷ-레디 Ready	准备
		ㅇㅋ-오케이 Ok	好
		ㄴㄴ-NoNo	不

如上，这些网络聊天用语充分利用了韩国语和英语字母文字的特性，只是利用一些语素来表达相应的意义，所以被称作"外星语"。

以上新的构词方式还反映了年轻人对社会的不同观察视角，以及他们对社会的不满、批判甚至反抗精神，这种新的构成方式是他们精神的发泄渠道(왕한석 2008:127)。

6.7.3 新表达方式的接受

虽然新鲜事物的出现一般都会表现在语言上。但是新概念或新事物的出现并不一定能找到或创造出一个令大部分人都认可并接受的表达。即使一个新词被创造出来，但一个新词能否融入一个语言社团并被人们世世代代相传下去，还将取决于它的上口度、熟悉度、可信度或者它的第一个采用者的魅力等方面的细微差别(平克 2015:376)，当然第一个创造者或采用者的社会地位也会影响新词的存活，如果是一个旧词或旧的表达方式，有时还会因为采用者的社会地位和魅力而成为一个热词，例如，汉语的"撸起袖子加油干"，这个惯用语本来就存在，但是经习主席在2017年的新年贺词中提到后，马上就成了社会热词。

从使用频率来看，一个词或构词方式的生命也可以从下面的数据中进行推测：

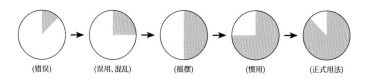

(错误)　　(误用、混乱)　　(摇摆)　　(惯用)　　(正式用法)

[图1] 构词方式与认可度(홍민표 2010:171)

如上图所示，一个构词方式当使用人群为12.5%时多被看作错误用法，达到25%后则被看作是误用、混乱阶段，达到50%后则属于左右摇摆阶段，到75%后则成为惯用表达，如果达到87.5%则成为正式的用法(井上 1984，转引自홍민표 2010:171)。

当一个新词被传承下来，并且新的意义与用法的语用频率非常高而成为常用意义时，那么这个语义就会上升成为词典的释义。这个词的使用频率越来越高时，就有可能发展成多义词(平克 2015:137)。当某个语义与基本义关系越来越不明显时，词典甚至可以将其单列出来，使其独立为一个词，这样就出现了同音异义词。当两个同音异义词继续发生变化，两者之间很难再建立起语义联系后，那么就成了完全意义上的同音异义词。而当新创造的词语用频率非常高时，则会成为常用词。

6.8 语言消亡

当新的文物制度产生之后，就会出现相应的语言表达方式，而这种文物制度随着时间变化时，相应的语言表达也会发生变化或者不再使用，从而成为过去丰富的生活面貌等的真实写照，成为"无形的文化遗产"(남기심 2001:5)。

语言的消亡，从大的方面说，是某一种语言的消失，"在过去500年中，世界上10000种语言中大约有3000种业已消灭，这是战争、传染病或由殖民者及其他外来侵略者所强加的同化作用的直接后果……据人类学家推测，到2100年世界上的语种又将减半，最主要的原因是少数族群的后代在进入学校、移民到城市后，在他们

接触到印刷和电子媒体后，便不再使用其祖先的语言。"(哈维兰等 2014:108)

语言的消亡，从小的方面来说，是某种语言中某些词语、语法形式、表达形式的消失。例如带有鲜明历史文化色彩的古代官职、官位、官服、官方礼仪等，由于这种历史文化已经消失，所以这些语言表达也就消失了。而随着新生事物、概念的出现，则会出现新词、新义。

匡鹏飞（2004）曾对《拍案惊奇》中双音词的消失现象进行了分析，并对词语的消失类型进行了总结：

[表3] 汉语双音词的消失类型

1	词语所指称的事物现象的消失引起词语的消失。	
2	社会的变化导致词语所赖以存在的社会文化心理状态的改变引起词语的消失。	
3	语言表达精密化的趋势使词语分化为自由短语引起词语的消失。	构成词语的两个语素意义相同或相近，词语的凝固性较差，到现代汉语中被分解成两个词语构成的自由短语。
		构成词语的两个语素意义虽有一定联系，但差别更多，词语的凝固性较差，到现代汉语中被分解成两个词或由它们构成的自由短语。
		由于词语负载的信息量过大，超过了一个词语能承担的负荷量，妨碍了表义的精确度，到现代汉语中其词义不再被认为是一个义位，该意义改由自由短语来表达。
4	词语某一语素意义的消失或其构词能力的下降引起词语的消失。	由于语素的构词意义在现代汉语中的消失而引起词语的消失。
		由于语素的构词意义在现代汉语中已很少使用或只在书面语中使用而引起整个词的消失。
		由于语素的构词能力急剧下降而引起词语的消失。

5	同义词之间的竞争引起词语的消失。	在同义词的竞争中，语素义与词语义联系不紧的词语易遭淘汰。
		在同义词的竞争中，语素义义域相对较窄的词语易遭淘汰。
		在同义词的竞争中，受类推心理的影响，类推性差的词语易遭淘汰。

如上，关于汉语双音词的消失，共有五种类型，其中第一、二种类型都与文化有关，也就是说当词语拥有具体的指称事物时，随着这种事物的消失，词语就会消失；第三、四、五种类型则与词语的具体构词、语义有关。

韩国语里词语的消失也不外乎上述现象。例如，朝鲜时代的官服、王族的服装由于受中国文化的影响，所以都用汉字词表达，但随着封建文化的消失，这些汉字词都消失了，仅留下了几个上义词。而随着西方文化的进入，韩国的服饰用语很多都变成了外来语。

有时即使事物没有消失，但随着新生事物和新的表达的出现，旧的语言表达也会在竞争中被淘汰，如表示顺时针意义时，韩国语过去用"옷깃차례"，指沿着衣领的方向，因为韩国传统韩服的衣领是顺时针方向的。但随着钟表的产生，产生了新的表达"시계방향"，两者产生语义竞争，最终"옷깃차례"被淘汰了。类似的还有"장기튀김 弹棋子"与"도미노현상 多米诺现象"，前者被后者所取代。

再如，与古代、近代文化有关的物品、计量单位、交通手段、职业、人物有关的表达由于没有了相应的文化，有的表达发生了语义的变化以适应新的文化，有的仅仅保留在俗语和惯用语里，有的则消失了。

汉字词在韩国语里演变的结果有几种类型，第一类是逐渐失

去汉字词的特性并发生形态变化，例如"가지、김치、도무지、동냥、염치"等都是汉字词，但现在已不被看作汉字词，除非是搞专门研究的语言学家。第二类是大量的汉字词受韩国语的影响在词义上已经发生了较大变化。第三类是大量汉字词与固有词展开竞争，由于汉字词的各种优势，两者在竞争过程中，最终的结果是汉字词胜出，大量固有词消亡，从而形成了汉字词大量存在的现状。

6.9 小结

语言的演变是个非常复杂的过程。语言演变具有一定的共性，这个共性主要表现大的方面，如演变的范畴、思路具有一定共性，但语言演变也表现出很大的差异。

韩国语的语言演变主要表现为语音与形态发生变化、语义发生变化、复活旧词赋予新义、方言势力扩大、词组发展成合成词、产生新词或新的构词方式、语言消亡等七个方面。

第七章

文化与语言滞后

7.1 引论

社会学家威廉·奥格本(1922-1950)创造了"文化滞后"这一术语，并且认为物质文化一般最先发生变化，而非物质文化出现滞后，这使得非物质文化(或符号文化)在玩一个追赶的游戏(转引自M·汉斯林 2016:59)。汪凤炎等(2004/2015:3)则认为"一般而言，实物层面文化的变迁速度最快，行为层面的文化次之，制度层面的文化又次之，思想观念层面的文化变迁速度最慢，与此相对应的是，人受文化影响的四个层次的变迁速度也不一样:人对外在物品的态度变化较快，人的行为方式变化较慢，存在于人类社会的各种制度变化更慢，蕴藏在人脑里的价值观与潜在假设变化最慢。"语言作为非物质文化的一种，可折射时代的变迁，而相对于其他文化而言，容易出现发展落后于时代的现象。因为"每一门语言所选择的描述世界的方式并不随着人类自身经验的丰富、以及对宇宙知识的增加而改变。这一现象肯定了语言对于思维的影响力"(海然热 2015:119)。

苏金智(1993:51)曾提出，在处理语言与文化的关系时，要用动态的观点来分析，尤其是在第二外语的教学过程中尤其要注意运用动态的观点。用动态的观点来处理语言与文化的关系时非常重要的一点就是语言与文化的脱节，即文化发展了，但一部分语言形式并没有随之发生变化。如果不对这种语言与文化的脱节进行解释和说明，那么就会影响理解。

韩国语言发展的滞后可表现为两种类型，一种是语法上的滞后，一种是词汇发展的滞后。

7.2 语法发展的滞后

一般情况下，语法发展具有一定的稳定性，虽然会随着社会的发展而变化，但变化的速度较慢。韩国语里表现比较明显的是敬语语法的滞后。敬语语法是封建社会不平等的人际关系的产物(박갑수 2013:471)。中国封建社会也有森严的社会等级之分、繁文缛节以及相应的敬语表达，但随着新中国的成立，这些都已经消失了，当然这也与汉语的敬语主要是词汇形式而不是语法形式有关。与中国相反，韩国依然保留了原先的敬语语法系统。

虽然박갑수(2013:471)提到了韩国敬语语法的一些变化，如(1a-e)，但是他也提出了敬语标志"-시-"的过度使用问题。

(1) a. 第一人称谦称词"저"消失，反而多用非谦称词"나"。

b. "당신"已经没有了敬语意义。

c. 父母子女之间经常性地不使用敬语。

d. 夫妻之间对话也多使用非敬语。

e. 向陌生人问路时也不再刻意使用敬语。

f. 敬语标志"-시-"的过度使用

韩国语里这种基于秩序文化的敬语使用是落后于时代变化的，或者说，因为语法具有稳固性，政治、社会生活的平等对语言尤其是语法所能起的作用是有限的。尽管如此，但正像박갑수（2013:472）所说，韩国语敬语出现了一些变化，这些变化可以说是社会民主化所带来的语言民主化的一种表现，但敬语语法并没有出现太大的变化，这也说明秩序社会依然是韩国的传统特性。

但是，敬语对韩国人来说，已经不仅仅是表达尊敬的语法现象，还可以根据双方的身份地位和社会环境表达各种复杂的信息和感情。

7.3 词汇发展的滞后

社会的发展对词汇的影响最明显，具体到词汇意义的变化，武占坤(2009:49)认为可从词汇所具有的"社会功能性"和词汇的"物质符号性"两点去分析。他认为：

> "词汇的社会功能性，决定了词汇现象对社会的绝对依附性，对社会发展变化的应变性，即随着社会的发展，而不断调整自己的符号成分；词汇的物质符号性，规定着词汇现象的相对独立性和稳定性，即它反映社会的发展变化，有它自己独特的方式；以新词或新义的产生和旧词旧义的消亡的方式，以词音、词义相对独立演变的方式，以新质要素的逐渐积累和旧质要素的逐渐衰亡的方式等等，来随着社会的发展而发展。"

也就是说，词汇的社会性功能决定了词汇会随着社会文化的发展而发展，但词汇的物质符号性又使词汇具有一定的滞后性。

韩国语词汇发展的滞后性主要表现为以下七种类型：

7.3.1 文化消失，语言未消失

此类型指的是很多事物所代表的文化已经消失，但与这些事物有关的语言形式却依然遗留了下来，例如汉语的"闭门羹"与过去的文化有关，过去拒绝见来拜访的人时就给一碗羹吃，现在表示拒绝已经不给羹了，但"吃闭门羹"这个语言表达却一直留了下来。并且有的还在时代发展的影响下产生了新的意义。

韩国语也有这类现象，例如，韩国过去的传统暖炕文化现在仅保留在农村，大城市的公寓式楼房里已经没有了烧火取暖的方式，已经变成了"바닥온돌"，相当于中国的地暖，但与火炕地暖有关的各种表达并没有因为这种取暖方式的改变而消失，而是依然留存在人们的日常语言生活中。再如"나막신、평양 나막신、연못골 나막신、쌍심지"等，这些词所表达的木屐鞋和油灯已经退出了历史舞台，但与其相关的表达仍然被现代人所使用。韩国过去有禁止杀牛的历史，虽然这种禁令早已消失，但比喻干危险事情的惯用语"소 잡아먹다"却仍然存在。

事物消失语言未消失的类型从语言的存活形式来看，主要表现为以下三种类型：

7.3.1.1 语言保留在合成词、俗语、惯用语里

1) 物品

过去人们绑东西都要自己搓绳子，搓绳子一般都要用自己的唾液，虽然现代人已经几乎没有这种搓绳子的习惯，但俗语"제 침 발라 꼰 새끼가 제일이다 用自己的唾液搓的绳子最好"却保留了下来，比喻只有自己亲自出力做的事情才让人放心。

簸箕韩国语为"삼태기"，现在除了农村，一般人也几乎用不着了，不过俗语"삼태기로 앞 가리기"却根据簸箕可以透光的特点比喻用看得清清楚楚的东西来骗人的蠢行，汉语多用"一叶障目不见泰山"。

过去盛酒有的用皮袋，汉字词为"부대(負袋)"，虽然现在已经不再用皮袋盛酒，但还有俗语"새 술은 새 부대에 담아야지"，意思是用新袋子装新酒，比喻新的事业要交给新的人来办，如：

(2) 곡지(부인): 양복점을 얘들한테 막 맡겨도 괜찮겠어요?
西装店就这样交给孩子们，没事吧？

만술(남편): 새 술은 새 부대에 담아야지. 지들이 알아서 꾸려나가겠지.《월계수 양복점 신사들, 22회》新酒要装在新皮袋里。他们自会去管理的。

此类例子代表性的还有与帽子有关的表达，帽子是身份的象征，所以根据身份的不同有不同的帽子及相关的配饰，如"망건(網巾)、탕건(宕巾)、망건편자(網巾--)、옥관자(玉貫子)、금관자(金貫子)、대모관자(玳瑁貫子)、갓、갓양태、사모(紗帽)、벙거지、

207

탕건(宕巾)、백두(白頭)、황관(黃冠)、감투、감투밥、오소리감
투、감투끈、쳇불관(--冠)、삿갓、농립(農笠)、패랭이、고깔、
고깔모자(--帽子)、방갓、백립(白笠)、백전립(白氈笠)、두건(頭
巾)、엽관(厭冠)、효건(孝巾)、건(巾)、우립(雨笠)、갈삿갓、사
립(蓑笠/簑笠)、갈모(-帽)、갓、초립(草笠)、풀갓、초립둥이(草
笠--)、초립동(草笠童)” 等。随着封建社会的瓦解，这些帽子及相
关表达已退出了历史舞台，但却保留在了俗语或惯用语里（详见作者
的《韩国文化语言学综论》）。

2) 计量单位

升、斗、石这些计量单位在韩国语里分别为“되、말、섬”。韩
国人现代生活中有时还会用到升，在集市上卖东西时，有时不按照
公斤秤来称重，而是用升量，例如一升栗子大约五千韩币。由于升
这个单位的量比较小，所以韩国语里“되”还用作不完全名词，指
少量的，如：

(3) 곡식 되라도 얻으려고 애쓰다. 为了弄点粮食而费尽心
思。

虽然斗和石这两种事物已经消失，但在语言里依然存在，如表1
所示，这些俗语所表达的都是消极的讽刺意义。

[表1] 出现"斗、石"的俗语

单位	俗语	字面意义	比喻意义
斗	말 위에 말을 얹는다	斗上摞斗。	比喻人非常贪心，也指忧心忡忡。
石	섬 속에서 소 잡아먹겠다	在小小的"石"里抓牛吃。	比喻行动很猥琐，目光短浅。
	섬 진 놈 멱 진 놈	驮石的与驮草囤子的。	比喻各种不起眼的人物。
	멱 진 놈 섬 진 놈		
	섬 틈에 오쟁이 끼겠나	还要在装稻子的麻袋之间塞上草篓子吗？	比喻有钱的人更珍惜、贪恋财物。
	옆구리에 섬 찼나	腰里揣着草篓子吗？	嘲笑能吃的人。

此外，"되"还经常与"말、섬"进行对比，多用于一些俗语中，如表2所示：

[表2] 与"升、斗、石"有关的俗语

	俗语	比喻意义
1	되로 주고 말로 받는다	比喻给一点东西，但却要求更高的代价。
2	한 되 주고 한 섬 받는다	
3	되 글을 가지고 말 글로 써 먹는다	比喻虽然识字不多，但是却很会利用。
4	말로 배워 되로 풀어먹는다	比喻学识或经验非常丰富但却无法充分利用的人。

如上表，"되、말"在俗语1、2中都用作一般事物的计量单位，但俗语3、4中却用作文字、话语的单位，这也可以看作一种语义泛化现象。俗语2与俗语1意义一致，但用的是"되"与"섬"作对比。

3) 衙门

过去的衙门称作"포도청(補盗聽)"，现在仅存在于俗语里，如"숨다 보니 포도청 집이라"，意思是想藏起来结果却藏到了衙门里，比喻某事出现意外，弄得很狼狈。衙门是抓罪犯的地方，而"포도청의 문고리 빼겠다"意思是要偷衙门的门环，比喻胆大妄为的人，而"포도청 변쓰듯"比喻用别人听不清楚的声音气呼呼地说话。

过去还有制造火焰的官衙，称作"염초청(焰硝廳)"，因为这里的烟囱是用来做火药用的，所以是黑的，因此俗语"염초청 굴뚝 같다"比喻黑心肠。

4) 与交通有关的人物、事物

随着交通设施和手段的发展，轿子、灯笼都退出了历史舞台，过河也无须让人背着过河了，但是与其相关的人物仍然保留了下来。

例如，轿夫"교자꾼(轎子-)"仍然存在，多用于俗语"난쟁이 교자꾼 참여하듯"，比喻不知分寸地参与自己做不了的事情。过去专门提灯笼的人称作"초롱꾼(-籠-)"，现在仍用于俗语中，其中"들고 나니 초롱꾼"比喻人没有干不了的活，类似的还有"메고 나면 상두꾼 들고 나면 초롱꾼"，并且这个俗语还比喻人因时因地没有干不了的活。

过去专门背人过河的职业人称作"월천꾼(越川-)"，现在多用于俗语中，其中"월천꾼처럼 다리부터 걷는다"嘲弄打算做某事时太过于着急；"월천꾼에 난쟁이 빠지듯"指身体条件不符合的小矮个无法跻身背人过河这一职业，比喻做事时无法进入一定范围，被淘汰；"난쟁이 월천꾼 즐기듯"有两个意义，意思是小矮个是无法自己

过河的，需要人背过河去，所以看见背人过河的就非常高兴，比喻
高兴地迎接某个人，这个俗语也可比喻本来自己无法干什么事情，
但却非常想干或者羡慕别人的样子。

过去出远门多骑马，所以朝鲜时代的官员要到地方上去的时
候，会用公文的形式将抵达日期提前告诉相关的地方政府，以便于
准备马匹、食宿等，这种公文称作"노문(路文)"。这种历史文化已
经消失，但惯用语"노문(을) 놓다"依然存在，指发送公文，也指
提前告知。

5) 其他人物

韩国语里"생원(生員)"指过去的读书人，虽然现在已没有了
这种称呼，但却仍然存在于俗语中，如"글에 미친 송 생원"，有三
个意义，第一个嘲笑那些不管家庭只知道学习的人，第二个比喻只
关注于一件事而不顾其他的人，第三个意思是就像学习学疯了的宋
书生一样嘴里嘟嘟囔囔的人。

"기생(妓生)"是古代社会的产物，虽然现在还存在这样的人
群，但已经不再用"기생"来称呼，不过"기생"仍然存在于语言
中，如"기생 환갑은 서른"，比喻对吃青春饭的妓女来说三十岁就
已到职业的终点了，也比喻需要特殊体力或能力的职业都有年龄的
限制。"기생 죽은 넋"比喻东西虽破旧无法再用但仍然有一定的风
采，也嘲笑那些只知道装饰打扮的懒人。

现在厨师多叫作"요리사、조리사"，过去叫"숙수(熟手)"，
虽然"숙수"已经不常用，但仍然存在俗语里，例如"서투른 숙수
가 (피나무) 안반만 나무란다"意思是水平不行的厨师反而埋怨案
板不好。

随着封建社会的消失，过去的很多官职名称也消失了，不过依

然有很多官职名称存在于俗语中，且有很强的生命力。例如，过去有"경주인(京主人)"，指地方政府派驻京城的办事人，地方上的衙役等来京城办事都要跑到驻京办事处来，因此有了俗语"파리 경주인"，这里"파리"用的是比喻意义，比喻想来讨点好处的人，随着时代的变化这种文化已消失，所以俗语的意义也发生了变化，现在俗语的意义是：就像衙役们往驻京办事处跑那样，人患眼病时容易招致苍蝇上门，也就是说，现在俗语里用的是"파리"的基本义，即"苍蝇"。从另一个方面看，多义词"파리"的比喻意义用于俗语中，但俗语却表达具体意义，这种类型非常罕见。

类似的官职名称还有很多，如"내시(內侍)、내관(內官)、양반(兩班)、원(員)、정승(政丞)、풍헌(風憲)、면주인(面主人)、패두(牌頭)、형조(刑曹)、천총(千摠)、파총(把摠)、참봉(參奉)、병조판서(兵曹判書)、평안감사(平安監事)、도승지(都承旨)、이방(吏房)、동헌(東軒)、청백리(淸白吏)"等。

再看过去的历史人物。例如，"양귀비"指唐代杨贵妃，韩国语仍有俗语"팔방미인 양귀비"，这里"양귀비"已经不再指切实的人，而成了美丽的代名词，如(4)。不仅如此，韩国语里罂粟花也叫作"양귀비01(楊貴妃)"。

(4) 나 지금 세상에 없는 양귀비가 와서 꼬셔도 안 한다. 결혼이라면 신물 나.《수상한 삼형제, 4회》就是杨贵妃还阳转世来诱惑我，我也不结婚了。现在提起结婚我就头大。

历史人物中，尤其是中国历史人物频繁地出现在韩国语俗语、时调、歌词中，并且很多发展出了比喻意义[01]，这都是一种语言的滞后现象。

7.3.1.2 语言发生语义变化

语言发生语义变化的类型非常多。其中代表性的就是封建制度、科举制度虽然消失了，但相应的语言却没有消失，并且都从过去的专用意义发生了语义扩大，可以适用于一般日常生活，如(5)。

(5) 왕좌(王座)、등극(登基)、황제(皇帝)、제왕(帝王)、여제(女帝)、대관식(戴冠式)、왕도(王道)、왕(王)、왕06(王)-、왕07(王)-、-왕08(王)、양반(兩班)、하마평(下馬評)、봉미(封彌)、미봉(彌封)、미봉책(彌縫策)、미봉지책(彌縫之策)、압권(壓卷)、파방(罷榜)、급제(及第)、낙방(落榜)、낙제(落第)、낙제점(落第點)、급제(及第)、낙점(落點)、보리동지(--同知)、맥동지(麥同知)、벼슬、땀참봉(-參奉)、물참봉(-參奉)、길나장이(-羅將-)、찰방(察訪)、잔디찰방(察訪)、구관(舊官)、기름칠(--漆)、백비탕(白沸湯)、청백리적(淸白吏的)、석고대죄(席藁待罪)、석고대명(席藁待命)、폄하(貶下)、좌천(左遷)……

与封建制度有关，举一个例子。"하직(下直)"本指古代离京的官吏向国王作别，或官吏结束当值回家，随着封建文化的消失，其语义发生下降，指出远门时向长辈作别，如(6a)，这里"하직"的

01　详见作者的《韩国精神文化语言学》。

对象仍然是人，当"하직"指与某事最后诀别或放弃时，如(6b)，其对象发展了烟酒等事物。动词"하직하다"还指离开某地，如(6cd)，其对象发展成了空间词。

> (6) a. 그는 아버지께 하직을 고하고 물러 나왔다. 他向父亲告别然后出了门。
>
> b. 병이 심해져 이젠 담배와도 오늘로 하직이야. 病越来越重，现在要以今天为界和香烟诀别/说声再见了。
>
> c. 고향을 하직하고 서울로 올라오다 离开家乡去了首尔。
>
> d. …인간이 나 죽기 전에 세상 하직하겠냐?《최고의 연인,41회》在我死之前，他能离开这个人世吗？

还有一些与历史故事有关的人物，因特定的事件被赋予了一定意义且以语言的形式记录了下来。例如，据说世宗大王非常喜欢吃樱桃，有一年冬天的时候他突然提出想吃樱桃，所以官府就悬赏让大家进献，京畿道安城一个人喜欢用酒泡樱桃吃，看到悬赏公告后，就把自己用酒腌的樱桃洗净当作新鲜樱桃献了上去，因为害怕事发之后受罚，所以领了赏金躲到了山里(박희팔 2017. 12. 26)[02]。因此"앵두장수"不再指卖樱桃的人，而是比喻做了坏事后销声匿迹的人。

下面再看一些一般例子。韩国语里的"茶"有两个音，一个为唐朝之前的"dy(다)"，一个是宋代时期的"ca(차)"。尽管韩国语里的"茶"现在发"차"的音，但汉字词"다방"却仍然存在，另外，由于吃饭喝茶是生活中最基本的事情，所以"다반사(茶饭事)"有了

---

02 http://www.dynews.co.kr/news/articleView.html?idxno=363676

比喻意义，指非常普通的事，如：

(7) 돈받고 죄수를 밖으로 빼돌리거나 대신 권장을 맞을 품
팔이를 고용하는 건 다반사로 벌어진 것 아니요?《옥중
화, 6회》收钱然后把罪犯弄出监狱，或者雇佣代替挨打
的人，听说这样的事情是家常便饭？

不仅"다"与文化出现了脱节，另外，"차"的语义也发生了变
化，在实际生活中，"차 마시러 가자."这句话中，"茶"指原型意
义上的茶，也指咖啡、果汁、冰淇淋等各种饮料，这种意义之所以
成立，是因为咖啡、果汁、冰淇淋与茶具有共同的属性"[+功能][+
喝的东西]"。在汉语里，"茶"也发生了此种变化，不过在实际应用
时会加上定语，如"果茶"，如果说喝茶，一般指的还是原型意义的
"茶"。在韩国的"다방(茶房)"里，销售的也并不一定必须是茶，
也可以是咖啡、饮料、牛奶等。

韩国还有一种风俗习惯，在每年的正月初一要举行祭祀，放上
祖宗的排位，供奉上祭祀食品，然后为祖上奉茶，叫作"차례(茶
禮)"。现在所敬之物已由绿茶发展成了酒，变质成了"酒礼"，但这
种风俗的名称仍然叫作"차례"。

借粮食是过去农耕社会的一种社会文化现象，所以有了"보리
동냥"，指去乞讨大麦米，但随着社会的发展，韩国现在已经没有乞
讨粮食的文化现象，但词语"보리동냥"却保存了下来，其意义也发
生扩大，比喻勉强维持生计的状态。

"칼잡이"本来指善于用刀、剑的人，是贬称，如(8a)；"칼잡
이"也指屠夫，如(8b)。随着社会的发展，"칼잡이"的这两种意义
现在已经用的很少，而是产生了另外一个意义，指拿手术刀的人，

即外科大夫，如(8c)。

(8) a. 두목의 함정에 빠져들었으므로 언젠가는 복수를 하리라고 다짐하고 있는 단순한 칼잡이였다. 《최인호, 지구인》那个耍大刀的非常单纯，因为曾栽倒在头目设下的陷阱里，所以一直在发狠要报仇雪恨。

b. 피비린내가 주위에 확 끼쳤다. 칼잡이는 준비해 둔 양푼을 얼른 그 밑에 갖다 놓았다. 《현기영, 변방에 우짖는 새》周围一下子被血腥味所笼罩。屠户赶紧拿起事先准备好的盆子放在了那下面。

c. 야, 정우진이 많이 변했어. 예전에 그 까칠한 칼잡이 아니야.(网络) 呀，郑宇镇变化不小啊。不再是原先那个挑肥拣瘦的大夫了。

用水泵往上提水时，要在上面倒入引水，韩国语称作"마중물"，随着社会生活的发展人们开始使用自来水，但"마중물"并没有消失，并且产生了比喻意义，指起引导作用的人或事物，如(9)。

(9) a. 그는 백 대표에게 '시선을 사로잡을 만한 독특한 건물을 설계해 복합 단지의 마중물 역할을 해달라'고 주문했다. 《조선일보, 2016.11.05》他向柏代表下订单，请求他"设计能博人眼球的独特建筑，来作为复合园区的招牌"。

b. 여권의 구상대로 추경을 마중물로 앞으로 5년간 50조원의 공적 재원이 투입되면 전국 500여 곳의 구도심이 큰 혜택을 본다. 《조선일보, 2017.07.12》按照执政党

的构想，以追加预算案为首，今后五年间如果投资
50兆韩币的公共支持资金，那么全国将有500多处地
方享受到巨大的惠泽。

汉字词"마력(馬力)"虽然过去与马有关，但现在指电能，已
经与"马"无关。

韩国人过去喜欢拿松树枝当刷子，因此产生了"솔질、칫솔"
等表达，现在生活文化变了，刷子的材质变了，所以这两个词的意
义也发生了变化，指塑料或其他材质的刷子、牙刷等。

7.3.1.3 语言不仅发生语义变化，还保留在俗语、惯用语里

韩国语的柳条箱子称作"고리、고리짝"，制作匠人称作"고리
장이"或贬称为"고리백장、고리백정"，虽然这种匠人现在几乎已
经消失了，但这两个词意义发生变化而保留了下来，用来嘲笑应该
按季节或计划做事的人错过时节后再补做，尤其指过了正月十五才
放风筝的人。并且"고리백장"还用于俗语中，如"고리백장 내일
모레"。

"사복시"指高丽和朝鲜时期养马的官厅，这里的河流因为马
粪等曾经非常脏，所以"사복개천(司僕개川)"可以比喻非常脏的河
川，并且实际运用时多比喻话语污秽粗俗，如(10)，并且还有俗语
"입이 걸기가 사복개천 같다"意为嘴就像司僕溪川一样。此外，
还有"사복 물어미"，也多用于俗语中，如"사복 물어미냐 지절거
리기도 한다、사복 어미냐 지껄이기도 한다"意思是就像养猪场打
水的老妈子一样，喋喋不休地说着一些粗俗的话。

(10) 당신의 입은 사복개천이야.《홍명희, 임꺽정》你的嘴

臭得像猪圈/下水道/粪坑。

"선반(宣飯--)"指过去衙门里给官吏们每餐提供饭菜，或者指那种饭菜。虽然这种制度已经消失，不过"선반"并没有消失，但意义发生改变，指工地上给工人提供吃饭的时间，或那样的时间，多用于惯用语"선반을 놓다"，指给工人提供吃饭的时间。

7.3.2 人类的认识发生变化，但语言未发生变化

人类的认识是多方位的，本研究所发现的与语言滞后有关的人类认识主要有四种形式，分别与事物的命名、工作方式、生活方式、事物的地位等有关。

7.3.2.1 事物命名

事物的命名一般来自于人类的经验，但古代社会人们的经验多是感性经验，有时缺乏一定的科学性。例如，汉语的"鲸鱼、鳄鱼"中的"鲸、鳄"都从鱼，并且后面还与"鱼"结合形成了双音节词，但这两种动物不是鱼而分别是哺乳动物和爬行动物，这种命名反映了过去中国人对这两种动物的错误认识(伍铁平2011/2015:169)，虽然随着科学的发展，人们已经认识到这种错误，但是这两种动物的名称却没有发生改变。韩国语里也有很多类似的例子。

例如，韩国语里"마당발"本意为扁平足，另外还有一个比喻意义，指人际关系广，活动范围大的人，如：

(11) 그는 그 지역에서 알아주는 마당발로 모르는 사람이 거
의 없다. 在那个地区，他是有名的交际王/他路子很
广，几乎无人不识。

之所以会产生这种比喻意义，可能与古代韩国人的认知有关，古人认为脚板大的话走起路更有利，而善走的人自然交际比较广，认识的人也较多，所以就产生了比喻意义。但根据我们现在的知识，扁平足反而不利于走路，容易疲劳。虽然随着社会的发展，大家都具有了这种认知，但"마당발"的比喻意义并没有消失。韩国语还有惯用语"발이 넓다"，也指交际很广，很有人脉。这种抽象意义的产生与"마당발"是一致的。

类似的例子还有"박쥐"，这个词的原型是"붉쥐"，是表示明亮意义的形容词词干"붉-"与名词"쥐"结合形成的合成词，即"明鼠"，意为眼睛明亮的鼠，而中医里蝙蝠的粪便被称作"夜明砂"，具有消热明目之功能，也就是说过去人们认为蝙蝠的眼睛非常明亮(조항범 2014:282)，虽然汉语里没有"明鼠"这种表达，但却有"夜明砂"。随着科学的发展，我们已经知道蝙蝠的眼睛几乎已经退化，主要靠听力来飞行，但韩国语里依然使用由"붉쥐"变形而来的"박쥐"。

事物命名中很重要的一种还有前缀命名，如前缀"돌-"从表达实际意义的"돌 石头"发展而来，最终形成了"野生的、质量低下的"等意义，这种意义的产生源于"野生的即质量低下的"这样的思想认识，虽然随着社会的发展人们的思想观念已经开始发生变化，产生了"野生的即健康的"这样的意识，但是"돌-"的意义并没有随着发生变化，这也可以看作是语言滞后的一种表现。类似的还有"무거리 糠"，虽然现代人已经认识到米糠富含营养元素，更有

利于健康，但是"무거리"比喻不像样的人这一消极意义并没有发生变化。

7.3.2.2 工作方式

传统工具中有刨子，韩国语为"대패"，刨子一般都有把手，两手握着把手往前推，这个动作韩国语用动词"밀다"，现在韩国人用的刨子没有把手，而是前面有支柱，用来拉着刨子往前走，韩国语表达"拉"这个动作的词是"당기다"，但由于带把手的刨子历史悠久，所以"대패를 밀다"一直延续下来，而没有换成"대패를 당기다"(이훈종 1992:393)。

7.3.2.3 生活方式

在过去的农耕社会，日出而作，日落而息，所以晚上九点、十点已经算是深夜。但随着社会的发展，人类的夜生活越来越丰富，十二点之后才算深夜，虽然生活方式变了，但是语言没有变，如"밤이 아홉이라도"意思是即使是晚上九点，强调不管到几点也要把事情做完，类似的还有"밤이 열이라도"，都依然是用晚上"九点、十点"来比喻深夜。

7.3.2.4 事物的地位

过去一般动物例如马、牛、驴等都会在蹄子上钉上掌子，但狗一般是不钉掌子的，所以有了俗语(12a)，比喻服饰或携带的东西不合自己的身份。不仅如此，韩国语还有很多俗语都与狗的打扮有关，如(12b-f)，都用来比喻不合时宜的装束。

(12) a. 개 발에(주석) 편자 给狗钉脚掌

b. 개 귀에 방울 给狗挂铃铛

c. 개 목에 방울(이라) 给狗挂铃铛

d. 개 대가리에 관[옥관자] 给狗带戴帽子/玉冠贯子

e. 개 발에(놋)대갈[버선/토시짝] 给狗钉脚掌/穿袜子

f. 개에(게) 호패 给狗挂狗牌

随着社会的发展，在日常生活中，狗已经没有了狩猎功能，看家护院、提供肉食来源等实用功能也已大大减弱，但却产生了宠物功能，所以给狗耳朵或脖子上挂铃铛，给狗头上戴王冠，给狗的脚上穿鞋，给狗带上身份证，这些都是再平常不过的事情，有的还会给宠物狗穿上小马甲，还会专门请人遛狗……尽管狗的地位已发生了天翻地覆的变化，但上述俗语依然存在。所以，这些俗语从时代性和历史性的角度来看，就具有了落后于文化的滞后性。

7.3.3 词语从标准语降为方言

例如"옹기종기"，其中"종기"在现代韩国语里已经降为方言，标准韩国语里已发展成了"종지"，但在已经形成的词语里不能再将其换成"종지"，因为已经形成的词语"옹기종기"是一个不可分割的单位。

青蛙在15、16世纪曾被叫作"머구리"，后来在与"개구리"的语义竞争中消亡，但是"머구리"和其变形词仍然保留在方言中，如"악머구리、머구락지、멱자구、멱장구"等(조항범 2014:351)。

7.3.4 原型词消亡，变形词保留下来

"곶감"指将柿子剥皮后穿在竹签子上晾晒风干后的食物。从此意义出发，我们可以推测"곶다"是插的意思，果不其然，"곶다"是"꽂다"的古语，也就是说虽然现代韩国语表示插的动词已经成了"꽂다"，并且也有了自己的名词"꼬치"，但柿饼依然沿用了古代表示"插"义的"곶다"。

在朝鲜时代，朝鲜的经济基础是农业，所以春天时，朝鲜王会举行名为"친경례(親耕禮)"的祭祀，祭祀结束后，朝鲜王会给百姓下赐酒和食物，其中食物就是"선농탕(先農湯)"(정민等 2011)[03]，其发音是"설렁탕"，随着古代祭祀仪式的消失，其原型意义已经不被人所知，所以现在都写作"설렁탕"。

7.3.5 原词已经或几近消亡，但合成词、惯用语、俗语里依然保留了原词

"구메"是"구멍"的旧词，现代社会已经不用"구메"，所以表示小商店时用"구멍가게"。但已经存在的"구메 농사"这个惯用语却保留了下来，指规模很小的农业，也指因环境不同而收成各不相同的农业。此外还有"구메밥"，指过去从监狱墙洞里偷偷塞给犯人的饭。

猪在中世纪韩国语里曾被称作"돝"，之后消亡，但这个词语依

03　不过关于这个解释，조항범(2014:492)提出异议，他认为汤类食物的修饰成分一般都是材料名，而"선농탕"前面的修饰成分"선농"是最早教人类种地的神，所以这种表达于理不通，这个词应该是从中世纪蒙古语"šülen"发展而来的，后面再加上"탕"，形成的是同义重复结构。

然存在俗语里，如"중 놈 돝고기 값 치른다、타는 닭이 꼬꼬하고 그스린 돝이 달음질한다"等。韩国语里野猪也曾被叫作"돝"，但是文献没有出现过(조항범 2014:277)，但在俗语"산이 우니 돌이 [산돼지가] 운다"里却保存了下来。

类似的例子还有"잔나비"，这个词指猴子，但是在与"원숭이"语义竞争的过程中失去竞争力，几乎不再使用，现在主要出现在俗语里，如"잔나비 궁둥싹[상판] 같다"比喻脸青一块紫一块的很难看，"잔나비 담배 먹듯、잔나비 밥 짓듯"比喻不明所以地一味模仿他人的行动，后者也比喻轻率、毛毛躁躁行动的样子，"잔나비 잔치다"比喻模仿他人的行为不合适。

水稻意义的"나락"已经成为江原道、庆尚南道、全罗道、忠清道等地的方言，但这个词还保留在一部分俗语和惯用语里，也就是说虽然这个词是方言词，但是在俗语或惯用语里并没有被替换为标准词"벼"，如"제 나락 주고 제 떡 사 먹기"意思是本来想沾别人的光，结果却没有做到，只好花自己的钱。同样的例子还有"씻나락"，意为"볍씨"，这是庆尚道和全罗道的方言，但是在俗语、惯用语中仍然使用，如"귀신 씻나락 까먹는 소리"。"열"是"쓸개 胆"的方言，但仍存在于俗语"열없는 색시 달밤에 삿갓쓴다"，意思是薄面皮的新媳妇月夜里戴斗笠。

朋友意义的"동무"因为在朝鲜语里经常表达革命战友类的意义，所以韩国人几乎不再使用这个词，表达朋友时一般用"친구"，但"동무"依然保留在合成词"어깨동무"里，另外虽然也有"불알동무"，但现在多用"불알친구"，俗语也有此类现象，如"동무 따라 강남 간다"也很少使用，而是多使用"친구 따라 강남 간다"，这与很多词语虽然发生变化但仍保留在俗语里不同。"동무"还有一个意义，指一起结伴做某事的人，用于此意义时，韩国语里还有

"밥동무"指一起吃饭的人，"말동무"指一起聊天的人。

7.3.6 原词的语义发生变化，但原型意义依然存在于某些语言形式中

原词的语义发生变化，但有时其原型意义可能依然会保存在某些语言形式里。其中一类是依然保留在俗语里。例如，"천둥"的原型是"천동(天动)"，随着"천둥"形态的变化，"天动"的意义已经消失，仅指电闪雷鸣，但在俗语"천둥인지 지둥인지 모르겠다"中"천둥、지둥"用的仍是基本意义，所以俗语意为不知是天动还是地动，比喻什么都分不出。

另外还有一种类型是原型意义依然保留在某些标准语里。例如，"얼굴"这个词在15世纪时指整个身体，所以有"몸얼굴 体格""민얼굴 原形"类表达，17世纪后这个词开始指颜面，语义缩小（조항범 2014:212-213）。虽然"얼굴"的原始意义已经消失，但是这个意义依然保留在某些词语里，如"문얼굴(門—)"指门框，即门的整体框架，用的依然是"얼굴"的原始意义。

7.3.7 原词的某个意义在标准语里消失，但仍保留在方言里

汉语里"泊"意为船靠岸，现代汉语已经没有这个意义，但在闽方言里还存在"泊枝(鸟停树上)、泊壁(蝉附壁上)、投泊(行人投宿)、煞泊(旅人栖止)、飞檐泊壁(飞檐走壁)"等表达。"泊"的适用范围从水上扩大到陆上、树上、壁上，应该与福建人的水居生活有关（周振鹤、游汝杰 2015:224）。韩国语"숙박(宿泊)"表示住

宿，用的也是"泊"的古意。另外，韩国语里"박(泊)"还发展成了依存名词，表示在外地夜宿的次数，如"제주도에서 3박 4일을 머무르다"。

汉语里"汤"本来指热水，所以"汤婆子"指过去装热水的罐子，而现代汉语普通话里"汤"指喝的汤。所以表达热水意义的"汤"仍然保留在"汤婆子"里，但不能将这个词换成"热水婆子"。

7.4 小结

语言的发展与文化相比表现出一定的滞后性，其中之一是语法发展滞后于文化的发展，其二是词汇发展滞后于文化的发展，这也是最常见的语言滞后于文化的表现，主要有七种类型。

最常见的是文化消失但语言未消失；其次是人类的认识发生变化，但依然延续了过去的语言表达；第三是词语从标准语降为方言；第四是原型词消亡后变形词存活；第五是原词几乎消亡，但在一些无法分割的语言形式里保留了下来；第六是原词语义发生变化，但原型意义依然存在于某些语言形式中；第七，原词的某个意义在标准语里虽然消失但却在方言中保留了下来。

第八章

语言变化的
影响因素

8.1 引论

语言的变化有多种表现形式，具体有语言的趋异变化、语义的竞争与和谐、语言的发展滞后以及语言所产生的与思维的矛盾性等，但是要想实现这些语言变化除了语言自身的原因之外，悠久的历史也是其中一个重要原因，语音和形态变化也会阻断语义联系。

还有一个因素是"语言使用者对他们自己的语言以及其他语言的态度；还有政府的相关语言政策等，这些都会影响语言的演变……社会态度会加速词汇和语法的变化"（迪克森 2010:7-8）。也就是说一个国家语言的演变除了语言自身的原因之外，还取决于语言使用者、政府的态度以及语言政策等。当然语言使用者和政府的态度及语言政策也受到国际因素的影响。而在接受其他语言和文化的过程中，一个民族的民族性以及语言特点也会影响语言的具体融合方式和程度。

引起语言变化的各种因素有时并不是单独发生作用，很多情况下是共同发生作用的。

8.2 文化与时间的影响

语义的发展不是一蹴而就的，是一个漫长的过程，之所以这样说，是因为具有比喻意义的很多表达的基本义都代表了古代的、传统的文化，或者说语言作为古代传统文化的承载者，其语义要发生较大的变化，需要一段很长的时间。

8.2.1 语义变化需要悠久的历史

任何事情都是从量变到质变的过程。不论是物质文化还是精神文化，能够出现多种意义变化的词语或表达都具有悠久的历史，相反，时代比较短的新词一般多是单义词，也就是说只是文化的单纯语言体现。

从科学发展的历程来看，早期的原始科学如占星术、炼金术、巫术等因为形成的历史久远，所以产生了很多相应的表达，并被传承至今。而近现代科学发展起来的天文学、物理学、化学等领域的大量专业性的语言表达难以被普通人所接触、了解并用于日常生活中，如果要想被一般人所熟知，需要一个长期的过程。并且，一些新兴的行业术语反而大量借用了已经存在的其他领域的语言，如计算机行业大量借用了日常用语，股票行业大量借用了军事用语。

从文化的传播历史来看，萨满教作为韩国传统的宗教形式，拥有其他宗教所不能比拟的丰富的语言表达，而佛教、道教因传入韩国的时间非常久远，所以韩国语里也产生了相应的丰富的语言表达，相反，基督教传入韩国的时间最短，虽然韩国基督教信徒众多，但与其相关的词语与表达用于日常生活的情况仍然非常少。

从传播渠道来看，在口耳相传的社会，作为乐器和军事用品的鼓是非常重要的传播手段,因此产生了很多的语言表达形式。而随着社会的发展,传播渠道已经经历了从文字或视觉阶段、电子阶段再到通信卫星阶段的发展历程,处于最新阶段的卫星传播的相关术语并不为人们所了解,自然不会被人们拿来用于日常生活中的沟通和交流,自然也很难发生语义的变化。

从日常生活领域来看,饮食用语中常见的韩国传统饮食(也包括一些中国饮食)几乎都以各种形式产生了比喻意义,但西方饮食虽然现在在韩国很流行,但是产生比喻意义的情况仍然较少。服饰用语中,与传统韩服的结构、装饰等相关都产生了丰富的语言表达和比喻意义,但是非传统韩服配件的扣子和拉链却没有太多的表达,因为这两种东西都是后来传入韩国的,两者进行比较的话,扣子的历史要早于拉链,所以"단추"产生了俗语"첫단추는 잘 끼워야 한다",但产生历史更晚的拉链现在还没有相关的俗语。类似的还有与布料有关的"비단(緋緞)、실크",前者是汉字词,后者是英语外来语,与后者只能比喻心灵美之外,前者不仅比喻心灵美,还有很多其他比喻意义,有很多俗语和惯用语,因为语义变化和发展需要长久的历史。

综上所述,如果某种事物拥有丰富的语言形式,或者相关的某种语言形式具有丰富的比喻意义则说明相关事物的历史悠久。这种语言发展规律也可逆着利用,例如韩国语后缀"–장이"与"–쟁이"具有相关性,那么哪个的历史更长,当在课堂上向学生提问时,有的同学说是"–장이"的历史长,理由是"–장이"所结合的词根都是比较古老的职业,如"대장장이、미장이、옹기장이",而"–쟁이"所结合的词根都是比较抽象的词语,如"요술쟁이、욕심쟁이、겁쟁이、멋쟁이"。虽然,这种判断并不全面,但却与我们总结出的规律是一致的,所结合的词根古老的话,其结合的前缀历史也应该是比

较长久的[01]。当然，判断"-장이"与"-쟁이"的历史，也可借助形态变化，发生了形态变化的后缀肯定是后来出现的。

　　语义变化经历长久的历史发展之后，如果两个意义之间距离越来越远，那么就会成为同音异义词。借助这种语义变化的规律，我们可以为同音异义词追踪溯源。例如，《표준국어대사전》中有三个同音的"쑥"，从语义上来看，副词意义的"쑥3"与其他两个同音词没有明显的联系，关于其他两个同音词"쑥2、쑥1"，本研究认为两者是同源词，其中"쑥2"指植物，"쑥1"是抽象词，可以比喻非常天真或愚蠢的人或行动，如(1a)。而"쑥되다"指让人看笑话、受人耻笑，如(1b)。

(1) a. 이 사람이 하는 짓을 보니 영 쑥이로구나. 看他办事的样子，就知道比较蠢。

　　b. 내가 여러 사람 앞에서 그가 오늘 오지 못한다고 얘기하는 중에 그가 왔으니, 나는 쑥되고 말았다. 我正在和大家说他今天来不了，结果他来了。我完全成了傻瓜。

　　词典里将"쑥2、쑥1"视作同音异义词是因为这两者之间没有明显的语义联系。但是根据前面的分析可以知道，词语的意义都是从具体到抽象的，所以上面两个"쑥"根据语义的引申规律能建立

01　英语里也有这样的例子，例如Spinster的年代比较久远，因为具有施事格词尾(agentive suffix)"-ster"的词语非常少，如huckster(小贩)、songster(善歌者)以及专名Baxster(baker 面包师)、Webster(weaver 纺织者)等(罗常培2009/2015:9)，所以"-ster"一定要比"-er、-ist"古老得多(E.Sapir 1916:59-60)。

起一定的联系，因为韩国人一般都吃非常嫩小的蒿叶，这与中国人早春吃白蒿(茵陈)是一样的，而这种早春的蒿叶是非常嫩软的，而根据认知规律，一般认为"软的即好欺负的、蠢的"，所以植物意义的"쑥2"应该是词源，比喻意义的"쑥1"是后来引申出来的。

8.2.2 悠久的历史会阻断语义联系

随着时间的延长，当词语的语义发生较大变化，从而与原型意义之间的关系越来越远时，那么有些词就会失去本来的面目，从而脱离与文化现象的形态和语音理据性。

韩国语里"물황태수(--太守)"在词典里标注有两个意义，指依靠自己的地位与能力而肆意妄为的人或者指对别人的批评毫无感觉、不缜密的人，如(2)。类似的还有词语"무릉태"，这个词在词典里指没有能力的老好人。但这两个词语为什么会产生这样的比喻意义，词典没有给予任何信息。

(2) 사람이 물황태수라 아무리 말을 해도 항상 저 모양이야.

他这个人很自以为是，不管别人说什么总是那个模样。

韩国语猪肉是"돼지고기"，有隐语"박나물"，这个词本来指一道菜，是用切片的嫩葫芦和牛肉一起用酱油炒熟，再放上大葱、芝麻、胡椒粉拌制而成，至于为什么指猪肉不太清楚。

再看惯用语。韩国语里有"오쟁이"，指用稻草编成的用来装东西的草包，有惯用语"오쟁이(를) 지다"意为戴绿帽子，有时也用"오쟁이 되다"，如(2)，但是"오쟁이"及其惯用语为什么产生这

样的贬义，已经无从考察[02]。

>   (3) 시방 '내 마누라가 바람 나서 이 못난 남편이 오쟁이 됐
>   어' 라고 동네방네 소문 낼 것이여?《밥상 차리는 남자,
>   27회》你这是大庭广众之下要和大家说"我老婆出轨，
>   我这个无用的丈夫被戴绿帽子了啊？"

　　再看与俗语有关的例子。有的俗语会涉及一些词语，但具体的缘由词典并没有明示。例如，韩国语有俗语 "채비 사흘에 용천관 (龍川關) 다 지나겠다"，意思是光准备就准备了四天，但是四天的话，就该过了龙泉关了，用来比喻只是把时间用于准备之上，但却把应该干的事情给耽误了。但是为什么与 "용천관" 有关，不得而知。

　　有的俗语意义无法从字面意义上推理出来，例如，"심술이 왕골(王骨) 장골(張骨) 떼라" 比喻心术不正、行动丑恶的人，但此比喻意义的产生缘由不得而知。

　　韩国语还有 "주구장창"，多用于 "주구장창 술만 마신다、주구장창 떠들기만 한다"，虽然，"장창" 在黄海道方言里意为

02　副墨子的《파수록(破睡录)》(年代不详)中有关于这个惯用语的解释，说过去有一个傻男人和狡猾的老婆，老婆和邻居男人通奸很长时间了。有一天这个傻男人和老婆在地里干活，邻居男人背着草袋子经过，对傻男人说 "她虽然是你老婆，但你们怎么能在田里交合啊？" 傻男人很吃惊，说没有这回事，并问你怎么知道啊？邻居男人说 "如果你不相信我，那我替你干活，你过来背着草袋子看，看是不是真有这么回事？" 这个傻男人就真的背着草袋子站着看，而邻居男人也真的和傻男人的老婆在地里交合了。而傻男人笑着说 "看来你说得很对"。从此产生了 "오쟁이를 지다" 这个惯用语比喻戴绿帽子(박갑수 2015:403)。但这个故事的真实性让人怀疑。

"늘", 但是 "주구" 不知为何意。[03]

8.2.3 时代核心词的产生

语言的趋异过程还包括随着社会和时代的变化产生大量的时代核心词。时代核心词在某种程度上也是新词的一种，但是也有一些不是新词。

关于韩国的时代核心词，민현식(2015:104-105)对韩国解放后的各个时代所出现的新词进行了整理，如表1所示：

[表1] 韩国解放后不同时代的核心词

时代	执政人和开始时间	新词
美军统治时期		해방둥이、뭉치면 살고 흩어지면 죽는다、민족、독립、자유、38따라지(실향민)、주비(籌備)위원회(해방 2개월 만에 창단된 정치 사회단체 무려 250여 개)、사회주의、공산주의、민주주의、빨갱이、빨치산、양공주、양색시、유엔마담、'미국놈 믿지 말고 소련놈에 속지 말라 일본놈 일어나니 조선사람 조심하세'
第一共和国	李承晚 1950年	6.25 세대(사변둥이)、농지개혁、냉전、전쟁、휴전、북진통일、댄스홀、자유부인、춤바람、부정부패、빽、국물、사바사바、와이로、민주당의 '못살겠다 갈아보자' 와 자유당의 '갈아 봤자 더 못산다'、신익희 급서(急逝)와 유행가 '비 내리는 호남선'、인의 장막과 '지당하십니다' 지당파、귀하신 몸(가짜 이강석 사건)

03　参考《동아일보, 2014. 09. 25》的新闻 "[손진호 어문기자의 말글 나들이]꼬라지"。

第二共和国	尹潽善 1960年	4. 19 세대、민주화、데모、시위
第三共和国	朴正熙 1961年	5. 16 세대、민족중흥、조국근대화、민생고 해결、혁명공약、안보、국방、싸우면서 일하고 일하면서 싸운다、(정신적) 自助-(경제적) 自立-(국방과 정치의) 自主、재건국민운동、재건복、재건체조、재건데이트、잘 살아보세、자의반타의반、3선 개헌、6. 3 세대(한일회담 반대세대)、파독광부와 간호원、월남파병、월남전 세대、예비고사 세대(1968. 12. 16. – 1980. 11. 20.)、중학교 무시험 입학제(1969)、치맛바람、무우즙파동、1. 21 사태、공비、예비군、향토장학금、미팅、우골탑
第四共和国	朴正熙 1972年	10. 17 10월 유신、유신 세대、7. 4 남북공동성명、1974년 민청학련 사건、독재、40대 기수론、장기집권、반정부투쟁、언론자유、새마을운동(근면、자조、협동)、고속도로、중화학공업、그린벨트、1974년 고교평준화 정책(1974 서울, 부산부터 점진적 시행)、의료보험(1977)、석유파동(1973、1978)、중동건설、데모 진압、전경、장발족 단속、통기타、카더라、유비통신、닭의 모가지를 비틀어도 새벽은 온다、아더메치유(아니꼽고、더럽고、메스껍고、치사하고、유치하다)
第五共和国	崔圭夏 全斗煥 1980年	5. 18 세대、학력고사 세대(1981. 11. 24-1992. 12. 22)、민주화、광주민주화운동、정의사회 구현、신군부、군사독재、유혈사태、위장취업、주사파、NL파、PD파 운동권、386세대、86아시안게임、88올림픽、아웅산 테러、KAL기 폭파、사오정 시리즈、유전무죄 무전유죄、6. 29 시민혁명、넥타이 부대、프로야구
第六共和国	盧泰愚 1988年	개헌、북방 외교、동구권 붕괴、1991년 남북기본합의서、정치공학、여소야대(與小野大)、3당 합당、보수연합
	金泳三 1993年	문민정부、수능세대(1993- 현재)、세계화/국제화 세대、컴퓨터、인터넷、홈페이지、컴맹、금융실명제、지방자치단체선거、왕따、1998 IMF 외환위기、금모으기운동、국가부도、보수 분열、북핵 위기、토사구팽、우째 이런 일이…

金大中 1998年	1998년 김대중 정부、국민의 정부、햇볕정책、퍼주기、6.15 선언、연평해전、NLL、외환위기、명퇴、조퇴、정리해고、빅딜、퇴출、고통분담、가격파괴、엽기、휴대폰
卢武铉 2003年	참여정부、종합부동산세、대통령탄핵、수도 이전、북한핵무장、2007년 10.4 선언、00스럽다、유비쿼터스
李明博 2008	4대강、광우병、촛불시위、행복도시、학교폭력、가정폭력、성폭력、종북세력、금융위기、선행학습、창체(창의체험)활동、국사교과서 파동、스마트폰

如上表所示，每个时代因为社会的变化与发展而产生了很多的核心词，这些核心词有的是已有的词汇，有的是产生的新词，但都反映了那个时代最焦点的东西。反过来，某个时代的核心词如果脱离相应的时代，那么文化意义就不再那么突出。

8.3 语音和形态变化的影响

对韩国语这种形态语言来说，在漫长的历史过程中，如果语言表达出现语音和形态变化，那么词源与变形词之间的关系会变得更加无从分析。所以语音和形态变化是阻断语义联系的催化剂。

8.3.1 语音与形态变化

当语音与形态发生变化时，会出现两种不同的情况。第一类是语义没有发生变化，例如，韩国人祭祀时有时会用水来代替酒，称作"무술"，是"물+술"变形形成的。再如，过去厨房里一般都有为

放碗碟钉在墙上的搁板，韩国语为"시렁、살강"，최창렬(2006:48-51)认为"시렁"是从表示搁置、承载意义的动词"싣다"发展而来，之后"시렁"发展为"실겅"，最后又发展成了"살강"。

破布条称作"헝겊"，其原型是"헌 것"，之后发生变形成为"항겄"，最后发展成了"헝겊"(박기환 2009:245)。

第二类是随着语音与形态的变化，语义也发生了变化。例如，韩国语里表达"地基的痕迹"时，其原形为"터무늬"，后来发生形态变化成了"터무니"，而"터무니"的意义也发生了变化，比喻正当的根据或理由。"터무늬"与"터무니"之间的语义关联性已经很小。

韩国语有"벽창호"，比喻愚钝、固执的人。其原型是"벽창우(碧昌牛)"，平安北道有"벽동(碧潼)、창성(昌城)"两个地方，"벽창우(碧昌牛)"即这两地出产的牛，之所以具有了比喻意义，是因为这两个地方地处北部山地，要想在这里生存，并能进行农耕，必须非常结实、顽强才行。当用来指人时就有了比喻意义，在此基础上又有了"愚钝"之意[04]。当然，在形态上，则由"벽창우"变成了"벽창호"，语义也抽象化了。

韩国语有"가지"，意为树枝。后来形态发生变化，"가지"先演变成"아지"，之后又演变成了"아기"，表达孩子意义(이어령 2002/2011:80)。"아지"指树枝时还存在于江原道方言里，并且"아지"的语义继续发展并且发展成了后缀，有与动物有关的"강아지、송아지、망아지"、与植物有关的"싸가지"等。经历了形态变化与语义变化后，"가지、아지、아기"三者之间的关系已经不被一般人

---

04 这个例子来自《충청투데이 2015.05.13》以及韩国"국민일보(2016.01.08)"题为《서원식의 우리말 새기기》栏目。

所认知。

韩国语有"깍정이"，指栗子树或柞木等果实的坚硬外壳，比喻非常自私、吝啬的人，也指机敏、讨巧的人。因为具体意义与比喻意义之间语义关联性很小，所以《표준국어대사전》将其分别标注为"깍정이1""깍정이3"，两者成了同音异义词，并且后者现在形态也发生了变化，现在多写作"깍쟁이"。类似的还有"쭉정이"，指只有壳没有果实的谷物或水果，也可用来比喻没有一丝用处、无法做正常事情的人，《표준국어대사전》将其视为一个词的两个义项。在全罗道地方(장수、진안)或济州岛方言里也写作"쭉쟁이"，并且济州岛方言里，"쭉쟁이"也具有与"쭉정이"同样的比喻意义。

韩国语里豆荚的原型是"고토리"，现在写作"꼬투리"，指烟头，也比喻某件事的线索，比喻值得指责或批判别人的事情。

线头在韩国语里为"실머리"，之后随着语言的发展，其形态发生变化，成了"실마리"，并且也产生了比喻意义，比喻解决工作、事件时所做的开头的工作。

如上，随着语音与形态的变化，韩国语里的这些源词与变形词的语义也发生了变化，有的成为同音异义词，有的源词甚至已失去生命力。

8.3.2 从词组到复合词

先看词组到合成词的类型。由于古代穿衣非常困难，所以形容贫困时用"헐벗고 굶주리다"来表达，当吃不上穿不上时，如果有人给一块布料则是非常感谢的事情。由于布料都是成卷的，所以给

布料时需要打开，韩国语用动词"풀다"，即"베를 풀다"[05]，这是用动作来转喻"帮助别人"这一行为。后来这个词组逐渐融合形成了合成词"베풀다"，就像"잠을 자다、춤을 추다"各自发展成"잠자다、춤추다"一样，而"베풀다"的意义也发生了变化，"베를 풀다"所具有的具体意义消失，而是发展出了两种比喻意义，第一个意义是"给予、积善"，如(4ab)；第二个意义也是从"베를 풀다"这个动作通过联想引申出来的，因为打开布料是为了干某件事情，所以"베풀다"指进行某种事情，如(4c)。

(4) a. 가난한 자에게 동정을 베풀다. 向穷人施舍同情。
    b. 이건 너희들에게 베푼 내 마지막 배려야.《옥중화, 7회》这是我能给予你们的最后照顾。
    c. 만찬회를 베풀다 举行晚宴

　　词组"베를 풀다"与合成词"베풀다"的语义关联已经很小，一般人已经很难识别。

　　与韩国语相反，汉字没有形态变化，即使形成合成词，一般人也能猜测到与词源具有某种关系。如汉语里"布"的基本义是手拿着巾，是展开之意，后来有了布置、摆布之意，之后才产生了名词意义的"布"，所以中国人看到"布置"时，自然会将其与名词"布"联系起来。

　　再看派生词的例子，例如"틈"，这个词指缝隙、人群中的缝隙、做某种行动的机会、人与人之间的距离，并且还可作依存名词

―――――――――

05　박기환(2009:115)认为"베풀다"中的"베"是"腹"，合成词的原义是用食物填饱肚子。

指时间。"틈"还与表示生成位置或痕迹的后缀"-집"结合，形成
"틈+-집"结构，之后又发生变形，成了"트집"，比较具体的意义
是东西的裂缝，其它两个意义分别指找茬、小孩子耍赖，意义已经
抽象化。"틈"与"트집"的语义关联已经很小。

8.3.3 词组省略变形

韩国语有动词"꽂다"，基本义是插，还指头朝下栽在某处，
第三个意义指视线固定在某处，第二、三个意义都是从基本义引申
出来的，都源于形象特征的联想以及结果的相似性。"꽂다"的被动
词是"꽂히다"，《표준국어대사전》上仅标注了与原动词"꽂다"相
关的意义。但实际生活中，"꽂히다"还经常用来比喻喜欢某事或某
人，尤其指喜欢某人，如(5)。

(5) a. 어렸을 때부터 집에서 늘 배경음악처럼 국악이 흘
렀기 때문에 자연스럽게 '꽂혔'어요.《국민일보,
2009.01.27》从小时候起家里就总是像放背景音乐一
样放国乐，所以很自然地就喜欢上了。

b. 조씨는 KLPGA 태영배 제24회 한국여자오픈 골프선
수권대회가 열리던 경주에서 김자영을 처음 보고 이
른바 '꽂혀버렸다'.《한국경제, 2012.09.14》第24届
KLPGA泰荣杯(音译)韩国女子高尔夫公开赛在庆州
举行，赵某在那里第一次邂逅金慈鍈并一见钟情。

那么"꽂히다"为什么能产生这种新的意义呢？这个意义的产

生实际源于"꽂히다"的基本义和丘比特的爱情之箭，例如，中国有名为《爱情之箭》的歌曲，韩国语也有"사랑의 화살"类表达，在表达"喜欢上"时一般用惯用结构"-에 화살이 꽂혔다"或"화살이 …한테 꽂혔다"。例如，电视剧《아는 와이프, 14회》中当大家谈论起员工的恋爱时，支行长说到：

> (6) 거, 참 신기하네. 서우진씨 온지 얼마 됐다고? 그새 화살
>   이 차대리한테 꽂혔대? 哎，真是神奇啊。徐宇珍才来了
>   多长时间啊，这么快就喜欢上了车代理啊。

如上，这句话里出现了"화살이 …한테 꽂혔대"。但"-에/한테 화살이 꽂혔다"这个结构从形态上来看太长，所以人们在使用时经常省略前面的部分而只用动词"꽂혔다"，这种因省略所引起的形态变化使得"꽂히다"的意义具有了抽象性和模糊性，并且与词典意义产生了距离。

8.3.4 近义词之间的竞争

韩国语里，有时发生形态变化的词语会抢占原型词的位置。例如，意为窟窿意义的原型词"구메"现在已经被变形词"구멍"所取代。这种现象不仅存在于固有词中，汉字词也会发生形态变化，如原型词"전통(箭筒/箭箭)"被变形词"전동(箭筒)"取代，原型词"성황당(城隍堂)、성황신(城隍神)、성황제(城隍祭)"分别被变形词"서낭당、서낭신、서낭제"所取代。

有时发生形态变化的词语会产生比喻意义。例如，"동토(动

土)"指开始弄地基，也指不小心动了地、石头、树木等使土地神发怒、降下灾祸，或者那样产生的灾祸。"동티"的形态继续发生变化就有了"동티"，除了有"동티"的第二个意义外，还比喻动了不该动的人或事儿而惹祸上身。

8.4 国际因素的影响

8.4.1 语言接触与国际影响力

谈到国际因素，就要谈语言接触。"接触作为一种生态因素，在我们日复一日的相互交往中无所不在，它是滋长语言演化的无形力量"(S. 穆夫温 2017:43)。因为"语言，像文化一样，很少是自给自足的。交际的需要使说一种语言的人和说邻近语言的或文化上占优势的语言的人发生直接或间接的接触。……邻近的人群互相接触，不论程度怎样，性质怎样，一般都足以引起某种语言上的交互作用"(萨丕尔 2011:178)。也就是说，语言的接触会造成本民族语言发生变化。他民族的语言与文化可以为我所用，丰富本民族的语言与文化。

但不同文化之间所发生的"这种影响往往是一面倒的。被看作文化中心的人群的语言，自然更可能对附近的语言发生显见的影响，而不那么为它们所影响。多少世纪以来，汉语在朝鲜语、日语和越南语的词汇里泛滥着，可是反过来，没有接受过什么"(萨丕尔 2011:178)。也就是说，文化之间的这种"运动"以及"运动方向"一般都是从强势文化向弱势文化流动，强势文化意味着国际影响力的强大。

先看汉语，在中国历史上，如20世纪50年代，前苏联各个方面都对中国产生了巨大影响，所以俄语教育非常热门。随着苏联的解体和英语的强势，俄语教育逐渐降温，而英语教育则日新月异。再看韩国语，在韩国历史上，对其产生重大影响的三个国家分别是中国、日本、美国，这从韩国语里出现的三个合成词"대중(對中)、대일(對日)、대미(對美)"就可以看出来，表达"对……的、与……相关的"，但是却没有形成"대+其他国家的略称"等词语，这说明与其他国家相比，这三个国家对韩国的影响力非常大，所以日常生活中必然经常提到或用到"대중、대일、대미"这样的表达，随着语用频率的升高，这些表达逐渐从词组发展成了合成词，并被收录到词典里，成为词条。

下面主要分析国际影响力对语言的影响。

8.4.2 中国国际影响力与韩国语

中国文化对韩国的影响自古有之，可以说涉及到生活的方方面面，大到道教、儒学、佛教、科举制、法律、军事、医学、文学等，小到文化典籍的输入、历史人物、人名地名的命名等，影响之深远自是不必说，而这也促使韩国形成了"慕华思想"和"事大主义"。

其中，随着中国文化、典籍等的输入，中国的很多俗语、四字成语等传入韩国，成为韩国语言的一个组成部分。其中，与"三十六计、三十六计走为上（计）"有关形成了很多惯用语，如"삼십육계 줄행랑을 놓다[부르다/치다]、삼십육계(를) 놓다[부르

다/찾다]" 이以及俗语 "삼십육계 줄행랑이 제일[으뜸]"[06]等。

中国的很多历史人物名、地名、国名等传入韩国，大量出现在韩国歌词、惯用语、俗语里，人名主要有尧舜禹、孔子、孟子、孟尝君、苏秦、张仪、东方朔、张良、杨贵妃、石崇、李白等，地名主要有"泰山、庐山、万里长城"等。

例如，"춘추전국시대(春秋戰國時代)"本来是历史名词，但在韩国语里却成了一个比喻词，经常用来比喻混乱状态，如(7)。

(7) a. 그야말로 디지털 금융 '춘추전국시대'다. 《웹데일리
       2017.12.26》数字金融俨然如春秋战国时代一样乱。
    b. 주축되었던 부동산 중개시장이 온라인 서비스로 확
       장되면서 중개시장의 춘추전국시대를 광불케하고 있
       다. 《중도일보, 2017.03.15》随着网络业务的扩张，
       一度处于低迷状态的房地产中介市场俨然就是群雄
       辈出的春秋战国时代。

中国文化对韩国语产生影响最大、表现最突出的莫过于汉文的使用。即使是1446年世宗大王创制韩文并颁布《训民正音》之后，李氏朝鲜时期的大部分文献也都是纯汉文的，士大夫所使用的文字都是汉字，他们写的文章都是汉文(김상근 1990:284)。朝鲜时期的官员任命书全部是汉文。这种语言生活造成的结果就是汉字词在韩国语里迅速增加，使汉字词占到整个韩国语词汇的50%以上。

大量的汉字词存在于韩国语词汇系统中，被广泛使用，并且与固有词具有很明显的领域区分。例如，在与人体、动植物、饮食、

06　近义表达有 "달아나면 이밥 준다"。

服饰、住居、出行、农业、政治法律、经济、称谓语等有关的表达中，存在相当一部分的固有词，汉字词只是其中一部分，但是军事用语却几乎都是汉字词，医学用语和教育用语中只有最底层的下义词有的是固有词，其他也绝大部分是汉字词。精神文化中的大部分用语都是汉字词，只有一些传统事物名词或相应的动词、形容词是固有词，就连代表一个文化最核心层次的时间系统中，也有汉字词"내일(明天)"，这使得韩国人"颇不自在"。整体而言，与某个语义场有关，上义词多是汉字词，而最底层的下义词是固有词。

当然，汉字词融入韩国语词汇系统的过程并不是一对一的传播过程，有时会出现曲折。例如汉语的"骡子[luo-tsЇ]"先是传入蒙语成为中世纪蒙语"lausa"或书面蒙语"luusa"，也就是说，蒙语将汉语的"ts"变换成了"s"(이기문 1991:23)，之后蒙语传入韩国，最终形成了"로새"，之后又出现了"노새"，经过长时期的共存之后，现在主要用"노새"(조항범 2014:272)，经历了这些传播和形态变化的"노새"类的很多汉字词已经无法被认知而多被视作固有词。

汉字词融入韩国语的过程是一个非常复杂的过程，不仅会带来词语形态上的变化，也受到词汇系统的制约和文化的影响而产生语义上的变化，又因为古代汉语发展到现代汉语的过程中也经历了很大变化，并且两种语言又具有各自的特点，所以使得韩国语汉字词与现代汉语出现了很多的不同用法。

中国文化对韩国的影响还表现出另外一个特点，即一些历史的遗留物在中国虽已消失，但在韩国却生根发芽。例如，"용검(龍劍)"是中国古代的一种宝剑名称，在韩国语里用在俗语"용검도 써야 칼이지"中，比喻不管多么好的东西，如果不实际运用的话就没有任何用处。汉语里"大字报"指发表意见的文字，一般用大字写

成并贴出，曾被认为是社会主义的民主形式之一，文化大革命时期颇为流行，后被取缔（《在线汉典》）。在本土失去生命力的"대자보(大字報)"在韩国却成了韩国大学文化的一种形式，如(8)。

(8) 학내에 붙인 대자보 '잘 살 것이다'를 통해…《동아일보, 2016.11.02》通过贴在校内的大字报"你会过得很好的"……

再如"红卫兵"，这也是中国文化大革命的产物，指大、中学校学生的群众性组织，一度参加社会上的活动，汉语已经不再使用，而韩国语里却将"홍위병(紅衛兵)"收录为词条，并且用于日常生活中，如(9)。

(9) '마치 (문화대혁명) 홍위병처럼 '박근혜가 대통령이 돼야 한다'고 외치는 모습을 보고 소름이 끼쳤다'고 말했다.《동아일보, 2016.11.01》她说："人们像(文化大革命时期的)红卫兵那样高喊着'朴槿惠必须要当总统'，那样子让人不禁毛骨悚然"。

进入近代社会之后，因中国国际经济、政治地位的下降，韩国国内的对华事大主义思想也发生了极大的变化。

随着日本帝国主义的入侵和高压，1895年朝鲜高宗颁布了《韩汉文混用体》的诏书，称要开始教育立国的时代(김윤경 1982:332)，1895年유길준用韩汉混用体出版了《서유견문(西遊見聞)》(강신항、유창균 1961:104)，韩国开始了韩汉混用的时代，也就是说固有词用韩文标注，而汉字词用汉字进行标注。之后逐渐发展成全用韩文标

注，但汉字词后加括号以注明汉字写法。

　　1970年开始，韩国小学教科书开始实行韩文专用制度，2005年颁布了《교육기본법(教育基本法)》，规定教科书与公文必须义务性地专用韩文，到20世纪80年代末、90年代初的十年间，新闻报刊上的汉文几乎消失殆尽。俨然一副"韩文专用即爱国"(김무현 2006:215)的派头。这样导致的结果是21世纪后，在初、高中学校教科书中即使能够用汉字进行标注的，也被编撰者认为没有必要而全部删掉了。

　　当然这些政策也遭到了一部分汉字支持者的反对，其中，고은주(1998:292)在《한글전용이 과학 교육을 망쳤다》中通过调查研究的方法证明了汉字的重要性，她将科学用语分别用汉字标记、韩文标记、固有词标记出来，对学生的理解度进行了调查，发现学生的理解度分别是75分、36.2分、8.2分，也就是说，用汉字标记有助于科学知识的学习，而韩文标记和排除汉字词的固有词标记极大地影响学习的理解度。김무현(2006:215-217)认为，这样导致韩国的传统文化被切割，连韩民族所重视的精神——民族魂也消失了，并且随着西欧物质文化的侵入，礼仪民族的意识也被荒废，传统礼仪与韩国人的形象也一蹶不振，实是让人哀痛不已；他还提到汉字的无限造词能力，只要掌握三千个汉字，就可以轻松地造出六十万的单词，这是被研究证明的，所以应该充分利用汉字的这种造词功能。此外，以学生家长和大学教授为主的333名人士认为2012年的教育基本法违反宪法规定并提起诉讼，但2016年11月24日法院判定，教育部告示所公布的"中小学教育课程中汉字被规定为选修课程"这一规定不违反宪法《동아일보, 2016.11.25》。[0708]

07　http://news.donga.com/3/all/20161125/81513819/1

08　支持韩文专用的一方并不主张消灭汉文教育，而是主张把汉文和汉字教育从(韩)国现在随着中国国际政治经济地位的提高，韩国教育部计划于2018年起从小学3年级开始重新在教科书里实行韩汉并用制度，这又在整个社会引起了轩然大波，支持的有，反对的也不在少数，正反两种意见的争论一直延续到今天。之所以会出现这种制度上的变化，纵然有语言方面的原因，但另一方面也反映了中国日益增强的综合国力、国际形象对韩国语言政策的影响力。

随着中国国际地位的提升，中国的很多词汇又开始对韩国产生影响。例如，随着中国游客大量进入韩国，现在"游客"的音译词"유커(Youke, 游客)"也出现在了韩国语里。而为了招揽中国游客，韩国的众多购物场所的招牌、广告也出现了汉语介绍。而调查证明，大部分的韩国人认为对韩国人来说汉语是将来最必要的外语(홍민표 2010:207)。

8.4.3 美国等西方国家的影响力与韩国语外来语

各个国家对某一国家所产生的国际影响力有时是交织在一起的。例如，在韩国语的汉文标记消失的过程中，基督教圣经的传播起到了很大的作用。因为在1896年《江华岛条约》签署后、西方文化传入韩国的开化期，基督教圣经以及一些传道用的材料被翻译成韩文，并免费向韩国人传播(민현식 2004:106)。因为这些韩文版的圣经和传道材料都没有标记汉字，所以韩国语逐步迈向了没有汉文标记的发展方向。但随之而来的便是英语外来语的大量盛行。

英语外来语的盛行也与美国经济、国际地位的上升不无关系。

语中分离出来作为第二外语来学习；相反，支持汉韩混用的一方主张从小学开始把汉文和汉字教育作为(韩)国语教育的一部分来进行(고길섶 1995:252)。

英语外来语的盛行表现在社会的方方面面。因为外来语显得更高级，所以最近出现的公司名称、生活用品的商品名大多喜欢用外来语[09] (장소원 등 2002/2003:148)，首尔钟路的店铺招牌上也都写满了英语。这一切都在告诉人们：英语外来语正在泛滥。而英语外来语的盛行与韩国兴起的新事大主义密切相关。

但是，正像海然热(2015:30)在提到英语的扩张时所说过的，"语言作为一种貌似利他主义的意识形态的基本媒介，将延长并加固美国的霸权。"他还说"不管是在传播美国意识形态方面，还是在传播大西洋彼岸的人对于政治和民主的理解上，英语的出口都扮演了关键角色(39页)"。也就是说，"英语就是权力的一个重要杠杆，因为它强加了英语国家的世界观。……卡特总统曾在1978年说过：'低估词语和词语背后的观点的力量是一个错误'(40页)"。英语的泛滥、外来语的泛滥在传播英语国家世界观、价值观的同时，直接影响到了韩国的文化，还给韩国语言带来了改变。

韩国语里已经存在着大量的汉字词，而现在又出现了大量英语外来语，所以韩国语的固有词占比已经非常小。

西方文化对韩国语的影响还表现在其他很多方面。例如，韩国人吃狗肉，名字有多种，如"개장국(-醬-)、개장、구장(狗醬)"等，这些名字一看就知道是狗肉，另外还有"지양탕(地羊湯)、보신탕(補身湯)"等，其中"보신탕"用的更多。西方人是不吃狗肉的，所以在韩国举办1988年奥运会之前就有欧美的动物保护协会威胁韩国，如果不禁止吃狗肉，就会开展抵制韩国举办奥运会的活动，当时

---

09 与公司名称、生活用品名大量使用外来语相比，图书、新闻杂志、教材、电影等的名称却仍多用固有词(장소원 2002/2003:148)，这可能是因为固有词给人以亲近感，所以图书类名称用固有词可以拉近与读者、学习者或观众的距离，使产生兴趣，而公司、生活用品名用外来语显得更高级，更符合人们消费时追新求异的心理需求。

的韩国政府无奈只得下达了禁止买卖狗肉的命令，所以当时的狗肉店都将菜名改成了"영양탕、건강탕、사철탕"，这些新菜名的诞生可以说是国际文化与韩国文化的冲突直接造成的。不过，国际文化敌不过韩国传统文化的威力，首尔奥运会举办后的第二年，韩国的狗肉汤又都恢复了原来的通名——"보신탕"(黑田胜弘 1994:37)。由此也可以看出传统饮食文化的强大生命力，而其表现形式之一就是饮食文化的大部分表达是固有词，而不是汉字词或外来语。

8.4.4 韩国国际影响力与汉语

过去中韩两国的文化交流是单方面的中国对韩国的输出，但是近年来在韩流的影响下，韩国文化也逐渐对中国文化和语言产生了一些影响。

例如，在销售行业经常会听到售货员对顾客进行产品推荐时，使用的推销策略是对顾客说"这是韩版的、这是韩国最流行的"等，而这样产生的宣传效果是销售业绩的提高。这实际上是利用了社会认知法则中的象征性法则，即因为受韩流文化的影响，中国大众看韩剧、追韩星形成了一种心理认知，即"韩国的是比较流行的、时髦的、新潮的"，所以听到售货员如上一宣传，自然就很可能认为被推荐的服装是比较新潮、时髦的，从而会掏腰包。也就是说，韩流文化对中国大众的这种推理认知产生了一定影响。

再看韩流文化对汉语的影响。韩国语"국민(國民)"指全国民众，今指取得一国国籍的人，即该国国民。但韩国语"국민"多作定语来修饰名词等，表示"受广大国民喜爱的"之意，例如，韩国的"국민여동생"是文根英，代表的是青少年积极向上、清新自然、

毫不做作的形象。此外还出现了"국민어머니、국민고등어"等表达。随着韩流的影响，韩国语"국민"的这种表达方式传入中国，而中国受这种表达的影响，网络上也出现了"国民媳妇、国民老公、国民女婿"之类的说法。

这些由"国民"与表示称呼的名词构成的偏正短语在一定程度上迎合了大众的情感需求，因此被称为"国民"。韩国语的这种表达方式被中国的社会大众所认可，这也是韩国语言文化影响中国大众的社会认知的一种表现。

韩国语经常用"XX担当(XX담당)"表示干某事的负责人，而偶像团体组合中最出色的、公认外貌最佳的成员一般会被推选为形象担当。汉语里的"担当"一般没有此意义，但受韩流文化的影响，在翻译这些韩国式的表达时，多用了直译的方式，译为"门面担当"或"形象担当"，并且这种表达也开始被一般中国大众所接受。

韩国电视剧从播放时间段来看有几种不同形式，主要有:周一、周二播放的，周三、周四播放的，周六、周日播放的，以及每天都播放的，由于韩国语的星期表达法为"월(月)、화(火)、수(水)、목(木)、금(金)、토(土)、일(曜)"，这几种播放方式在译成汉语时现在多采用了直译的方式，分别是"月火剧、水木剧、土曜剧"等，在文档里进行输入时，直接将这些表达用拼音进行拼写时，就会自动出现这些表达，可以预测，这些表达将来也许会在某种程度上影响到汉语的表达。

8.4.5 语言与文化交流

前面我们分别分析了国际影响力与语言的关系，语言的输入一般伴随文物的输入进行，因此外来语从语言角度来看是语言的输入，从物质的角度来看则是文物和文化交流。要研究过去的文物和文化交流，其中非常重要的手段就是研究语言。

例如，韩国语里称呼花生时有"남경두(南京豆)、호콩(胡-)、향우(香芋)"等表达，由此可以判断花生是从中国传入韩国的，而通过"남경두"这种表达，则可以判断其中一个传播途径是经由南京传入，或当时南京生产的花生传入了韩国。韩国语里还有很多与南京有关的表达。类似的例子还有中国茶文化的输出，不同时期、不同途径的茶输出在韩国语里产生了两种汉字词，分别是"차、다"。

韩国语里还有很多由前缀"당(唐)-、호(胡)-、왜(倭)-、양(洋)-"等形成的派生词，这些前缀分别与中国唐朝、西域以及日本和西洋有关，这些派生词所结合的词根绝大部分都与动植物有关(王芳 2013:83-85)，根据这些派生词可以来研究中国、日本、西方国家与韩国的文化交流。

8.5 国家政策导向的影响

冯广艺(2013:139)认为"不同语言的竞争说穿了是人的竞争，是人所创造的社会实力(包括语言这种'软国力')的竞争……这些竞争的掌控者是人。……如当今社会，英语作为'强势语言'，风靡全球，一方面与美、英等国'唯英语独尊'的语言政策有关；另一方面也跟英语本身在语言竞争中获得了较高的国际地位有关，与不少国家、地区和人民的语言选择、语言态度等有关"。当然，起最大作用的应该是国家层面上的语言政策与规划。

在韩国，时间最早、影响最大的语言政策应该是15世纪中叶朝鲜世宗颁布《训民正音》、创建并推行韩文。前面分析了中国对韩国语言所产生的影响，汉字词在韩国语里占据很大的分量，汉文的标记从韩汉混用、到韩文标注，再到现在的韩文专用，都是国家语言政策在起决定性的作用[10]。韩国教育部又计划于2018年起从小学3年级开始，将重新在教科书里实行韩汉并用制度。这也是国家政策对国际影响力的一种反应。虽然现在韩国社会对此既有赞成也有反对，但韩国现任政府会拿出什么样的语言政策还需拭目以待[11]。

国家语言政策除了包括较大的方面外，也包括较细微的方面，例如部分词语的禁用与纯化。每个国家都会有这种词语禁用政策。例如，新华社在2015年11月发布的《新华社新闻报道中的禁用词(第一批)》中提到:媒体报道中的禁用词主要涉及了五方面内容，分别是社会生活类的禁用词，法律类的禁用词，民族宗教类的禁用词，涉及我国领土、主权和港澳台的禁用词以及国际关系类的禁用词。

对词语的禁用还包括对外来语的禁用。爱布拉姆·德·斯旺(2008:67)提到外来语时，说道:"如果语言社团构成了一个国家，即便双语现象很普遍，政府也有能力阻止人们抛弃本土语言。它可以将国内政治、民族文化、教育、法律等领域划为本土保护区，防止外来语霸占全部的高声望领域。"汉字词对韩国语来说也是外来语

---

10 민현식(2004:112-113)提到，韩国解放后的军政府时期和建国时期的语言政策都是韩文专用政策，当时朝鲜语学会的최현배从理论上起了领导作用，而当时第一代总统李承晚虽然精通汉文，但受基督教的影响，也开始支持韩文专用。

11 当然，也有学者对韩国语言政策的一惯性问题提出了质疑(이용주 1995:214-217)，也有人提出:如果学校教育不教授汉字词，那么社会上也就不要使用汉字；如果社会上必须使用一定数量的汉字，那么学校里就要对这些一定数量的汉字进行教育(심영택 1997:45)。

的一部分。如前所述，大量汉字词已经占据了韩国语词汇系统的大部，离开汉字词，韩国人将无法正常沟通和交流。韩国政府对汉字词采取的政策就是"去汉字化"，这种政策也给韩国人的生活带来了很大影响。

最明显的影响就是现代韩国人的汉字知识越来越少，这给生活带来很大的不便，例如，很多韩国人为孩子取名时不得不利用起名公司。有时也会带来啼笑皆非的情况，강신항(2007/2008:99)曾提到一个实际生活例子，有个韩国人在给他人结婚随份子时，在装钱的信封上写上了"賻儀"两个字，当被问及为什么写"賻儀"时，这个韩国人的回答是"어디다가 돈을 낼 때에는 늘 '賻儀'라고 쓰는게 아닙니까?"即有事随份子时不都是写"赙仪"两个字吗？由此可见，现在韩国人汉字知识的贫乏之严重。

其次，韩国政府也对日语外来词和英语外来语采取了纯化措施，例如，英语外来语"올인(all in)"现在被纯化为"다걸기"。

如上，国家语言政策给韩国人的语言带来了变化和更新，"语言的更新是思维方式革命和文化观念更新的必然要求"(申小龙 2000:前言12页)，可以说，是韩国人的认知和思维以及文化的更新带来了语言的更新。

8.6 民族性、语言特点的影响

前面我们分析了国家影响力和语言政策对文化以及语言输入和输出的影响。但是从语言的开始输入到接受，最终还要受到接受者民族性以及语言特点的限制。"语言无时无刻不具备民族的形式，民族才是语言真正的和直接的创造者"(洪堡特 2011:47)。因为语言的创造虽然是经由个体进行的,但是这种创造最终要由民族和社会整体来认可。与语言有关的国家政策具有一定的强制性,无需经历社会的认可便必须接受和执行,但国家政策在发布之前,它已经是一个杰出的语言学家集体的创造,已经是更高程度上的民族反映。

海然热(2015:11-12)结合地理环境谈到语言的吸收与引进时曾说:对外来语的吸收,除了对公认为丰富的文化的求助,此外还源于岛国情结,一个被大海环抱的国家缺失陆地疆界会造就一个民族具有岛国性,这种岛国性表现为两种类型的特点,一种是像冰岛那样的保守性,导致它的语言也极为保守,它的保守还表现在新词的创造上面,"为了翻译现代世界才存在的物品和概念,冰岛语选择了民族主义引领下的晦涩路线(偏爱本土词根),而不是国际化思想代表的透明路线(偏爱西方语言的希腊—拉丁词根)。"此外,还有一种类型是打破闭塞的开放思想,代表性的是日本。

综合前面的分析以及海然热的观点,我们可以将语言和文化的"互动"以及"互动方向"的影响因素分为五个方面:第一,接受方国家的开放程度;第二,接受方国家语言的特点;第三,输出方国家的影响力;第四,外来语表达的独特作用;第五,民族情感的作用,民族情感影响韩国语表现最突出的就是前面提到的国家语言政策的制定和实施。

8.7 综合因素的影响

语言表达的出现以及发展变化受各种因素的综合影响。

第一，语言表达的发展不仅受语言本身的影响，还受认知、心理等的影响；即使局限在语言本身，往往要综合考虑语音、音律、音节、语义、语法、语用频率等多种因素的综合影响。

例如，韩国语里与排泄物有关的"똥 屎"除基本意义之外，还发展出了丰富的否定意义，尤其是"똥"作修饰语修饰人时，如"똥배짱、똥고집"，已经脱离了原型意义，"똥"有发展为前缀的趋势。"똥"的这些意义和用法的产生有多方面的原因，其一是语义上的关联性，也就是说很多语义是根据"똥"的特点、味道以及生活常识等联想推理出来的，不是凭空产生的，尽管在表达与人相关的意义时语义已经非常虚化。其二是语音和音节的问题，因为在表达这些意义时，韩国语里缺乏相应的能够作定语形成合成词的单音节词，所以只能由"똥"这个禁忌词来担负起这个任务。其三是民族性格的问题，韩国人在发泄内心的郁闷、消解压力时，喜欢使用极端性的表达，而"똥"作为禁忌语，也属于感情宣泄的一种方式。正是这三个因素的综合影响，才最终形成了韩国独特的"똥"文化。

第二，语言表达的多少、语义的分化等受多种因素的影响，其中既有文化与认知的影响，也有语言本身特点的影响，有时还会受古代语言习惯的影响。

例如，韩国语称谓语中称呼年龄大的人时身份区分非常详细、具体，如对同一辈分的长者来说，有相应的"형、오빠"以及"누나、언니"两套模式，对应的汉语分别是"哥哥、姐姐"。与重视长者相对应的就是对年龄小的人的蔑视，表现在语言上，就是语言出现模糊性，如汉语里有"弟弟、妹妹"，是两个不同的词，而韩国语里只有一个词"동생"，而"남동생、여동생"只不过是为区分性别在前面添加上表示性别的"남"与"여"所形成的派生词。"서방(西

方/書房)"可以附在姓的后面来称呼女婿、小舅子或比自己小的连襟，一个称呼可适用三种年龄小的人。并且后面加了敬语之后形成的"서방님"可同时称呼已经结婚的小叔子或小姑子的丈夫，也具有模糊性。

关于韩国语这种称谓语数量不一致的现象，以及与年龄小的词语具有模糊性的现象，究其原因，首先是韩国人的位阶思想的影响导致的；其次与韩国语代词的使用特点有关，韩国人对长辈或年长者不能用第二人称代词"너、당신"，要用身份称谓语来称呼，这种称谓规则使得对长辈和年长者的称谓语的细分显得非常必要且重要；第三，韩国语里晚辈称谓语不分性别的现象也有可能是受到了古代称谓习惯的影响。

第三，语言的产生和发展受到各种因素的影响，这样产生的语言表达会影响到生活的其他多个方面，从而使语言和文化的关系形成"扯不断理还乱"的复杂镜像。

例如，表达"搬运东西"这一意义时，韩国人一般用"업다、지다"，这两种表达方式的产生与韩国的地理环境有关，因为韩国多山，山路崎岖狭窄，自然"背"的方式更方便、安全[12]。而中国的核心文化主要是从中原即华北地区开始的，中原顾名思义是平原、高原，地势开阔，道路宽敞，所以中国北方多用"挑"这个动作，因为一副挑子横着有两米左右，只有在地势开阔的地方才能使用。当然，中国的多山地区很多也用背篓或独轮车，这也是受环境制约形

12　不过韩国人挑水时也用挑子，如：(图片来自문화콘텐츠닷컴)。

成的。文化的不同导致语言出现了不同，例如，汉语出现了"肩挑背扛、挑山工"等表达，韩国语则出现了"업으나 지나"比喻怎么做都一样。

在韩国文化里，"업다"显得尤其重要。韩国人"업다"的动作不仅表现在干活时，还表现在看孩子时，韩国人看孩子一般都是背着，所以经常见到的就是用"포대"把孩子捆在身上，所以"업은아기"用来比喻小孩了，与此相关有很多俗语，如(10)。但汉语多用"三岁小孩"。当然韩国语也有"세 살 먹은 아이 말도 귀담아들으랬다"，但不如"업은 아기"用的多。

(10) a. 업은 아기 말도 귀담아들으랬다
　　 b. 업은 아이 삼이웃 찾는다
　　 c. 업은 아이 삼 년 찾는다
　　 d. 업은 자식에게 배운다

因为韩国人习惯背人，所以产生了惯用语"업어 가도 모르다"，意思是叫人背走了也不知道，比喻睡得很死，一般的声音或事情都弄不醒，而"업어라도 주고 싶다"则用来表达极度感谢或者在可爱的人面前表达自己的爱意时说，如(11)。

(11) 요즘 맘 잡고 공부하는 아들 녀석이 얼마나 기특한지 업어라도 주고 싶다. 最近儿子懂事地收心开始学习，我心里说不出的高兴。

正因为对韩国人来说背的动作是非常熟悉的，所以"업다"还发展出了以某种势力为背景之意，多用于"등에 업고"结构，如

（12）。而对中国人来说，"背"是沉重的象征，所以有了"背着三座大山、背了一身债"等消极的表达，如果表示背景，多用"背靠大山、背靠大树好乘凉"，而不是"背在身上"。

（12）야당은 여론을 등에 업고 정부를 비판했다. 在野党依靠舆论的力量对政府展开了批判。

如上，因地理环境和劳动方式而产生的"업다"这个词还影响到了背孩子、睡得很死、表示感谢、靠山等各个方面。

第四，文化、商业往来是一体的，随着商业往来，一个国家或地区的文化、语言也随之传入输入国，并会给输入国带来语言的变化。

前面我们已经提到，韩国语里"茶"有两个发音，一个是"다"，一个是"차"。这反映了借入的时间层次不同，前者更接近唐朝之前的汉语上古音，后者则接近中国宋代的"ca(차)"(周振鹤、游汝杰 2015:145)。从"다방(茶房)"的存在可以看出"茶"在唐朝之前就传入了韩国。从输入地域来看，"ca"是中国广东音，经由陆路传入韩国，并且波斯古国、阿拉伯半岛、俄罗斯以及土耳其等地都发类似于"ca"的音；相反，由福建经由海路传入的荷兰、法国、德国以及英国都属于"dy"系列；其中在英国17世纪中叶刚输入中国的茶叶时，还叫作"ca"，后来随着南海航线茶叶的输入，其发音也随着变成了福建音"tea"；现在西欧唯一发"ca"音的是葡萄牙，因为葡萄牙是从广东澳门直接输入的(이어령 2002/2011:228-229)。

反过来，我们也可以通过对汉字词的溯源，来探寻中国古代文化的输出路径和影响，这也应该是我们树立中国文化自信的环节之一。

第五，语言表达的生成与文化的有无和历史长短有关，不同民族在给新事物创造语言表达形式时会出现不同。

这种类型的代表性例子就是外来语。在吸收外来语时，韩国人直接利用外来语，而汉语一般音义结合，并且更强调意义方面。即使对同一事物的引进，引进之后还会根据本民族的语言特点对其进行发展和改造，从而使这种语言表达出现新的局面。

例如，中韩两国都存在"凑份子"吃饭这种方式，韩国语有固有词"추렴"，凑份子喝酒叫做"술추렴"，但现在两国人都受到了英语的影响而产生了外来语表达方式，但汉语用英语外来语的混合词"AA制"，韩国语用"더치페이(Dutch pay)"。

再如，随着社会的发展，人们不再满足于吃饱穿暖而希望追求一种健康、持续的生活。随之诞生的就是代表这种方式的"LOHAS(life styles of health and sustainability)"，这种生活方式最早出现于美国、西欧，现在每四人就有一人是乐活族。传入中国译为"乐活"，现在中国约有3000万人(百度百科)。在韩国虽然也有"로하스족"，但最为流行的是"웰빙"，始于20世纪90年代，但现在已成为所有韩国人追求的生活。这是一种文化现象，但这种文化现象的发展也表现在语言上，因为中国"乐活、乐活族"还并不为一般中国人所熟知，所以在翻译"웰빙"这类词语时，就会出现文化缺失或不对应的情况。

现在韩国还出现了"힐링(HEALING)"，"힐링"与"웰빙"结合形成了"힐빙"，意为通过治愈而达到健康的生活。并且还出现了"힐링투어 用于心灵治愈的旅游"，以及"욕힐링《왕가네 식구들, 10회》借骂人来纾解压力"等表达，而汉语里还未出现类似的表达，即中国还未出现类似的生活理念，或者说这种生活理念还未强大、普遍到可以出现语言表达这一层次上。也就是说借助语言，我

们可以透析社会与文化的有无和强弱。

8.8 小结

语言演变的因素，除了语言自身的原因外，悠久的历史也是其中一个重要原因，语音和形态变化也会阻断语义联系，还有一个因素是语言使用者对他们自己的语言以及其他语言的态度；还有政府的相关语言政策等，这些都会影响语言的演变……社会态度会加速词汇和与语法的变化(迪克森 2010:7-8)。

在接受其他语言和文化的过程中，一个民族的民族性以及语言特点也会影响语言的具体融合方式和程度。

语音和形态变化之所以产生也是人的因素在起作用，因为人在发音、书写时都遵循"省力原则"，所以才会促进发音和语言形态的变化。

总而言之，语言的演变看似是语言内的问题，但实际是语言内因素和语言外因素综合发生作用的结果，两者无法完全分割。

第三编

文化与语言共性

第九章

语言表达的
象似性

9.1 引论

列维-施特劳斯(2016:22)曾经说过:"神话故事是(或说看起来像是)任意独撰的、无意义的、荒诞不经的,照理说,发生在某个地方的一个'幻想的'心智创作,应当是独一无二的,你应该不会在完全不同的地方发现一模一样的创作,然而,实际上它们却似乎在世界各地一再出现。"从神话故事在世界各地表现出的相似性,我们可以说,人们看待事物的视角具有共性。因为神话故事是人类对世界看法的另一种反映。不仅仅限于神话故事,人类学研究已经证明"一切人类的心智都是一模一样的,也都具有同等的能力"(列维-施特劳斯 2016:33)。

从大的方面来看,人类看待和观察事物具有一定的共性,因为"人类的经验所遵循的途径大体上是一致的;在类似的情况下,人类的需要基本上是相同的;由于人类所有种族的大脑无不相同,因而心理法则的作用也是一致的。"(摩尔根 1981:8)人类所具有的基本认知能力具有很强的共性,因此在面对同一事物时的关注点与联想意义也会出现共性。

"认知是人类心智的基础,语言只是建立在这个基础之上的一种能力"(文旭 2014:iii),即语言是认知的一部分,它"是人类最重要和最明显的认知技能"(Tomasello 2003:323)。正因为语言是人类的认知与思维的反映，因此表现在语言上也出现了语言的共性。语言的共性表现在大的方面，而差异表现在细微之处。

关于语言的起源已有很多人对此做过探讨。语言产生的基础是沟通的需要，人类最初的沟通是比手划脚，即借助手势语来沟通，其基础是共享知识。后来随着口头语言的产生，手势语逐渐成了辅助，发展到现代社会，对一般人来说，口头语言已经成了主要的沟通方式。口头语言产生后，最初产生的是词汇。

词语是从无到有的过程。我国古人曾提出"近取诸身，远取诸物"的观点，这反映了我们的祖先认识和描写实体的基本原则。赫尔德(2011:46-47)也曾说过：

> "人与周围的事物建立起联系，所有的事物似乎都在对他说话，都在为了他的利益行动或与他抗争；而他则要对它们做出反应，或赞同或反对，或示以爱心或表露憎意，以人类的方式尽情展开想象。人类思维的所有这些痕迹都刻在了最早的名称上面！最早的名称也表示爱或恨，诅咒或祝福，同情或反感，而在许多语言里，正是这类感情决定了语法上的性。"

虽然我们平时应用的语言非常的庞杂、无序，但所有的语言现象其实内部都是千丝万缕地联系在一起的，语言的发端，也就是最基础的词汇、表达都是从人类的身边开始的，然后逐渐从具体向抽象延伸，单义词逐渐成了多义词，并逐渐有了词组、惯用语、俗语等。这一系列的过程是人类利用头脑中的概念范畴使现实发生概念化的过程，而"概念化"也是人类的基本认知能力之一。

正因为人们具有共通的认知能力，并且语言的发端是从人类身边开始的，因此世界语言就具有了某种程度上的象似性。

9.2 人体

作为身体理论的开创者，约翰·奥尼尔(2010:16)认为：

"在一切语种里，大部分涉及无生命事物的表达方式都是用人体(及其各部分)以及用人的感觉和情欲的隐喻来形成的。例如天有顶'头'，有开'头'，山有山'脊'或山'肩'，针有针'眼'，土豆有芽'眼'，缝有缝'口'，洞有洞'口'，杯有杯'嘴'，壶有壶'嘴'，耙有耙'齿'，锯有锯'齿'，梳有梳'齿'，麦穗有'须'，鞋有鞋'舌'，河流有'咽喉'，有'须'状的狭地，有'臂'状的海湾，钟有'指'针，'心'代表中央，风正帆满'腹'，'脚'代表终点或底部，果实有果有'肉'，岩石有岩'脉'，矿有矿'脉'，葡萄的'汁'可酿酒，地有'腹'地。碧海蓝天会'微笑'，疾风'呼啸'，波浪'呜咽'，物体在重压下'呻吟'。拉丁姆地区(Latium)的农民常说田地'干渴'，'生产'果实，五谷'丰实'。我们的乡下人说植物'交配'，葡萄'疯'长，流脂的树在'流泪'。从任何语种里都可举出无数的其他事例。这一切事例都是我们那条公理的后果，人在无知中就把他自己当作权衡世间一切事物的标尺。在上述事例中人把自己变成整个世界"。

上面的内容用一句话来概括的话，就是说:“世界成了一个巨大的人体或人体的缩影”(张之沧、张卨 2014:89)。

借助人体来表达世界具有很强的文化共性。例如，在很多语言里都用眼睛来比喻窗子，如表1所示。之所以出现这种语言现象，是因为“古代的建筑用柳条或木头做成，不适合开四方形的大窗子”(罗常培 2009/2015:4)。也就是说，是现实世界影响了语言表达。

[表1] 与“窗子”有关的表达

语种	窗子	词源	直译
英语	window	wind-eye	风眼
峨特语(Gothic)	auga-dauro	eye-door	眼门
盎格鲁-萨克逊语	eglyrel	eye-hole	眼孔
梵文(Sanskrit)	grvāksa	ox-eye	牛眼
俄语	okno	语根和拉丁语的oculus有关系	小眼

根据罗常培(2009/2015:4)整理而成

下面再看一些具体的例子。例如，与眼睛有关，很多语言里都用与眼睛有关的动作来比喻对他人网开一面，其中，英语用“close[shut] one's eyes”或“turn a blind eye (to sth)”，德语用“[jm.]durch die Finger sehen 通过某人的手指来看”，韩国语用“눈을 감다”，汉语用“睁一只眼闭一只眼”。

很多语言里还用眼睛的颜色作比喻。其中，韩国语有汉字词“백안(白眼)、청안(青眼)”，前者指蔑视，后者指赞赏，这与汉语的“白眼”与“青眼、青睐”是一致的。在德国遭到“蓝眼”和在英国遭到“黑眼”的对待是同一含义(海勒 2017:35)，英语的“get a black eye"意为被打得鼻青脸肿。

很多语言里还用大脑尺寸小来比喻人蠢笨，例如英语里有"peabrain"，意为豌豆脑；意大利语里有"avere il cervello di una formica/gallina"，意为长着蚂蚁脑或母鸡脑(支顺福2012:188)。韩国语里嘲笑愚钝的人时多用"닭대가리 鸡脑袋""새대가리、조두(鳥頭) 鸟头"或"생선 대가리 鱼脑袋"。这些植物或动物的头或脑子共同的特点是尺寸很小，所以都被用来比喻人不聪明。

很多语言里还用手或臂膀来比喻助手或给予帮助，例如，德语里一般用"js.Rechte Hand sein 成为某人的右手"来比喻身边负责重要任务的人(김수남 2003:199)，而右手与右臂密切相关，韩国语里一般用右臂意义的"오른팔、바른팔"来比喻得力助手，汉语一般是"左膀右臂"一起使用。英语惯用语"lift a finger to help 助一指之力"与汉语"助一臂之力"意义相同。韩国语也有与手指有关的表达，如"손가락 까닥 안 하다"，但用于否定句，意思是连手指头都不动，比喻什么也不干，其实指的是不给予任何帮助之意，与英语是截然相反的语言形式，但是在用手指表达帮助之意这一点上是一致的。

很多语言都用手的动作来比喻抽象意义，例如，与伸手的动作有关，当自己手里拿着东西施与他人时，手一般是合着或半合着的，但如果想得到他人的东西，手则是空着张开的，这样才能把别人的东西拿到，正因为注意到了这种细微差异，所以韩国语有了惯用语"손(을) 벌리다"表达索取意。向别人索取东西时，一般会手掌朝上形成一个弧形，德语里相关的表达是"eine hohle Hand machen"，比喻受贿(김수남 2003:206)。汉语一般用词组"伸手要"。

以前由于没有表、计算器等东西，人们计数多用手指，如"扳

着手指头算过来算过去"，韩国语用"손꼽아 기다리다 扳着手指头等他来"。英语一般用"count down (to something)"，虽然没有出现手指，但也是用"数数"来比喻期待。

很多语言里的腿、脚具有性象征意义。例如，晚清文人葛元煦在《沪游杂记》中记载了上海的俗语"姘头再有外遇，娘姨私交客人，则谓之'搭脚'"(许晖 2015:378)，也就是说"头、脚"都可用来比喻不正当关系。有时也用"和谁有一腿"来比喻有不正当男女关系。之所以产生这种意义，是因为汉语里有时用"大腿"来比喻生殖器，如《金瓶梅》第九十七回有"随那淫妇一条绳子栓去见官，管咱们大腿事。"而河南、山东某些地区方言里用"娘了个腿、娘了个脚"来骂人，其中用脚来骂人是因为在中国文化里女人的脚是最隐讳的部位(郭熙 2013:279)。在西方社会中，腿也具有性的象征，所以"leg 腿"已经被"limb 肢"所代替(戈德伯格 2003:96)。韩国语里男性生殖器被叫作"가운뎃다리"，相当于汉语的"第三条腿"。

9.3 地理环境

很种语言里都用云来表达"多"意义，如英语的"cloud"、西班牙语的"nube"、意大利语的"nugolo"等，这些语言里的"云"都具有一个共同的语义，即表示"多"(黄树先 2012:379)。汉语有"云集"，如"高手云集""当时的潮州，商贾云集"，用来表示人多的状态。韩国语也有"구름같이 모여들다"指一下子聚集了很多人。韩国语也有汉字词"운집(雲集)"，也表示很多人聚在一起。韩

国语还用"무집(霧集)"来比喻人多,汉语也有"雾集",比喻盛多。

很多语言里还用山来比喻可以依靠的力量,例如英语的"rock"比喻可以信赖的人,汉语"靠山"比喻可依赖的人或集团,韩国语里的"언덕 坡、山岗、山丘"也可以比喻给予帮助的人。

9.4 动物

很多语言里都用缩尾巴来比喻害怕,例如英语的"coward(尾巴)"意为胆小鬼,其语源是拉丁语的"cauda 尾巴"(支顺福 2012:120)。韩国语惯用语"꼬리(를) 내리다、꽁지(를) 내리다"比喻被对方的气势所压制而退缩或萎缩,"꼬리(를) 사리다"比喻因害怕而躲避或萎缩。汉语"夹着尾巴"可以比喻狼狈,也可以用"夹着尾巴做人"来告诫人们要谦虚、不要骄傲。

很多语言里还用八爪鱼作比喻,因为八爪鱼有很多触角,在西方"octopus"被用来形容势力大而广的黑社会以及邪恶势力(施晖、栾竹民 2017:220),地中海文明中八爪鱼蜷曲的触角可代表创造、毁灭及翻云覆雨的力量(吉普森 2018:49)。在韩国语里"문어"多比喻势力或范围大,有时"문어발"也比喻人脉广。汉语网络用语"八爪鱼"多形容手伸得太长,也比喻太黏人。

有的鱼类如鳐鱼因为长得丑也会产生一些不好的象征意义。在英格兰,鳐鱼被视为劣等的食用鱼(本迪纳 2016:44)。在加拿大纽芬兰文化中,他们也非常鄙视鳐鱼,因为鳐鱼自古以来就被他们用来喂雪橇犬,是一种"狗食",虽然现在鳐鱼已不被用来当狗食,但这种文化记忆却被传承了下来,也影响了纽芬兰渔民的食物获取方

式，即使捕到这类鱼也都直接扔回海里(奥莫亨德罗 2017:76)。韩国语里鳐鱼称作"가오리"，有俗语"첫맛에 가오릿국、초미에 가오리탕"，比喻让人感到不舒服或者让人感到不足的事物。因为人们不喜欢鳐鱼，所以鳐鱼价钱比较低廉，与此相关有了合成词"가오리흥정"，意思是讨价还价时弄不好会把本来较低的价钱抬高了。

很多语言里还用贝壳作比喻，例如英语用"clam up"即贝壳紧闭来比喻三缄其口。韩国语里贝壳称作"조가비"，有时也比喻生气时嘴巴紧闭的样子，如(1)。汉语有时也用"蚌壳"来比喻嘴严，如(2)。

(1) 젊었을 때부터 화만 나면 조가비처럼 입 딱 다물고 살아
사람 기압을 시켰더니…《아버지가 이상해, 4회》从年
轻时就这样，只要一生气就像贝壳似的闭着嘴一言不
发，让人难受。

(2) 嘴巴就和蚌壳一样紧，只要是……不愿说的事，不管你
用什么方式都不可能让……开口。(网络)

9.5 植物

很多语言里的墙都与植物有关。例如，英语的"wall"和其他印欧语系含有"墙"意义的语词，其基本意义多和"柳条编的东西"(wicker-work)或"枝条"(wattle)有关系；德语的"wand"从动词"winden"发展而来，原义是"缠绕"或"编织"，因为很多编砌式建筑都是用柳条编的东西做底子上面再涂上泥，或者把泥舂在两

片柳条编的东西的中间。(罗常培 2009/2015:3)汉语里的"篱笆墙"也与植物有关。韩国语里则有"울타리",也是用树或草编织而成的墙。

很多语言里用花来作比喻,如英语的"the flower of sth"比喻某事物的最佳部分、精华。韩国语里"꽃"也可以比喻重要、珍贵的东西,如"방송의 꽃 广播的核心"。汉语里一般用"花"比喻事业的精华,如"体育之花"。

9.6 农业要素

很多语言里都用土地来作比喻。例如,韩国语里旱地为"밭",可比喻事物的本质或基础,"마음 밭"对应的汉语是"心地",如(3),都是将土地视作本质,除了"心地",汉语还有"心田"。

(3) 그는 마음 밭이 깨끗한 사람이다. 他的心地很纯洁。

韩国人还把能生产孩子的女人或女人的生殖器叫作"밭",这与汉语是一致的。因为汉语里说女人不能怀孕,会说"地不好"。韩国语还有"밭팔다",俗指女人以出卖肉体为生。俗语"진 밭과 장가처는 써 먹을 때가 있다"意思是黏土地与丑妻也都有各自的用处,这也是将土地视作女人。这种思想具有文化共性,即都将地神化为阴性的母亲神,而将天视作阳性父亲神,这是在很多民族中都常见到的天父地母的原型(叶舒宪 2005b:71)。

很多语言里的温室、温床也都具有比喻意义。韩国语有汉字词

"온상(溫室)"，比喻某种现象、思想或势力得以成长的基础，汉语一般用"温床"，两者都具有消极的语义韵，所结合的定语大多是具有消极意义的"腐败、犯罪、暴力"等词语。英语"hot-bed"也具有消极的语义韵，如"a hot bed of vice 罪恶的温床"。韩国语的"온실"虽没有比喻意义，但有俗语"온실 속에서 자란 화초、온실 속의 화초"，与汉语"温室里的花"意义一致，比喻生活在安逸环境里没有经历过艰难困苦的人。

很多语言里与浇水、浇灌有关的词语多与饮水产生关系。例如，印尼语的"mengairi"意为浇水、灌溉、给水喝，德语的"bejießen"意为浇花、喝酒庆贺等(黄树先 2012:297)。韩国语则有"벌물"，有惯用语"벌물 켜듯"，比喻喝奶或喝酒时乱喝、大喝的样子。

9.7 服饰

很多语言里都用裙子来转喻女人。例如，汉语里"裙钗"指称女人。古代女性束裙子的腰带叫作"裙带"，现在"裙带关系"用来指称妻女、姊妹的亲属，后来泛指因血亲、姻亲和密友关系而获得各种利益。韩国语"치마"在俗语"치마 밑에 키운 자식"中是用服饰来转喻女人，如果孩子在女人手里长大，那说明没有父亲，所以这个俗语指寡妇的孩子。而"시집살이 삼년에 열 두 폭 치마 자락이 다 썩는다"也是用裙子来比喻女人，意思是女人的婆家生活非常辛苦。在英语圈，苏格兰男人也是穿裙子的，所以裙子不是女人

的专属物[01]，即便是这样，英语的"skirt"也可以转喻女人。

9.8 交通工具

与现代交通有关，公共汽车中大型公交车为"버스(bus)"，小型公交车为"옴니버스(omnibus)"，如"옴니버스 연극/드라마"，指广播节目或综合节目。此外，"옴니버스"还俗指有多个姘头的妓女。汉语网络小说中常用"公交车"来俗指异性关系复杂的女性。

9.9 农村与城市

相对于农村文化来说，城市文化是强势文化，并且一个国家的通用语是有文化的城里人规定和管理的，很多语言中与乡下、农村、树林有关的表达都具有贬义(戈德伯格 2003:16-17)。

例如，英语的"boor"本意为佃农、农夫，之后语义发生贬化，产生了"没有礼貌的人"这一否定意义，并且基本义已消失；与"boor"同源的荷兰语"boer"则在保留基本意义的基础上还产生了否定意义(Dirk Geeraerts 2010/2013:60)。

韩国语也有很多贬低农村人的词语，例如"산골뜨기(山---)、산골내기(山---)、산골고라리(山----)、멧부엉이、촌보리동지(村

---

01 实际在古代，不论是哪个国家的人一般不分男女都穿裙子，但后来随着社会的发展，男人逐渐开始穿裤子，而裙子则成了女人的专属物。

一同志)、시골고라리"都用来嘲笑乡下人,"산골 중놈 같다"意为像山沟里的和尚一样,比喻鬼祟、诡秘的人。韩国语里与乡村有关的两个名词"촌、시골"分别发展成了前缀"촌(村)-、골-",前者意为不干练的,后者意为迂腐的。

汉语里有与乡村有关的"村姑",以及与土地有关的"土老帽、土包子、土里吧唧的"等,也都具有消极意义。

很多语言里与城市有关的词一般发展出的是中性或积极意义。例如,英语的"polite 礼貌"一词就是从希腊语意为城邦的"polis"发展而来的,因为要想在城市中生活,就要守规矩,遵守大都市的规范(埃文斯 2016/2017:189)。而这些规矩、规范就成了现在所说的"礼貌"。韩国语里"도시(都市)"有派生词"도시적(都市的)",意思是与城市相配的,或那样的东西。城市类的繁华区域称作"도회지(都會地)"或"도회(都會)",后者有派生词"도회적(都會的)",意思是带着城市气息的。城市给人的印象是干练、时尚的,这与前面"촌、시골"发展出"落后、土、呆"等意义正好是相对的。汉语的"城里姑娘"也给人干练的印象,是积极意义。

9.10 刺激性动作

很多语言里都用刺激性动作来表达抽象意义。例如,英语中的"stimulus 刺激"来自拉丁语,本意是赶牲畜用的刺棒,"spur 刺激"源自本意"踢马刺、靴刺、用踢马刺催促"等意义(伍铁平 2011/2015:113)。韩国语里马刺为"박차(拍車)",比喻促进事情发展的力量。汉语"刺激"也是用"刺"这种动作来表达对他人的激

励，不过汉语"刺激"多用于人，而韩国语"박차를 가하다"多用于抽象事物，如"기술 개발에 박차를 가하다. 为技术开发加力/助力"。

9.11 酒广告

很多语言里都有比喻酒好的表达，汉语有"好酒/酒香不怕巷子深"，韩国语中是"좋은 술에는 간판이 없다"，意思是"好酒不需要招牌"。英语中有"good wine needs no bush"，与韩国语类似，这里用作招牌的"bush"本意为灌木丛，也比喻标记。就像中国过去酒店的招牌有的可能用酒幌子，有的可能用标志性的器物或农作物等，西方文化中过去的招牌也可能用过树枝。

9.12 毒品与食物

用毒品来比喻食物的现象在语言学上是普遍存在的，对这种现象的产生，任韶堂(2017:111)认为这说明了"这种对垃圾食品和甜食引人上瘾的理解深深扎根于我们的文化中。……女性比男性更常使用这种毒品的比喻，说明他们为了保证健康或者低热量饮食承受了更大的压力。"韩国语里类似的表达有"독주(毒酒)"，是用"毒"来比喻酒烈。韩国语还用"중독성(中毒性)"形容东西好吃，如"담배는 중독성이 있다고 알려져 있다. 众所周知香烟容易上瘾。"

9.13 卖弄

不同文化表示卖弄时具有相似的认知思维，即都表现为"在专家面前干某件事"，但具体表现为什么专家、什么事情则因文化出现很大差异。例如，汉语有"班门弄斧""关公面前耍大刀"两种表达，英语有与鱼有关的"teach fish to swim"。而韩国语则有四种表达，如(4)，这四个表达各有区别，其中(4a)比喻非常愚蠢、不知本分地想教训无所不知并且没有任何错误的人，其他三个都表达炫耀、卖丑之意。

(4) a. 부처님한테 설법 在佛祖面前说教
    b. 공자 앞에서 문자를 쓰다 在孔子面前舞文弄墨
    c.번데기 앞에 주름잡듯 在蚕蛹面前拿褶子
    d.돼지 앞에서 코 뒤집기 在猪面前翻鼻子

9.14 吹牛(马)

很多语言里比喻吹牛、空谈时多用风来作比喻，汉语用与风有关的动作"吹"或者用与动物有关的"吹牛"。英语用与风有关的形容词"windy"；不过英语也有与动物有关的表达"talk horse"，这与汉语的"吹牛"相似，但涉及的动物不同。韩国语里与风有关有两种表达，一个是固有词"바람"，一个是汉字词"허풍(虚风)"，但表示吹牛一般用与汉字词有关的"허풍을 떨다、허풍쟁이"等。也就是说，即使是用同一相关事物来表达类似的意义，但具体到微观方面的语言表达，仍然会出现不同。

9.15 找虱子、虮子

很多语言里还有与找虱子、找虮子有关的表达，并且都表达"仔细地做"这一意义。例如，意大利语里有词语"spulciare"，其基本义是捉跳蚤，此外还有查词典、查电话号码本等两个意义(支顺福 2012:10)。韩国语里与找虱子有关的惯用语"이 잡듯이"比喻仔细翻找。韩国语还有与找虱子卵——虮子有关的惯用语"서캐 훑듯"，比喻一个不拉地仔仔细细地调查。俗语"말은 이 죽이듯 한다"比喻说话的时候一个不拉地把详细信息都说出来。

9.16 语言符号

很多语言里都用字母来作比喻，例如英语一般用"abc"来表达基本知识，有时汉语还用"abc"来转喻西方人，如"他是一个ABC，从小都不在国内长大(网络)"。汉语一般用"一、二"来比喻少量、一点。韩国语的"기역 자 왼 다리도 못 그린다、기역 자도 모른다、기역니은、아 다르고 어 다른데"是用辅音或元音来转喻文字。

9.17 小结

人们具有一些普遍性的认知能力。人们看待事物的视角具有共性，所以表现在语言上也出现了语言的共性。

人们都习惯于用身边熟悉的事物来比喻抽象的意义。身边熟悉的事物包括人体、地理环境、动植物、农业基础要素、服饰、交通工具、酒广告等具体事物，还包括与农村与城市相关的空间词，也包括刺激性动作、卖弄、吹牛、找虱子(虮子)等动作行为或相关事物以及语言符号等，这些都产生了比喻意义。而毒品之所以被用来作比喻，是因为人们熟知它的危害。

第十章

汉韩语言表达的象似性

10.1 引论

第九章已经分析了世界上很多语言所表现出的象似性，但这种象似性主要表现为宏观方面。因为语言源于现实，现实在转换为语言的过程中，不可避免地会受到包括体验、文化背景、思维方式等在内的文化的影响，同时也会受到各自语言表达特点的影响，因此在具体语言形式上会出现不同。因此使得与同一事物或同一概念有关的不同语言表达出现了既有共性又有特殊性的一面，即"同中有异"，并且在象似性上具有程度差异。

具体到汉语与韩国语，与基本物质文化有关的韩国语语言表达都是最基础的事物，这些事物作用于人，人通过对天地万物包括人自身的观察和认知，将其具象化，并且继续从这些最基本的具体意义出发，又使其发生了抽象化。同样，汉语也经历了与韩国语同样的抽象化过程，在表达很多相似的概念时发生了相似的概念化过程，表现出了很强的象似性。

本章主要从意义近似度和表达相似度的角度对汉韩"同中有异"的语言现象展开分析。根据象似性可分为十一种类型。

10.2 几乎相同

这里所说的几乎相同，指的是在表达同一概念时，汉韩两种语言所涉及的具体事物、语言形式等几乎都能一一对应。

汉韩两种语言里经常用人体语言来比喻事理，例如，过去普通老百姓吃不上饭的事情是非常常见的事情，描述难以忍受的饥饿时，汉语多用"肚皮贴到后脊梁骨了"，韩国语也有同样的表达，如"배가 등에 붙다"，有时还有变形，如(1)。

> (1) 나머지 밥 먹으면서 얘기하면 안 되겠니? 등까지 배가
> 붙었다.《황금빛 내 인생, 35회》剩下的边吃边说不行
> 吗？饿得肚皮都贴到脊梁骨了/都前胸贴后背了。

比喻新的人物时中韩两国都用身体用语。韩国语用"새로운 피、새얼굴"，如(2)，汉语用"新鲜血液"或"新鲜面孔"，两种语言表现出很强的一致性。

> (2) 광고주 쪽에서 새로운 피를 원한다는데 나도 어쩔 수 없
> 잖아?《그녀는 거짓말 너무 사랑해, 8회》广告主希望有
> 新鲜面孔/血液，我也没办法啊。

汉韩两种语言都用风作比喻，汉语有"什么风把你吹来了？"表示对来往不密切的人突然登门表示惊奇。韩国语也有"무슨 바람이 불었어"，如(3)，用来表示对别人异于平常的行为表示惊奇，但不特指他人的登门拜访。

(3) a. 갑자기 무슨 바람이 불었어? 이는 刮得什么风啊？

　　b. 아까부터 들어와서 열나게 공부하고 있어. 무슨 바람
　　　이 불었는지. 《왕가네 식구들, 17회》(他)刚才回家后
　　　就一直在学习，不知道刮得什么风？

10.3 上位范畴与下位范畴的不同

在表达相似的意义时，中国人经常喜欢用上位范畴词，而韩国
人喜欢用下位范畴词，当然有时也会出现相反的情况，即中国人用
下位范畴词，而韩国语用上位范畴词，但这种情况比较少。

10.3.1 上位范畴:下位范畴

这一类型指的是在表达同一概念时，韩国语所涉及的语言表达
中所出现的事物属于上位范畴词，而汉语所涉及的事物属于下位范
畴词。

例如，韩国语里有"새가슴"，相当于汉字词"계흉(鷄胸)、구
흉(鳩胸)"，也就是说，在给这种人体畸形命名时，固有词用的是上
义词"새"，汉字词用的是下义词"鸡、鸠"。汉字词反映的是中国
人的思维方式，现代汉语类似的也用"鸡胸"，用的也是下位范畴词。

比喻对孩子的自由式教育时，韩国语用汉字词"방목하다(放
牧)"，汉语用"放羊式的教育"，两者的区别是:韩国语"放牧"是
上位范畴词，汉语的"放羊"是下位范畴词。

汉韩两种语言还用水比喻说话，比喻乱说话时，韩国语用"물

퍼붓듯" 或 "물 쏟듯 총 쏟듯", 汉语多用 "信口开河"。比喻说话滔滔不绝、能言善辩时, 韩国语用 "청산유수", 汉语用 "口若悬河"。表达两类概念时, 韩国语用的都是 "水", 是上位范畴词; 汉语用的都是 "河", 是下位范畴词。

汉韩两种语言还用与武器有关的事物来比喻给予打击, 但所使用的具体武器并不相同。例如, 韩国语有惯用语 "철퇴(鐵槌)를 가하다[내리다]"。汉语的 "铁槌" 或 "铁锤" 多用于具体意义, 比喻意义一般用 "重锤", 如 "给了一记重锤", "重锤" 可以看做 "铁槌" 的下位范畴词。

眼睛是由多个部位构成的, 如眼皮、眼睫毛。例如, 韩国语有 "눈 하나 깜박하나?" "눈 하나도 깜박하지 않다" 比喻不关心、不在意, 汉语虽然也会用 "眼会眨一下吗?" 但也经常用 "眼皮都不抬一下"。也就是说, 汉韩两种语言虽然都可以用上位范畴词 "眼", 但汉语还可以用下位范畴词 "眼皮"。

表达陌生意义时, 韩国语用 "낯설다", 是 "脸生", 用的是上位范畴词 "脸", 而汉语用 "眼生", 用的是下位范畴词 "眼"。

比喻竭尽全力去思考时, 韩国人所联想到的意象与头有关, 如 "머리를 짜다、머리를 쥐어짜다" 与 "머리(를) 싸매다" 等, 如 (4), 涉及的身体部位是 "머리 头", 这是上位范畴词, 相反, 中国人所联想到的意象是 "绞尽脑汁", 涉及的身体部位是下位范畴词 "脑汁"。

(4) a. 아무리 머리를 쥐어짜도 별 뽀족한 수가 나오지 않았
다. 不管怎样绞尽脑汁, 也想不出什么好办法。
b. 어떻게 하면 다시 장사를 시작할 수 있을지 다 같이
머리를 짜봐야 하는 것 아니야?《우리집 꿀단지, 121

회》我们是不是得一块儿好好想想看怎样才能重新
开始做生意啊？

c. 이간질하려고 매일 밤 머리 싸매고 고민했을 텐데 결
과물이 겨우 이 거니?《최고의 연인, 38회》为了离间
我们，你每天晚上肯定绞尽脑汁地想法子来，但你想
出来的成果就这程度啊？

与医学有关，韩国语有惯用语"침(을) 놓다[주다]"，比喻严
肃地告诉或要求对方，使对方屈服。汉语有"打预防针"，意为提前
警告或提醒对方。汉语用的是下位范畴词"预防针"，相反，韩国语
用的是上位范畴词"针"。

10.3.2 下位范畴:上位范畴

此类型指的是在表达同一概念时，韩国语表达所涉及的事物属
于下位范畴词，而汉语表达涉及的事物属于上位范畴词。

第一，人体语言。例如，韩国语里"눈"可以指人们的视线，
如(5)，这里是用眼睛来转喻人，此时汉语一般不用"眼这么多"，
而是用"人这么多"。如果是偷偷地骗别人的眼睛、躲避别人的视
线则意味着躲避别人的关心和注意，韩国语用"눈(을) 속이다、눈
(을) 피하다"，如(6)，汉语不用眼睛，而是用"父母、人"。与韩
国语用下位范畴词"눈"相比，汉语用的都是上位范畴词"人、父
母"等。

(5) 이렇게 눈이 많은 곳에서 무슨 짓이에요? 人这么多，你

这是干什么啊？

(6) a. 그는 부모님의 눈을 속여 가며 미술을 공부하였다. 他背着父母偷偷学习美术。

   b. 남의 눈을 피해 새벽에 도망가다. 为了不让人发现，凌晨逃跑。

韩国语有惯用语 "눈썹 싸움을[씨름을] 하다"，是用眼睫毛打架来比喻强忍瞌睡，汉语多用 "上下眼皮直打架"。韩国语的 "눈썹" 在这里指的是 "속눈썹"，是下位范畴词，而汉语的 "眼皮" 是上位范畴词。

再看与鼻子有关的表达。比喻不出现时，汉语用 "连面都不露"，涉及的是上位范畴词 "面"，韩国语用 "코빼기도 안 보이다/내밀다/비치다"，意思是 "连鼻子也不露一下"，涉及的是下位范畴词 "鼻子"。比喻因某事而激动或伤心眼泪欲滴时，汉语经常用 "鼻子酸、鼻子发酸、鼻子一酸" 等，涉及的事物是上位范畴词 "鼻子"；韩国语多用与下位范畴词 "콧등" 或 "코허리" 有关的 "콧등이 찡하다/시큰하다" 与 "코허리가 저리고 시다" 等。所以，当与 "面" 对比时，"鼻子" 是下位范畴词；当与 "鼻梁" 对比时，"鼻子" 是上位范畴词。

汉韩两种语言里都用 "皮" 来作比喻，如韩国语的 "귀(가) 질기다" 有两个意义，第一指愚钝，理解不了别人的话；第二指不好好听话，很皮。汉语指淘气时也用 "皮"，这与 "귀가 질기다" 是一致的。但韩国语用的是下位范畴——"耳朵皮"，汉语用的是上位范畴——"人很皮"。

再看与手有关的表达。汉语有 "人手"，出现了上位范畴词 "人"，也出现了下位范畴词 "手"，但韩国语对应的是 "손" 或

"일손",用的都是下位范畴词"손",但没有出现与人有关的上位范畴词。比喻被困于某事摆脱不了时,如(7),韩国语用"손(이) 잠기다",汉语一般用整体意义的"抽不开身",汉语"身"是上位范畴词,韩国语的"手"是下位范畴词。比喻手艺好、技术好时,汉语用"手巧",韩国语用惯用语"손끝이 야무지다/여물다[야물다]/맵다",用的是手指的状态,与汉语"手"是上位范畴词相比,韩国语"손끝"是下位范畴词。当然,韩国语有时也用与上位范畴词"손"有关的"손이 야무지다/여물다"等。

(7) 신상품 개발에 손이 잠겨 집에 들어갈 시간도 없다. 因为开发新产品,抽不开身,连回家的时间都没有。

韩国语里"뒷손01"指伸到身后的手,如(8),汉语也有"后手",但一般不用于具体意义,所以韩国语需要译成"把手里的东西藏在了身后"。从事理角度来看,汉语的结构更符合人们的一般动作程序,而韩国语则更容易产生歧义,即将一只手里拿的东西藏在了放在身后的另外一只手里,那么意味着两只手都放到了身后,而汉语则完全可以是只有一只手拿着东西,然后挪到了身后。并且,韩国语的"뒷손"属于下位范畴词,而汉语的"身后"属于上位范畴词。

(8) 문 소리에 그는 들고 있던 물건을 뒷손에 감췄다. 听到门响,他把手里的东西藏到了身后。

再看与脚有关的表达。比喻无法与某人相提并论时,如(9),韩国语用的是"지 아빠 발바닥 따라가겠어",出现的是下位范畴词"발바닥",汉语一般用"赶不上+人",用的是上位范畴词"人"。

(9) 우리가 아무리 잘해도 지 아빠 발바닥 따라가겠어?《아이

가 다섯, 4회》我们对孩子再好，也赶不上孩子他爸啊。

再看与乳腺有关的表达。比喻重要的东西或手段时，韩国语用下位范畴词"젖줄"，如"한강은 서울의 젖줄이다. 汉江是首尔的母亲河。"汉语用的是上位范畴词"母亲河"，因为乳腺是母亲所具有的最突出的特点之一。

第二，与植物有关的例子。韩国语里惯用语"콩가루(가) 되다"可以比喻某种事物完全粉碎，如(10)，是用"变成豆粉"来作比喻，出现了下位范畴词"豆粉"，汉语用"粉碎"，出现的是上位范畴词"粉"。

(10) 유리잔이 떨어져 콩가루가 되었다. 玻璃杯掉到地上摔

了个粉粹。

第三，与食物有关的例子。韩国语里有"엿을 바꿔먹다"，用的是下位范畴词"엿 麦芽糖"，如(11)，汉语一般说"换糖吃"，用的是上位范畴词"糖"。

(11) 그리고 이것 내가 엿을 바꿔먹든 봄이한테 전해주든 알

아서 할테니까.《우리집 꿀단지, 22회》另外，这个我

是拿着换糖吃，还是转给春儿，我自己看着办。

中韩两国人都用味道来比喻人际关系，但汉语用上义词"味"，如"人情味"，韩国语用下义词"건건찝찔하다 有点咸味"(详见第二章"2.3.6")。

第四，与经济有关的例子。例如，汉语有"物以稀为贵，物以多为贱"，用的是上位范畴词"物"与表示价值的形容词"贵、贱"。相反，韩国语一般多用"흉년의 곡식이다"，这里出现的"凶年的粮食"是"物"的下位范畴词。

汉语有"行贿"，"贿"本来指财物，是上位范畴词。在表达类似意义时，韩国语用下位范畴词"기름 油"，如"기름을 치다"或"기름칠(一漆)"都比喻行贿。

第五，与宗教语言有关的例子。例如，与佛教有关，韩国语有俗语"부처님 가운데[허리] 토막"，意思是就像大慈大悲的佛祖的腹部一样没有任何阴险，无奸诈之心，指太过于仁慈善良的人。韩国语用的是"부처님 가운데"，即佛祖的腰身，是下位范畴词，而汉语一般用"老佛爷"，是上位范畴词。

10.4 等位范畴词的不同

在表达某一概念时，有时韩国语里用某物作比喻，相反，汉语却用其他事物。反过来，汉语用某物作比喻时，韩国语里却用其他事物。但两者并不是完全不同，因为大部分情况下，中韩两种文化里所涉及的事物都是等位范畴词，也就是说两者是同一层位范畴词，拥有同一上位范畴。

10.4.1 人体语言

人体是上位范畴，其下位范畴有头、脸、眼、耳、口、牙、鼻、颈、胸、背、肩、臂、腰、腹、腿、膝、手、脚、骨以及排泄物、魂魄等。汉韩两种语言虽然都喜欢用人体语言来表达抽象意义，但具体会使用哪一个或哪几个下位范畴词有时会出现不同。

韩国语经常利用脖子来作比喻，如表1所示：

[表1] 与"脖子"有关的表达

	惯用语	意义	对应汉语
1	목에 칼이 들어와도	比喻不管发生什么事都要坚持下去。	脖子上架着刀
2	목을 걸다	比喻拼死、冒死也要做某事。	提着脑袋做
3	목이 붙어 있다	比喻还活着；勉强保住某个职位。	保住小命/脑袋
4	목이 간들거리다	比喻遇到紧急关头；将要被从职场中解雇。	
5	목이 달랑달랑하다	比喻快要被从某种地位上挤下来。	
6	목이 날아가다[달아나다]		掉脑袋、脑袋搬家、人头落地
7	모가지가 날아가다	比喻被杀或被解雇。	
8	목(이) 잘리다		
9	모가지(가) 잘리다		
10	목이 떨어지다	比喻被杀或被从某种职位上赶下来。	
11	모가지가 떨어지다		
12	목(을) 베다/자르다/떼다[따다]/치다/파다	比喻杀人或解雇人。	拿掉吃饭的家伙、解雇
13	모가지를 자르다/치다/날리다		

如上，韩国语这些惯用语都与脖子有关，其中惯用语1、2表示下决心，其中惯用语1与汉语"即使脖子上架着刀"对应。惯用语

2对应的汉语是"提着脑袋"。惯用语3-13现在多比喻职场现象，其中惯用语3对应汉语"保住小命"或"保住脑袋"，惯用语4-11对应汉语"掉脑袋、脑袋搬家"或"人头落地"，惯用语12、13是动宾结构，对应的汉语是"拿掉吃饭的家伙"或"解雇"。除了惯用语1，汉语在表达同类概念时几乎不用与脖子有关的表达，如果用肢体语言表达，用的最多的是与"脑袋"有关的表达，其次是"人头"，或者用"小命"。从概念范畴来看，韩国语的"脖子"与汉语的"脑袋、人头"是等位范畴词。

再看其他一些例子。例如，比喻使激动或紧张的心情平静下来时，韩国语用"머리(를) 식다"，汉语多用"散心"。韩国语还有"잔머리"，如"잔머리는 잘 돌아가지고"对应的汉语是"耍/动心眼"，也可以用"耍小聪明"。两类与人体有关的表达中，韩国语用的都是"头"，汉语用的都是"心"或组合结构的"心眼"，而"头"与"心、心眼"属于等位范畴词。

与面部器官有关，比喻泰然自若时，韩国语有"눈썹도 까딱하지 않다"，汉语用"眉头都不皱一下"，"眉毛"与"眉头"是等位范畴词。

比喻非常近或时间紧急时，韩国语经常用的是"코앞에 닥치다""턱 앞에 왔다"，分别与"鼻子、下巴颏"有关。汉语多用"近在眉睫、火烧眉毛、到眼前了、到屁股后头了"等，分别与"眉、眼、屁股"等有关。韩国语的"鼻子、下巴颏"与汉语的"眉(毛)、眼、屁股"等都属于等位范畴词。

比喻吃了亏不让别人知道或失败了还要充好汉时，韩国语用"코 떼어 주머니에 넣다"意思是把鼻子摘下来放在口袋里，汉语用"打掉牙齿和血吞"，两种语言分别用了"鼻子"与"牙齿"两个不同的人体器官，两者属于等位范畴词。

10.4.2 地理环境语言

汉韩两种语言都用地理环境语言比喻不分事理，韩国语用的是
"천지분간 못하다"，意思是分不清天地，汉语用的是"分不清东西
南北"，两种语言所涉及的都是最基本的空间等位范畴词"天地"与
"东西南北"。

汉韩两种语言都喜欢用风或水作比喻，如韩国语"광풍(狂
風)"可以比喻突然发生的可怕气势，如"공업화의 광풍"，汉语用
是与水有关的"工业化大潮"，"水"与"风"是等位范畴词。

汉韩两种语言都用矿物来比喻人吝啬，汉语有"铁公鸡"，韩国
语有"구리귀신(--鬼神)、동신(銅神)"，汉语与"铁"有关，韩国
语与"铜"有关，"铁"与"铜"是等位范畴词。

10.4.3 动植物语言

同样是用虫来比喻衣料轻薄、透明，韩国语用"잠자리 날개
같다"，是用蜻蜓作比喻，汉语用"薄若蝉翼"，是用蝉作比喻。表
示女人穿得漂亮时，韩国语里用"잠자리 나는 듯 就像蜻蜓飞"，
而汉语多用"穿得像花蝴蝶一样"。同样是用动物的脸来比喻人脸
很长，但韩国语用"말상(-相)"，即"马脸"，汉语却用"驴脸"。
这些表达中出现的"蜻蜓"与"蝉"、"蜻蜓"与"蝴蝶"、"马"与
"驴"都是等位范畴词。

比喻客人少、生意不好时，韩国语用与苍蝇有关的"파리 날리
는 날이 많다"或"파리 날리게 생겼다"，汉语一般用与鸟雀有关
的"门可罗雀"，"苍蝇"与"雀"是等位范畴词。

比喻一点一点地吃的样子时，韩国语用"쥐 소금 먹듯"，汉语

用"蚕食",两种语言所涉及的动物分别是"老鼠"与"蚕",两者是等位范畴词。

比喻小东西并不见得影响小时,韩国语有很多俗语,如(12)所示,分别用"鳉鱼、泥鳅"等来比喻一个不起眼的消极性行为会给整个集体带来很坏的影响,汉语用"一粒老鼠屎坏一锅汤",韩国语俗语中出现的"鳉鱼、泥鳅"与汉语俗语中出现的"老鼠"是等位范畴词。反过来,形容陆续进入时,汉语用"鱼贯而入、鱼贯而出",而韩国语用"쥐가 쥐 꼬리를 물고",即鼠尾相连,两个表达中出现的"鱼"与"老鼠"是等位范畴词。

(12) a. 송사리 한 마리가 온 강물을 흐린다.

b. 미꾸라지 한 마리가 온 웅덩이를 흐려 놓는다.

c. 미꾸라지 한 마리가 한강 물을 다 흐리게 한다.

再看与植物有关的例子,汉语有"烫手的山芋",这里的山芋指白薯,韩国语一般用"감자"形成"뜨거운 감자"结构。"山芋"与"土豆"是等位范畴词,并且从形态上具有很高的相似性。

10.4.4 建筑语言

汉韩两种语言里都用建筑用语来比喻进行对话,韩国语有惯用语"대화의 문을 열다 打开对话之门",汉语对应的是"打开对话之窗",虽然都与房屋结构有关,但一个用"门",一个用"窗",两者是等位范畴词。

比喻在一起时,韩国语用"한 지붕 아래 在一个屋顶下",汉

语用"在一个屋檐下","屋顶"与"屋檐"是等位范畴词。

10.4.5 交通语言

汉韩两种语言都用交通用语——车来比喻数量多,但韩国语用外来语"트럭",即货车,在话语交际中常用来比喻数量多,如(13)。汉语有时也用"车"来比喻多,如(14),这里的车指的是古代的畜力车。韩国语的"货车"与汉语的"畜力车"是等位范畴词。

(13) 너같은 애 백 트럭 아니 천 트럭 갖다 줘도 내 남편이랑
     안 바꿔.《내조의 여왕, 6회》你这样的人就是拉一百卡
     车,不对,就是拉一千卡车来,也没法和我老公比。
(14) a. 惠施多方,其书五车。《庄子·天下》
     b. ……也夸宝玉,又是怎样孝敬,又是怎样知好歹,
        有的没的说了两车话(《红楼梦》三十七回)

10.4.6 饮食语言

汉韩两种语言都喜欢用饮食器具或厨房用品作比喻,上位范畴相同,但所涉及到的具体事物也就是说下位范畴不同。具体而言,比喻炎热时,汉语用"热得像蒸笼",韩国语用"가마솥 더위","蒸笼"与"铁锅"都是厨具,是等位范畴词。比喻职业时,汉语用"饭碗、铁饭碗",韩国语用"밥통、철밥통","饭碗"与"饭锅"也是厨具中的等位范畴词。

汉韩两种语言还用厨房用品比喻做饭、比喻女性,其中,做

饭或者在厨房里韩国语称作"솥뚜껑 운전",而汉语多用"围着锅台转"。女性韩国语称作"솥뚜껑 운전수",指管理饭锅的人。汉语一些方言里称呼女性时多用"守灶门的、掌锅铲把的、跳锅边舞的"(邢福义 2000:347)。韩国语表达中涉及的事物是"锅盖",汉语表达中涉及的事物是"锅台、锅边、锅铲把、灶门"等,与"锅盖"是等位范畴词。

汉韩两种语言还都用食物来比喻自作多情,如韩国语用"김칫국부터 마신다",如(15),汉语多用"吃自助餐","泡菜汤"与"自助餐"也可看作是等位范畴词,因为两者的上位范畴分别是韩国传统饮食与西方饮食。

> (15) 뭐래? 아주 착각병에 김칫국 한 사발이구만.《내딸 금
> 사월, 19회》说什么呢?你完全是个妄想狂,是给自己
> "吃自助餐"呢。

10.4.7 农业语言

前面提到韩国语用"방목하다"来比喻粗放式教育,汉语用"粗放",这里的"粗放"指农业上的粗耕粗种,那么与韩国语的"放牧"就形成了等位范畴词。

综上所述,一个词语或表达发生比喻引申除了与词语本身的特点、联想意义有关外,还深受文化和思维的影响,因为人类面对同一个事物或事件时,必然会按照自己的文化和思维去进行观察、选择,然后再进行抽象。汉韩两种语言在表达同一概念时所涉及的具

体事物的上位范畴相同，但具体事物并不相同，而是属于等位范畴词。这具有文化共性。

大部分语言里经常出现用同一语义范畴的事物作比喻的现象，之所以出现这种现象，是因为同一语义范畴下，事物的特征之间更容易找到相似性或相关性，只不过在下位语义范畴中所被具体借用的事物可能会出现不同，也就是说在细微之处产生差异。这也反映了人类认知所具有的互通的一面。

10.5 事物相同，特点、部分或动作状态不同

此类型指的是汉韩两种文化在作比喻时都涉及同一事物，但具体所涉及的事物特点、构成部分或动作状态等不同。

10.5.1 人体语言

中韩两国人都用嘴的状态来比喻人说话，但具体到哪种状态有时会出现差异。例如，乱说话韩国语用"입이 가볍다、입이 싸다"，即嘴很轻、很贱，汉语也有"嘴很贱、轻言肆口"，此时两者基本对应。但相反意义的韩国语为"입이 무겁다 嘴很重"，但汉语一般用"嘴很严"，而不用"嘴很重"。

比喻事情不如意心里难受、生气时，汉语有"把鼻子气歪了"，韩国语用"콧등(이) 붓다"，意思是鼻梁肿了。虽然都是用鼻子的状态来作比喻，但汉语用的是"歪了"，韩国语用的是"肿了"。

10.5.2 地理环境语言

韩国语里表示有财运时有俗语"재수가 불 일 듯하다/불붙었다",对应的汉语是"生意红红火火",韩国语用的是实物"불 火"及相应的动作"일다/붙다",汉语用的是与火的颜色有关的形容词"红红火火",如果再继续分析的话,那么这个词是"火"与形容词"红"的组合。

韩国语还有俗语"재수가 물밀 듯하다",汉语对应的是"财源滚滚",韩国语用的是实物"물 水"以及相应的动作"밀 듯하다推",汉语用的是与水有关的"(财)源"和动作"滚滚"。

10.5.3 动物语言

韩国语有俗语"알로 깠느냐",意为你是卵生的吗?比喻人不太灵光。韩国语还有名词"새대가리",也比喻人很笨。两种表达分别用的是鸟类卵生的特点与鸟头的大小。汉语没有俗语,但有词语"鸟人",也比喻人不太灵光。也就是说,汉韩两种语言所涉及的事物都是鸟,但韩国语涉的是部分特点,而汉语涉的是整体概念。

10.5.4 植物语言

树长大后会形成树荫,给人乘凉,所以汉语有"大树底下好乘凉",也有"封妻荫子",这里的"荫"指封建时代由于父祖有功而给予子孙入学或任官的权利,韩国语也有"나무가 커야 그림자도 크다",意思是树大了,树荫才大,比喻身居高位的优秀人才的影响

或作用更大。汉韩两种语言所表达的思想相同，都与大树有关，但汉语用了"乘凉"这一动作，而韩国语用了"影子大"这一状态描写。

10.5.5 服饰语言

中韩两国人都用裤子作比喻，韩国语里的"바지 사장 裤子老板"指傀儡老板，反映的是后台老板与傀儡老板的勾结，与汉语"穿一条裤子"表示勾结一致。韩国语还有"바지까지 벗어주다"，反映的是把最后的遮羞之物脱给对方表示支持，这与汉语"当裤子、卖裤子"来比喻倾其所有的语义理据相同，说明中韩两国对裤子的认识和比喻思想是相同的，但表现为语言形式时出现了不同，前一组表达中，韩国语表现为名词短语，汉语表现为动词短语；后一组表达中，汉韩两种语言的不同表现为具体动词的不同。

10.5.6 出行语言

比喻起主导、核心作用时，汉韩两种语言都用与出行相关的动作，但具体的动作以及涉及的交通工具的构成并不相同。其中，汉语一般多用"掌控方向盘"，这与现代汽车有关。韩国语则有两种表达，一类与汽车有关，多用"운전석에 앉다"，因为坐在司机位置上的人将会掌控整个车行方向；一类与非动力车或轿子有关，掌控这两类交通工具行走方向的是车把或轿杆，因此韩国语有了惯用语"채를 잡다"。

10.5.7 建筑语言

汉韩两种语言都用与门有关的表达来转喻人，其中韩国语"문고리(門--)"指门环或者门鼻，与此相关有"문고리 3인방、문고리 세력"，是用门环或门鼻来转喻人。在中国过去，如果要想拜访主人，首先要贿赂把门的门房，他才会去通报自己的主人，这些人地位很低但却有一定的权力。"门房"本是处所用语，现在多用来转喻人。当然汉语也用"把门狗"来表达。也就是说，在转喻人时，韩国语用的是门的构成部分，汉语用的是与门有关的其他空间事物。

10.5.8 经济语言

韩国语有"도매금(都賣金)"，多用于"도매금으로"形式，比喻不管各自的差异而将大家都看作一类，在表达此类意义时，汉语有时用"一路货色"，具有贬义。"도매금"与"一路货色"都是用经济语言来比喻事物或人，前者是用价格，而后者用的是货色。

10.5.9 语言符号

文字是书写出来的，其中"획(劃)"指写字或画画时用笔写出的一个横杠或点。"획"用于惯用语"큰 획을 긋다、한 획을 긋다"，比喻业绩斐然或者有重大意义，是用笔划的大小来作比喻，汉语里类似的有"划下重重的一笔"，是用笔划的轻重来作比喻。

10.6 事物相同，数量不同

有时汉韩两种语言虽然都用同一事物来表达相似的意义，但出现的数量词并不相同。

与人体有关，例如，表示人手时，韩国语用"손"，如(16)，韩国语没有出现数量词，但汉语多用"一手"。

(16) 나는 할머니의 손에서 자랐다. 我是奶奶一手看大/带大
的。

汉韩两种语言都用手来比喻掩盖某种事实，韩国语用俗语"손바닥으로 하늘 가리기"，没有出现数量词，汉语用"一手遮天"或"只手遮天"，出现了表示数量的"一"或"只"，这种结构一是为了强调用一只手，二是为了形成四字格的韵律需要。

汉韩两种语言都用手来描述偷盗的人，其中韩国语用"외손"，还有派生词"외손질"，指只用一只手干的事情，也指扒手，之所以产生这个意义，是因为通常情况下小偷都是用一只手作掩护，一只手实施犯罪。但汉语用"三只手"，意思是多出来的一只干坏事的手。

汉韩两种语言还用口水作比喻，如韩国语"침(을) 흘리다"比喻非常想吃，也比喻非常艳羡，想据为己有。"군침 흘리다"也比喻眼馋。韩国语的这两种表达都没有出现数量词。汉语一般用"垂涎三尺"，出现了具体的数字"三尺"。

与古代出行有关，韩国语有"쌍두마차(雙頭馬車)"，现在比喻作为某个领域中坚力量的两个人或事物。相反，汉语多以"三驾马车"来比喻起重要作用的人或事物，有时也用"三套马车"，与"两"结合的"两驾马车、两套马车"出现较少。

与武器有关，汉韩两种语言都用刀来比喻危险的东西，其中韩国语有惯用语"칼을 품다"，比喻有杀意，如(17)，韩国语里出现了表示数量的"여러"。汉语有"心里藏刀"，没有出现数量词，如果使用数量词，一般也很少用"心里藏着几把刀"这种过于具体的表达，所以意译成"心里有无数仇恨"更符合汉语的表达习惯，但出现的是数量词"无数"。

(17) 가슴에 여러 칼을 품었다. 心里有无数仇恨。

前面已经提到韩国语惯用语"철퇴를 가하다[내리다]"比喻给予严厉的处罚或打击，如(18)。汉语"铁槌"用的很少，处罚意义一般多用"重锤"，并且汉语多用四字格"一记重锤"，出现了数量"一"，而韩国语没有出现数量词。

(18) 뇌물을 받은 공무원들에게 철퇴를 가하다. 给受贿的公务员一记重锤。

与经济语言有关，汉韩两种语言都用币值小的钱来比喻没有价值，但韩国语多用"십 원"，如(19)，而汉语多用"一分钱"或"一毛钱"。韩国语还有俗语"싸라기 쌀 한 말에 칠 푼 오 리라도 오리 없어 못 먹더라"，意思是一斗碎米即使只有7分5厘钱，但缺那5厘钱，就吃不上，比喻不管多么少的钱都要珍惜。汉语多用"一分钱难倒英雄汉"。两种语言都出现了数量词，但具体的数量不同。

(19) a. 나 당신한테 십 원 한 장 줄 생각 없는데.《비켜라 운명아, 65회》我一分钱也不想给你。

b.가만 보면 언니 입이 나보다 더 싸. 아예 십 원짜리
　야.《당신은 선물, 2회》这样看来，嫂子你的嘴比我
　还贱，简直不值一毛钱。

　　与孝道有关，韩国语有俗语"삼 년 구병에 불효 난다"，出现
了数量词"3年"，汉语一般用"久病床前无孝子"，没有出现具体的
数字，只出现了表示时间长的"久"。

10.7 部分事物相同

　　此类型指的是汉韩两种语言的相关表达中有的可能涉及多个事
物，但另外一种语言可能只涉及一部分事物。分为两种类型，第一
种类型，韩国语不是对称结构，但汉语多用对称结构；第二种类型，
韩国语也是对称结构，但所涉及的多种事物中只有一种或两种与汉
语相同。

10.7.1 韩国语不是对称结构

　　首先看身体语言。汉韩两种语言都喜欢用人体部位作比喻。例
如，比喻有偷盗习惯的人时，汉语一般说"手脚不干净"，用了两
个身体部位"手、脚"，但韩国语用"손버릇 나쁘다/사납다/고약
하다/있다/가지다"等来表达，只用了"手"。比喻干活快慢时，汉
语用"手脚麻利"，韩国语可以用"手"比喻干活快慢，如"손(이)
빠르다、손(이) 뜨다"；也可以用"脚"来比喻，如"발(이) 빠르

多"。韩国语虽然有"손발",但多指具体的手脚或者比喻任由自己使唤的人,与汉语"手脚麻利"的意义不同。当然,汉语里有时也用"眼明手快",出现了"手",没有出现"脚"。

韩国语还有"손에 놀아나다",如"장사꾼의 손에 놀아나다 被商贩玩得团团转/被商贩玩弄于股掌之间",韩国语只出现了"손",汉语多用"股掌",出现了两种人体器官"大腿、手掌"。

中韩两国人都具有"肚子是思想工具"这一认知,韩国语有俗语"배꼽에 어루쇠를 붙인 것 같다",意思是就像肚脐眼上放了面镜子一样看得非常清楚,比喻眼力好、明事理,对别人的心事洞若观火。汉语有"心知肚明",同时利用了"心"和"肚"两种器官。

第二,动物语言。例如,同样是用虫作比喻,韩国语有与苍蝇有关的"파리가 낙상할 정도로"比喻干净。山东诸城方言里也用"跌死苍蝇,摔倒跳蚤"来比喻很光滑、干净。汉语涉及"苍蝇"与"跳蚤"两种动物,韩国语只涉及"苍蝇"。

前面所分析的韩国语都只出现了一种事物,有时韩国语也可以出现两种事物。

中韩两种文化都用不怕虎来比喻人大胆,汉语用"初生牛犊不怕虎",韩国语用"하룻강아지 범 무서운 줄 모른다 出生小狗不怕虎",或者用"바닷가 개는 호랑이 무서운 줄 모른다 海边狗不怕虎",汉语里虎的对立面用的是"牛犊",而韩国语用的是"狗"。

韩国语还有俗语"까마귀가 까치 집을 뺏는다",意为鹊巢鸦占,汉语则有"鹊巢鸠占",共同出现的是"鹊",韩国语另外出现的是"乌鸦",汉语里另外出现的是"鸠"。

汉语有对称结构的俗语"小时偷针,大时偷金",出现了两种事物"针"与"金"。韩国语与此相关有两种表达,其中"바늘 도둑이 소도둑 된다"出现了两种事物,分别是"针"与"牛",与汉语一致

的是"针"，不一致的是汉语用了"金"，韩国语用了"牛"。此外，韩国语还有"바늘 쌈지[상자]에서 도둑이 난다"，只出现了一种事物"针"。

第三，地理环境语言。汉语经常出现"天"与"地"并用的现象，如"天崩地裂、天崩地坼、天崩地塌"等，但韩国语一般多用"하늘"的有关表达，如"하늘이 두 쪽(이) 나도""하늘이 무너져도 솟아날 구멍이 있다"，都只用了"하늘"，没有出现"땅"。汉语还有"不知天高地厚"，"天、地"同时出现，韩国语"하늘 높을 줄 몰라"中只出现了"하늘"。

有时韩国语虽然天地同时出现，但表达的意义与汉语不同。例如，韩国语有"하늘 높은 줄만 알고 땅 넓은 줄은 모른다"，字面意义为只知道天高不知地厚，用来嘲笑光长了大个子但非常瘦的人；"하늘 높은 줄은 모르고 땅 넓은 줄만 안다"字面意义为不知天高只知地厚"，用来嘲笑胖胖的小矮子。这两个俗语里虽然"하늘"与"땅"都成对出现了，但是与汉语的结构和意义都不同。

汉韩两种语言都用火作比喻，其中韩国语"불질"可比喻放枪、放炮，多用于打击别人。汉语有时用"开炮"，如果用"点火"，一般用"煽风点火"，比韩国语多出了"扇风"。韩国语还有惯用语"불꽃(이) 튀다"比喻竞争非常激烈，如(20)，汉语用"如火如荼"，不仅出现了"火"，还出现了"荼"，指茅草的白花。

(20) 불꽃 튀는 경쟁을 치르다. 展开了如火如荼的竞争。

汉韩两种语言都用风作比喻，韩国语有"바람 맞다"指被风吹，被风吹的感觉一般不太舒服，所以常用来比喻困苦。汉语一般用"风吹日晒"，不仅出现了"风"，还出现了"太阳"。

汉韩两种语言都用水作比喻，其中韩国语有惯用语"물 흐르듯"，比喻顺畅，如(21)，汉语多用"行云流水"，不仅出现了"水"，还出现了"云"。

(21) 배우들은 일인다역을 물 흐르듯 소화했다.《동아일보, 2018.01.12》演员们一人多个角色，饰演得如行云流水。

第四，与食物有关。汉韩都用酒来比喻朋友，韩国语有"술친구"，只出现了"酒"，汉语虽然有"酒友"，但也有"酒肉朋友"，还出现了"肉"。

第五，与学习有关。例如，比喻不管什么要想记住的话必须用笔记下来时，韩国语有俗语"총명이 둔필만 못하다"，相当于汉语的"好脑瓜不如烂笔头"，一致的事物是"烂笔头"，不同的是韩国语形容词性名词"총명"对应的汉语是定中结构的名词词组"好脑瓜"。

10.7.2 韩国语是对称结构

此类型指的是汉韩两种语言都是对称结构，但有时只有一种事物是共同出现的。

例如，同样是用家畜来比喻，韩国语有俗语"내 말이 좋으니 네 말이 좋으니 하여도 달려 보아야 안다"，这个俗语是部分对称，仅涉及一种动物"马"，只不过是区分了"你的马"还是"我的马"。汉语类似的有"是骡子是马拉出来遛遛"，涉及了两种动物，

分别是"马"和"骡子"。

韩国语还经常拿狗与牛一起来作比喻，如"개나 소나"，而汉语一般是将狗与猫联系起来，如"阿狗阿猫、狗呀猫的"，与韩国语共同出现的动物是"狗"。

同样是用鸟类来作比喻，韩国语有俗语"뭇 닭 속의 봉황이요 새 중의 학 두루미다"，意思是鸡群里的凤凰，鸟群里的鹤，出现了一个上位范畴词"鸟"，还出现了三个下位范畴词"鸡、凤凰、鹤"。汉语类似的是"鹤立鸡群"，只出现了两种动物"鹤、鸡"。

同样是用鱼类来比喻弱肉强食，韩国语用"큰 고기는 중간 고기를 먹고 중간 고기는 작은 고기를 먹는다"，意思是大鱼吃中鱼，中鱼吃小鱼，只出现了"鱼"，只不过区分了大小而已。汉语有"大鱼吃小鱼，小鱼吃虾米"，出现了"大鱼、小鱼、虾米"三种动物。

韩国语还有对称结构的"쌀은 쏟고 주워도 말은 하고 못 줍는다"，出现了大米与话语，汉语多用"说出去的话，泼出去的水"，与韩国语相同的事物是"话语"，不同的是汉语里还出现了"水"，而不是韩国语的"大米"。

同样是用动物或事物来转喻不再战争，韩国语有对称结构的汉字词"귀마방우(歸馬放牛)"，意思是把牛马都放了。汉语一般用"放马归山"，不是对称结构，但与韩国语汉字词都有共同的事物"马"。

再看一组例子。如(22)，从这些俗语里可以发现，韩国语里的老虎与兔子经常一起出现。但汉语里兔子一般不与老虎发生关系，而是多用"山中无老虎，猴子称大王"，因为在中国文化里，猴子是聪明的象征。

(22) a. 호랑이 없는 산중에 토끼가 선생

b. 범 없는 골에 토끼가 스승이라

c. 호랑이 없는 골에 토끼가 왕 노릇 한다.

10.7.3 复杂类型

汉韩两种语言都有与"泼出去的水"有关的比喻，汉语一般不单独使用，有时与话语结合形成对称结构的"说出去的话，泼出去的水"，比喻要慎言。汉语有时还形成"嫁出去的女儿，泼出去的水"，意思是女儿出嫁之后就不得过问娘家的事情了。韩国语也有泼出去的水，有对称结构的"쏘아 놓은 화살이요 엎지른 물이다"，意为"射出去的箭、泼出去的水"。前面的小句出现了"射出去的箭"，与汉语表达出现了不同。

汉语还可以形成歇后语形式的"泼出去的水——收不回"以及成语"覆水难收"，韩国语有"한번 엎지른 물은 다시 담지 못한다"，但韩国语里还有可以独立使用的"엎어진 물""엎지른 물""쏟아진 물"等三种形式，着眼于收不回来，比喻事情无法挽回，如(23)。

(23) 엎어진 물은 엎지른 사람이 주워담아야지. 제대로 용서받아오기 전까진 니 얼굴 다시 볼 생각 없다.《내딸 금사월, 17회》水是谁倒出去谁来收拾。在你得到她的原谅之前，你别想再见到我。

10.8 事件和事物相同，具体性和抽象性不同

有时汉韩两种语言虽然表达的事件以及所涉及的事物相同，但在语言表达上不同，有的是抽象表达，有的是具象化表达，主要可以分为四种类型。

10.8.1 具体:抽象

此类型一般表现为韩国语是具体动作，汉语是抽象表达。例如，表示奉献意义时，汉语虽然有诗句"青山处处埋忠骨，何须马革裹尸还"，但在日常生活语言中很少用"埋忠骨"等太过具体化的表达，而是多用"干到死"或"奉献终身"等相对抽象的表达。相反，韩国语里有惯用语"뼈를 묻다"，是用把骨头埋在哪里来比喻为单位或组织奉献终生，如(24)。

> (24) a. 할 거예요. 해서 윤가식품에서 뼈 묻을 거예요.《빛나리 은수, 48회》我会做的，我要做好，然后在尹家食品干到死。
>
> b. 성북동에서 뼈를 묻지. 왜 돌아왔냐?《불야성, 8회》你怎么不在城北洞奉献终身啊？怎么回来了？

比喻下场悲惨时，汉语可用"死无葬身之地"，是用无法收拾后事来作比喻，出现了上位范畴词"身"，这是一种比较抽象的表达。韩国语一般用"뼈도 못 추리다"，字面意义是无法收拾自己的尸骨，如(25)。汉韩两种语言的表达形式是一致的，因为汉语的"后事"与"尸骨"有关，但韩国语出现了具体的下位范畴词"尸骨"，

因此比汉语更加具体。

(25) 너 두 번 다시 내 딸 만나다가는 뼈도 못 추릴 줄 알아! 《최고의 연인, 68회》你要再见我女儿一次，我就让你死无葬身之地！

10.8.2 具体事物:状态词

此类型多表现为韩国语用具体事物，汉语用状态词。例如，比喻挨揍时，韩国语用俗语"넙치가 되도록 얻어맞다[맞다]"，因为牙鲆鱼的特点是非常扁，所以比喻被揍扁了。韩国语用形态扁平的牙鲆鱼作比喻，而汉语用的是形容词"扁"，是对具体形象的描述，而韩国语用的是具体事物所具有的隐含的比喻意义，比汉语更加具体。

韩国语有俗语"시렁 눈 부채 손"，因为放东西的沥水板一般都放在高处，所以"시렁 눈"意思是眼眶子高，"부채 손"意思是就像打开的扇子那样张开的手，而张开的手是无法工作的，所以俗语比喻眼眶子高但手却很笨，所以无法成事(최창렬 1999:323)，汉语一般用"眼高手低"。"시렁"与"부채"是具体事物，但汉语"高、低"是状态形容词。

10.8.3 具体事物+具体动作:方位词+抽象动作

此类型表现为韩国语用具体事物与具体动作，汉语用方向词与抽象动作。例如，韩国语有俗语"문 열고 보나 문 닫고 보나 보기는

313

一般、문틈으로 보나 열고 보나 보기는 일반", 指不管怎样看都是一样的, 出现了具体的事物 "문 门" 与 "문틈 门缝", 还出现了具体的动词词组 "열고 보다", 而汉语里多用 "左看右看都一样", 没有出现具体事物, 只出现了方位词 "左、右" 和单音节动词 "看", 相对于韩国语的动词词组来看, 汉语 "看" 的具体性要弱很多。

10.8.4 动作:解释+动作

此类型一般表现为韩国语只出现了相关事物的动作, 而汉语还出现了解释性的内容。根据汉语解释性内容的不同, 可分为五种类型。

第一种类型是汉语需要出现动作对象, 而韩国语只出现动作。例如, 韩国语里可直接用动词 "뻗다" 来表达死亡, 如(26), 汉语一般需要出现宾语 "腿", 形成 "伸腿[01]了、蹬腿了", 在口语里多表示死亡, 这也是对生活的观察所致, 因为人在弥留之际会不断蹬腿, 最后会伸直双腿而死。

(26) 그는 한 대 맞고 나가떨어지더니 그대로 뻗어 버렸다.
　　 他被打了一下就摔出去了, 然后就蹬了腿。

第二种类型是汉语需要出现表达心理感情或状态的词语, 韩国语只出现动词或词组。例如, 韩国语有惯用语 "불꽃(이) 튀다", 可比喻眼里冒火, 没有出现抽象的感情词, 如(27), 汉语用 "怒火中烧", 其中 "怒" 是对感情的解释。类似的还有惯用语 "굴레 벗은

01　当然有时 "伸腿" 也表示介入, 如 "哪里有油水, 他就往哪里伸腿（网络）"。

말[망아지/송아지]"比喻摆脱束缚，没有出现感情词，如(28)，汉语需要在前面添加表示心情的"高兴得"。

（27）그는 화가 머리끝까지 올라 눈에서 불꽃이 튀었다. 他火冒三丈，眼里怒火中烧。

（28）그는 경찰서에서 풀려나오자 굴레 벗은 말이 된 듯한 기분이었다. 从警察局放出来之后，他的心情高兴得就像脱了缰的野马。

韩国语里还有惯用语"허리가 휘다[휘어지다]"与"허리가 휘청거리다[휘청하다]"比喻因难以承受的事情而疲于应付。汉语一般需要在前面添加解释性的"累"，形成"累弯了腰"或"累得直不起腰"结构。

韩国语还有与骨头有关的"뼈(가) 빠지게、뼈가 휘도록"都是用骨头都断了、弯了来比喻长时间忍受着肉体的苦痛来干非常困难的事情。类似的还有"뼈가 녹다[녹아나다]"意思是骨头散架了，指因困难或艰难的事情而受苦。这类表达在汉语里一般不用骨头来表达，而是多用"腰累得直不起来、累得腰都直不起来"，或者用不出现具体身体部位的"累死累活、累得都散架了"。

第三种类型是汉语不仅需要出现动作的宾语，还需要出现表达感情或状态的词语，韩国语只出现动作。

例如，表示极度高兴时，韩国语有与肚子有关的"배를 잡다"或与肚脐有关的"배꼽(을) 빼다、배꼽(이) 빠지다、배꼽(을) 쥐다[잡다]"，虽然有时后面也可以出现与笑有关的动词，如(29a)。但是很多情况下并不出现动词，如(29b-d)。

韩国语还有与腰有关的"허리를 잡다""허리를 쥐고 웃

다""허리가 부러지다""허리가 끊어지다"等。除固有词外，韩国语还有汉字词"봉복절도、포복절도하다(抱腹絶倒--)、포복(抱腹)、절도(絶倒)、요절(腰絶)"等。

如上，韩国语的这些表达中都极少出现与笑有关的内容。汉语多用"捧腹大笑"或"笑弯了腰、笑得直不起腰"，出现了两个身体部位"腹"和"腰"，并且都出现了动词"笑"，也就是说"捧腹"和"直不起腰"等所起的都是修饰作用，核心在"笑"之上，这与韩国语用身体语言表达"笑"不同。

(29) a. 내가 이테리어를 배운다고 언닌 아침 배를 잡고 웃었지?《미녀 공심이, 1회》听说我学意大利语，姐姐你早上捂着肚子笑我了，对吧？

　　 b. 그 행동이 어찌나 우스운지 배꼽을 뺐다. 他的行动不知道有多可笑，让大家都笑喷了。

　　 c. 그 얘기를 듣자 모두 배꼽을 쥐었다. 听了他的话，大家都大笑起来/不禁捧腹大笑。

　　 d. 배꼽이 빠지게 우스운 이야기 让人笑得直不起腰的可笑故事

第四种类型是汉语需要出现动作的结果或目的，而韩国语只出现动作与对象。例如，韩国语有俗语"섶을 지고 불로 들어가려 한다"，嘲笑做事不分轻重、胡乱行动，从俗语构成来看，出现了具体的动作以及具体事物"섶"与"불"，汉语一般用"引火上身"，出现了具体事物"火"，同时出现了动作的后果"引……上身"。

韩国人在表示互相加油鼓劲时经常使用互拍手掌的身体语言，因此有了惯用语"손바닥을 맞추다"比喻志同道合，但是惯用语本身

没有出现目的，相反，汉语多用"击掌为誓"，其中"为誓"是目的。

　　比喻放任不管时，韩国语经常用"두 손 놓고 있다"，虽然也有汉字词"좌시2(坐视)"，但语用频率不高。汉语一般用"撒手不管、坐视不管"。也就是说，韩国语用局部手的动作来比喻人的心理，而汉语用撒手或者坐着看这种整体行为动作来比喻人的心理。并且，汉语出现了表示目的意义的"不管"，语义更明确。

　　韩国语有惯用语"귀를 씻다"，指将听到世俗污秽之言的耳朵清洗一下，意为离开世俗名利，清廉地生活，汉语多用"耳朵清静、六根清净"。因为汉语里动词结构的"洗耳朵"后面多添加表示目的的"恭听"，形成成语"洗耳恭听"，因此语义与韩国语正好相反。

　　第五，汉语需要出现对事态的关注点与比喻意义，韩国语只出现事态描述。此类型代表性的就是汉语的歇后语，歇后语分为两部分，前面一部分是对事态的描述，后面一部分是解释，如"麻雀飞到旗杆上——鸟不大，架子倒不小"，因为有后面一部分出现，所以歇后语的语义非常明确。韩国语里一般只出现前面的部分，所以语义非常模糊，如俗语"전기줄에 앉은 참새"，其具体表达的意义需要放在具体语境里才能实现，如(30)，比喻让人担心。

(30) 니들은 어떻게 단번에 수월하게 넘어가는 게 없냐? 전기줄에 앉은 참새 마냥 아슬아슬해 죽겠다.《월계수 양복점 신사들, 47회》你们两个怎么没有一件事是一下子、顺顺当当过去的啊？看着你们就像看着站在电线上的麻雀一样，担心死了。

10.9 事件相同，具体动作或事物不同

事件相同指的是借助语言所描述的动作、行为以及比喻意义相同。但事件一般包括动作、动作的主体以及动作的对象等。有时汉韩两种表达虽然事件相同，但具体到动作、动作的主体与对象却会出现不同，可以分为以下几种类型。

10.9.1 动作涉及的对象不同

此类型可分为两种类型，一种类型是汉韩所涉及的对象是对等范畴词，一种类型是汉韩所涉及的对象分属不同的层位范畴。

首先看第一种类型。比喻因留恋、担心等原因放不下心、无法离开时，韩国语经常用"발/발길/발걸음이 떨어지지 않다"等，动作涉及的对象是"脚"，但汉语用的是"拉不动腿、拖不动腿"，动作涉及的对象是"腿"。有时会出现正好相反的情况，例如，比喻遇到紧急事情仓促行事时，韩国语有俗语"급하면 부처 다리를 안는다"，是"着急了就抱佛腿"，但汉语用"临时抱佛脚"，动作涉及的对象分别是"腿"与"脚"。

比喻勉强应付的临时救急之举时，汉语有"拆东墙补西墙"，涉及的对象是"东墙"与"西墙"。对应的韩国语是"아랫돌 빼서 윗돌 괴고 윗돌 빼서 아랫돌 괴기、윗돌 빼서 아랫돌 괴고 아랫돌 빼서 윗돌 괴기"，意思是"拆了下面的石头补上面，或拆了上面的石头补下面的石头"，动作涉及的对象是"아랫돌"与"윗돌"。并且，韩国人的这种救急方式好像可实现性比较小，与一般事理有冲突。但这种表达却经常用于日常生活中，如(31)。

(31) 이것 완전히 아랫돌 빼가지고 윗돌 괴기잖아요? (网络)
这完全是拆东墙补西墙啊。

比喻长期留在某地工作、占据某些地位时，韩国语多用惯用语"말뚝(을) 박다"，涉及的事物是"马橛子"，如(32)，汉语多用"扎根"，涉及的事物是"根"。汉韩两种语言所涉及的动作都是"扎"。

(32) a. 선배 같은 사람이 높은 자리에 말뚝을 박고 있으니 우리 같은 후배들이야 어디 진급하기가 쉽겠어요. 您这样早进来的人像马橛子一样占着那些官位，我们这些晚来的人怎么可能往上升啊？
b. 영만이는 말뚝 박고 군대 생활을 할 셈인지 제대할 생각을 않고 있다던 것이었다. 《한승원, 앞산도 첩첩하고》英万好像要扎根军队了，他没有退伍的想法。

比喻生气时，韩国语有俗语"두 볼에 밤을 물다"，意思是嘴里就像含着栗子一样，比喻不痛快或脾气上来气鼓鼓的样子。汉语用"嘴里就像含了块糖"，但并不专指生气。

比喻旁观时，韩国语多用惯用语"굿(을) 보다"，即看别人跳大神，对象是"굿"，汉语多用"看戏、看热闹"，对象是"戏、热闹"，两种语言的动作都是"看"。

再看第二种类型。这种类型多与地名、国家等有关，韩国语一般出现具体的下位范畴词，而汉语一般用上位范畴词。例如，比喻不估计自己的力量、自取灭亡时，韩国语有俗语"달걀로 백운대 치기"，意为"以鸡蛋击白云台"，汉语为"以卵击石"，两种语言的动

作对象分别是"백운대"和"石"。韩国语出现了具体地名,汉语没有出现具体地名。具体到所借助的事物,韩国语用的是"鸡蛋",汉语用的是"卵",前者更具体,后者更抽象。

比喻积少成多时,韩国语有俗语"실도랑 모여 대동강이 된다"与"티끌 모아 태산",汉语分别用"积水成渊、滴水成河"[02]或"积沙成滩、积沙成塔"等,相关动作一致,韩国语出现了"大同江、泰山"等,汉语没有出现具体的江河山川名或地名。

比喻出卖国家利益谋取个人利益时,韩国语有"대동강 팔아먹다",汉语有"卖国求荣",两者动作一致,但韩国语用"大同江"来转喻整个国家,汉语没有出现具体的地名。

比喻极难找到或实现目的的机会十分渺茫时,韩国语用"해운대 백사장에 바늘 찾기",意为"海云台白沙场找针",如(33),汉语用"海底捞针、大海捞针",汉语没有出现具体的地名。

(33) 문제는 무슨 수로 그 가족을 찾냐 말이야? 해운대 백사
장에 바늘 찾기 아니냐?《최고의 연인, 96회》问题是
用什么方法来寻找自己的家人?这完全是在海云台沙
滩上找针/海底捞针啊!

10.9.2 动作主体和对象出现不同

例如,当比喻对方说了不合适的话时,汉韩两种语言都用某个身体器官掉下来作比喻,但汉语用"让人笑掉大牙的话",是用牙齿掉下来作比喻,韩国语用"까마귀 아래턱이 떨어질 소리",是用下

---

02   河在过去虽然指黄河,但现在已经不再特指。

巴掉下来作比喻,并且两者的主体也不同,汉语的主体是人,韩国语的主体是乌鸦。

比喻深居简出的人反而对外面的世界更了解时,韩国语用"두메 앉은 이방이 조정 일 알듯",意思是就像居于山沟沟的吏房知道朝廷之事一样。汉语多用"秀才不出门,全知天下事"。两种语言所涉及的动作主体分别是古代的官职或身份——吏房与秀才,对象分别是朝廷之事与天下事,所涉及的主要动作是"알다"与"知"。

韩国语有俗语"개가 개를 낳지",是用狗的蠢笨来作比喻,动作的主体与对象都是狗,比喻父辈无能,生的孩子也无能。汉语类似的俗语有"龙生龙,凤生凤,老鼠的儿子会打洞",前两个小句中都涉及动作"生",动作的主体与对象分别是龙、凤,第三个小句是主谓结构,与韩国语不同,汉语前两个小句是用龙凤比喻杰出的人物,第三个小句是用老鼠来比喻蠢笨之人。

10.9.3 动作与相关者不同

此类型一般表现为俗语或惯用语有多个动作与相关者,有的表现为部分动作一致,但另外的动作与相关者出现不同;有的表现为对象相同,但动作出现不同;有的表现为所有的动作与相关者都出现不同。

10.9.3.1 部分不同

比喻不提前做好准备、事到临头才慌慌张张地做时,韩国语有俗语"가마 타고 옷고름 단다",是借"临上轿缝衣领"来作比喻。对应的汉语是"临上轿现扎耳朵眼、临上轿忘穿绣花鞋",是用"扎耳朵眼、忘穿绣花鞋"作比喻。两种语言所涉及的共同的前提条件

是"临上轿"，后面出现的具体动作与对象各不相同，但都与服饰、打扮有关。

比喻看势头或看别人的眼色行事时，韩国语有俗语"바람 따라 돛을 단다[올린다]""바람 부는 대로 돛을 단다""바람세에 맞추어 돛을 단다"，意为"随风扯帆"，汉语用"见风使舵、看风使舵"，汉韩两种语言在第一个动作的对象上一致，都是"风"，但在第二个动作与对象上出现不同，分别是"扯帆"与"使舵"。

10.9.3.2 完全不同

汉韩两种语言虽然出现多个动作以及相关者，但都出现了不同，这种类型比较普遍。

比喻不论世间万物如何变化但也有不变的东西时，韩国语有俗语"물은 흘러도 여울은 여울대로 있다"，是用水和浅滩作对比，汉语类似的是"铁打的营盘，流水的兵"，对比对象分别是:铁和流水、营盘和兵。汉韩两种语言的动作与相关者各不相同。

比喻如果被人欺负不管是多么弱小的存在也会反抗时，韩国语经常用麻雀或虫子作比喻，如"참새가 죽어도 짹 한다、참새가 방앗간에 치여 죽어도 짹 하고 죽는다 麻雀死之前还会叫一声呢"或"벌레도 밟으면 꿈틀한다 虫子被踩了还会动弹一下呢"。汉语一般多用兔子或老鼠，如"兔子/老鼠急了还咬人呢！"两种语言的主体或对象以及动作都出现了不同。

在表达紧张、心跳得厉害之意时，韩国语用"가슴이 방망이질하다"与"가슴이 두방망이질하다"，如(34)，意思是"像棒槌在敲打"，汉语一般多用"像两头小鹿在跳"，动作与主体都出现了不同。汉语有时用拟声词"咚咚直跳"，如(34b)。

(34) a. 그 남자의 얼굴을 보자 왠지 가슴이 방망이질하여 고
개를 들 수 없었다. 一看到那个男人的脸, 不知怎么
我的心就像两头小鹿在跳一样, 连头都抬不起来了。
b. 가슴이 두방망이질하여 똑바로 서 있을 수가 없다.
心里咚咚直跳, 连站都站不稳。

比喻距离人品不良的人近了就会受其伤害时, 韩国语有俗语
"개를 친하면 옷에 흙칠을 한다 与狗亲近会被碰一身泥" 或 "어
린애 친하면 코 묻은 밥 먹는다 与小孩亲近就要吃沾了鼻涕的
饭", 涉及的动作与对象分别是 "亲近小狗" 与 "亲近小孩", 结果
分别是 "被碰一身泥" 与 "吃沾了鼻涕的饭"。汉语多用 "久在河边
站哪有不湿鞋的", 涉及的动作是 "在河边站", 结果是 "湿鞋"。

比喻下定决心不半途而废时, 韩国语用 "칼을 뽑고는 그대로
집에 꽂지 않는다", 也有疑问形式的 "장부가 칼을 빼었다가 도
로 꽂나"。汉语一般也用武器来表达类似意义, 如 "开弓没有回头
箭"。韩汉两种语言所利用的事物分别是 "刀" 与 "弓箭", 两种不
同的兵器所产生的动作分别是 "뽑다/빼다、꽂다" 与 "开、回头"。

比喻不可能有无原因的结果时, 韩国语有俗语 "아니 땐 굴뚝
에 연기 나랴" "불 안 땐 굴뚝에 연기 날까", 意为不点火的烟囱能
冒烟吗, 汉语多用 "无风不起浪、空穴不来风", 与韩国语所涉及的
动作与事物各不相同。

有的人招惹对方后反过来再安慰对方, 对这种行为韩国人会说
"병 주고 약 주는 것도 아닌데", 涉及的事物是疾病与药, 汉语一
般用 "打一巴掌给个甜枣吃啊?", 涉及的是巴掌和甜枣, 与之相关
的韩国语动作是 "주다", 汉语是 "打" 与 "给……吃"。

比喻开业或团体等开始活动或终止活动时, 韩国语分别用 "간

판을 걸다"与"간판을 내리다"。在比喻开业时，汉语也用"挂牌"，与韩国语一致。但停业时，汉语虽然有时用"摘牌子"，但用的不多，用的更多的是"关门"，因为"门"也是一个店铺或团体的代表性部分之一，此时汉韩两种语言的动作与对象各不相同。

强调微笑的重要性时，汉语有"抬手不打笑脸人"，韩国语为"웃는 낯에 침 뱉으랴"，意思是谁会朝着笑脸人吐唾沫呢？汉韩涉及的动作分别是"打人"和"吐唾沫"，动作与对象都出现不同。韩国语还有"절하고 뺨 맞는 법 없다"，即"抬手不打行礼人"，汉语"抬手不打笑脸人"的动作是主动态的"抬手打人"，韩国语是"절하고 뺨 맞다 行礼被打耳光"，是被动态；对象分别是"笑脸人"和"行礼人"。动作的语态与对象都出现不同。

比喻可爱、疼爱时，韩国语有俗语"눈에 넣어도 아프지 않다"，字面意义是"放在眼里也不疼"，汉语用"放在嘴里怕化了，捧在手里怕摔了"。汉韩两种表达中，动作的开展场所、结果都各不相同。

韩国语有俗语"놀던 계집이 결딴나도 엉덩이 짓은 남는다"，意思是行为不端的女人即使不再操持旧业，但搔首弄姿的习惯却丢不了。虽然行为不端的女人的特有的肢体语言是大同小异的，但韩国人的关注点在"屁股"上，所以俗语里出现了"엉덩이 짓"，但中国人的视角在"手、头"之上，因此有了"搔首弄姿"，而不用"扭屁股"，动作与对象各不相同。

比喻简单的事情还不会就想做难度大的事情时，韩国语有俗语"털도 아니 난 것이 날기부터 하려 한다"意思是还没长毛就想飞，汉语用"还没学会走，就想跑"，各自涉及的两类动作互不相同。

比喻愿望无法实现只好用想象或虚构的东西自慰时，汉语有"望梅止渴、画饼充饥"，韩国语有俗语"소증 나면 병아리만 쫓아

도[봐도] 낫다", 字面意义是:想吃肉的话，就是光追着小鸡跑也好啊，用汉语结构翻译的话是"追鸡解馋"，与汉语的动作与对象各不相同。

10.9.4 复杂类型

在比喻顾此失彼时，汉语用"顾头不顾腚"，并且还有网络小说《顾头不顾腚》，这里被联想到的动物是熊，但韩国人联想到的动物是野鸡"꿩"，如俗语"꿩은 머리만 풀에 감춘다 野鸡只藏脑袋"。两种语言涉及的动作主体不同，语言形式中的动词不同，结构不同，汉语是"肯定+否定"结构。

比喻流泪时，汉语有"泪如泉涌"，韩国语用"물 끓듯 하다"。首先，汉语出现了事态主体"泪"，韩国语没有出现事态主体。其次，比喻结构的主体不同，汉语是下位范畴词"泉"，韩国语是上位范畴词"水"。

表示人高兴时，汉韩两种语言都用肢体动作来比喻。例如，韩国语有时用副词"덩실덩실"，指高兴得动起四肢跳舞的模样，如(35a)，汉语用"手舞足蹈"，出现了两个身体部位，并且前面出现了表心理感情的解释性成分"高兴得"。再看(35b)，前面出现了主语"어깨춤"，但汉语依然用的是"手舞足蹈"，而很少用与肩膀有关的表达；韩国语"덩실덩실"前面也可以出现"온몸"，如(35c)，汉语要么用"手舞足蹈"，要么保留"身体"，后面用"高兴得动起来"来搭配。

(35) a. 지금이라도 떡뚜꺼비 같은 아들 안겨주면 당신이 덩

실덩실 춤이라도 출 걸.《월계수 양복점 신사들, 17
회》如果现在塞给你一个大胖小子，你肯定会高兴
得手舞足蹈的。

b. 금방도 어깨춤이 덩실덩실 나왔고. 马上手舞足蹈起
来。

c. 온몸에 덩실덩실 신바람이 났다. 身体不由自主地高兴
得动起来。

　　如上，在表达同样的心理感情时，汉韩两种语言在表达的具体
性、肢体部位的多少、具体动作与多少之上都出现了不同。

　　过去天花被叫作瘟神，有"送瘟神"的说法，汉韩两种语言都
产生了相关表达，其中汉语"送瘟神"是动宾结构的词组，语义表
达非常明确，并且产生了比喻意义，比喻铲除疫源或驱逐兴作灾祸
的人或事物。韩国人送瘟神时要用胡枝子编成马，这种马称作"싸리
말、배송마(拜送馬)"，有惯用语"싸리말(을) 태우다"，从结构上
来看，虽然这个惯用语也是动宾结构，但其意义是"让……坐到马
上"，并没有出现使动对象——瘟神，语义比汉语模糊，如(36)，译
成汉语时需要添加解释性的"就像送瘟神一样"；从比喻意义来看，
比喻把不受欢迎的客人赶出去，与汉语有类似之处，但亦有差异。

　　(36) 며느리를 친정으로 싸리말을 태워 보내니…《이해조,
　　　　홍도화》就像送瘟神一样把儿媳妇送到娘家去了……

10.10 对象与事件相同，动作方式不同

比喻兴师动众时，汉韩两种语言都可以用与打蚊子有关的表达，但韩国语是"모기 보고 칼[환도] 빼기[뽑기]"，采用的动作方式是"抽刀砍蚊子"，而汉语是"大炮打蚊子"，汉韩两种语言所采用的动作方式分别是"大炮打"与"抽刀砍"。

比喻事情安排得非常缜密、没有纰漏时，韩国语有俗语"물 부어 샐 틈 없다"，意为"泼水不漏"，汉语一般用"滴水不漏"，动作方式出现不同。

比喻极其喜欢金钱时，汉韩两种语言都关注眼睛的表现。其中，韩国语有惯用语"돈만 밝히다 见钱眼亮"，这种表达的出现应该源于心理因素，因为一般情况下见到极其喜欢的东西时人的眼睛都会发亮，如果唯独在见到钱时眼睛发亮则表示极其喜欢金钱。汉语一般用"见钱眼开"，与韩国语着眼于"眼发亮"不同，汉语着眼于"睁大眼睛"，而眼睛发亮与睁大眼睛其实是同一心理现象表现在眼睛之上的两个不同表现。

比喻仔细看时，汉韩都用与眼睛有关的动作，其中汉语多用"揉眼细看、擦擦眼睛仔细看、擦亮眼睛仔细看"，韩国语用"눈을 씻고 보다"，用的动词是清洗意义的"씻다"，而不是揉意义的"비비다"或"擦"意义的"닦다"。

汉韩两种语言还用与腿有关的动作来作比喻。例如，韩国语有惯用语"다리를 들리다"，意思是被别人把腿举起来了，意为被别人夺去制胜权。因为如果被人把腿举起来，那么整个人就会往后仰倒在地，被别人制服。汉语一般用"被插一腿"。汉韩两种语言在具体动作以及被动与使动上出现不同，并且汉语出现了数量词"一"。

韩国语还有惯用语"곁다리(를) 끼다、곁다리(를) 들다"，指

其他人在旁边乱发表意见、乱说话，用的动词是"끼다 插、들다抬"。汉语多用"插一腿"。汉韩两种语言都用腿来表达，但对象出现不同，其中韩国语用了下位范畴词"곁다리"，汉语用的是上位范畴词"腿"；其次，具体的动作不同，韩国语出现了动词"들다"，但汉语只用动词"插"；第三，汉语出现了数量词"一"，但韩国语没出现数量词。

10.11 性质相同，事物不同

借用性质相同的事物作比喻这是语义发展的最常见的类型，即根据相似性产生相关的隐喻。汉韩两种语言所借用的事物可以是同类范畴词，也可以是不同范畴的词。

例如，因为热水是危险的东西，所以韩国语有时用"끓는 물热水"来比喻危险人物，如(37)，前面的"끓는 물"是比喻意义，后面的"끓는 물"是具体意义，借助这种前后语义不同的比喻使语言变得非常生动。当"끓는 물"用于比喻意义时，对应的汉语是"他不是省油的灯"；当"끓는 물"用于具体意义时，虽然可以用"热水"，但是为了与前面的"不是省油的灯"对应，可以用"热油"，"热油"与"热水"一样，也是危险事物。

> (37) 걔 은근히 끓는 물이야. 이러다가 나모현때문에 우리 전
> 부 다 끓는 물 뒤집어쓰고 데어 죽을 거야.《돈꽃, 18
> 회》她不是个省油的灯。这样下去我们都会因为罗茂
> 贤而被热油烫死的。

中韩两国人还用食物来比喻精神模糊，甚至不省人事，汉语用"脑袋成浆糊了"，韩国语用"떡이 되다"，如(38)，用的是年糕。

(38) 머리가 떡이 되었다. 脑袋成浆糊了。

中韩两国人都用食物来比喻被压制或被利用的人，汉语用"(案板上的)肉、牺牲羊、羔羊"等，韩国语用"밥"，具体食物的选择不同。

中韩两国人都用动物来比喻夫妻关系好，其中共同的表达是用"鸳鸯"作比喻，韩国语里有时也用"鹦鹉"比喻夫妻关系好，如"잉꼬부부"，汉语一般不用鹦鹉来作比喻。

比喻行为诡秘无人察觉时，韩国语用"쥐도 새도 모르다"，出现的是"老鼠"与"鸟"，而汉语多用"人不知鬼不觉、神不知鬼不觉"等，涉及的是分别是"人"与"鬼"、"神"与"鬼"。

中韩两国人都用植物的软硬来比喻人的软弱或强硬，但在具体事物的选择上并不相同。形容人软弱时，汉语选择了"软柿子"，韩国语选择了"무른 호박 软南瓜"，如(39a)，柿子与南瓜的性质相同，并且两者分别用了形容词"软"与"무르다"。比喻强硬时，韩国语选择了"단호박"，如(39b)，但汉语"南瓜"或"甜南瓜"一般没有这种联想意义，一般多用具有同样性质的"石头"来比喻。

(39) a. 사람을 그냥 무른 호박으로 보는 것 아니야?《아버지가 이상해, 7회》这不是拿人当软柿子捏吗？

  b. 그건 개가 하도 단호박으로 철벽을 쳐서 그래.《아이가 다섯, 18회》那都是因为那孩子在之间用石头垒了一堵墙导致的。

汉韩两种语言还用动植物来比喻没有权力的弱者或不起眼的人，例如，汉语用"小鱼小虾、虾兵蟹将"，这些动物都具有体型小的特点，韩国语多用其貌不扬的"송사리 鳞鱼"或体型很小的"피라미、피래미 桃花鱼"。汉语还可以用与植物有关的"芝麻粒子(大小的)官"。虽然汉韩两种语言所采用的具体动植物有较大差异，但这些动植物却都具有小、弱、不好看等特点，因此产生了同样的比喻意义。

形容没有骨气、晕晕乎乎的人时，韩国语用意为鼻涕或浆糊意义的"코푸렁이"，没有出现表性质的形容词，汉语常用"软蛋"，出现了形容词"软"。

比喻外表光鲜、内里草包的人时，汉语有俗语"驴屎蛋子外面光"，韩国语一般用"명주 자루에 개똥"，用的是"狗屎"而不是"驴屎"，表示光鲜时，汉语用了形容词"光"，韩国语用了具体的事物名词词组"명주 자루"。

韩国语还用"고무줄"比喻随心所欲地改变数量或样子等，利用的是橡皮筋的弹性特点，如(40)，汉语一般不用具体的事物，多用橡皮筋的物质属性——"弹性"来作比喻。

(40) a. 고무줄 통계 弹性统计
　　b. 고무줄 같은 '노조 전임자 통계' 充满弹性的"工会专职人员统计"

综上所述，因为事物特点非常丰富，即使是不同的事物，但在某一特点上也可能具有相似性，因此中韩两种文化里就会出现交集。这就使得跨文化的语言表达出现了象似性。

10.12 语义引申路径相同

因为不同文化的人也具有共同的认知能力，而词义的引申与人的认知密切相关，所以汉韩两种语言里很多词语的语义引申路径非常相似，引申意义具有很强的共性。下面主要分析七类词语的语义引申象似性。

10.12.1 "眩晕"类

比喻人异常时，中韩两国都用与"晕"有关的表达。韩国语动词"돌다"基本义为旋转，这个动作的结果是头感到眩晕、与平时不同，所以可以俗指精神不正常，并且还从"돌아이"发展出了名词"또라이"，比喻做事疯疯癫癫、不着边的人。汉语类似的有"晕死了"，"晕（yùn）"本来指日月周围形成的光圈或环形波纹，这些事物给人带来的感觉是眩晕，因此由此发展成了昏迷意义的动词"晕（yūn）"，可以比喻办事不着调、丢三落四。韩国语"돌다"与"晕"在原型意义上并不相同，其语义变化的方向分别是"动作→动作的结果→头脑不清"与"光圈→昏迷→头脑不清"，也就是说，两个词最终的语义引申方向与结果是一致的。

10.12.2 "声音、味道"类

表示持久时，中韩两国都用"缠绕"类表达，汉语有"余音绕梁"形容歌声或音乐优美，余音回旋不绝；也比喻诗文意味深长，耐人寻味。韩国语也有基本意义为物体缠绕在其他物体之上的动词

331

"감기다"，这个词还形容味道回旋不绝，其主体是食物，如(41)。也就是说，汉语"绕"与韩国语"감기다"的动作主体都从具体的可视、可触摸的事物扩大到了不可视、不可触摸的事物，只不过汉语扩展成了"声音"，而韩国语扩展成了"味道"。

> (41) 며칠 만에 먹어 보는 하얀 쌀밥과 고깃국이 입에 감긴
> 다. 好久才尝到的白米饭和肉汤在嘴里是余味绕舌/回
> 味无穷。

韩国语里比喻声音美妙好听时用"목소리가 감칠맛 있게 곱다"，这里的"감칠맛"是从动词"감치다"的定语形式发展而来的。"감치다"的具体意义与服饰的制作有关，指两个布边对起来，并用一边包着另一边来缝，也指使劲缠着。在此基础上，"감치다"发展出了另外两个意义，第一个指某人、某事或某种回忆一直在脑海里出现，第二个指食物味道回味无穷[03]。当用于"감칠맛"形式时，虽然指食物的味道，但其意义还是从"包裹、缠绕""一直在脑海里出现"引申出来的，只不过前者的主体是东西，而后者的主体是人、事情或回忆，继而发展成了食物。再与汉语进行对比，汉语的"绕"与"감치다1"以及"감치다2"都有使劲缠绕之意，汉韩两种语言都是用"缠绕"来比喻声音好听，语义引申方向一致。

综上所述，韩国语的两类词与汉语"绕"之间的语义引申关系如图1所示，汉韩两种语言里的四个词语中，有两组近义词。从基本义来看，"감기다"与"绕"是近义词，但两者的语义发展后，比

03　《표준국어대사전》将具体意义与比喻意义的两个同音词分别标注为"감치다2""감치다1"。천소영（2007/2010:286）也认为味道回味无穷的"감치다1"与表示缝意的"감치다2"是一个词。

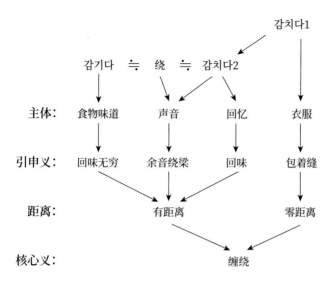

[图1] "声音、味道" 类词语的语义引申

喻意义的主体出现差异，前者的主体是食物味道，后者的主体是声音。再看另外一组近义词，从"감치다1"发展出来的"감치다2"与"绕"是近义词，因为"감치다2"是多义词，当比喻意义的主体是声音时，"绕"与"감치다2"同义，当"감치다2"的主体是回忆时，对应的汉语是"回味"。而这里的"回味"又与食物味道有关，因此又与"감기다"的语义出现了重合之处。四个意义虽然各不相同，但依然都可以归结为"缠绕"，只不过前三个是有距离的、无形的接触，最后一个意义是零距离的直接接触。

也就是说，上述四个词语本意或相似或不同，在引申义上出现了或相异或相似或无关的过程，但是在核心意义上却是一致的。

10.12.3 "秤、称、掂"类

在日常买卖活动中，秤是非常重要的工具，其最基本的作用就是称东西，根据这种逻辑，所以秤在韩国语与汉语里都有比喻意义，但两者在具体语言表达上不尽相同。

汉语有名词形式的"一杆秤"，多用于俗语"人心是一杆秤、人心里都有一杆秤"中，意思是不论是什么言行，人们自会在内心作出评价。中国人还喜欢用称重的重量单位形成俗语"不知自己几斤几两"，比喻不知天高地厚。动词"称"可以表示名号、赞扬，如"名称、称赞"等。

与中国人相反，韩国人喜欢用称秤这一动作，如"저울에 놓다"，意为放在秤上，而放在秤上的目的是为了称重量，如果把两个人一起放在秤上则表示比较之意，后面可以加"비교하다"，如(42a)；也可以只用"저울에 놓다"，如(42b)；也可以用"저울로 재다"，如(42c)。汉语的"秤"无法这样使用。

(42) a. 바이크 제작 프로 집단인 엔필드와, 일개 아마추어 라이더인 나를 같은 저울에 놓고 비교한 것 자체가 우스운 일인데.(网络)把自行车的制造专家集团与我这个业余骑手放在一起比较这件事本身就很好笑。

b. 너 어떻게 그런 녀석하고 이 엄마를 같은 저울에 올려놔?《가족을 지켜라, 37회》你怎么能将那个小子与你妈妈放在一起比较啊？

c. 매형 생각하는 것처럼 충성심 깊은 사람인지 아니면 매형이 착각하고 있는 건지 저울로 재보려고요.《사랑이 오네요, 94회》我想来比较一下，看他是否真的如姐夫所想是个忠诚的人呢，还是姐夫自己的错觉。

"저울"还有派生词"저울질"，除了指用秤称东西，还指了解
别人的内心或互相比较，如(43)。此时，汉语多用"掂"来表达，
而汉语"掂"一般是用手来估算重量，所起的也是"秤"的作用，
可见韩国语"저울질"与汉语"掂"有异曲同工之妙。另外，汉语
"掂"有时也用于"掂量"，如"你们就掂量着办吧"。不过根据不
同语境，"저울질"有时在汉语也用"比较、讨价还价"来表达，如
(43b)。

　　(43) a. 그녀는 두 남자를 놓고 마음속으로 열심히 저울질을
　　　　　 해 보았다. 她在心里将两个男人掂了又掂。
　　　　 b. 금사월씨는 보금그룹에서 얻은 아이디어로 다른 회
　　　　　 사하고 저울질하는 것 아닙니다.《내딸 금사월, 17
　　　　　 회》金四月并没有拿着在宝金集团获得的创意与其
　　　　　 他公司讨价还价。

　　综上所述，汉语的"秤、称、掂(量)"虽然语言形式不同，
但都与称重有关，都可以发展出评价、比较、揣度之意。韩国语的
"저울에 놓다""저울로 재다""저울질"也都发展出了比较、揣度
之意。

10.12.4 "烟钱、小钱"类

　　在比喻小钱时，中韩两国都用烟钱来表达。韩国语"담뱃값"
本来指香烟的售价、买烟的钱，后来发展到了指小钱，如(44a)；汉
语"烟钱"也有此意，如(45)，因为烟钱一般不会太昂贵。此外，

"담뱃값"还俗指一点谢礼，如(44b)，而汉语也有这种用法，之所以产生这类意义与烟文化和送礼文化有关。

(44) a. 요즘 형편에 어렵기는 하지만 담뱃값 정도는 있다. 虽然最近日子比较紧张，但是烟钱还是有的。
   b. 뒤탈이 없게 담뱃값이라도 쥐어 주도록 해요. 为了不留下后患，给他点钱，让他买盒烟抽吧。

(45) 他苦笑一下说：守在这里多少有点收入，赚个香烟钱吧。《北大中文语料库》

比喻小钱时，韩国语还有"푼돈、서푼、서푼짜리、칠푼(짜리)、땡전(－錢)、노린동전(一銅錢)、노린전、피천、오리동록(五釐銅綠)、쇠천"等，这众多的词语之所以在比喻意义上一致，是因为这些面值都很小的钱币都经历了从"具体钱"到"抽象意义"的语义演变过程。与韩国语相反，汉语在表达类似意义时，一般用"小钱"或"私房钱、压箱底的钱"等，与韩国语既有相似之处，但亦有不同，但语义引申路径是一致的，即都是从面值小的钱币、少量的钱等发展出了"小钱"之意。

10.12.5 "挂、晾"类

韩国人经常把鱿鱼挂起来晒干后做下酒菜或零嘴，根据悬挂晾干这种形态特点，所以用"오징어 신세"比喻不受重视，如(46)。汉语用来比喻人不被重视时，也用"被挂/晾起来"，如(47)。汉韩两种表达的理据相同，但语言形式不同，韩国语是名词词组，汉语

是动词词组。

(46) 아들한테 지성을 들여봤자 이놈의 오징어신세.《내딸
금사월, 9회》把儿子拉扯大，有什么用啊，我现在倒
被他晾/挂起来了。

(47) 在公司里天天特别闲，被挂起来了，这是要被炒鱿鱼
的前奏吗？(网络)

10.12.6 "下雨、撒"类

汉语里有"屋漏偏遭连夜雨"，比喻不好的事情接连发生，韩
国语多用"어떻게 이렇게 나쁜 일들이 한꺼번에 쏟아져?《최고의
연인, 47회》"，虽然句中没有出现与雨有关的表达，但动词"쏟아지
다"的基本义指的是液体从容器里涌出来，与液体流淌、下雨的动
作密切相关，因此中韩两国在比喻不好的事情接连发生时的联想思
维是一致的，但语言形式不同。

比喻秀恩爱时，汉语多用"撒狗粮"，韩国语用的是与芝麻有关
的"깨가 쏟아지다"，即撒芝麻，根据搭配，有时对应汉语"下芝麻
雨"，如(48a)；有时对应"甜蜜"，如(48b)；有时对应"秀恩爱"，如
(48c)。

(48) a.(밥에)깨는 왜 뿌려? 우리가 이미 깨가 쏟아지는
데.《그녀는 예뻤다, 16회》为什么要在饭里撒芝麻
啊，我们已经是天上下芝麻雨，甜蜜死了。

b. 김 과장 신혼재미가 깨가 쏟아지나 보지? 看来金课

长的新婚生活很甜蜜啊？

    c. 놀이터에서 둘이 깨가 쏟아지고 있는데요 뭐.《우리
       집 꿀단지, 24회》两个人正在游乐场那儿(秀)恩爱
       呢。

如上，在比喻不好的事情发生时，汉韩两种语言分别用了同义表达"下连阴雨"与"쏟아지다"，在比喻秀恩爱时，汉韩两种语言分别用了同义表达"撒"与"깨가 쏟아지다"。之所以出现这种现象，是因为"下、撒"类词语蕴含着"短时间内大量涌出"这样的隐含意义，而动作的主体既可以是不好的事情，也可以是好的事情，所以根据前面主体的不同，既可以表达消极意义，也可以表达积极意义。

10.12.7 "不分四六、不分水火"类

比喻事理不分或不做分辨、任意行动时，韩国语有俗语"물인지 불인지 모르다"，意为不分水火，汉语用的是与数字有关的"不分四六、四六不分、四六不懂"。之所以出现这种表达，是因为水火是古人生存最基本的自然事物，如果连最基本的都分不清可见多么愚蠢。再看汉语的"四六"，这里的"四六不懂"指不懂做人最基本的道理，即不懂"天""地""父""母"等，因为"天"字四画，"地"字六画，即不知天地；"父"字四画，"母"字六画，即不知父母；"文"字四画，"字"字六画，即不知文字；"孔"字四画，"老"字六画，即不知孔(子)老(子)；"夫"字四画，"妇"字六画，即不知夫妇；"凶"字四画，"吉"字六画，即不知凶吉；所以，"四六不

懂"具体为：上不知天，下不知地，为人不知父母，为学不懂文字，不知老子、孔子为谁，为人夫不懂夫妻相处之道，做事鲁莽不懂吉凶祸福，即不懂天地人伦[04]。

如上，虽然汉韩两种语言具体语言形式不同，但从语义的引申方式来看，都是用不懂最基本的事理来比喻人蠢笨，所以引申路径是一致的。

10.13 小结

本章从语言表达象似性的角度对汉韩两种语言进行了对比。汉韩两种语言的象似性具有程度差异，象似性主要表现在大的范畴方面，范畴越小、越具体，语言表达上所表现出的差异就越大、越明显。

之所以出现这种现象，是因为人类具有很多基本的共同的认知能力与联想思维能力，人们的认知具有共享性，所以在观察、认识客观现实时具有一定的象似性，对很多事物、事件或现象具有很多相同的认识。表现在语言表达方式以及意义上也自然具有一定的象似性。

具体而言，这种一致性主要表现在范畴的一致或相关之上，如上位范畴相同，下位范畴不同，或者表现为属于同一层位的对等范畴词。有时表现为所涉及的事物相同，但会出现特点、部分、动作、数量、时间等的不同。如果出现多个事物，有时表现为部分事

04　http://blog.sina.com.cn/s/blog_6d6c52490102x525.html

物一致。有时表现为事件和事物都相同，但具体性与抽象性不同。有时表现为事件相同，但具体动作和事物出现不同。有时表现为对象和事件相同，但动作方式不同。有时表现为事物性质相同，但具体的事物载体不同。

也就是说，从宏观角度来看，汉韩两种语言在表现很多概念时具有象似性。但从微观角度来看，因为不同的人具有不同的认知视角，即使是同一文化区域内人们的认知视角也会出现不同，那么在表达相同的概念时所涉及的事物、事件等必然会出现不同，尤其是对跨文化的汉韩两种语言来说，必然也会出现具体语言表达细节之上的差异。

有时即使汉韩相关表达看似象似度不大，但从语义引申路径来看，依然具有象似性，而这种语义引申象似性反映的是人类共同的认知、联想与概念化能力。

第四编

文化与语言差异

第十一章

韩国文化与
韩国语

11.1 引论

本研究的前四部专著分别是《韩国自然文化语言学》《韩国生活文化语言学》《韩国精神文化语言学》《韩国文化语言学综论》，前三部从微观视角下分别研究了自然文化、生活文化、精神文化与韩国语的关系。《韩国文化语言学综论》则是从宏观视角下分析了文化语言学的研究价值与韩国文化语言学的现状，构建了韩国文化语言学研究的框架，并以宏观与微观相结合的角度深入分析了人体、地理环境、动植物、饮食、服饰、住居、关系、关系与交际、婚丧嫁娶、性格等文化要素与语言之间关系的核心内容，最后从文化整体观理论下构建了韩国语言文化结构。

与世界其他语言与文化相比，韩国语言与文化表现出了很强的民族性和特殊性，这在四部专著中已有详细论述，这里简要作以概述。

11.2 人体语言与文化[01]

人体语言具有很强的文化普遍性和一般性，这是从大的方面来讲，而如果往细微处剖析的话，韩国语的身体语言仍然具有很强的民族性和特殊性。

例如，韩国有特殊的"鼻子文化"，可以借助鼻子的结构、状态、动作和声音以及分泌物表达丰富的情感和心理意义，而汉语一般多用上义词"鼻子"，不像韩国语更喜欢用鼻子结构的下义词"콧등、코허리、콧대"等，并且汉语极少有与鼻子状态有关的表达，与鼻子有关的"嗤之以鼻"用法非常单一，与鼻子分泌物有关的表达多局限于歇后语，使用比较受限。

韩国还有很特殊的"脖子文化"，主要是利用与脖子有关的挺、掐、抓按、掉、断、吊等动作状态来表达心理感情以及事态的危急，而汉语在大多数情况下多用"脑袋"来表达。

韩国还有"口水文化"，即用抹口水来比喻所有权，有时还表达撒谎之意，汉语里的"抹口水"虽然可以表达所有权，但一般止于身体动作，没有语言表达，而韩国语的这种表达与韩国人味觉发达、爱用味觉语言来表达抽象意义有关。

韩国人还有特殊的"膝弯文化"，可以用膝弯来表达与坐立行走、感情以及说话等相关的众多意义，这些语言形式及相关意义的产生与韩国人席地而坐的坐式文化密切相关。

韩国还有很特殊的"排泄文化"，韩国人在具体指称这种生理现象时会使用委婉语，而不使用"똥"，但"똥"这个词本身产生了丰富的意义；生成了很多俗语，这些俗语主要与拉屎有关，对韩国人

01　详见《韩国自然文化语言学》第一章。

来说，拉屎还关系到人的运气和脸面；"똥"还可以作定语形成众多的合成词表达特殊的意义；很多与大便没关系的事物也用"똥"来表达，这种雅俗共赏的语言表达既是一种语言表达风格，也是一种感情的宣泄，是对权威文化重压的一种反抗式的的极端表达。

韩国语里还有一些特殊表达，例如韩国语用大胡子来比喻没用的东西，如"뺨 맞는 데 구레나룻이 한 부조"，意思是虽然胡子看起来并没有什么作用，但挨打时却可以减轻疼痛，比喻看着好像没有什么用处的东西但却意外地帮了大忙。就像女人打架时多抓头发一样，对长胡须的男人来说，长胡须也是个弱点，所以"수염 잡다"比喻抓别人的弱点，如(1)。

(1) 귀엽다 귀엽다 봐주더니 이젠 수염 잡으려 들어?《최고의 연인, 81회》说你可爱、照顾你，你现在就蹬鼻子上脸了，是吧？

韩国人还用"옴니암니 计较槽牙还是大门牙"来比喻计较非常琐碎的小事，也用作副词来比喻斤斤计较。韩国语还用"이도 안 나다 没长牙"或者用"没长牙就吃东西"意义的众多俗语来比喻水平不够或没准备好，用"이도 안 들어가다 咬不动"比喻对方没反应或不理睬。

11.3 地理环境语言与文化[02]

地理环境包括多种要素。其中，与雷有关，韩国语里根据打雷的条件、速度、声音、方向、后果等分别产生了相应的表达和比喻意义。与火有关，俗语 "불 없는[꺼진] 화로 딸 없는[죽은] 사위、딸 없는 사위、딸 죽은 사위 불 꺼진 화로" 等将火、火炉与女儿和女婿联系起来，此外，描写火灾发生的众多俗语反映了韩国人的人生百态。与风雨雪霜有关，汉语里这些自然事物都可以比喻人生的逆境、挫折等，但韩国语里的风却没有产生逆境意义。与雨有关，"석 달 장마에도 개부심이 제일" 是借用下雨后的冲刷现象来比喻做事收尾很重要，民族性很强。与山有关，汉字词 "첩첩산중(疊疊山中)" 意为重峦叠嶂，有时也比喻找不到出路、摸不着头脑。

与水有关，韩国人用 "물" 来比喻人的生活圈子，与中国人用 "水土" 不同。韩国人还利用水的性质来比喻人的性格，俗语 "물도 씻어 먹을 사람"，意思是连水都要洗洗再喝的人，根据中国人的思维方式的话，那应该是洁癖之意，但韩国语比喻心灵与行动非常干净、无一丝瑕疵的人。韩国人还用水来比喻人性格不突出、不聪明，多具有消极意义。对水的利用、分类等也被韩国人赋予了非常特殊的文化意义。

与气候中的 "春寒" 有关，韩国语有 "꽃샘、잎샘、꽃샘잎샘" 以及 "꽃샘추위、잎샘추위"，意思是嫉妒鲜花盛开、绿叶萌发的寒冷，是用拟人的心理词语来比喻自然现象。

02　详见《韩国自然文化语言学》第二章。

11.4 动物语言与文化[03]

　　韩国语里经常用动物的繁殖作比喻，并且韩国有起源于卵生文化的图腾认识，表现在语言中，"알"产生了非常特殊的九个意义，并且还发展成了多义前缀；而卵的壳、孵化等也有很强的文化意义。动物的毛还被用来比喻各种不同地位的人，动物的脚比喻不同的脚步。动物的屎、屁也被拿来作比喻。

　　具体到各种动物，例如，从狗身上可以发现韩国人深谙为人处世之道，"개-"还发展成了贬义性的前缀。代表性的野生动物、飞禽、虫、鱼类等也根据不同的长相和习性产生了丰富的比喻意义，仅代表性的鱼类就有24种，这些都是韩国地理环境和生产方式的反映。有的还反映了韩国人特有的命名方式，如"빈대밤"用虱子来比喻体积小；有的反映了韩国人丰富的联想，如"조개 贝"可以修饰耳朵、嘴巴，还形成了"조개턱、조개도련、조개송편、조개탄、조개구름"等合成词，还用蜗牛缩头来比喻不说话，用蜗牛眼比喻缩成一团，用虱子比喻阿谀奉承的人；有的反映了韩国人的语言模仿能力，如"쇠귀에 경 읽기 对牛念经"与"말 귀에 염불 对马念佛"，后者是对前者的模仿。

　　韩国人还将猫的功劳与儿媳妇的功劳相提并论，如"고양이 덕과 며느리 덕은 알지 못한다"，意思是虽然猫捉老鼠、儿媳妇照顾家庭这些功德都是大家熟知的，但如果不去提醒就容易被忘掉。而与猫的功德相比，儿媳妇生孩子、照顾家庭的功德更容易被忘掉，所以就有了俗语"고양이 덕은 알고 며느리 덕은 알지 못한다"。

03　详见《韩国自然文化语言学》第三章。

11.5 植物语言与文化[04]

植物的种子多被用来比喻人的血统，但多具有消极意义，各种具体植物的种子根据各自的特点也被赋予了比喻意义。植物中最具代表性的是韩国人的"葫芦文化"和"豆子文化"。与"葫芦文化"有关，出现了众多具有浓厚文化色彩的"박、뒤웅박、박살、대박、중박、중대박、독박、쪽박、오그랑쪽박、바가지、함지박、함박"等表达。韩国人还用树叶的声音来比喻忧愁，如"솔잎이 버썩하니 가랑잎이 할 말이 없다"比喻比自己忧愁程度小的人先大声嚷嚷上了，使得确实有重大烦心事的人反而无话可说了。

其次，韩国语里还根据植物的特性来作比喻，大米、小米、大麦、荞麦、高粱、花生、芝麻、地瓜、土豆、栗子、柿子、辣椒、南瓜、蕨菜、葱、洋葱、白菜、黄瓜、萝卜、茄子、锦葵、丝瓜等在韩国语里要么产生比喻意义，要么用于惯用语或俗语中表达比喻意义，并且常用于日常生活中。例如，韩国人喜食生菜，所以生菜茎"부룻동"用于"건밭에 부룻동"，比喻长得干净漂亮、又高又直，日常生活中也会用生菜来作比喻，如电视剧《내 사랑 치유기, 75회》中有下面的台词，父亲在安慰、鼓励儿子时就是用生菜来作比喻。

(2) 박부한(父亲):몸은? 身体呢?

박완성(儿子):괜찮아요. 还行。

박부한:밥은? 饭(吃了)呢?

박완성:대충 먹었어요. 걱정하지 마세요. 随便对付了点。不用担心我。

04　详见《韩国自然文化语言学》第四章。

박부한:시들시들한 상추도 얼음장장 차가운 물에 씻으면은
　　　 정신 바짝 들어 빳빳해져. 찬물에 세수하고 이 악
　　　 물고 이겨내. 就是蔫了的生菜，只要在冰冷的凉水
　　　 里洗一下，也会马上恢复生机，变得很精神。用凉
　　　 水洗洗脸，咬紧牙关，挺过去就好了。

　　再看另外一些植物，如芹菜由于非常高产，所以"미나리 도리
듯 하다"比喻收获颇丰。水上漂浮的菱角不管怎么飘也不会有所改
变，所以"돌다(가) 보아도 마름[물방아]"比喻没有任何进步，只
是重复同样的事情。根据山药很脆这一特点，"남의 것을 마 베어
먹듯 한다"比喻毫无顾忌地偷抢别人的财物。汉语的相关植物没有
此类比喻用法。

11.6 饮食语言与文化[05]

　　韩国各种饮食中，米饭、粥、面食、糕、点心、菜肴、汤、调
味品、酒等都被韩国人赋予了丰富的文化意义。

　　例如，反映半岛渔业生产的食物"굴젓 牡蛎酱"被拿来指又黄
又粘稠的鼻涕；韩国人喜欢喝汤，所以与汤有关的"국물、콩국물、
떡국물、진국、맹탕、백비탕、골탕、잡탕、건더기"等都产生了比喻
意义，并且经常把事物用于"宾语+국 끓여먹다"结构，表示一种处
置方式。韩国人还喜欢吃手擀面或挂面，所以也拿来作比喻，如(3)。

05　详见《韩国生活文化语言学》第一章、《韩国文化语言学综论》第六章。

(3) a. 그것 들고 튀어다간 여기에 있는 니 신용카드들 싹뚝
　　　싹뚝 잘라서 칼국수로 만들어버릴 테니까. 《인형의
　　　집, 2회》你如果那拿着那个(包)跑了，我就把你这包
　　　里的信用卡全一条一条剪碎弄成面条。

　　 b. 그런 못돼처먹은 것들은 아주 머리카락을 뽑아가지고
　　　잔치국수를 말아먹어야 돼. 《키스 먼저 할까요, 8회》
　　　那种没大没小的东西就应该把她头发都拔了做挂面
　　　吃。

　　韩国语里与烹饪方式有关的"烧、煮、烤、蒸、煎、熬、炒、
焯"等各种语言表达也有丰富的文化意义，并且多表达极端意义，
此外还形成了韩国独特的"盐文化""酱文化""腌渍文化"，例如
"소금에 아니 전 놈이 장에 절까"比喻战胜了阴谋诡计的人怎么
会经受不住小风小雨呢？"간장국에 절다[마르다]"比喻受苦的
时间太长，变得非常瘦、非常坚强。"간장에 전 놈이 초장에 죽으
랴"比喻被锻炼得非常坚强的人会害怕一些琐碎的事情吗？这里的
盐、酱油和醋酱都比喻逆境、受苦，汉语没有这种比喻方式。

　　各种饮食器具在韩国语里也成了文化的一部分，例如，"장독
깨다"比喻把重要的东西打碎，或者多说话惹祸；韩国代表性的"勺
子文化"与中国的"筷子文化"差异非常明显。

　　韩国人的饮食习惯与中国人不同，例如单人单桌的就餐文化、
外出不单独就餐、饮酒的习惯和礼仪、喝酒的表现等具有很强的文
化特殊性。"吃喝嚼啃吞咽"等动词也被韩国人赋予了一定的文化意
义。此外，韩国语还有俗语"상 머리에 뿔 나기 전에 재산을 모아
라"，字面意义是在桌子露出角之前赶快攒钱，这里的露出角指的是
孩子出生后坐在饭桌前吃饭，比喻养孩子的话就难以积攒财产，所

以要在这之前赶紧攒钱。与饭菜有关还有俗语"그 나물에 그 밥"比喻相得益彰。这些比喻方法也具有很强的民族性。

11.7 服饰语言与文化⁰⁶

服饰文化具有极强的民族性，韩国语里与服饰有关的表达与汉语一致的地方很少，例如与韩服上衣的各种结构、裙子、裤子、内衣、帽子、鞋袜、各种装饰品、各种布料以及与布料的制作和缝制、服饰的制作等有关的表达，在汉语里几乎都难以用服饰用语来与其对应。

有的服饰比喻也难以与汉语对应，例如韩国语用"토시 套袖"比喻东西多。用"뽕 垫肩"的惯用语"뽕 들어가다"比喻有面子。用"나일론 환자、나일론 신자"分别指那些没病装病的病号、并不笃信宗教但表面上却像信徒一样行事的人，还有变形的"나일롱"可以修饰植物、行为，如"나일롱 참외、나일롱 박수"分别指黄色的甜瓜和形式上的鼓掌。韩国语还用俗语"가림은 있어야 의복이라 한다"比喻只有把自己负责的事情做好才能得到相应的待遇。穿在身上是紧绷着的、脱了就缩成了一团的尼龙衣服——"쫄쫄이"比喻狂傲却见识短浅的人，也比喻个子很矮、畏畏缩缩的人。惯用语"실이 노가 되도록"用线变成绳子来比喻纠缠不休或反复地说。俗语"버선목이라(오장을) 뒤집어 보이지도 못하고、버선목이라 뒤집어 보이나"意思是五脏六腑就像袜筒一样，又不能一圈一圈地翻

06　详见《韩国生活文化语言学》第二章。

着让你看，所以非常憋屈。

这种用服饰的形态来比喻东西多、有面子，用衣服避体来比喻份内事情，用尼龙衣服来比喻人、行为或植物，用绳子比喻说话，用袜筒比喻五脏六腑的视角具有极强的民族性。

11.8 住居语言与文化[07]

韩国的传统建筑催生了独特的建筑语言和文化，而独特的认知也使得韩国建筑的内部分类、构造、住居生活等相关语言具有了明显的文化意义。例如，关于对围墙的认识，中韩两国都认为墙具有内外阻隔的功能，但对韩国人来说，墙更是一种心理上的阻隔，所以与墙有关的表达具有阻断交流、无法交流、断绝关系、无法超越等抽象的象征意义。

与建筑材料有关的很多石头、水泥、混凝土、柏油、壁纸、窗纸、胶、漆，以及与建筑器械有关的楔子、螺丝、钉子、锥子、锤子、刨子、凿子、墨斗、水平仪、推土机等词语都产生了比喻意义。例如，韩国语有与锤子有关的俗语"다 닳은 대갈마치라"，意思是敲打了多次而破旧不堪的马掌锤子，比喻经历了世间风霜而内心坚强、老练的人。

韩国的坐式文化不仅与韩国传统建筑密切相关，还影响到韩国人的传统服饰、进门脱鞋的习惯、坐具、饮食习惯、礼仪、肢体活动、婚姻和生死等。

07　详见《韩国生活文化语言学》第三章、《韩国文化语言学综论》第八章。

此外，一些俗语的字面意义与比喻意义的关联也具有韩国特色，如"기와집이면 다 사창(社倉)인가"，意思是你以为只要是瓦屋就是官仓吗？比喻外表光鲜不代表连内容或内心也非常优秀。而"청기와 장수"比喻不把秘诀和技术告诉他人的人，中国没有出现类似的语言表达。

11.9 出行语言与文化[08]

出行文化具有很强的民族共性，尽管如此，具体的语言表达亦有韩国特色，如与驿马有关的"역마(驛馬)、역마살、역마직성(驛馬直星)、파발마(擺撥馬)"，与马刺有关的"박차를 가하다"，与马蹬子有关的"등자를 치다"，与马掌有关的"대갈(代葛)마치"，与骑马有关的"말을 바꾸어 타다"等。韩国人还非常关注地排车的特点，借此形成了三个俗语，而中国人却对地排车没有太大的关注。韩国人还将围着锅台转比喻成开车，将疏通关系比喻成疏导交通，把打瞌睡比喻成摇船，把有强烈教育热的家长比喻成直升飞机，这些表达在汉语里都极少见到。

08　详见《韩国生活文化语言学》第四章。

11.10 农业语言与文化[09]

与农业有关，韩国人用农业比喻管理孩子和老婆，用拾掇土地比喻反复说话，用铁锹挖土比喻白干活、做无用功、说废话，用挖地比喻轻而易举、平白无故，用往地里浇水比喻开始，用插枝比喻做没边的事，用过了季节的东南风比喻说胡话，用"一年两熟"比喻第二人生等都具有很强的民族性。

农业生产不同季节有不同的事情，需要根据季节来合理安排农事。韩国语里季节有固有词"철"，此外还引申出两个意义，分别指一年中最适合做某事的时间或正合适的时节。韩国人在指一个人懂事时用合成词"철들다"，也就是说如果人像季节一样能够分辨不同的时节并及时调整自己的行为，那就是懂事了(조현용 2017:231)。

11.11 政治法律语言与文化[10]

政治法律语言中，与封建制度有关的阶层划分、官职名称、各种刑罚和刑具表达具有较强的民族性。例如，与皇帝、国王有关的语言都比喻最好的东西，"왕(王)"还发展成了虚化意义很强的前缀，官职名称主要表现在俗语里，与犯罪有关的"도둑"发展出了丰富的文化意义，刑具中的捆绳、笞刑、棍刑、死刑前游街等有关的文化表达都与汉语有明显差异。

---

09 详见《韩国生活文化语言学》第五章。

10 详见《韩国生活文化语言学》第六章。

11.12 经济语言与文化[11]

经济语言的突出特点是对人的价值化和物化，突出表现是用货币、商业招牌、买卖的行为、开张开业来比喻人，并且还将与人有关的外貌、年龄、身份等价值化，多种支付形式、商品质量、售后处理等也用来比喻人的相关行为或特点。此外，保险业和盖章签合同也用来比喻人，"발도장、눈도장、얼굴도장"等表达形成了具有韩国特色的"图章文化"。

11.13 军事语言与文化[12]

军事语言最大的特点就是军事用语的生活化，尤其是与武器弹药有关的表达频繁地用于新闻、电视剧台词中，很多表达具有很强的文化性，例如与校弓器有关有惯用语"도지개를 틀다"，因为校正弓时需要不断挪动身体，所以比喻不安安静静地坐着，身体总是动来动去，这种比喻联想非常生动，也具有很强的民族性。

11　详见《韩国生活文化语言学》第七章。

12　详见《韩国生活文化语言学》第八章。

11.14 医学语言与文化[13]

与医学有关的病症、诊断方法、治疗方法等韩国语表达都进入了日常生活中，其比喻意义的产生都与病症的特点有关，除了"阵痛、癌"等与汉语一致外，其他都具有很强的民族性。诊断方法的相关表达与汉语有一定的相似性，但是"약(藥)"的多种意义、与江湖卖药有关的表达、与手术有关的"메스、봉합(縫合)、꿰매다"等却与汉语差距甚远。

11.15 教育语言与文化[14]

教育语言中，与私教育有关的"학원(學院)、과외(課外)"，与学制有关的"小学"、大学的"系""博士"，与学习用品有关的课本、笔墨纸张、书橱、书柜、书包等，这些表达都产生了比喻意义。高考祈愿礼物的寓意充分利用了动词多义词、同音词的关系。教师中的"윤리 선생、도덕 선생"以及"반면교사(反面教師)"也被用来作比喻。

13　详见《韩国生活文化语言学》第九章。

14　详见《韩国生活文化语言学》第十章。

11.16 韩国语与事大主义[15]

韩国历史上的对华"事大主义"使《千字文》在韩国语里具有了特殊意义，使"天、地、玄"这三个字也产生了特殊用法，也使韩国语出现了"固有词、汉字词、外来语"的词汇系统以及各自感情色彩的不同，因汉字词的感情色彩问题才有了"닭똥집"被改成"닭변집"的生活趣事。

11.17 关系语言与文化[16]

关系语言中，与"族谱、祖先"有关的汉字词都产生了比喻义，并且产生了很多惯用语、俗语，也产生了很多与家族有关的俗语；韩国人重视地缘、学缘、同事缘，所以韩国语里与"土生土长"有关的表达并没有消极意义，还产生了与占地盘有关的"텃세"等众多表达和俗语；韩国人重视邻居关系，所以有了"이웃사촌、우리동네"类表达；韩国人非常注重察言观色，所以"눈치"有了非常丰富的意义以及惯用语、俗语表达；韩国人的关系文化是"线绳文化"，所以与"线、绳"有关的名词如"줄、끈、새끼、선(線)、라인、고리、가닥、맥(脈)"、动词如"타다、맺다、편승(便乘)、매달리다、떨어지다、자르다、얽다、얽히다"等都产生了关系意义；韩国人重视人际关系的和谐，所以汉字词"원활하다(圆滑)"在韩国语里是褒义词；韩国人对他人生活干涉程度很强，所以有了很多与

15　详见《韩国精神文化语言学》第一章。

16　详见《韩国精神文化语言学》第二章、《韩国文化语言学综论》第九、十章。

"带饭、带着行李去阻拦他人行动"相关的表达，表示鼓动意义的汉字词"종용(慫恿)하다"和固有词"꼬드기다"都是中性词，并且还出现了与"管闲事"有关的丰富表达；韩国人是小集团主义，特别强调"우리의식 我们意识"，"우리"具有了丰富意义。

11.18 礼貌语言与文化[17]

　　韩国人非常注重人与人之间的秩序和礼貌问题，对人称代词的使用非常敏感，一般多使用代表身份的称谓语，并且与"爷爷、奶奶、曾祖父、曾祖母"有关的表达还发生了异于一般称谓语的语义泛化，表达强调意义；重礼思想带来的是发达的敬语文化，韩国人还根据语境利用敬语的异常用法来表达丰富的情感；年龄在韩国文化里具有非常重要的意义；韩国人习惯于用敬语、句子长短来表达与人的距离感。

11.19 人名、地名语言与文化[18]

　　韩国人喜欢用具体的人名来表达特殊意义，尤其喜欢用中国古代人名。韩国语里与地名有关的"동산(東山)、시궁창、시궁、수렁、개천"等都产生了特殊意义，并且还产生了前缀"골-、촌

17　详见《韩国精神文化语言学》第三章、《韩国文化语言学综论》第十章。

18　详见《韩国精神文化语言学》第四、五章。

（村)-"以及众多具有贬义的词语；韩国人还喜欢借用地名或与地名有关的惯用语、俗语来表达特殊意义，中国地名主要出现在韩国时调、俗语里，借助地名可以研究韩国十一类文化现象。

11.20 外貌语言与文化[19]

外貌具有很强的文化性，韩国语里与外貌有关的表达也具有很强的民族性和文化性，很多无法与汉语对应。

11.21 婚丧嫁娶语言与文化[20]

韩国文化里与婚丧嫁娶等有关的传统仪式都源于儒家文化，相关仪式和思想虽然基本相同，但这些文化表现在语言上却出现了较大差异，例如，韩国语里的"팔자(八字)、궁합(宫合)"产生了众多的意义和相关表达；婚丧嫁娶仪式涉及很多的服饰、饮食文化，因为服饰、饮食具有很强的文化性，导致与此相关的很多语言形式具有了很强的民族性；韩国人还喜欢用生殖器或与性有关的词语来喻物；与生育有关的很多汉字词语义也发生了变化，与养育孩子、离婚有关的语言也具有很强的文化性；与死亡、丧葬和祭祀有关的很多语言形式也都产生了具有很强的文化意义。

19　详见《韩国精神文化语言学》第六章。

20　详见《韩国精神文化语言学》第七章、《韩国文化语言学综论》第十一章。

11.22 性别语言与文化[21]

男女性别差异表现在语言上虽然具有一定文化共性，但是性别表现在身体动作、打扮、性格、日常用品的联想意义等之上也有很大不同。

11.23 宗教语言与文化[22]

韩国传统宗教萨满教的相关语言形式具有很强的民族性；道教、佛教等虽由中国传入韩国，但与其相关的很多汉字词都产生了异于汉语的意义，韩国语里还产生了与佛教、僧人等有关的具有强烈民族色彩的丰富俗语。

11.24 文学语言与文化[23]

与文学体裁有关的"소설(小說)、운(韻)、운자(韻字)、입지전적(立志傳的)"等产生了异于汉语的意义。与文学作品人物有关，韩国传统文学作品的人物名的语义泛化具有很强的民族性，中国文学作品中人物名的语义泛化虽然有的与汉语一致，但是韩国人关于

---

21 详见《韩国精神文化语言学》第八章。

22 详见《韩国精神文化语言学》第九章。

23 详见《韩国精神文化语言学》第十章。

"张飞、曹操、赵子龙、吕蒙、吕布"等的关注点和视角与中国人出现了较大的不同。

11.25 曲艺语言与文化[24]

曲艺语言中，与韩国传统歌曲、戏剧等有关的词语都具有很强的文化性，另外一些具有文化共性的曲艺形式多用汉字词表达，但也有很多产生了与汉语不同的意义，如"각색(脚色)、조명(照明)、각광(脚光)"等。与乐器有关的"북、장구、나팔(喇叭)、요령(鐃铃/搖铃)"等也产生了很多异于汉语的意义和用法。与曲调有关的很多汉字词即使在汉语里有同形词但有的意义也并不相同，有的在汉语里并没有同形词。韩国语还有很多特有的固有词拟声词也产生了特殊的比喻意义。

11.26 性格文化与语言[25]

韩国人的民族性格经历了从慢性子发展到急性子的过程，急性子在韩国语里有丰富的表现形式。韩国人非常重感情，也是喜欢身体接触的民族之一。韩国多灾多难的民族历史、儒家思想等使韩国人的性格具有了多恨、压抑的特点，而这些在肢体语言、消极词

---

24   详见《韩国精神文化语言学》第十一章。

25   详见《韩国文化语言学综论》第十二章。

汇、间接表达的运用等之上都有非常突出的表现。韩国人在缓解多恨与压抑的性格的同时也形成了排解的文化，排解方式主要有超自然的方式、肢体动作、特定饮食的食用、禁忌语的使用、发泄性与极端性的表达、比喻与夸张的幽默表达等。韩国人的性格还具有"兴"的一面，但与中国人的"兴"具有很大的不同。韩国人也有"阿Q精神"。韩国人的性格也具有两面性，即压抑与自由创新并存，极端与中庸并存。

11.27 小结

本研究的《韩国自然文化语言学》《韩国生活文化语言学》《韩国精神文化语言学》《韩国文化语言学综论》以详尽的语料与例句，从微观与宏观相结合的视角，对韩国文化与语言做了翔实的分析，并兼顾了与汉语和中国文化以及其他语言与文化的对比。

本章对此做了简要总结，主要例举了具有强烈韩国文化特色的语言表达与意义。更多详细的内容与分析请分别参考相关的专著。

第十二章

同一文化区域的视角（关注点）与语言

12.1 引论

卡西尔(2014:103)曾说"名称的功能只在于强调某个事物的一个特殊方面……并不在于指称一个具体情景的方方面面。"至于强调事物的哪一个或哪几个方面受到人们的文化与认知的影响。尤其是人类身处的文化背景对人类的认知和思维产生了深重影响,而文化、认知的不同又会对语言产生影响,因此文化、认知与语言是息息相关的。

通过对韩国自然文化、生活文化和精神文化的分析,我们发现,世界万物依人类的观察、经验而产生了多个层面、多个角度。世界万物本身是自然的,其之所以能产生各种比喻意义都是被人类所赋予的,是以人类为中心的。

例如《梦溪笔谈》中曾记录到:"穆(修)、张(景)常同造朝,待旦东华门外,方论文次,适见奔马践死一犬,二人各记其事,以较工拙。穆修曰:马逸,有黄犬遇蹄而毙。张景曰:有犬死奔马之下。"吕俊(1992:324)对此评论说:文中两人的说法加上叙述部分的说法是三种表达,如果因此事打官司,狗主人会说"奔马践死一犬",而马主人则会说"马逸,有黄犬遇蹄而毙"。也就是说,面对同样的事态,不同人的关注点不同,因此产生了不同的语言表述方式以及不

367

同的意义。

同样，朝鲜半岛上的朝鲜与韩国虽然属于同一文化区域，但因为历史原因导致两个国家已经分割七十余年，这也导致两国人在文化视角与关注点之上出现了不同，这也表现在语言上，有时会出现语言形式与意义的不同，有时会表现为同一语言形式具有不同意义。

再具体到韩国文化内部，被一个社会所认为重要的事物或概念一般情况下不仅会表现在语言上，并且会产生丰富的表达，所以通过对不同范畴或概念的相关语言形式以及多少的分析，可以判断其在该文化中的重要程度。如果某一范畴拥有多层次的下位范畴，也说明此范畴在韩国文化里的重要性。因此通过对韩国语里不同范畴与层次的概念与语言的分析可以分析韩国人所关注的文化。

在表达某一范畴概念时，韩国语所涉及的喻体有时是多种形式的近义表达，并且相关喻体绝大多数都具有很强的韩国文化特色。

因此，本章首先分析朝鲜与韩国所表现出的视角的不同。其次分析韩国人所关注的不同概念范畴以及它们的下位分类，在此基础上再分析相关概念的各种表达，借此分析韩国人的关注点、认知兴趣，分析韩国语从具体到抽象的联想思维的文化性以及韩国语的语言特点。

12.2 朝鲜与韩国的不同视角

国家的分裂使韩国语与朝鲜语在语言形式与意义上出现了一定程度的不同。

12.2.1 语言形式不同

此类型指因为朝鲜与韩国视角不同而导致语言形式与意义出现了不同。例如，过去常见的出行工具是地排车或轿子，这些出行工具都有车把、轿杆——"채"，韩国语有惯用语"채(를) 잡다"，指具有主导作用或掌控了主导权。但在朝鲜语里更常用"채(를) 잡아 주다"比喻给别人以指正或者帮助对方不犯错误。

与住居有关，韩国语有汉字词"대문(大門)"，也用于一些惯用语中，如"대문을 열다"，表示与外部建立政治、经济、文化等领域的关系，或者吸收一定组织的声援。但是一般很少用反义表达，相反，朝鲜语里还有反义表达"대문을 닫아 매다"。

12.2.2 语义不同

语义不同主要表现为三种形式，具体如下：

第一，语义互不相同，此种形式最常见。例如，与地理环境有关的表达中，俗语"평반에 물 담은 듯"字面意义为就像把水盛在平碗里一样，这个俗语在韩国比喻非常稳定、静谧的状态，而朝鲜却比喻一不小心就会出错的事情应该小心翼翼地去行动。

与动物有关的例子中，韩国语有与牛有关的"쇠아들"，俗指不懂感恩、没有一点人情味的愚钝之人，但朝鲜语里却比喻就像牛那样听话、温顺的人。与鸡有关，散养的鸡白天会在外面溜达着找食吃，但到晚上睡觉的点也会自己找回家来，因此有俗语"베돌던 닭도 때가 되면 홰 안에 찾아든다"，在韩国语里比喻即使互相关系不好自己玩自己的人，到了时候也会回到同伙身边来；在朝鲜语里则比喻到了回来的时间人们自然有办法回来。韩国有一个风俗是女婿上

369

门时要杀鸡招待女婿，并且有俗语"씨암닭 잡은 듯하다"，比喻家庭非常和睦，在朝鲜语里则比喻招待得非常好。

与丧葬礼仪有关有俗语"솜씨는 관 밖에 내어놓아라"，韩国语里的意义与朝鲜语里的意义完全相反，韩国语里用来嘲笑人手艺不好、没有才干，朝鲜语里意思是就是死了也不要把手艺埋到地里，比喻手艺非常出色。

第二，韩国语只有具体意义，朝鲜语有比喻意义。例如，与山林文化有关，过去很多高人、隐士多居于山中，因此汉语"出山"多用来指隐士出来担任官职，但韩国语汉字词"출산(出山)"仅有具体意义，相反，在朝鲜语里"출산"有与汉语"出山"类似的比喻意义。

第三，朝鲜语有更多的比喻意义。例如，与科举制度有关，过去科举考试的内容一般是"四书五经"，所以"四书五经"是过去读书人的必读书目。与此相关产生了很多故事。例如，从前有个农夫学习《大学》，因非常痛苦所以就又回去种地了，种地时因耕牛不听话，他就说道："대학을 가르칠까 보다. 看来得让你学《大学》了。"由此产生了俗语"대학을 가르칠라"，比喻笨人说笨话，而在朝鲜语言里还有一个意义，比喻要给别人苦头吃。这与中国古代"罚人吃肉"的故事有异曲同工之妙。

与经济生活有关，俗语"세난 장사 말랬다"意思是做买卖时不能因为某个产品卖得好就随便卖，那样不但不会有利润反而会遭受损失，而在朝鲜语里还多用来告诫人们，能挣钱的买卖肯定有很多人加入进来，晚进来的人很容易失败。

12.3 韩国人的关注点

韩国人经常借用多种事物、多个角度来说明同一道理，这是一种多维度思维特点，表现在语言上就会出现众多的相似表达，而某种语义的相似表达越多说明相关内容对这个民族或文化越重要。不过人类借助比喻思维所形成的各种表达最终是为了表达某种概念或思想，或者说明某个道理，而这一切归根结底是为了人类自己的生活，韩国人也毫不例外，所以韩国语里出现大量相似表达的领域都与人有关，如运气、时机与条件、工作态度、工作方式、工作成效、能力、品行与性格、话语、感情与心理活动等。虽然目标概念域都与人有关，但所借用的源概念域却非常丰富，大部分与具体的人体部位、自然环境、动植物、物品、生活现象等有关。借助与多维度联想有关的丰富表达，还可以发现一些规律性的东西，例如韩国语里表达消极性的东西多是标记项，表达更丰富。

12.3.1 运气

与运气有关的表达主要分为两类，一类与运气不好有关，一类与运气好有关。

12.3.1.1 运气不好

汉韩两种语言里都有与运气不好有关的表达，汉语多用"喝凉水也塞牙、屋漏偏遭连阴雨、雪上加霜"等，韩国语里也出现了与雪上加霜意义有关的俗语，这些俗语主要与环境、植物、身体、行为、食物、外貌、财运等有关。

首先看与环境、植物有关的俗语，如表1所示：

[表1] 与环境、植物有关的"雪上加霜"俗语

俗语	字面意义
1 눈 위에 서리 친다	雪上加霜
2 얼어 죽고 데어 죽는다	冻死烫死
3 고비에 인삼	蕨与人参
4 마디에 옹이	疙瘩与树瘤
5 옹이에 마디	树瘤与疙瘩

如上，这些俗语主要与环境、植物有关，其中俗语1与汉语"雪上加霜"一致，俗语2与冻死烫死有关，俗语3-5与蕨、人参、疙瘩、树瘤等有关。

其次看与身体、行为有关的俗语，如表2所示：

[表2] 与身体有关的"雪上加霜"俗语

俗语	字面意义
1 기침에 재채기	又咳嗽又打喷嚏。
2 하품에 딸꾹질	又打哈欠又打嗝。
3 하품에 폐기	又打哈欠又闭气。
4 이 아픈 날 콩밥 한다	牙疼吃豆饭。
5 이 앓는 놈 뺨 치기	打牙疼家伙的耳光。

如上，这些俗语主要与人的生理现象相关，主要有咳嗽与打喷嚏、打哈欠与打嗝、打哈欠与闭气、牙疼与吃豆饭、牙疼与打耳光。

第三，与行为有关的俗语，如表3所示：

[表3] 与行为有关的"雪上加霜"俗语

	俗语	字面意义
1	솜에 채어도 발가락이 깨진다	撞在柔软的棉花上脚趾头破了。
2	재수가 없으면 뒤로 자빠져도 코가 깨진다	运气不好的话，往后跌倒也会摔破鼻子。
3	챈 발에(이) 곱챈다	被绊倒的脚又绊了一下。
4	엎친데 덮친다	连摔带撞。
5	엎치고 덮치다	
6	계집 때린 날 장모 온다	打老婆的时候丈母娘来了。

如上，表示雪上加霜意义时主要涉及的行为有：被棉花撞破脚趾、往后摔破鼻子、被绊倒的脚又绊了一下、连摔带撞、打老婆的时候丈母娘来了。

第四，与食物有关的俗语，如表4所示：

[表4] 与食物有关的"雪上加霜"俗语

	俗语	字面意义
1	계란에도 뼈가 있다	连鸡蛋里也有骨头。
2	궁인 모사는 계란에도 유골이라	穷人谋事时连鸡蛋都有骨头。
3	두부에도 뼈라	连豆腐里也有骨头。
4	안 되는 놈은 두부에도 뼈라	没有运气的人连豆腐里也有骨头。
5	안질에 고춧가루	有眼病往眼里放辣椒粉。
6	눈 앓는 놈 고춧가루 넣기	

如上，这些与食物有关的俗语主要有：鸡蛋里有骨头、豆腐里有

骨头、有眼病却往眼里放辣椒粉，尤其是俗语5除了比喻雪上加霜之外，还比喻两者相克造成不好的影响。

第五，与外貌有关的俗语，如"얽거든 검지나 말지"，意思是如果是麻子脸，但不那么黑也行啊，被用来批评本来就有缺点，但是雪上加霜的是又有其他缺点。

第六，与没有财运有关的俗语，如表5所示：

[表5] 与"没有财运"有关的俗语

		俗语	字面意义
身体	1	자빠져도 코가 깨진다	没有运气的话，往后摔倒也会摔破鼻子。
	2	재수 없는 놈은 (뒤로) 자빠져도 코가 깨진다	
打猎	3	재수 없는 포수는 곰을 잡아도 웅담[열]이 없다	没运气的猎手逮住熊也没有熊胆；没有运气的瞎子学了算卦之后连伤风感冒的人都没有。
	4	재수가 없는 포수는 곰을 잡아도 웅담이 없고 복 없는 봉사는 괘문을 배워 놓으면 개좆부리 하는 놈도 없다	
长毛	5	재수가 옴 붙었다[붙다]	财运都长毛了。
月亮	6	달도 차면 기운다	比喻幸运不可能永远持久。

如上，比喻没有财运时共有四种类型，其中与身体有关的俗语主要涉及鼻子，与打猎有关主要涉及熊与熊胆，俗语4还涉及瞎子与算命，第5个俗语是财运长毛了，第6个俗语是用月亮的变化来比喻幸运不可能长久。

如上，韩国语里在比喻运气不好时借助了多种事物、动作或事件，这说明韩国人对运气不好这种现象的关注。

12.3.1.2 运气好

韩国语里还有很多与运气好有关的俗语。第一类与运气的轮转有关，如表6所示：

[表6] 与"运气轮转"有关的俗语

	俗语	字面意义	比喻意义
1	음지도 양지 될 때가 있다	阴地也有变成阳地的时候。	比喻没有运气的人也会有过好日子的那一天。
2	쥐구멍에도 볕 들 날 있다	老鼠洞也有阳光照射的一天。	比喻即使苦不见天日，但总有一天会有幸运来临的。
3	쥐구멍에도 햇살 들 날 있다		
4	고랑도 이랑 될 날 있다	沟有变成畦的一天。	比喻艰苦日子会过去，好运会来临。
5	장마다 꼴뚜기[망둥이] 날까	每个集市上都有望潮/虾虎鱼吗？	比喻不可能总是有好机会产生，也嘲笑傻得不懂世事万变。

如上，这些俗语主要涉及阴地与阳地、老鼠洞与阳光、沟与畦、集市与望潮等，其中俗语1-4与汉语的"三十年风水轮流转"都反映了一种轮回、事物转化思维。俗语5则是用疑问的形式比喻好机会不可能总是发生，也嘲笑不懂得世事万变。

第二类俗语与意外收获有关，如表7所示：

[表7] 与"意外收获"有关的俗语

	俗语	字面意义	比喻意义
1	참새 그물에 기러기 걸린다	抓麻雀的网却抓到了大雁。	比喻真正想努力去做的事没成功，反而成就了其他更有价值的事。
2	새망에 기러기 걸린다	大雁撞在鸟网上。	比喻幸运或意外收获。
3	걷는 참새를 보면 그 해에 대과를 한다	看见麻雀走的那一年登科了。	比喻看见稀奇之事而遇到好运。
4	이 빠진 개 한뎃뒷간 만났다	没牙的狗找到了野外厕所。	比喻碰巧好运气。
5	호박이 굴렀다[떨어졌다]	滚来了一个大南瓜。	比喻得到意外之财或意外遇到幸运之事。
6	호박이 넝쿨째로 굴러떨어졌다	滚来一个带秧子的大南瓜。	
7	굴러 온 호박	滚来的南瓜。	
8	아닌 밤중에 찰시루떡	晚上突然出现的黏米蒸糕。	
9	곶감 죽을 먹고 엿목판에 엎드러졌다	刚喝了柿饼粥又倒在放了麦芽糖的木盘里尝到了麦芽糖的味道。	比喻口福不断或好运连连。

如上，这些俗语主要与动物、植物、食物有关，其中动物主要与麻雀、大雁、狗有关(1-4)，植物主要与南瓜有关(5-7)，食物主要与黏米蒸糕、柿饼粥、麦芽糖有关(8、9)。之所以出现这些动植物以及食物，是因为它们是韩国社会尤其是古代社会常见的动植物，是韩国人喜欢的食物。

第三类俗语与好机会、侥幸有关，如表8所示：

[表8] 与"好机会、侥幸"有关的俗语

	俗语	字面意义	比喻意义
1	술 익자 체 장수[장사] 간다	发酵好的酒要过滤时，正好有卖筛子的经过。	比喻想做某事正好来了机会。
2	활과 과녁이 서로 맞는다	弓和靶子很适合。	比喻正好出现做某事的机会。
3	소경 문고리 잡듯[잡은 격]	瞎子抓门环	比喻非常侥幸。
4	봉사 문고리 잡기		
5	여복이 바늘귀를 꿴다	女瞎子穿针	比喻不清楚怎么做但约摸着非常侥幸地做对了。

如上，与好机会有关的俗语分别与滤酒和酒筛子(1)、弓和靶子(2)有关。与侥幸有关的俗语都与盲人(3-5)有关，因为盲人做事情不容易，如果成功则意味着侥幸。

第四类俗语与好命有关，如表9所示：

[表9] 与"好命"有关的俗语

	俗语	字面意义	比喻意义
1	장마 뒤에 외 자라듯	就像梅雨季节黄瓜长得很快一样。	比喻遇到好的机会或环境而茁壮成长。
2	장마에 오이 굵듯[크듯]		
3	풍년 개 팔자	就像丰收之年的狗命一样。	比喻悠闲、无事可做的好命。
4	오뉴월 댑싸리 밑의 개 팔자	就像五六月扫帚菜下面的狗命。	

	俗语	字面意义	比喻意义
5	장수 나자 용마 났다	将军出世、龙马现身。	比喻英雄遇到好世道，吉人天相。
6	살아날 사람은 약을 만난다	能活命的人会遇到好药救命。	比喻命好的人即使身处逆境也会找到摆脱之路。

如上，这些俗语有的与动植物有关，其中俗语1、2与梅雨季节黄瓜长得好有关，俗语3、4与食物充足的狗命有关；有的俗语与人有关，其中俗语5与将军和龙马有关，俗语6与活命和药有关。

综上所述，通过这些俗语可以发现，韩国人深谙辩证法，知道运气好坏是可以轮转的，没有运气的人也会遇到有运气的那一天。对韩国人来说，所谓的好运气多与意外收获、好机会、侥幸、好命等有关。

12.3.2 时机、条件

韩国语里还有很多与时机、条件有关的俗语。首先看与时机有关的俗语，如表10所示：

[表10] 与"时机"有关的俗语

分类		俗语	字面意义	比喻意义
一	1	장수가 나면 용마가 난다	将军出世自会有龙马现身。	无论何事要想成功自然就会产生机会。
	2	장사 나면 용마 나고 문장 나면 명필 난다	将军出世自会有龙马现身，有大文豪出世自有好文章出现。	

	3	바람이 불어야 배가 가지	有风才能行船。	比喻只有时机成熟事情才有望成功。
二	4	물이 가야[와야] 배가 오지	有水才能行船。	
	5	술은 괼 때 걸러야 한다	酒要在酒液溢出时过滤。	要在最佳时机滤酒，告诫做事不要错过最佳火候。
三	6	병아리를 본 솔개	就像伺机抓小鸡的老鹰一样。	比喻伺机抢夺时机或东西的人。
四	7	바람 부는 날 가루 팔러 가듯	刮大风时去卖面粉。	比喻办事看不准时机。
	8	사후 약방문[청심환]	死后抓药/吃清心丸。	
	9	상여 뒤에 약방문	葬礼后抓药。	
五	10	성복 뒤에 약방문[약 공론]	穿上孝服后抓药/谈抓药。	比喻时机已过，事情黄了之后再寻找对策。
	11	성복제 지내는데 약 공론 한다	祭祀的时候谈抓药。	
	12	죽은 다음에 청심환	死后吃清心丸。	
	13	죽은 뒤에 약방문	死后抓药。	
	14	굿 뒤에 날장구[쌍장구] (친다)	跳大神结束后再敲鼓。	
六	15	굿 마친[지낸] 뒷장구	跳大神后再敲的鼓。	比喻事情结束或已经决定后再说三道四。
	16	굿한 뒷장구	跳大神后再敲的鼓。	
七	17	메뚜기도 유월이 한철이다	六月是蚱蜢的天堂。	比喻就像遇到好时候一样上蹿下跳的；还比喻人的一生之中好时候不长，所以要好好珍惜。

　　如上，与时机有关的俗语可以分为七类，第一类强调动机的重要性，如俗语1、2；第二类强调时机的重要性，如俗语3-5，分别与

行船、滤酒有关；第三类强调抓住时机，如俗语6与老鹰抓小鸡有关；
第四类与看不准时机有关，如俗语7与刮风去卖面有关；第五类强调
时机已过，如俗语8-13，都与死亡有关，是借助生死大事来比喻事
情的时机已过；第六类与跳大神敲鼓有关，如俗语14-16，是借跳大
神结束后再敲鼓比喻事情结束后再说三道四；第七类与蚱蜢有关，如
俗语17，描述的是遇到好时候的人，并且还告诫要珍惜好时候。

第二，有的俗语与条件有关，如表11所示：

[表11] 与"条件"有关的俗语

分类		俗语	字面意义	比喻意义
一	1	산이 깊어야 범이 있다	山高才有虎。	比喻只有具备了一定条件，才会出现相应的成果；比喻只有自己德高望重才会有人追随。
	2	숲이 깊어야 도깨비가 나온다	林大才有鬼。	
	3	숲이 커야 짐승이 나온다[든다]	林大才有兽。	
	4	덤불이 커야 도깨비가 난다	林大才有鬼。	
	5	물이 깊어야 고기가 모인다	水深才有鱼。	
二	6	날개 부러진 매[독수리]	断了翅膀的鹰	比喻威风一时的人突然受到打击而失去力量。
	7	허리 부러진 장수[호랑이]	腰断了的大将/老虎	
	8	죽지 부러진 까마귀	断了翅膀的乌鸦	比喻受到致命打击无法施展力量与才能。
	9	죽지 부러진 새[독수리]	断了翅膀的鸟/老鹰	
	10	죽지(가) 처지다	翅膀耷拉了。	比喻气势被打或没了生气；比喻高昂的气势减弱不能再耀武扬威。
	11	죽지가 부러지다	翅膀断了。	

如上，与条件有关的俗语都与动植物有关，分为两类，第一类
是强调具备条件(1-5)，主要是用动植物出现的条件来比喻工作条
件。第二类与丧失条件有关(6-11)，又可以分为两个小的类型:其一
是断了翅膀或断了腰的鸟、老虎或人(6-9)，其二是主谓结构的表
达，都与翅膀断了有关(10、11)。

第三，与无用有关的俗语。事物都具有各自的用处，如果缺失
了某项东西就会成为无用之物，韩国语里与此相关有很多俗语，如
表12所示:

[表12] 与"无用"有关的俗语

分类		俗语	字面意义
一	1	실없는 부처 손	没有扇翅的扇子。
	2	줄 없는 거문고	没有琴弦的玄鹤琴。
	3	날개 없는 봉황	没有翅膀的凤凰。
	4	짝 잃은 원앙	失去配偶的鸳鸯。
	5	구슬 없는 용	没有龙珠的龙。
	6	꽃 없는 나비	没有花的蝴蝶。
	7	임자 없는 용마	没有骑手的龙马。
二	8	용마 갈기 사이에 뿔 나거든	龙马长角。
	9	군밤에서 싹 나거든	烤栗子发芽。
三	10	층암 상에 묵은 팥 심어 싹이 날까	悬崖峭壁上种陈年红豆能发芽吗?

如上，与无用有关，主要有三种形式，第一类(1-7)是指缺少某
样东西而成为无用之物，主要表现为:没有扇翅的扇子、没弦的琴、
没翅膀的凤凰、没伴儿的鸳鸯、没了龙珠的龙、没了花的蝴蝶、没
了骑手的宝马。第二类(8、9)是指多了某样东西而成为无用之物，

主要表现为:龙马长了角、烤栗子发芽,其中俗语9具有多义性,因为烤过的栗子很难再焕发生命力、生根发芽,所以还比喻完全没有希望的条件。第三类(10)是指没有现实条件而成为无用之物,主要表现为:在岩石上种陈年豆子。

12.3.3 工作态度

韩国语里还有很多与工作态度有关的俗语与惯用语,主要分为三类,第一类与劝诫要劳动有关,第二类与积极的劳动态度有关,第三类与消极的劳动态度有关。

第一,劝诫劳动,如表13所示:

[表13] 与"劝诫劳动"有关的俗语和惯用语

分类		俗语	意义
坚持梦想	1	진 꽃은 또 피지만 꺾인 꽃은 다시 피지 못한다	不管再难也要坚持自己的梦想,那么最终会成功的。
吃苦	2	초년고생은 만년(晚年) 복이라	年轻时受苦老时受益。
	3	초년고생은 사서라도 한다	年轻时受的苦是为将来发展积累经验,所以要乐于受苦。
	4	초년고생은 은 주고 산다	
	5	초년고생은 은을 주어도 안 바꾼다	
	6	초년고생은 양식 지고 다니며 한다	

	7	감나무 밑에 누워도 삿갓 미사리를 대어라	即使在柿子树底下躺着，也要用帽子提前做好接柿子的准备，比喻即使机会或利益有可能成为自己的，但是为了不错过也要付出努力。
	8	감나무 밑에서도 먹는 수업을 하여라	
要努力	9	누워먹는 팔자라도 삿갓 밑을 도려야 한다	
	10	조리 장수 매끼돈을 내어서라도	卖笊篱的拿出很多钱来，比喻用尽各种办法。
	11	똥 묻은 속옷을 팔아서라도	即使要把沾了大便的内裤卖了，比喻用尽各种办法。
不要闲着	12	할 일이 없거든 오금이나 긁어라	如果无事可做，哪怕是挠膝弯/念佛/打脸呢，总得做点事，不要闲着。
	13	노는 입에 염불하기	
	14	적적할 때는 내 볼기짝 친다	
不要磨蹭	15	일을 하려면 어처구니 독 바르듯 하고 삼동서 김 한 장 처부수듯 메로 새알 부수듯 하라	干活时不要磨磨蹭蹭，要快速麻利地完成。

如上，劝诫劳动的俗语主要分为五种类型，第一类，与坚持梦想有关，韩国人强调做事要有梦想(1)，是用花开、花落来作比喻。第二类，韩国人在劝诫要乐于吃苦时(2-6)，是用一种发展、纵向的眼光将不同的年龄阶段(年轻和晚年)联系在了一起；用横向的眼光将购买的行为、银、粮食联系在了一起。第三类，在劝诫人们努力时(7-11)，大多用了柿子和柿子树，韩国有很突出的柿子文化，正因为柿子树与韩国人密切相关，所以被用来劝诫要付出努力；此外，有的与卖笊篱、卖内裤有关。第四类，在强调不要闲着时(12-14)，将挠膝弯、念佛、打脸联系在了一起。第五类，在劝诫不要磨蹭时(15)，用的是命令句，俗语将大力士做缸、妯娌们吃紫菜、石斧砸

鸟蛋等三种完全不搭界的事件联系了起来，但三种事件所表达的意义却是相同的。

第二，韩国语还有很多与积极的劳动态度有关的俗语或惯用语，如表14所示：

[表14] 与"积极的劳动态度"有关的俗语或惯用语

		俗语	意义
认真	1	코를 박다	比喻热衷于某事。
	2	턱 떨어지는 줄 모른다	比喻精神集中于某事。
快速	3	여우볕에 콩 볶아 먹는다	比喻动作非常敏捷。
	4	장마철의 여우볕	比喻一闪而过。
非常忙碌	5	바쁘게 찧는 방아에도 손 놀 틈이 있다	比喻再忙也能挤出时间来。
	6	세우 찧는 절구에도 손 들어갈 때 있다	
	7	사침에도 용수가 있다	
	8	눈코 뜰 새 없이 바쁘다	非常忙碌。
	9	오금에서 불이 나게	像着了火一样奔走不停，比喻为找或寻求什么东西而忙碌地奔走。
	10	발바닥에 불이 나도록	
	11	발바닥에 땀이 나도록	
	12	개 발에 땀 나다	
	13	부지깽이가 곤두선다	就连烧火棍都竖着到处活动，没时间躺着，比喻某事非常繁忙的状态。

如上，这些俗语可以分为三类，在形容认真的程度时(1、2)，韩国语将鼻子、下巴联系在了一起。在形容动作敏捷时(3、4)，韩国语将一闪而过的阳光与炒豆子、梅雨与一闪而过的阳光联系了起

来。在形容忙碌时(5-13)，韩国语将磨坊、石臼、"사침"、眼睛、鼻子、膝弯、脚掌、狗脚、烧火棍等联系了起来。

第三，韩国语里还有一些俗语与消极的劳动态度有关，共分八类，如表15所示：

[表15] 与"消极的劳动态度"有关的俗语

		俗语	意义
不劳而获	1	감나무 밑에 누워서 홍시[연시] (입 안에) 떨어지기를 기다린다[바란다]	比喻不想努力却想得到好的结果。
	2	홍시 떨어지면 먹으려고 감나무 밑에 가서 입 벌리고 누웠다	
偷奸摸滑	3	반드럽기는 삼 년 묵은 물박달나무 방망이	使用了三年的棒槌变得非常光滑，比喻不听话、偷奸摸滑的人。
蒙混	4	구렁이 담 넘어가듯	比喻事情干不好想偷偷混过去。
	5	괴 다리에 기름 바르듯	
	6	메기 등에 뱀장어 넘어가듯	
劳动与吃饭	7	일에는 베돌이 먹을 때 감돌이	嘲笑工作偷奸摸滑、吃饭贪得无厌的人。
	8	일은 송곳으로 매운 재 긁어내듯 하고 먹기는 도짓소 먹듯 한다	比喻工作做不好但吃饭却吃很多。
心不在焉	9	염불에는 맘이 없고 잿밥에만 맘이 있다	比喻该干的事情不好好干，心总是放在如何争取利益上。
	10	제사보다 젯밥에 정신이 있다	
盲目开始	11	맥도 모르고 침통 흔든다	比喻不了解清楚就开始工作。
	12	말똥도 모르고 마의(馬醫) 노릇 한다	
	13	잣눈도 모르고 조복(朝服) 마른다	
不务实	14	실없는 부채 손	比喻眼眶子高但手脚不麻利实现不了目标。

没有准备	15 말 태우고 버선 깁는다	比喻不提前准备，到用到之时才匆忙做。
	16 가마 타고 옷고름 단다	

如上，表达消极的劳动态度的俗语主要与植物、动物、一般事物、佛教、祭祀、医学、出行、服饰语言等有关。具体而言，第一类，表达不劳而获时(1-2)，用的是柿树、红柿或软柿子。第二类，表达偷奸摸滑时(3)，用的是三年的棒槌与黑桦树。第三类，表达蒙混时(4-6)，用的是蟒蛇过墙、给猫腿抹油、鳗鱼越过鲇鱼背。第四类，表达劳动与吃饭的关系时(7、8)，俗语7用了"베돌이"与"감돌이"作对比，俗语8将锥子、灰、牛联系在了一起。第五类，形容心不在焉时(9、10)，将念佛、祭祀与祭品联系在了一起，意思是不好好念佛或祭祀，只想着吃祭饭。第六类，形容盲目开始时(11-13)，将诊脉和针筒、马粪和马医、尺子和朝服联系在了一起，意思是连相关的基础物品都不理解就开始工作。第七类，比喻不务实时(14)，用的是没有扇叶的扇子。第八类，形容没有准备时(15、16)，将骑马、坐轿分别与缝袜子、缝衣领联系了起来。

12.3.4 工作方式

要想干事，就要学会合作，韩国语里表示合作的惯用语或俗语如表16所示：

[表16] 与"合作"有关的惯用语与俗语

		俗语	意义
合作方式	1	머리/이마/코/무릎/살을 맞대다	碰头
合作的重要性	2	백지장도 맞들면 낫다	比喻同心协力会使事情变得非常容易。
	3	종잇장도 맞들면 낫다	
	4	백지 한 장도 맞들면 낫다	
	5	초지장도 맞들면 낫다	比喻不起眼的人如果集合了力量和智慧的话也可以无敌于天下。
	6	참새 백 마리면 호랑이 눈깔도 빼 간다	一百只麻雀连老虎的眼睛都能啄走。
条件与合作	7	동냥자루도 마주 벌려야 들어간다	比喻不管什么事情如果不具备一定条件就不会有好的结果,也比喻即使简单的事情也必须合作才能成功。
人多坏事	8	목수가 많으면 기둥이 기울어진다	人多了,意见多,反而会坏事。
	9	목수가 많으면 집을 무너뜨린다	
	10	사공이 많으면 배가 산으로 간다[올라간다]	
害人	11	자는 입에 콩가루 떨어 넣기	比喻好像是给别人帮助但实际却是陷别人于困境的行为,也比喻不正确的处事方式。

    如上,表合作方式时,多是与"머리、이마、코、무릎、살"等身体部位有关的惯用语,因为一般情况下合作意味着见面,这些身体部位都用来转喻人。与合作的重要性有关,韩国语出现了很多与纸有关的俗语,如俗语2-4强调同心协力的重要性,俗语5强调的是不起眼的人同心协力的威力,俗语6与麻雀和老虎有关。关于合作

的条件，如俗语7，意思是乞讨的布袋也要一起撑着才能进去。合作也要有主心骨，否则人多嘴杂反而坏事，这样的俗语主要与木工、船工有关，如俗语8-10。

合作的反面是不合作，甚至是害人，在比喻害人的行为时，韩国语有俗语11，意为往睡觉的人嘴里倒豆粉，这种比喻方式具有很强的文化特色。

12.3.5 工作成效

韩国语里有很多与工作成效有关的表达，主要涉及积极、消极以及不顺利有关的俗语。

首先看与积极意义的俗语，如表17所示：

[表17] 与"积极的工作成效"有关的俗语

		俗语	意义
干事方式	1	일은 할 탓이고 도지개는 맬 탓	比喻工作效率就看怎么干了。
人小干大事	2	참새가 작아도 알만 잘 깐다[낳는다]	比喻虽然身材很小，但却能担当大任。
	3	뱁새는 작아도 알만 잘 낳는다	
熟练	4	각전 시정 통비단 감듯	比喻干事情非常熟练、效率高。
	5	선전 시정의 비단 감듯	
	6	육모얼레에 연줄 감듯	
	7	진사 시정 연줄 감듯	
	8	상전 시정 연줄 감듯	
	9	제주 미역 머리 감듯	
	10	사월 파일 등대 감듯	

	11 뱃사공의 닻줄 감듯	比喻快速卷某物的样子。
轻松做好	12 던져 마름쇠	因为刺钉不论谁扔出去肯定会插在地上，而另一头会翘起来，比喻即使是不熟练的人也能轻松做好的情况。
轻松的事情	13 장수 이 죽이듯	比喻不费吹灰之力就完成某事。
	14 잿독에 말뚝 박기	比喻随便欺负软弱、没有力量的人，也比喻不费吹灰之力的轻松事情。
	15 잿골에 말뚝 박기	
工作轻松愉悦	16 약과(를) 먹기(라)	比喻做起来非常容易、愉悦的事情。
	17 개떡 먹기	
	18 기름떡 먹기	
	19 깨떡 먹기	
好结果	20 그물코가 삼천이면 걸릴 날이 있다	如果网眼足够多的话，肯定能被撞上，比喻如果辛勤劳动肯定会有好结果。
	21 그물이 천 코면 걸릴 날이 있다	比喻如果摊子摊得足够大，那么肯定有一处会有收获的。

　　如上，与积极的工作成效有关的俗语共分七类。其中，第一类与干事方式有关，韩国人将工作效率与校弓器联系了起来，如俗语1。第二类，比喻人小干大事时，如俗语2、3，分别用了麻雀和山雀下蛋，这些鸟虽然体型小，但也能下蛋。第三类，形容熟练程度的俗语非常多，如俗语4-11，主要用缠东西作比喻，如缠绸缎、缠放风筝的线、缠裙带菜、缠佛教灯台装饰品、缠船缆等，这些反映的都是韩国代表性的经商品目、休闲娱乐以及济州岛的特产、宗教生活、渔业生活等。第四类，比喻轻松做好时，如俗语12，用扔刺钉

作比喻。第五类，比喻轻松的事情时有两类俗语，其中俗语13比喻不费吹灰之力，俗语14、15除此之外还比喻欺负人。第六类，比喻工作轻松愉悦时，如俗语16-19，主要用了与吃东西有关的表达，所吃的食物都是韩国代表性的各种糕。第七类，有的俗语与好的结果有关，如俗语20、21，这两个俗语涉及的是网与网眼。

第二，韩国语还有很多表达消极的工作成效的俗语，如表18所示：

[表18] 与"消极的工作成效"有关的俗语

		俗语	意义
违背规律	1	푸둥지도 안 난 것이 날려고 한다	容易轻松的事情还不会就想做难度更大的事情。
	2	걷기도 전에 뛰려고 한다	
自不量力	3	개미가 큰 바윗돌을 굴리려고 하는 셈	蚂蚁撼大树
	4	개미가 정자나무 건드린다	
	5	왕개미 정자나무 흔드는 격	
	6	바늘로 몽둥이 막는다	以卵击石
	7	대부등에 곁낫질이라[낫걸이라]	就像在坚硬的粗木桩、柞树、麻栗树等之上拉锯一样，比喻不知死活地向强硬的对手挑战。
	8	장나무에 낫걸이	
	9	토막나무에 낫걸이	
	10	참나무에 곁낫걸이	
束手无策	11	그물에 걸린 고기[새/토끼] 신세	比喻被捉住，无法动弹，陷于困境。
	12	그물에 든 고기요[새요] 쏘아 놓은 범이라	
	13	농 속에 갇힌 새	
	14	도마에 오른 고기	

无计划性	15 너구리 굴 보고 피물 돈 내어 쓴다	比喻事情成功之前就想到可能得到的利益而提前花钱。
	16 땅벌 집 보고 꿀 돈 내어 쓴다	
收效甚微	17 고기는 안 잡히고 송사리만 잡힌다	比喻没有得到想要的，得到的都是没用的东西。
	18 고래 그물에 새우가 걸린다	
	19 찻집 출입 삼 년에 남의 얼굴 볼 줄만 안다	去大众闲谈的茶馆，不管怎么努力，学到的也只有察言观色罢了。
	20 게 등에 소금 치기	比喻怎么做都没有用。
白费功夫	21 죽 쑤어 개 좋은 일 하였다	比喻费尽心力做的事情被别人抢去，或给无关的人带来了利益。
	22 죽 쑤어 개 바라지한다	
	23 죽 쑤어 개 준다	
	24 풀 쑤어 개 좋은 일 하다	
	25 송곳으로 매운 재 끌어내듯	比喻如果不用正确的手段或工具是白费工夫。
	26 게 잡아 물에 놓았다[넣는다]	比喻前功尽弃；比喻得到一点小利益后便再也找不到了。

如上，韩国语这些俗语又可以分为六类，第一类，表达违背规律时，如俗语1、2，用的是翅膀还没硬就想飞，还不会走就想跑。第二类，在形容自不量力时主要用了三种类型的比喻形式，俗语3-5与蚂蚁撼大树有关，俗语6与以卵击石有关，俗语7-10意为在坚硬的大树上拉锯。第三类，表达束手无策时，如俗语11-14，用了笼子里的鱼、鸟、兔子、射中的老虎、案板上的肉等事物。第四类，表达没有计划性、提前花钱时，如俗语15、16，用了貉子和马蜂。第五类，表达收效甚微时，如俗语17-20，用了鱼与鳉鱼、鲸鱼与小虾、茶馆与察言观色、螃蟹背与盐。第六类，表达白费功夫时，如俗语

21-26，分别用了粥与狗(狗食)、锥子与灰、螃蟹与水。其中俗语26
具有两个比喻意义，除了比喻白费功夫，还比喻得到一点小利益之
后就再也找不到了。

第三，韩国语还有与不顺利有关的俗语，如表19所示：

[表19] 与"不顺利"有关的俗语

		俗语	比喻意义
养鱼	1	어장이 안되려면 해파리만 끓는다	比喻事业不顺的时候却总是发生没用的令人心烦的事情。
手工艺者	2	대장의 집에 식칼이 논다	
	3	대장장이 집에 식칼이 놀고 미장이 집에 구들장 빠진 게 삼 년 간다	
	4	짚신장이 헌 신 신는다	
商团 车马店	5	객주가 망하려니 짚단만 들어온다	
	6	마방집이 망하려면 당나귀만 들어온다	
	7	마판이 안되려면 당나귀 새끼만 모여든다	
	8	여각이 망하려니 나귀만 든다	
掉牙	9	홍시 먹다가 이 빠진다	嘲笑事情发展不顺利;事情意料之外变得很艰难或失败了;万事不能大意要小心从事。
	10	두부 먹다 이 빠진다	
鱼皮皱了	11	북어 껍질 오그라들듯	比喻所做的事情都不成功或者没有进展而逐渐萎缩。
	12	불탄 조기 껍질 같다	
兽皮皱了	13	불탄 쇠가죽 오그라들듯	
	14	불탄 개 가죽 같다	

如上，表达不顺利意义的俗语很多，分别与养鱼、手工业者、
商团、开店、掉牙、鱼皮/兽皮皱了等六类内容有关。从意义来看主

要分为三大类，其中第一类比喻不顺利却又发生不好的事情，其中与养鱼有关，如俗语1涉及养鱼场和海蜇；与手工业者有关，如俗语2-4，分别涉及铁匠、鞋匠、瓦匠，用"做什么东西的家里没什么东西"来比喻应该有某物的地方反而没有；与开店有关，如俗语5-8，意思是开店只有稻草捆、驴、驴驹子进店来。虽然养鱼、做手工、开店等都是不同的业种，但不论是养鱼的、做手工的，还是开商店的、开马店、开旅店的，却有着共同的烦恼，因此可以用来表达同一概念。第二类俗语如9、10，意为吃红柿或豆腐硌掉牙齿，嘲笑事情不顺利，并告诫要小心从事。第三类俗语如11-14，分别与鱼皮或兽皮皱了有关，比喻事情不成功反而萎缩。

12.3.6 能力

韩国语里与能力有关的俗语多具有消极意义，具体可分为不分事理、有弱点、蠢笨等。

12.3.6.1 事理区分

与事理区分有关，韩国语有俗语"배꼽에 어루쇠를 붙인 것 같다"，意思是就像肚脐眼上放了面镜子一样，所有的东西都看得非常清楚，比喻眼力好、明事理，对别人的心事洞若观火。

韩国语还有很多与不分事理有关的表达，如惯用语"천지 분간 못하다"，意思是连天地都分不清了，汉语多用"分不清东西南北"。韩国语还有俗语"물인지 불인지 모르다"，由于水与火是不相容的，所以两者很容易被辨别出来，如果连水火都无法分辨，那么则是事理不分，或者是不做分辨、任意行动。再看俗语"부엉이 섬

치기",这个俗语与猫头鹰数数有关,因为据说猫头鹰数数时一定要数双数,丢了一个它会发现,但如果丢了一对就发现不了,所以用来比喻不明事理、不了解世情的人。

12.3.6.2 弱点

韩国语里有很多与人的弱点有关的名词,如表20所示:

[表20] 与"弱点"有关的名词

词语	意义
뭉수리	言行不分明、含糊。
두루뭉수리	嘲笑言行不值得信任的人。
채동지 (蔡同知)	嘲笑言行荒诞不羁的人。
삐죽이	嘲笑动不动就生气的人。
앙짜	装斯文、装嫩;嘲笑计较、爱嫉妒的人。
허수아비	比喻占据位置但却难以发挥作用的人。
꼭두각시	比喻没有主观意志听从他人摆布的人。
로봇	
망석중	
바지저고리	
송진감투 (松津一)	俗指性情黏黏糊糊、让人心烦的人。
쭈그렁밤송이	没能力、不像样。
고문관 (顧問官)	指负责解答咨询的官吏,在军队里主要用来嘲笑那些傻乎乎的人,源于美军派到韩国的顾问因为不会韩国语而显得傻乎乎的。
쪼다	嘲笑傻乎乎没用的人或俗指那样的态度或行动。

如上，韩国语里用来嘲笑人的词语非常多，大部分都是名词。所嘲笑的也都是人性的弱点，如言行不分明、含糊、不值得信任、荒诞不羁；动不动生气、装斯文、计较、嫉妒；无能、任人摆布；性情黏糊、没能力、傻乎乎等。

其中有的表达具有多义性，如"두루숭수리、허수아비"。"허수아비"用于第二个意义时与"꼭두각시、로봇、망석중、바지저고리"同义。

这些比喻词中，有的喻体无法考证其原型意义是什么，如"뭉수리、두루뭉수리、앙짜、쪼다"；有的与官职有关，如"채동지、고문관"；有的与植物有关，如"송진감투(松津--)、쭈그렁밤송이"；有的与一般事物有关，如"허수아비、꼭두각시、로봇、망석중、바지저고리"；有的与一般派生词有关，如"삐죽이"。

12.3.6.3 愚蠢

韩国语还有很多与愚蠢有关的俗语，如表21所示：

[表21] 与"愚蠢"有关的俗语

		俗语	字面意义	比喻意义
一	1	대들보 썩는 줄 모르고 기왓장 아끼는 격	可惜房上瓦，不担心大梁烂。	比喻眼光短浅只想省下眼前小利益的愚蠢行动。
	2	기와 한 장 아끼다가 대들보 썩힌다		
	3	좁쌀만큼 아끼다가 담 돌만큼 해(害) 본다.	因小失大。	
	4	한 푼 아끼다 백 냥 잃는다.	为省一分丢百两	

二	5	등잔불에 콩 볶아 먹을 놈	灯火炒豆子。	贬称那些做事非常无语的愚笨、小气的人。
三	6	부처님한테 설법	在佛祖面前传法。	比喻非常愚蠢、不知本分地想教训无所不知并且没有任何错误的人;卖弄、炫耀。
	7	공자님 앞에서 문자를 하다	在孔子面前舞文动墨。	
	8	번데기 앞에 주름을 잡다	在蚕蛹面前捏皱。	
	9	돼지 앞에서 코 뒤집기	在猪面前翻鼻子。	
四	10	산에서 물고기 잡기	在山里抓鱼。	比喻非常愚蠢,总干一些不可能实现的事情。
	11	나무에서 고기를 찾는다	缘木求鱼。	
	12	바다에 가서 토끼 찾기	去海里找兔子。	
	13	솔밭에 가서 고기 낚기	去松林里钓鱼。	
五	14	거문고 인 놈이 춤을 추면 칼 쓴 놈도 춤을 춘다	看到头顶宣和琴的人跳舞,头戴枷锁的人也跳舞。	比喻自己处境非常不好但还模仿别人,只能成为人们的笑料。
	15	비단 올이 춤을 추니 베올도 춤을 춘다	看到丝绸线跳舞,麻线也跳舞。	
	16	슬인 춤에 지게 지고 엉덩춤 춘다	看到鼓瑟之人跳起舞,自己也背着背架、扭屁股跳起舞。	比喻人云亦云、人趋亦趋的愚蠢行为。
	17	말 탄 양반 끄덕 소 탄 녀석 끄덕	骑马的两班一点头,骑牛的小子也一点头。	比喻一味地模仿别人。
	18	고양이 세수하듯	猫洗脸。	洗脸时和没洗一样;比喻干事只会模仿不会创新。

与愚蠢有关, 主要有五种类型的人:第一类(1-4)是眼光短浅的人, 主要表现为:不心疼梁柱子只心疼瓦、心疼米粒大的东西而遭

受大损失、心疼一分钱却丢了一百两银子。第二类(5)是非常小气的人，表现为用灯火炒豆子吃。第三类(6-9)是自不量力、不知分寸的人，主要表现为:在佛面前传法、在孔子面前舞文动墨、在蚕蛹面前捏皱、在猪面前翻鼻子。第四类(10-13)是做事方式不对的人，主要表现为在山、树、松林里钓鱼，去海里找兔子。第五类(14-18)是模仿他人的人，主要表现为模仿别人跳舞(14-16)、模仿别人点头(17)，俗语18与猫洗脸有关，意思是反复洗脸但没有成效，也比喻只是模仿不会创新。

12.3.7 品行、性格

品行、性格的相关表达中，虽然有的具有积极意义，但大多数都具有消极意义。

12.3.7.1 耿直、固执

形容人说话太直不委婉时，韩国语有直抒性的表达"솔직한 사람"，也有俗语"딱딱하기는 삼 년 묵은 물박달나무 같다"，意思是就像多年的檀木不会弯曲、不会断一样，比喻非常固执，没有融通性。韩国语还有惯用语"코(가) 세다"，是用鼻子的硬度来比喻很固执，不听别人的话。

韩国语有与脖子有关的惯用语"목(이) 곧다"，比喻不屈服于他人，有志气，表达的是褒义。韩国语还有名词形式的"목곧이"，意思是脖子非常直的人，用来嘲笑那些非常固执，绝不会平白无故就向别人低头的人。类似的还有"강항령(強項令)"，意思是脖子很硬的县令，即耿直、不知屈服的县令，用来指刚正不阿的人。

12.3.7.2 节俭

韩国语里还有很多与节俭有关的俗语，如表22所示：

[表22] 与"节俭"有关的俗语

俗语	意义
1　개미 금탑 모으듯	比喻非常节俭地积聚财物。
2　개미 메 나르듯	
3　개미는 작아도 탑을 쌓는다	比喻即使弱小无力的人只要努力也能成就大业。
4　땅을 열 길 파면 돈 한 푼이 생기나	钱都不是平白无故得来的，要节俭每一分钱。
5　땅을 열 길 파도 고리전 한 푼 생기지 않는다	
6　묵은장 쓰듯	比喻一点也不知珍惜，大手大脚的样子。

如上，俗语1、2比喻非常节俭，涉及的是蚂蚁垒金塔、蚂蚁搬运荞麦。俗语3也与蚂蚁垒塔有关，比喻人小干大事。俗语4、5都与挖地有关，比喻钱不是白得的。俗语6与韩国的酱文化有关，意思是就像使用陈年老酱一样不知珍惜，比喻大手大脚的人。

12.3.7.3 自私

人的性格还有一类与是否自私有关，与此相关有很多俗语，如表23所示：

[表23] 与"自私"有关的俗语

		俗语	比喻意义
偷、夺取	1	남의 것을 마 베어 먹듯 한다	拿别人的东西就像切山药吃那样，因为山药非常好切，不需要做任何准备，所以比喻无任何顾忌地随意偷或夺取别人的财物。
贪心	2	마름쇠도 삼킬 놈	连刺钉都吃的人，比喻非常贪的人。
利己主义	3	제 앞에 큰 감 놓는다	比喻只顾中饱私囊的利己行动。
	4	못 먹는 감 찔러나 본다	比喻既然自己得不到别人也别想得到的可耻心态。
	5	나 못 먹을 밥에는 재나 넣지	
	6	못 먹는 밥에 재 집어 넣기	
	7	못 먹는 호박 찔러 보는 심사	

如上，比喻偷取、贪心时，如俗语1、2多表现为吃东西，具体的事物是吃山药、吃刺钉。利己主义也主要与吃有关，如俗语3-7，多表现为自己吃大的、自己吃不上的也不让别人吃上，具体表现是：自己面前放大柿子、把无法吃的柿子扎了、无法吃的饭撒上灰、无法吃的南瓜扎烂，涉及的食物主要是柿子、米饭、南瓜等。

12.3.7.4 吝啬

韩国语里表达吝啬意义时有多种语言形式，既有词语、惯用语，也有俗语，也有新创造的词语。

首先看词语，例如，形容词"짜다"有吝啬之意，与此相关的"왕소금(王一)、염전"等也可以比喻人很吝啬。此外，还有"깍정이、깍쟁이"也比喻非常自私、吝啬的人。表达吝啬意义时，还有

与味道有关的"고리다、노리다、구리다"、与服饰有关的"쫀쫀하다"以及派生词"구두쇠"。

第二，韩国语还有惯用语表达吝啬之意，其中"이(를) 떨다"意为牙齿发抖，比喻非常吝啬、舍不得拿出来。韩国语还有与指甲有关的惯用语，如"손톱도 안 들어가다"，意思是连指甲都抠不进去，比喻人非常能干、吝啬，如(1)。

 (1) 그 사람, 한 번도 웃거나 칭찬을 안 하는 것이 손톱도 안
  들어가게 생겼다. 那个人一次也不笑，也不夸奖别人，
  看起来很严厉。

第三，韩国语还有新出现的表达，如"아주 송화색이라"，意思是颜色非常黄，比喻非常吝啬。

第四，韩国语还有很多直接表达吝啬的俗语，如表24所示：

[表24] 与"吝啬"有关的俗语

	俗语	字面意义	比喻意义
1	벼룩의 간을[선지를] 내 먹는다	吃跳蚤的肝、喝跳蚤的血。	比喻非常小气、吝啬，也比喻榨取、剥削穷人的贵重物品。
2	참새 앞정강이를 긁어 먹는다	把麻雀腿都抠着吃了。	
3	소금도 없이 간 내먹다	没准备好盐就掏出肝来吃。	嘲讽无任何准备或本钱就想赚大钱，也比喻非常吝啬。
4	헌 짚신으로 국 끓인다	用破草鞋煮汤喝。	比喻嫉妒吝啬。
5	짚신을 뒤집어 신는다	把草鞋翻过来穿一段时间。	比喻极其吝啬的人。

6	숯은 달아서 피우고 쌀은 세어서 짓는다	烧木炭前先用秤称一称，做饭前先数数米粒。	比喻非常吝啬。
7	개 핥은 죽사발 같다	就像狗舔过的粥碗一样。	吝啬之人如狗，自己的东西打扫得干干净净的，别人休想捞到任何好处。

如上，这些俗语有的与吃东西有关，如吃跳蚤(1)、吃麻雀(2)以及不蘸盐吃肝(3)；有的与过度节约有关，如拿草鞋煮汤喝(4)、草鞋翻换着穿(5)，木炭称着用(6)、大米数着吃(6)[01]；有的与动物有关，如像狗舔过的碗那样干净得一毛不拔(7)。

第五，吝啬之人是不懂得分享的人，与此相关有很多俗语，如表25所示：

[表25] "不懂得分享"意义的俗语

	俗语	字面意义	比喻意义
1	기와집에 옻칠하고 사나	要留着钱给瓦房上漆吗？	讽刺那些不知道分享只知道攒钱的吝啬人。
2	그렇게 하면 뒷간에 옻칠을 하나	要留着钱给厕所上漆吗？	
3	부러진 칼자루에 옻칠하기	要给断裂的刀柄上漆？	
4	조리에 옻칠하나	要给笊篱上漆吗？	
5	감기 고뿔도 남을 안 준다	连感冒都舍不得给别人。	比喻非常吝啬。

如上，这些俗语分别用给瓦房、厕所、断裂的刀柄、笊篱等上

---

01 与俗语6有关，汉语也有"称薪而爨，数粒乃炊"，比喻非常贫穷或吝啬，由此可见，韩国语的这种俗语源于中国文化。

漆来讽刺只知道攒钱不知道分享。第5个俗语与感冒有关，感冒是病症并不是财产，但是感冒也不想传染给别人的话，那就是极度吝啬了，这种语义联想方式非常具有民族性。

第六，社会上还有一种现象，那就是越有钱的人越吝啬，如表26所示：

[表26] "财富越多越吝啬"意义的俗语		
俗语	字面意义	比喻意义
1 섬 틈에 오쟁이 끼겠나	稻子堆里又塞进了粮食袋子吗？	比喻有钱人更贪财。
2 재떨이와 부자는 모일수록 더럽다	烟灰缸与富者都是积累越多越脏。	比喻财产越多越贪越吝啬。
3 지전 시정에 나비 쫓아가듯 한다	纸店主人看见飞过去的蝴蝶误以为是纸飞了而去追赶。	嘲笑那些虽有很多财产仍非常吝啬的人。
4 나그네 보내고 점심 한다	把游子送走后再吃午饭。	比喻人非常吝啬，只是嘴头上说要请吃饭。

如上，这些俗语都比喻财产越多的人越吝啬，如稻子堆里再塞粮食袋子、烟灰缸和富翁一样脏、店主人追蝴蝶、别人走了再吃饭。

第七，与特定地域或人物有关的俗语，如表27所示：

[表27] 与"特定地域或人物"有关的俗语

		俗语	字面意义	比喻意义
忠州人	1	충주 결은 고비	被油浸过的父母牌位。	比喻非常吝啬、自私自利的人。
	2	충주 자린고비		
	3	충주 달래 꼽재기 같다	就像忠州山蒜头一样。	比喻吝啬得令人生厌。
놀부	4	놀부 제사지내듯 한다	就像游夫祭祀一样。	比喻非常吝啬，所做之事可恶至极。
	5	놀부 심사[심보]	游夫的心思	
	6	심통이 놀부 같다	心眼就像游夫一样。	
三角山	7	삼각산 밑에서 짠물 먹는 놈	在人心险恶的首尔三角山下喝咸水长大的人。	比喻非常吝啬、没有人情味的人。

如上，这些俗语有的与忠州人有关，有的与小说人物——游夫有关。其中与忠州人有关，俗语1、2意为给父母祭祀时害怕浪费所以把纸写的父母牌位用油浸过之后反复使用，俗语3意为就像忠州的山蒜头。与游夫有关，其中俗语4与祭祀有关，俗语5、6与游夫的心思有关。有的俗语与地名有关，如俗语7，这里的三角山位于首尔区域内，所以俗语意为首尔人非常吝啬没有人情味。

第八，韩国语还有一些俗语与吝啬之人的行为有关，如表28所示：

[表28] 其他"吝啬"意义的俗语

	俗语	字面意义	比喻意义
1	연주창 앓는 놈의 갓끈을 핥겠다	去舔舐得了疮的人的帽带。	嘲笑人非常吝啬、肮脏。

403

2	쥐엄나무 도깨비 꼬이듯	鬼被挂在了皂荚树上。	比喻吝啬的人斤斤计较。
3	말똥도 밤알처럼 생각한다	把马粪当栗子仁。	比喻被贪心迷住了双眼，非常吝啬。
4	뺨 잘 때리기는 나막신 신은 깍정이라	穿木屐的吝啬鬼打人更厉害。	比喻不成器、卑劣的人反而更耀武扬威地虐待人。

如上，俗语1与疾病和帽带有关，比喻人吝啬且肮脏；俗语2比喻吝啬的人斤斤计较，俗语3与吝啬之人贪心有关，俗语4与吝啬鬼打人有关。

12.3.7.5 心胸的狭窄与宽广

韩国语里有很多与心胸有关的表达，第一类与积极意义有关，如用"통뼈、고래、태평양(太平洋)"比喻心胸宽阔，用"바지저고리만 다닌다[앉았다]"比喻没有任何想法或者心胸开阔、开朗地行动。

第二类与消极意义有关，比喻心胸狭小，主要分为四种情况：

其一，与动物有关，例如，有与鱼类有关的"밴댕이 青鳞鱼"，因为这种鱼非常小，所以比喻心胸狭小。还有与跳蚤有关的俗语"벼룩의 등에 육간대청(六间大厅)을 짓겠다"，意思是在跳蚤背上盖六间大房子，比喻所做之事不合常理、度量狭小。此外还有"새가슴"可以比喻胆小或心胸狭窄的人。

其二，与植物有关，例如，与烟种有关的"담배씨네 외손자"以及"담배씨로 뒤웅박을 판다[딴다]"，因为烟种子非常小，所以比喻小气、心胸狭窄。此外还有与小米粒有关的"좁쌀 같은 놈、좁쌀 썰어 먹을 놈"。

其三，与器具有关，例如，与缸有关的"독 안에서 푸념"，比喻心胸狭窄，所做之事令人感到窝囊。也有与酱油碟子有关的"간장 종지"，因为这样的碟子非常小，所以比喻气量狭小。

其四，与颜色有关，如"노랑이"。

12.3.7.6 软弱、没有主见、狠毒

表达软弱、没有主见时，韩国语除了一些直抒性的形容词外，还有名词"탁보"，比喻性格不干脆的人，也用来嘲笑不知分寸的人。此外，比喻没有主见的人时，韩国语有"나팔수(喇叭手)、목낭청(睦郎廳)、바지저고리、어림쟁이"等。

此外还有大量的俗语，如表29所示：

[表29] 与"没有主见"有关的俗语

分类		俗语	意义
一	1	술에 물 탄 것 같다	就像掺水的酒一样的人，比喻性格或品性黏黏糊糊、不灵透的人。
	2	술에 물 탄 이	
	3	술에 술 탄 듯 물에 물 탄 듯	比喻没有主见或分寸，话语或行动不分明；也比喻不管怎么加工本质是不会变的。
	4	물에 물 탄 듯 술에 술 탄 듯	
二	5	솥 떼어 놓고 삼 년(이라)	把锅摘下来准备搬家已三年，比喻犹豫不决、优柔寡断的样子。
三	6	죽은 게 발 놀리듯 한다	死螃蟹的蟹脚只能受人摆布，比喻没有任何主见和目的，只能受人指使而行动。
	7	녹비에 가로왈	比喻没有自己的主见，别人怎么说就怎么说，一会这样，一会那样。

	8	절에 가면 중노릇하고 싶다	
四	9	절에 가면 중 되고 싶고 마을에 가면 속인 되고 싶다	没有主见随环境变换自己的言行。
	10	절에 가면 중 이야기 촌에 가면 속인 이야기	
五	11	허파에 쉬슨 놈	多嘲笑那些没有想法与主见的人。

如上，韩国语里与没有主见有关的俗语根据所涉及的事物可分为五类，其中第一类与酒水有关，其中俗语1、2同义，俗语3、4同义，并且都是多义俗语。第二类与锅灶和搬家有关，如俗语5。第三类与动物有关，其中俗语6涉及死螃蟹与蟹脚，俗语7与鹿有关。第四类与环境如寺庙、农村等有关，如俗语8-10，意为随环境变换自己的言行。第五类与人体和苍蝇产卵有关，如俗语11。

与软弱、没有主见相对的性格就是狠毒，比喻人狠毒时，韩国语有很多派生词，如"날건달、불깍쟁이、불망나니、전깍쟁이、찰깍쟁이"，这里出现的前缀"날-、불-"等可以比喻人歹毒的，而"전-、찰-"则因为后面的词根具有消极性，因此派生词也具有了消极性。此外还有合成词"지독방망이"用来嘲笑非常歹毒的人。韩国语还有俗语"산 눈깔 빼 먹을 놈"意思是挖活人眼睛吃的人，比喻极其歹毒的人。此外还有俗语"무는 말 아가리와 깨진 독 서슬 같다"，意思是就像咬人的马嘴和破裂的水缸碎片一样锐利，因为这些东西会对人造成伤害，让人不敢靠近，所以比喻极其狠毒的人。

12.3.7.7 厚脸皮

比喻厚脸皮、没有廉耻时，韩国语也有很多俗语，如表30所示：

[表30] 与"厚脸皮、无耻"有关的俗语

	俗语	字面意义	比喻意义
1	뱃가죽이 땅 두께 같다	肚皮比地球还厚。	比喻厚脸皮。
2	낯바닥이 땅 두께 같다	脸皮比地球还厚。	
3	상판대기가 꽹과리 같다	脸皮像铜锣。	比喻非常厚颜无耻。
4	뻔뻔하기가 양푼 밑구멍 같다	脸皮厚得就像铜盆底。	
5	양푼 밑구멍은 마치 자국이나 있지	铜盆底上还有锤子印呢，但人呢，却一点反应也没有。	嘲笑认识不到自己的错误、脸皮厚、无廉耻的人。
6	대사 뒤에 병풍 지고 나간다	去别人家做客最后把屏风扛走。	比喻非常厚颜无耻。

如上，俗语1-4是拿人脸与其他事物做比较，比较对象有地球的厚度、铜锣、铜盆底，因为这些事物的特点就是非常厚。俗语5是俗语4的另外一种说法。俗语6是用拿走别人家的东西来比喻无耻。

12.3.7.8 懒惰

比喻懒惰时，韩国语有很多俗语，如表31所示：

[表31] 与"懒惰"有关的俗语

	俗语	比喻意义
1	귀뚜라미 풍류하다[풍류한다/풍류하겠다]	比喻人非常懒惰，不管田里的活儿，弄得野草丛生。
2	배부른 매는 사냥을 않는다	比喻生活艰难的人会勤奋劳作，而衣食无忧的人则容易懒惰。
3	배부른 고양이는 쥐를 잡지 않는다	

4	물썬 때는 나비잠 자다 물 들어야 조개 잡듯	退潮的时候睡觉，涨潮的时候挖蛤蜊，比喻错过时机、行动慢半拍的懒人、笨人。
5	한강이 녹두죽이라도 쪽박이 없어 못 먹겠다	即使汉江水是绿豆粥，也说没有瓢子所以喝不着，用来嘲笑那些极其懒惰、没有神经的人。
6	사서삼경을 다 읽어도 누울 와(臥) 자가 제일	虽然熟读四书三经，但"卧"字最好，多是懒人偷懒时说的话。

　　如上所示，这些俗语主要与劳作、吃东西、读书有关，其中俗语1-3都是用动物作比喻，涉及的是蟋蟀唱歌、鹰打猎、猫捉老鼠等；俗语4与渔业生产有关，涉及的劳作是挖蛤蜊；俗语5与吃饭有关，涉及的是懒人喝绿豆粥没瓢子喝不上；俗语6与读书有关，涉及的是懒人认为"卧"字最好。

12.3.7.9 其他性格

　　关于人的性格评价，还有很多俗语与惯用语，具体如表32所示：

[表32] 与"性格评价"有关的俗语与惯用语

		俗语	比喻意义
神经质	1	오뉴월(의) 녹두 깝대기[껍데기] 같다	比喻非常神经质、一戳就炸的性格。
冷酷	2	앉은 자리에 풀도 안 나겠다	坐过的位置上连草都不长，比喻人非常冷酷无情。
狡猾	3	의뭉하기는 노전 대사라	比喻行动时让人看着好像很愚蠢，但内心却非常狡猾或明明知道却装不知道。
	4	의뭉하기는 음창(陰瘡) 벌레라	

心中无数	5 돈 한 푼 없는 놈이 자두 치떡만 즐긴다	穷得一分钱没有还只吃大年糕或询问价钱，比喻没资格的人反而更猖狂。
	6 돈 없는 놈이 큰 떡 먼저 든다	
	7 돈 없는 놈이 선가 먼저 물어본다	
难以管教	8 산 닭 길들이기는 사람마다 어렵다	比喻无拘无束长大的人很难管教。
	9 생마 잡아 길들이기	
撒谎	10 번갯불에 솜 구워 먹겠다	能用闪电煎棉花吃了，指太能撒谎了。
	11 북어 뜯고 손가락 빤다	比喻干了没什么好处的事后却感到很遗憾，也比喻用谎言来粉饰或夸张行动。
	12 노가리를 까다	像模像样地说谎。
	13 이빨(을) 까다	撒谎或辩解。

　　如上，这些俗语与惯用语都具有消极性，表达神经质、冷酷无情、狡猾、心中无数、难以管教、撒谎等意义时，喻体各不相同，具体而言，六月份的绿豆壳比喻神经质(1)，做过的地方不长草比喻冷酷(2)，点香僧人、阴部的虫子比喻狡猾(3、4)，穷光蛋吃大年糕、穷光蛋问价钱比喻心中无数(5-7)，山鸡和野马比喻难以调教(8、9)，闪电煎棉花比喻非常能撒谎(10)。另外，与撒谎有关，还有一个多义俗语，如俗语11，用舔舐拿了黄太鱼干的手作比喻。最后还有两个惯用语12、13都比喻撒谎。

　　这些俗语还经常用于日常生活中，如《전생에 웬수들, 36회》中오사라说自己的婆婆是：

(2) 무시무시한 노인네. 앉은 데 풀도 안 나는 노인데. 可怕
的老太婆。她坐过的地儿连草都不长的老太婆。

12.3.8 话语

与话语有关的俗语主要涉及话语内容、说话方式和特点、话语
的功效等三部分内容。

12.3.8.1 话语内容

韩国语里有很多与话语内容有关的俗语，并且这些俗语多具有
消极意义，根据俗语所涉及的事物可分为四种类型，具体如表33所
示：

[表33] 与"话语"有关的俗语、惯用语

		语言表达	具体事物、事件	抽象意义
现实事物	1	똥단지 같은 소리	粪桶	比喻不可理解的话。
	2	무슨 감벼락 같은 소리야	晴天霹雳	比喻令人吃惊的话。
	3	철 그른 동남풍	过了季节的东南风	比喻说一些不着边的胡话。
	4	맹물 같은 소리	水	比喻没有实际内容的话。
	5	이게 무슨 개뼈다귀 같은 소리야?	狗骨头	
	6	무슨 개떡 같은 소리야?	质量不好的糕	
	7	석새에서 한 새 빠진 소리 한다	像缺了一股线的麻布	比喻说空洞无物的话。

	8	공수표를 날리다/띄우다/떼다	发空头支票	说空话。
	9	시든 호박잎 같은 소리	蔫了的南瓜叶子	比喻没有霸气、激情的话。
	10	개나발 같은 소리	破喇叭	贬称不合事理的胡话或没用的话。
假想事物	11	개뿔 같은 소리	狗的角	比喻说胡话。
	12	무슨 개뿔 뜯어먹는 소리야?		
	13	무슨 지렁이 갈빗대 같은 소리야?	蚯蚓肋骨	比喻无任何事实根据的话。
夸张	14	고려 적 잠꼬대(같은 소리)	高丽时期的梦话	比喻脱离现实的胡话。
	15	부레풀로 일월을 붙인다	用鱼胶黏日月。	嘲笑那些说话不着边的人。
人、事件	16	고자 힘줄 같은 소리	太监	比喻用尽力气压低嗓子发出的声音。
	17	언청이 퉁소 대듯	豁子嘴吹箫。	比喻随便说一些不着边的话。
	18	열사흘부스럼을 앓느냐	发天花发烧说胡话。	嘲笑那些爱说胡话的人。
	19	말은 이 죽이듯 한다	消灭虱子。	比喻说话时一个不拉地把详细信息都说出来。
	20	다 된 농사에 낫 들고 덤빈다	收获结束后拿着镰刀冲了上来。	比喻事情都完成后却无谓地插嘴、多管闲事。
	21	소댕으로 자라 잡듯	拿着锅盖就像逮住了鳖一样。	比喻拿着模样相似但却完全不同的东西说胡话。

411

如上所示，韩国语里与说话内容有关的表达绝大部分都具有消极意义，在表达这些抽象意义时，韩国语采用了四种类型的表达：

第一(1-10)，利用具有消极性的现实事物。例如，"粪桶、霹雳、无味之水、狗骨头、质量不好的年糕、缺了一股线的麻布、空头支票、蔫了的南瓜叶、破喇叭"等事物，除了"霹雳"没有消极意义外，其他都具有消极意义，通过这些具有消极形象意义的事物来比喻不可理解的话、没有内容的话等，显得更加形象生动，也更加容易理解。

第二(11-13)，利用不存在的假想事物。通过"狗角、蚯蚓的肋骨"这种根本不存在的事物来比喻胡话或没有根据的话，使表达更加形象。

第三(14、15)，借用夸张的手法。如利用"高丽时期的梦话"这种时间上的不可能、"用鱼胶黏日月"这种没有现实性的不可能来表达脱离现实、不着边的话。其实第二种类型中的"利用不存在的假想事物"也可以看作夸张的一种。

第四(16-21)，利用人和事件的形象意义。利用大家熟知的"太监"的生理特点来比喻压低嗓子说话，利用"豁子嘴吹箫"来比喻说不着边的话，利用"消灭虱子"的仔细和认真来比喻详细地说，用"收获结束后拿着镰刀冲上来"比喻事后诸葛亮，用"得天花发烧烧了十三天吗"比喻说胡话，用"拿着锅盖就像逮住了鳖一样"比喻拿着相似的东西说胡话，这些表达比单纯地用抽象语言来讲更加形象生动。

12.3.8.2 说话方式与特点

韩国语里很多俗语和惯用语与说话的方式和特点有关，如表34所示：

[表34] 与"说话方式"有关的惯用语与俗语

		语言表达	具体事物、事件	抽象意义
不说话	1	달팽이 뚜껑 덮는다	蜗牛缩进壳里。	比喻闭着嘴不说话。
	2	재갈 먹인 말 같다	就像戴了马嚼子的马。	比喻说不出话来。
	3	재갈(을) 먹이다	给马嘴里戴上马嚼子。	比喻使不能说话或发声。
说大话	4	대포(를) 놓다	放炮。	比喻吹牛或撒弥天大谎。
	5	고무풍선을 띄우다	放气球。	比喻虚张声势或说不能兑现的话。
	6	부도수표를 남발하다	随便发空头支票。	
	7	여름 난 중의로군	就像夏天穿的那种名义上的裤子那样。	比喻不像样、只剩下说大话的一张嘴而已的人。
说闲(废)话	8	엄천득이 가게 벌이듯	就像严千得开店一样。	比喻东西放得无任何秩序的样子，也比喻东扯葫芦西扯瓢说一些摸不着边的话。
	9	참새가 기니 짧으니 한다	说麻雀大了小了。	比喻非要对差不多的东西进行大小或者对错比较；也可用来讽刺那些喜欢说无聊闲话的人。
	10	개구리울음	蛙鸣	比喻嘈杂的废话。
插嘴	11	맞장구를 치다	对面敲鼓。	应和、迎合别人的话。
	12	맞방아를 찧다	对面捣臼。	
	13	베이스(를) 넣다	加入音乐伴奏。	比喻在旁边帮别人说话。
	14	언청이 아가리에 토란 비어지듯	就像豁子嘴吃芋头时芋头总会露出来一样。	比喻总会露出马脚；嘲笑插嘴说话。
	15	곁쐐기(를) 박다[치다]	砸楔子。	比喻参与别人的对话中进行妨碍。

413

	16 천둥에 개 뛰어들듯	听到打雷，狗就上蹿下跳。	比喻别人说话时，虽然与自己毫无关系但却在旁边插话。
反复说	17 좁쌀에 뒤웅 판다	抠小米粒做葫芦。	比喻做无望之事；抠小米会有噪音，所以比喻非常唠叨。
	18 엿가락(을) 늘이다	拉伸麦芽糖。	俗指唠唠叨叨地说话。
	19 엿장수 가위질 소리	就像麦芽糖商人的剪子声。	比喻反复说话。
	20 논 이기듯 밭[신] 이기듯	就像拾掇土地一样。	比喻为了让别人听懂，说了一遍的话总是重复说。
	21 입이 닳다	嘴皮子破了。	不厌其烦地说。
	22 입이 마르다	口干舌燥	
	23 입에 침이 마르다		
	24 침이 마르다		
	25 입에 배다	挂嘴边上。	反复说成习惯。
	26 입에 붙다		
	27 입에 달고 살다		
	28 입에 달고 다니다		
	29 입버릇 되다	成口头禅。	
说话慢	30 오뉴월 엿가락	就像五六月的麦芽糖。	比喻行动或说话变慢、拖延。
	31 엿가락을 늘이다	就像拉麦芽糖一样。	
	32 촌놈 엿가락 빼듯	就像土老帽拉麦芽糖一样。	
说话快	33 참새 무리 조잘대듯	就像麻雀叫。	比喻说话叽叽喳喳地很快。
	34 참새를 볶아 먹었나	你吃麻雀蛋了吗?/吃麻雀蛋了。	
	35 참새 알을 까먹었나		
	36 참새를 까먹었다		

流畅	37 헌 체로 술 거르듯	用破洞很多的旧筛子筛酒，酒就会倾流直下。	比喻说话流畅，畅通无阻。
条理	38 씨(가) 먹다[박히다]	织布	说话、办事有条理。
	39 씨를 먹히다		比喻有条理、有内容的话。
	40 씨줄을 먹히다		

如上，韩国语里与说话方式有关的表达非常多，主要分为九类，第一类与不说话有关(1-3)，主要与动物蜗牛、马有关，比喻不说话、说不出话、使不能说话三类意义。

第二类与说大话有关(4-7)，主要用放炮、放气球、发放空头支票作比喻，此外还用服饰来比喻说大话的嘴。

第三类与说闲话、说废话有关(8-10)，其中俗语8与韩国历史上的叫作엄천득(嚴千得)的商人有关，因为他所经营的商店的物品放得乱七八糟，所以俗语比喻东西放到处都是、没有任何秩序的样子，也比喻东扯葫芦西扯瓢地说一些摸不着边的话。俗语9、10分别与麻雀大小和蛙鸣有关。

第四类与插嘴有关(11-16)，其中11-13都是惯用语，分别是用敲鼓、捣臼、音乐伴奏等比喻帮腔。俗语14用豁子嘴吃芋头来嘲笑插嘴的人。惯用语15用砸楔子比喻妨碍别人说话。俗语16用狗因打雷上蹿下跳来比喻插嘴与己无关的谈话。

第五类为反复说(17-29)，其中17与抠米粒有关，18、19与麦芽糖有关，20与耕地有关，其他都是与嘴巴有关的惯用语，其中21-24比喻不厌其烦地说，25-29比喻反复说成习惯了。

第六类与说话慢、拖延有关(30-32)，喻体用的是麦芽糖。

第七类与说话快有关(33-36)，喻体都与麻雀有关，其中33的喻体是麻雀叫，34-36的喻体是吃麻雀蛋。

第八类与说话流畅有关(37)，喻体是用破筛子筛酒。与说话流畅相反的就是吞吞吐吐，韩国语用面条来比喻，因为面条在锅里煮的时间长了就会断掉，根据这个特点被用来比喻说话吞吞吐吐，如(3)。而汉语一般用"像挤牙膏似的"。

(3) 말씀을 툭! 툭! 꼭 물에 불어 끊어진 면발 같아서요.《그래 그런 거야, 8회》您说话，就像在水里泡囊了的面条一样，一节一节的。

第九类与说话条理、有理有据有关(38-40)，喻体都是织布。

12.3.8.3 话语的功效

说话非常强调功效问题。俗语"대문은 넓어야 하고 귓문은 좁아야 한다"比喻听别人的话时，要注意听有益的话。

比喻说话的功效时，有俗语"대포알 만 개"，用一万颗大炮来强调威力大，俗语"말 한마디가 대포알 만 개도 당한다"比喻好口才具有强大的力量。如果说话没有达到预期效果，韩国语用"말만 귀양 보낸다"意思是把话流放了，但实际指的是话虽然已经说了，对方却没有反应，所说的话白说了。比喻听不懂话时韩国语用"귀에다 말뚝을 박았나"，意思是耳朵里砸了马橛子了吗？

与说话有关，韩国语还有惯用语"쐐기(를) 박다[치다]"，指为做好某事而提前做好准备工作，主要指提前和某人说好，汉语多用"一锤定音"。

12.3.9 感情、心理活动

韩国语里也有很多与感情心理有关的俗语、惯用语，如表35所示：

[表35] 与"感情心理"有关的俗语

分类		俗语	意义	
皱眉头	1	이마에 내 천(川) 자를 쓰다[그리다]	川字眉	比喻紧皱眉头
	2	저녁 굶은 시어미 상[02]	婆婆因为儿媳妇没有做晚饭饿了肚子而眉头紧锁。	
	3	쥐 초 먹은 것 같다	就像老鼠喝了醋。	
	4	내 마신 고양이 상	就像闻到臭味的猫。	
	5	낙태한 고양이 상	就像堕胎的猫。	
	6	우거지상	就像干白菜帮。	
脸色难看	7	썩은 콩 씹은 얼굴	比喻脸色难看，不高兴。	
	8	똥 씹은 얼굴		
	9	벌레 씹은 얼굴		
	10	뭘 씹은 얼굴		
	11	공궐 지킨 내관의 상	比喻满面哀愁、凄凉的表情。	

---

02 "저녁 굶은 시어미 상"也比喻天气阴沉沉的样子。

害怕	12 자라 보고 놀란 가슴 소댕[솥뚜껑] 보고 놀란다	一朝被蛇咬十年怕井绳。
	13 더위 먹은 소 달만 보아도 헐떡인다	
	14 뜨거운 물에 덴 놈 숭늉 보고도 놀란다	
	15 불에 놀란 놈이 부지깽이[화젓가락]만 보아도 놀란다	
害怕或不情愿	16 푸줏간에 들어가는 소 걸음	比喻哆哆嗦嗦地害怕或虽不情愿但被迫去做的样子。
	17 관에 들어가는 소(의) 걸음	
	18 죽으러 가는 양의 걸음	
埋怨	19 수레 위에서 이를 간다	被放在已出发的地排车上咬牙埋怨，比喻事过之后的埋怨。
冤枉	20 소경 기름값 내기	比喻非常冤枉地就某事进行赔偿。
	21 봉사 기름값 물어 주기	
	22 중이 횟값 문다	和尚交了生鱼片或肉菜的钱，比喻交了冤枉钱。
	23 중놈 돝고깃값 치른다	
	24 두꺼비 돌에 치였다	比喻无缘无故遭殃。
	25 애매한 두꺼비[거북이] 돌에 치였다	
悲痛	26 솜뭉치로 가슴(을) 칠 일(이다)	比喻非常郁闷、悲痛。
	27 담뱃대로 가슴을 찌를 노릇	

	28	떡 줄 사람은 꿈도 안 꾸는데 김칫국부터 마신다	别人还没想到给自己年糕呢，自己就先喝泡菜汤了。
自作多情	29	떡방아 소리 듣고 김칫국 찾는다	听到打年糕的声音就开始找泡菜汤。
	30	앞집 떡 치는 소리 듣고 김칫국부터 마신다	听到邻居家打年糕的声音就先喝泡菜汤。

如上，这些俗语主要可以分为八类，第一，比喻皱眉头时，除了用直抒性表达，还用川字眉(1)、没吃晚饭的婆婆脸(2)、喝了醋的老鼠(3)、闻到臭味的猫(4)、堕胎的猫(5)、腌白菜帮(6)等来表达。第二，比喻脸色难看时，用吃烂豆子(7)、吃屎(8)、吃虫子(9)、吃了什么(10)来表达，有时也用守宫的太监的脸(11)来比喻哀愁、凄凉的表情。第三，表示害怕时，用乌龟和锅盖(12)、牛和月亮(13)、热水和锅巴汤(14)、火和火钩子(15)等表达。第四，表示害怕或不情愿时，用牛和肉店(16、17)、赴死的羊(18)来表达。第五，表示事后埋怨时，用被放在地排车上之后再埋怨(19)来表达。第六，比喻冤枉时，用盲人交灯油钱(20、21)、和尚交生鱼片或肉钱(22、23)比喻交了冤枉钱，用蟾蜍或乌龟撞在石头上比喻遭殃(24、25)。第七，比喻悲痛时，用来作比喻的是棉团(26)[03]或烟袋杆(27)。第八，比喻自作多情时，用别人还没想到给自己年糕自己就先喝碗泡菜汤(28-30)作比喻，因为韩国人吃了糕后会喝泡菜汤，这具有很强的文化性[04]。

综上所述，概念具有层次之分，每一层位的概念又可以下分多

03　汉语里比喻此类意义时一般用"胸口像堵了棉花""堵在胸口的那团棉花瞬间消失了"(网络)。

04　类似意义汉语用"八字没一撇"。

个概念范畴，每个范畴下又有多个相关或近义的俗语或惯用语，这些相关或近义的俗语或惯用语中所涉及到的事物虽然各自并没有相关关系，但却可以表达相关或类似的比喻意义，正是在韩国人的多维思维方式下，这些不相关的事物才被拿来表达相关、同一或类似的概念，因而相互之间在语义上产生了关联性。

12.4 小结

虽然朝鲜与韩国使用的是同一种语言，但由于政治原因而分割成为两个国家，这也导致两个国家的文化与语言出现了差异。

具体到韩国文化与韩国语内部，韩国语产生了大量具有文化特色的语言表达，尤其是产生了大量俗语和惯用语，主要用来表达与运气、时机条件、工作态度、工作方式、工作成效、能力、品行与性格、话语、感情与心理活动等概念范畴。这些概念范畴又有多个下位范畴分类，每个下位范畴大部分都具有多个近义表达。这说明这些相关概念范畴在韩国文化与韩国人认知中具有重要地位。并且韩国语里所表现出的这些概念范畴大部分都具有消极性，这也说明语言更多关注那些非常规的、特殊的概念范畴。

不同事物或事态具有不同的特点，但具体到某一个细微的特点，也许就具有了共通之处，因此就被韩国人同时关注到并且来说明同一个抽象的道理，那么就产生了两个以上的近义表达。这也说明了韩国人对多个事物或事件联想意义的共同之处，也反映了从具体到抽象的认知过程的共通性以及语义引申的象似性。这样的结果就是将很多表面上看似不相干的事物或事件借助某一概念范畴联系在了一起，从而使事物或事件之间产生了很强的关联性。

　　分析所涉及的各种语言形式尤其是俗语可以发现，这些表达里所涉及到的事物或事件都是韩国社会极其常见的、熟悉的、重要的、兴趣所在的，正因为有这样的共享基础，所以才使得韩国人能够轻松将其用于比喻，并且也能够为所有的韩国人所共同识解。

　　分析韩国语的众多表达，会发现很多事物或事件具有反复出现的特点，这也说明相关的事物与事件在韩国社会的重要地位，以及韩国人对其关注度之高、了解之深。

第十三章

异文化与语言

13.1 引论

人类借助共同的认知能力将世界和文化与语言联系在了一起，将人类对世界与文化的认知体现在了语言之中，并且语言文字也是文化中最重要的一种元素(联合国教科文组织等 2006:116)，语言是一个民族最基本的文化特质，世界上每一种语言都代表一种独特的人生经验和一种独特的世界观(联合国教科文组织等 2006:20-21)。也就是说，语言的产生与发展都离不开人们的认知能力，离不开一个民族对周围世界的观察和思考，语言是一个民族认知的结晶。

不同文化和认知对语言的影响会出现不同，本章主要从造字、构词、事物命名、词汇数量、语义发展、语言形式、感情色彩、语言艺术、外来语的借用等方面展开分析。

13.2 文化与造字、构词

文化对文字形态特点具有一定影响。民族审美意识是文化的重要内容之一，中国人欣赏对称美，这种审美价值判断标准对汉语的语言形式起着重要的导向作用，例如汉字就是方正对称，并兼有看得见或看不见的中轴，这与汉人的房屋建筑在外形上非常相似，而拉丁字母、英文字母形体多属尖形，这与西方尖顶建筑物非常相似，阿拉伯文字多圆形，这与阿拉伯的建筑物多是圆形相似(钱冠连2004/2006:227)。这是从字的整体形态趋向来分析文化对造字的影响。

从具体的造字思维来看，汉字造字的过程是"近取诸身、远取诸物"，不仅是汉字，就是其他国家的文字很多也体现了这种造字思维。

例如，中国地势西高东低，因落差影响，河流由西向东呈流动状态，所以甲骨文中的水字是竖形的(图1-1)。与中国的甲骨文水字形成对比的是古埃及的水字，古埃及地势平阔，尼罗河流入古埃及后已是下游，受地势影响，河道分出很多支流，水势很是平缓，根据这种景象，所以古代埃及人造出的水字是横形的(图1-2)(王立军等 2012:169)。另外，中国人还有一种思想观念，就是水在河道里流淌是常态的，而横流则是非常态的，是灾难，所以甲骨文中"灾"的本字，其形如图1-3、1-4，都是水的横流之态(王立军等2012:171)，所以造字来表达"水"意义时，自然要以常态(图1-1)的形象来着眼(王立军等 2012:169)。也就是说，在埃及与中国虽然都有横形的字，但受常态文化的影响，两类文字所表达的是相反之义。

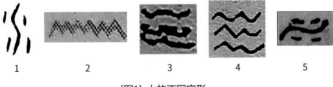

[图1] 水的不同字形

中国的古文字还有一个特点，就是南北(上下)向的字大多表示动态，而东西(左右)向的都表示静态，如汉字的水就是上下方向的(图1-1)，而不是左右向的(图1-5)(申小龙 1990:388)。关于这种现象，姜亮夫认为这与中国的阴阳运行思想有关，古人以南方为阳，北方为阴，建筑以南方为正，人以南北分尊卑，这种思想也表现在了文字构造上(申小龙 1990:388)。

在古代，"丰产是人类追求的目标，按照原始信仰，肥胖丰硕是生命力旺盛的标志，是生殖和丰产的表征；反之，瘦与弱是同义词，是病态的，不美的，所以汉字中的'瘦、瘠'都从'疒'，很显然这种造字思想反映了原始信仰"(叶舒宪 2005a:14)。Weston La Barre(1984:86)曾指出西文词汇"fecund(多产的、肥沃的)""fetus(胎儿)""femina(阴性的、女性的)""femur(大腿骨)""feminis(雌性的)"等都拥有一个共同的词根"fe"，也就是说，肥硕、孕育、女性等不同事物之间有着信仰上的联系；他还指出肥猪在过去受到崇拜，就是因为猪的多产能力与它的肥胖是一回事(转引自叶舒宪 2005a:15)。肥猪在韩国人信仰里也具有同样的意义，所以现代韩国语里"돼지 猪"成了多产、财富的象征。

物质生产方式也会影响语言。例如，与人们关系密切，在人们的生产生活中起重要作用的事物，就会较多地在语言文字上表现出来。反之，语言文字上就不会出现，或不明显。

(1) 马、牛、羊、鹿、犬、鸟、隹、虫、鱼鼠《说文解字》

(1)中的汉字都是象形字，表示的都是古人接触多的、熟悉的动物，与古代物质生产密切相关，也表明它们在汉字体系中起源早，它们构词能力相当强。

韩文的创制原理是根据"天、地、人"的不同形象以及人坐卧躺的姿势或人的口型而来，虽然韩文是拼音文字、韩国语是一种形态语言，但是其构词也明显受到了文化的影响。例如，韩国语有丰富的拟声拟态词，这些词语都是根据周围自然环境的声音或形态创造出来的。也就是说，不同文化对造字、构词的影响方式不同而已，但都会发生影响。

反过来通过研究造字、构词，我们可以推测这些语言现象背后所隐含的思维和文化，并研究语言和思维、文化是如何联系在一起的。

例如，东方文化具有"前人栽树后人乘凉、大树底下好乘凉"的思想，强调树是为了给人们提供休息的地方，所以汉字的"休"就是人倚靠在树下，韩国语则有俗语"나무 한 대를 베면 열 대를 심으라"，意为砍树后要种多几倍的树才行。与东方文化相比，西方文化中对栽树的理解与东方文化不同，例如18世纪的开拓者Johnny Chapman是美国的民间英雄，他穷尽一生在路边到处撒播苹果种子，梦想创造一个人人衣食无忧的国度，并且由此产生了俗语"Johnny Appleseed"。也就是说，美国人栽树是为了得到果实，追求的是物质上的丰饶，这与东方文化是不同的。

13.3 文化与事物命名

人类在给事物命名时虽然都是采用熟悉的事物给不熟悉的事物命名，但是对同一事物命名时，具体会采用哪种熟悉的事物却具有很大的文化特性。具体到语言学的角度，"在反映某一事物属性或特征集合中，只有那些能被突显或者引起认知主体注意的属性或特征会发生变化和更迭，产生转义"(张再红 2010:73)。但不同文化背景下的人具有不同的认知视角与关注点，事物能够被突显或引起注意的属性或特征受到人们认知的极大影响，因此在给事物命名时也不可避免地出现很大不同。即使是同一个国家或民族的人在事物命名时也会出现很大不同。

首先看与汉语有关的例子。例如，狭义的红木是豆科植物，它被北方人称作红木，这是从视觉角度来命名的，但南方人却因为豆科植物都泛酸，所以从嗅觉角度称其为"酸枝"(马未都 2017(1):73)。也就是说，中国南北方人对同一事物的命名出现了视角的差异。

再看一个例子，中国有一种带窗棂色彩的柜子(见图2)，这柜子有两个名字分别叫"鸡笼橱"和"气死猫"，前者是南方人的视角，即站在里面向外看，说鸡被关在里头了；后者是北方人的视角，这种柜子让喜欢偷吃的猫只能站在外面看着却吃不着，所以叫气死猫。(马未都 2017(1):73)南北方人不同的认知主体因处于内外两个不同的空间，观察视角不同，所以导致出现了两种不同的命名方式。

[图2]"鸡笼橱"与"气死猫"

再看与韩国有关的例子。与拟声词有关，不同地区的人在描述同一种声音时有时会出现不同，因此声音命名的具体语言形式也会出现不同。例如，韩国语里青蛙为"개구리"，其命名理据是青蛙的叫声，但因为不同地区的人用语言表达青蛙叫声时会有差异，所以出现了两种青蛙叫声，出现最早的是"머굴머굴"，后来又出现了"개골개골"，前者于15世纪发展出了"머구리"(法華經諺解 3:156)，后者于17世纪发展出了"개고리"(新增類合 上:15)，后者于18世纪又发生变音，成了"개구리"(同文類解 下:42)[01]，"머구리"主要出现于15、16世纪，17世纪后基本就消失了，因为在语义竞争下败于"개구리"(조항범 2014:351)。

如上，在中国与韩国各自的内部，虽然从大的范围来看属于同一个文化区域，但是在事物命名上也出现了不同。再将文化区域扩大到更大的文化圈，处于不同文化圈内的人因观察视角与关注点等认知与思维方式的不同，对同一事物会产生不同的体验，对同一事物会赋予非常不同的名称和意义，那么在事物命名上将会出现更大的差异。

从命名理据来看，前面已经分析了视觉与嗅觉命名、空间视角命名、声音命名，另外，还有形态命名、功能命名、时间命名、处所命名、成分命名等。

首先看形态命名。不同文化里都有利用人体来比喻事物的共性，例如，缝衣针用来穿线的小洞，汉语称作"针眼"，英语称作"needle's eye"，两种文化都是用眼睛来作比喻，此外，汉语还称作"针鼻"，是用针可以穿线这个功能来命名的，但韩国语却称作"바늘귀"，是用耳朵来比喻，利用的是形态的相似性。

---

01   《法華經諺解》1463年，《新增類合》(이수룬가판) 1605年，《同文類解》1748年。

韩国语里"비단"可用于物的命名，如"비단조개"(图3-1)，因为实物就像绸缎一样光滑漂亮，英语为"pink butterfly shell"，是用粉红蝴蝶壳来命名，但汉语里不知道叫什么。韩国语还有"모시조개"(图3-2)，是用布料"모시 细麻"来命名，汉语为"横帘蛤"，也是形态命名，不过用的喻体是"横帘"，英语为"short-necked clam"，是用"短颈"来命名，命名方式汉韩不同。

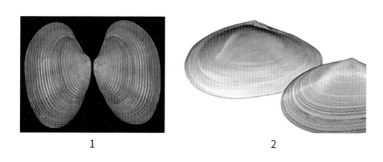

1　　　　　　　　　　　2

[图3]"비단조개"与"모시조개"

关于人体肌肉，不同语言中有不同的命名方式。例如，与腹外斜肌腱膜于腹股沟韧带内端上方形成三角形裂隙(腹部两侧接近骨盆上方的组成V形的两条线条)有关，英语称作"V line abs"，汉语用"人鱼线、人鱼纹"，但也称作"川字肌"，韩国语称作"11자 복근"。与人在较低体脂率的状态下腹直肌和腹外斜肌所形成的线条有关，汉语称作"马甲线"，英语称作"Firm abs"。如果腱划将腹直肌分割成了较少的块数使得其在视觉上偏向于正方形，汉语还称作"豆腐块腹肌"。如果较多腱划使得腹直肌被分成了六或八块，并且腱划相对整齐，从视觉上腹直肌偏向于长方形，则称作"巧克力腹肌"，韩国语用"초코렛복근"。也就是说，虽然都是根据肌肉的形态特点来命名，但不同文化与语言的命名方法不同，产生的词汇也不

同。其中，汉语里以豆腐块、巧克力来命名时还考虑了触觉特点上的相似性。

有的形态命名与颜色有关，例如，汉语有"银河"，韩国语也叫作"은하(銀河)"，是用金属颜色来命名，相反，英语里称作"the Milky Way"，是用牛奶的颜色来命名。

上面所分析的形态命名比较直白，有时有的形态命名可能比较抽象。例如，在比喻酒量大的人或大量的酒时，韩国语用"고래술"。日语里比喻酒量大的人也用鲸鱼，如"长江鲸"(内山完造2015：121)。韩国语与日语的这种命名方式都利用了鲸鱼形态大、进食量大的特点。汉语一般用"酒桶、酒篓子"，利用的也是形体大的事物。

有的命名理据是处所或形态。例如，与钟表有关，韩国语的"벽시계(壁時計)、탁상시계(桌上時計)"都着眼于钟所处的处所，英语的命名方式与韩国语相同，分别是"wall clock、desk clock"。相反，汉语一般用"挂钟、座钟"，没有出现处所，着眼的都是钟的形态。

有的命名理据是功能或形态。例如，汉语有"背架"，韩国语有"지게"，这都是功能命名，但英语里叫作"A프레임"，这属于形态命名。

有的命名理据是时间特点。例如，与牙齿有关，汉、日、英语里对"智齿"的命名都着眼于长牙的时刻是青春期以后人开始变得有智慧这一点，但韩国语里却称作"사랑니"，对这个命名，박갑수(2014a：20)认为这可能是因为韩国人认为"长智齿的时期是人开始恋爱的时期"，所以取了这样的名字。

有的命名理据是功用或口味。例如，韩国语里烈性酒称作"독주(毒酒)"，这个词本来指毒酒，在此基础上又产生了高度酒之意，

也就是说，这种命名理据是酒的功用或喝酒后的后果。英语的烈酒为"firewater 火酒"，是根据酒入口时的感觉来命名的，这与汉语"烈酒"的命名理据相似。

有的命名理据是成分特点或方位命名。例如，韩国语里有"수박"，与英语"watermelon"的命名理据一致，都是根据多水分而命名的。相反，汉语里称作"西瓜"，是因为这种水果产自埃及，经过西域传入中国宋朝，所以称作西瓜(조항범 2014:373)，属于方位命名。

13.4 文化与词汇数量

聚合性单位的相对数量和复杂性与其文化重要性成正比(刘丹青 1995:102)。即使是在同一文化区域内，因不同地区的文化也会有差异，所以最终会造就不同的地区方言。例如，底特律的美国人可能拥有很多关于汽车型号、年份和制造商的海量词汇，以清楚地区分不同的汽车类型，但在美国其他城市可能就没有这些相关的海量词汇(哈维兰等 2014:113)。韩国虽然地域狭小，但也形成了很多方言区，代表性的就是济州岛方言区，因为济州岛与朝鲜半岛相距甚远，彼此之间的文化隔离使济州岛产生了大量方言词汇。

如果文化区域继续扩大为文化圈，那么文化对词汇与数量的影响则更为明显。例如，位于热带内陆地区的语言里不会出现"雪、冰、海、海贝"等语词，因为周围的环境没有这些东西，所以也不重要。韩国语里的"눈"、英语里的"snow"，汉语里的"雪"都只有一个，但生活于雪的世界里的爱斯基摩人的语言里却有"下的

雪、堆积的雪、盖房子的雪"等词汇(천소영 2000:154)，并且数量达到12个(段义孚 2017:166)，说明雪在爱斯基摩人文化里占有重要位置。非洲苏丹南部过游牧生活的努尔人拥有关于牛类的大量词语和表达方式，牛的描述类词语就有400多个，人们多用这些词语来为男孩取名(哈维兰等 2014:115)，说明"牛"文化在这里发达且不可缺少。

语言与文化的这种关系反过来也成立，即相应的文化越重要其语言表达越多，例如，因为美国人吃牛排讲究熟度，所以在语言里就有了"带血 bleu""一分熟 rare""三分熟 medium-rare""五分熟 medium""七分熟 medium-well"和"全熟 well done"等一系列的表达。在中国有传统生产方式为狩猎的达翰尔族人，过去他们主要的服饰来源是狍子皮，所以达翰尔语中有多种狍子皮表达，不同季节、不同部位的称呼都各不相同。韩国有特殊的席地而坐的坐式文化，也因此产生了与此相关的丰富的坐具表达，如"방석、비단방석、돈방석、꽃방석、가시방석、송곳방석、엄나무 방석、곁방석、앞방석、자리、돗자리、멍석、보려"等，并且绝大部分都产生了比喻意义。

这种现象也被称作语言相对主义(linguistic relativity)，指的是"某一种语言所包含的对事物的区分是这种语言所独有的"(哈维兰等 2014:113)。这些词汇的发达都与他们的民族文化密切相关，因为"如果事物对我们具有充分的重要性，那么通常会找到办法使其具有可见性"(段义孚 2017:166)。也就是说，"某一物质出产地的人们对这一物质的细微差别极为敏感，因而就会造出各种不同的词来给以称呼"(邢福义 2000:166)。这种对差别的敏感性最终也源于一种必要性，也就是说实际生活需要对这些细微差别进行区分。而其他民族因为没有这些文化环境，自然也就没必要、也不会创造这些词汇。

"每种文化的大部分词汇都是用来表示集合的。看一种文化的词汇，你就可以对这一文化的内容及其所看重的事物有个大致的了解"（霍尔 2010/2015:83）。所以通过对韩国语的词汇进行文化分类，可以对韩国的文化内容及其所看重的事物有个大体了解。

13.5 文化与语义发展

语义从最初的基本义产生引申的过程就是人类对本义所指事物的认识和联想的过程，这个过程本身就是文化的内容之一，反映了人类的认知和思维方式。"许多词语的概念离不开参与者的意图或行为、状态或事物所处的社会文化制度和行为"（Croft & Cruse 2004:11），"词义所代表的其实并不是某种事物或现象，而是这些事物或现象在人们意识中的一定反映"（岑麟祥 1961）。具体而言，"词反映出人们如何理解现实的某一部分以及该部分与现实其他部分的关系，反映一个社会中社会和人们是如何理解他们的"（维诺格拉多夫 1958），这种观点也可称作"词义反映说"。

词语的发展还会出现惯用语、俗语等表达，其中惯用语是一种固定化的搭配关系，其比喻意义是在词语的基本意义基础上发展出来的，俗语也是借助给身边最常见的事物、现象赋予比喻意义来说明一定道理。这些比喻意义的产生基础源于人类的认知和思维模式。而认知和思维模式是"人类在成长过程中所接触到的各种民间印象无意识中综合作用的结果"（Aitchison 2003/2004:314），人类的认知与思维模式具有很强的共性，表现在语言上也会表现出一定的共性。但是受文化背景与认知的影响，语义的发展也会产生很大差异。

文化对语义的影响还有一种表现，那就是利用现有词汇来比喻新事物或者表达新概念时，一般会利用最熟悉的、最具相关性和相似性的东西。例如，奥莫亨德罗(2017:15，28)提到，纽芬兰人已经在海上生活了两个多世纪，所以与船、航海有关的词汇是他们最熟悉的，虽然他们现在的产业也朝着伐木、筑路等方面发展，但他们会借用最熟悉的(与渔业有关的)事物来转指其他事物，从而造成了航海词汇的语义在纽芬兰文化里发生了扩大，航海词汇的这种语义变化是纽芬兰文化产生作用的结果，如果到其他文化里则可能无法产生这样的语义变化。

再如，松树对中国人来说有特殊的文化象征意义，但是桦树则没有，相反，桦树对俄国人来说却可以象征战士或祖国，也比喻俄罗斯少女的苗条和美丽。(冯志英 2015:74)这是因为松树是中国人常见和熟悉的事物，相反，桦树则是俄国人常见和熟悉的事物。熟悉的事物才具有发生语义变化的可能性。

文化和认知的不同使得人们对同一事物产生不同的视角与联想，因此对同一事物的比喻意义会产生不同。因为比喻一般都是借用具体的事物来比喻抽象事物或道理。但是事物的特点具有很多细小的特征，关注的焦点放在哪些离散特征之上，对这些特征又产生何种联想具有很强的文化特色。

例如，同样是用水作比喻，韩国语"돈을 물 쓰듯 하다"与汉语"花钱如流水"都比喻不节俭，但对阿拉伯人来说，"花钱如流水"会被曲解成"花钱要像用水那样节省着花"(조현용 2009:179)，这种差异主要源于生活环境的不同，因为韩国与中国相对来说不缺水，而阿拉伯世界的水却非常珍贵，所以导致上述表达出现了语义上的不同。再如，同样是比喻花钱大方，韩国语还用"조자룡이 헌

창[칼] 쓰듯", 意思是就像赵子龙耍枪弄棒一样, 比喻花钱用物非常大方, 舞枪弄棒与花钱用物大方之间的联系应该是形态上的相似性。这种比喻显然是韩国人独特的视角, 而俗语本身所借用的人物又是受了中国文化的影响, 但在中国却没有产生这样的俗语以及相关意义。

13.6 文化与语言形式

文化与认知的不同会影响语言形式的有无、多少以及具体语言形式的不同。

13.6.1 文化背景不同

文化背景会影响语言形式的有无与意义变化, 例如, 韩国语有汉字词"홍장(紅粧)", 本来指用胭脂类东西化妆, 多用来比喻美女的化妆, 也比喻红花开放。因为在中韩这样开放的文化环境里, 女性都化妆, 并且穿红戴绿, 所以"홍장"产生了这些意义。但在阿拉伯等国家传统女性都穿黑色大长袍, 头上蒙着一个黑色的头套, 在这样的文化环境下一般不会产生"홍장"意义的词语, 自然也不会发生这样的语义泛化。

再如, 德语里"Hand und Fuß haben"意为有手有脚, 比喻事情准备得非常完善、前后一致, 之所以产生这种意义是因为德国人认为残疾人不值得信任。因为过去没有右手和左腿的人没法挥剑、没法骑马, 而这也意味着失去了男人的资格, 在中世纪砍右手和

左腿曾是最重要的刑罚，所以这个惯用语从16世纪开始产生了"完美的计划、计划的合理性"等意义。类似的还有"sich für jn./etw. Die Hand abhacken/abschlagen"，意思是就像把手砍下来那样为某人或某事做出保证(김수남 2003:202)。此外，德语还有惯用语"Die/seine Hand für jn./etw. Ins Feuer legen"意为为了某人或某事把手伸到火里去，这种意义的产生源于中世纪所谓的"神的裁判"，被告需要把手伸进火里，如果不受伤说明无罪，而深信某人无罪的人也需要经历这样的试验。(김수남 2003:203)而在中韩两国因为没有相关文化背景，所以自然无法产生相关语言表达与语义变化。

在表达同一概念时，不同的文化背景会产生不同的语言表达。例如，汉语里有俗语"说曹操，曹操到"，这与中国的历史以及文学作品《三国演义》有关。英语中类似的是"Talk of the devil and he will appear"字面意义是"提到恶魔他就会出现"，英语圈的西方国家大部分信仰基督教，所以经常用天使和恶魔作比喻。汉英俗语都源自各自的文化背景，但韩国语相关的俗语与老虎有关，并且意义也不同，如"호랑이도 제 말하면 온다、범도 제 말[소리] 하면 온다"，即老虎听了我的话也会出现，是用对老虎的敬畏之心来作比喻，意为即使是深山老林里的老虎，如果说它的坏话它也会听见找上门来，所以不管在什么地方都不能说别人的坏话。

13.6.2 关注点不同

关注点的不同主要与对同一事物的观察视角有关。虽然不同文化里都可以利用同一事物来作比喻，但因为事物具有不同特点，因此不同语言里所形成的具体的语言形式也会出现不同。

例如，韩国语里有与建筑工具有关的"걸음쇠 圆规""곱자 曲尺""수준기 水准器""다림줄 准绳"等，合称"규구준승(規矩準繩)"或"규구(規矩)"，都比喻日常生活中应该遵守的法度，这反映的是中国人的认知思维，因为汉语"准绳、规矩"具有同样的意义。之所以产生这样的比喻意义是因为中韩两国人关注的是这些工具所具有的规范作用。汉语里还根据圆规两只长脚非常纤瘦的形态特点来比喻人很瘦，这反映的是中国人对圆规形态的联想思维。相反，西方人关注的是圆规能画圆圈这一功用特点，所以基督教艺术里一般用双脚规来象征宇宙的生生不息和轮回反复(吉普森2018:23)。

再如，很多文化里都利用月亮来比喻外貌，但具体的语言形式以及所利用的月亮的特点并不相同。例如，韩国语用"반달 같은 눈썹"比喻月牙似的眉毛，用"떠오르는 달"比喻容貌清秀、漂亮。法语里用满月的脸"un visage de pleine lune"来形容大面孔(林纪诚 1988:9)。汉语里与月亮有关的容貌描写是"闭月羞花"或"花容月貌"。

很多文化里都用面包作比喻，具体而言，英韩两种语言都用面包来比喻人的外貌，例如英国文学家乔叟在《坎特伯雷故事》里就是用面包来形容英俊的托帕斯爵士的，如"脸白净如精白面包，唇鲜红如盛放的玫瑰"(任韶堂 2017:130)，这是用面包来形容肤色白净。相反，韩国语多用面包形容脸型，如"식빵 切片面包"比喻四方脸;"붕어빵、국화빵"形容长得非常像，因为这两种食物都是用模子扣出来的。也就是说，英韩两国人对面包的关注点以及所关注到的面包类型不同，所以导致用作喻体的面包特点、种类以及所产生的比喻意义也出现不同。与英韩两种语言相反，汉语里一般很少用面包来形容外貌，如果比喻长得相像时多用反映制作过程的"像一

个模子里扣出来的一样"，或者用面包来比喻车型，如"面包车"。

不同文化背景的人在表达同一概念时有时采用两种不同的事物，也就是说关注到了不同事物所具有的相似特点，因此使得不同文化里的语言表达就具有了象似性。

例如，汉语有"乳臭未干"，意思是身上的奶腥气还没有完全退掉，形容人幼稚不懂事理，有时用来表示对年轻人的轻蔑或不信任。韩国语也有"입에서 젖내가 난다"，比喻人年轻不懂事。此外，韩国语还有"딱지가 덜 떨어지다"，意为小孩子的头垢还没有掉干净呢，也比喻稚气未脱的样子。韩国语还经常用"머리에 피도 안 마르다"，意为头顶上的血丝还没干呢，英语用"wet behind the ears"，意思是耳朵后面还没干呢。虽然，汉韩英三种语言都是利用不同人体部位的特点来比喻抽象意义，但出现的具体人体部位有所不同，汉韩两种语言都与"口"有关，韩国语还与"头"有关，英语与"耳朵"有关。关于这些人体部位的特点，汉韩利用了口里的味道，所以分别出现了"乳臭、젖내"；韩英还利用了身体部位的干湿度，但韩国语"머리에 피도 안 마르다"里利用了头部血丝的湿度，英语"wet behind the ears"利用了耳朵后面的湿度；韩国语还利用了头垢的状态，所以有了"딱지가 덜 떨어지다"。总之，虽然三种语言里的表达具有相似之处，但亦有很大不同。

再如，洋葱是韩国人爱吃的蔬菜之一，从形态上看，由于洋葱是一层一层包起来的，如果想知道最里边怎么样，就需要不断地剥，根据此意义，就有了"양파 같은 사람"，比喻看不透、很有城府或秘密很多的人，如(2)。法语中也有与洋葱有关的丰富表达，也多着眼于洋葱的这种特点，如"vêtu comme un oignon"意思是裹了一层又一层的衣服(支顺福 2012:171)。而汉语有时用"剥春笋"，如(3)，因为春笋是中国人尤其是南方人常吃的食物之一。

(2) 두 사람 양파처럼 까면 깔 수록 너무 많은 얼굴이 나와.《사랑이 오네요, 90회》两个人像是洋葱一样，越往下剥暴露出的嘴脸越多。

(3) 他们为文，如剥春笋，一层一层剥下去，愈剥愈细。《季羡林，读书与做人》

类似的还有很多，例如，比喻大量出现时，汉语有"雨后春笋"，俄语有"雨后蘑菇"；比喻事出有因时，汉语有"无风不起浪"，俄语有"无风不生烟"，韩语有"不生火哪来的烟"；比喻失势或遭难时别人会趁势欺负自己，汉语有"墙倒众人推，破鼓乱人敲"，阿拉伯语有"牛倒众人宰"；比喻无所顾忌时，汉语有"死猪不怕开水烫"，阿拉伯语有"死羊不怕剥皮痛"。(冯志英 2015:66)不同语言里所出现的不同的喻体反映的是人们关注到了不同事物所具有的相似之处。

13.6.3 比喻联想不同

从客观现实到语言的概念化与词汇化过程中，因为有人类的体验、认知与思维模式介入，即使是关注到同一事物的同一特点，但因为不同文化背景下具有不同认知的人们对事物所产生的联想思维不同，那么也可能产生不同的语言形式以及意义。

例如，不同文化的人都会关注到农作物的颜色，但是面对同一农作物所产生的颜色联想却有可能出现不同。具体而言，韩国人的主要农作物是水稻，秋天广阔田野里水稻成熟的样子韩国语用汉字词"황운(黃雲)"来比喻，中国北方以小麦为主要农作物，所以汉

语"黄云"主要指小麦的颜色，唐朝权德舆曾作《赠老将》诗："白草黄云塞上秋，曾随骠骑出并州。"这里的"白草黄云"多形容秋季时边塞的荒凉景象。有时也用"泛起金黄色的麦浪"。所以中韩两国人对成熟小麦或水稻的颜色认知是一致的。与中韩两国相反，西方人却将麦子与白色相连，据德国文学家海勒（2017:201）说，西方语言里的白颜色的得名源于他们最重要的食用植物——麦子，例如德语里"白色(weiß)"和"麦子(weizen)"在语言上近似；英语中分别为"white"和"wheat"；瑞典语中分别为"vit"和"vete"。

再看与动物有关的例子。虱子是过去人们比较熟悉的生物，因此很多语言里根据虱子的特点都产生了比喻意义，例如，俄罗斯语言里有时用"在监狱里养虱子"比喻蹲监狱（托尔斯泰的《复活》第二部）。英语的虱子为"louse"，可以比喻不受欢迎的人、讨厌的人，并且还有动词意义，指搞砸、找虱子。韩国语里阴虱称作"사면발니(Pthirus pubis)"，因为这种虱子到处爬，所以用来嘲笑到处阿谀奉承的人。

再看一般事物的例子。梳子韩国语为"빗"，因为梳子的齿非常密，所以俗语"참빗으로 훑듯"比喻一丝不苟地全部翻个遍的样子。汉语有动词"梳理"，指整理。汉韩两种语言关注的都是与梳子有关的动作、状态。而阿丁克拉族里传统木梳多用来赞扬女子的娇美容貌和精致的配饰，也用来赞颂那些更深层次的美德，如无私忘我以及关爱他人（吉普森 2018:71）。

即使是面对同样的人体语言，尽管人体语言具有很强的文化共性，但在从人体到语言形式的过程中，由于有文化背景、认知与思维、语言特点等多种因素的影响，也使得不同语言里的人体表达既有共性亦有较大差异。

例如，汉语中的"头"、英语中的"head"以及韩国语中的"머

리"都具有相同的原型意义,表示人身体的最上部分或动物身体最前端的部分,具有很强的共性,但随着语义的发展也表现出了很大的差异,尤其是在具体的语言形式上。具体而言,"头、head、머리"都用以指物体的上部、前部或顶部,如"山头、船头""뱃머리、산머리""the head of a hammer、the head of a nail"。但汉语还用"笔头"表示笔的尖端,相反韩国语和英语分别是"펜끝"与"the end of the pencil",认为笔的尖端是尾部。

英韩语分别用"head"与"머리"转喻脑子,是用整体转喻部分,如"a head of business"与"경제머리"。汉语一般用"头脑",如"商业头脑、经济头脑"。但英语也经常用"economic mind、business mind"。韩国语有"공부머리",但汉语没有"学习头脑"。

汉韩语分别用"头"或"머리"转喻头发,但英语的"head"没有头发意义,表示头发有"hair"。

汉英语的"头"与"head"可以作单位词,如"一头猪"与"a head of pig"。但韩国语用的却是"머리"经历了形态变化之后所形成的"마리",如"돼지 한 마리"。

汉英语中"头"与"head"还可以表达人口,如"head count人口调查"与"数人头"等,这都是用头转喻人,是部分转喻整体。但韩国语的"머리"没有这种语义引申。

综上所述,关注点与比喻联想思维是密切相关的,但不同文化背景的人们在观察同一事物时,即使关注点或比喻思维相同,但这并不代表各自所形成的语言形式相同。因为从现实到语言形式会受到多种因素的影响。

13.6.4 语言形式与语义的对应

即使不同语言里出现了同样的语言形式，但最初的语言形式表达的都是具体意义，在从具体到抽象的语义引申过程中，不可避免地会受到人们的文化背景、认知与思维的影响，因此导致同样的语言形式依然有可能产生不同的比喻意义。反之，在表达同一概念时，不同语言里也可能采取不同的喻体。在多种语言里则可能出现更复杂的交叉对应的形式。

13.6.4.1 同样的比喻不同的意义

很多语言里舔手指的动作都发展出了比喻意义。其中，汉语"舔手指头"一般表示眼馋。韩国语"손가락을 빨다"指无东西可吃、无钱可花，在这种意义的基础上还发展出了观望意义。在表达第一种意义时，韩国语有时也用"숟가락을 빨다"。汉语多用"两手空空"或"喝西北风"等来比喻没有吃的或者没有钱，表示观望时汉语多用"眼睁睁看着"。德语里也有与舔手指有关的"sich etwas ausden Fingern saugen 舔自己的手指"，比喻编造、捏造（김수남 2003:214）。

不同文化里都喜欢用蜜来作比喻。例如，印度史诗《吠陀》中"令人振奋的雨、水、奶，以及其他令人高兴的东西，都可称作蜜"（缪勒 2010/2014:126）。韩国语里的"꿀"也主要指物，如"꿀직장、꿀피부"。相反，汉语"蜜"可以指人，如北京话里有"嗅蜜"，指泡妞、找女朋友（李倩 2015:205），现在又出现了"闺蜜"，是用"蜜"来比喻女人。现在也出现了"男闺蜜"，也就是说，汉语里"蜜"原来多指女人，现在也用来指男人。

过去因为牛是重要的农耕必需品，所以中国曾禁止买卖牛肉，

韩国曾禁止杀牛。虽然历史文化背景相同,但中国并没有形成相关的语言形式以及特殊意义,而韩国产生了惯用语"소 잡아먹다",比喻干非常阴险的事情,汉语一般用"干坏事"或"干阴险的事"等来表达类似意义。英语里虽然有与杀牛有关的表达,如"kill the fatted calf",意为宰杀小肥牛,但比喻设宴款待。也就是说,因为文化背景不同,所以韩英两种表达意义完全相反。

13.6.4.2 同样的概念不同的喻体

比喻交通拥挤、混乱时,不同文化里有不同表达。例如,英语圈的人喜欢吃果酱,所以有了"traffic jam"比喻交通拥挤。中韩两国都喝粥,所以经常用粥作比喻,汉语用"乱成一锅粥"比喻混乱,也可以指交通混乱,如"浦东申杰路马路菜场绵延数百米,交通乱成一锅粥《新浪上海,2019.05.09》)"。也就是说,在表达同一概念时,英汉两种语言各自使用了更加熟悉的事物作喻体。

韩国人虽然也喜欢喝粥,但一般不用来比喻交通混乱,比喻交通混乱时多用"교통이 뒤죽박죽되다"或"교통 난장판"等。与粥有关,有惯用语"죽 끓듯",比喻变化无常或非常着急;"곤죽 稠粥"比喻人很累或沉迷于某事,惯用语"곤죽 만들다"比喻搞砸。

13.6.4.3 交叉对应

这里所说的交叉对应有三种类型。

第一,某一语言中没有相关表达。例如,很多语言都用动物语言来比喻人的发型,例如,有一种发型,韩国语称作"꽁지머리 鸟尾巴",汉语一般不用"鸟尾巴"或"鸡尾巴",但有时用"鸡窝"来比喻头发很乱,英语中一般也不用鸟尾巴来比喻辫子。此外,汉

语有"马尾巴辫"，英语也用"ponytail(马尾)"，也有"pigtail(猪尾)"，但韩国语一般不用马尾或猪尾来比喻发型。总之，用动物的尾巴来比喻人的发型具有语言共性，这也反映了动物与人的亲密性，而之所以用不同的动物尾巴来比喻，首先与动物尾巴的形象特点有关，其次与不同文化对动物尾巴的认知不同有关，第三，也与头发的长短有关。

第二，某一语言中没有相关比喻意义。例如，与猪有关，韩国语有汉字词"저돌(豬突)"，指不顾前后地乱闯乱撞，派生词"저돌적(豬突的)"指那种左冲右撞的样子。类似的有英语"pigheaded"，韩国语与英语之所以出现这种意义与猪尤其是野猪的行动特点和形象有关(박갑수 2014b:76)。汉语里的"野猪"没有这种特殊意义。

农业上有一种插枝或插条的种植方法，韩国语为"삽지(挿枝)"，可以比喻干一些不相干的事情。英语"propagate"意为把压条或接枝安放好，但也比喻繁殖、使蔓延、宣传等意义(帕默尔 2016:88)。汉语"插枝、插条"没有比喻意义。

很多语言里翻手掌发展出了抽象意义，例如，汉语有"易如反掌"比喻非常容易，韩国语有"손바닥을 뒤집는 것처럼 쉽다、쉽기가 손바닥 뒤집기다"，也有汉字词"여반장(如反掌)"，都比喻非常容易。此外，韩国语还有与反掌有关的"손바닥을 뒤집듯"，比喻反复无常。英语表达非常容易时用"as easy as winking"，用的是与手无关的"眨眼"。

第三，复杂交叉对应。例如，形容得意洋洋时，汉语用"趾高气扬、洋洋自得"，分别与脚、鼻子有关。韩国语用"코가 세다、코에 걸다、어깨에 힘주다"等，分别与鼻子、肩膀有关。日语用"肩肘張る"(かたひじはる)"，与肩膀、肘有关。汉韩日三种语言所利用的人体器官有各自交叉的部分。

很多语言里的小指也发展出了抽象意义。例如，在中国"小指"具有鄙视小、不好、落后等消极意义；韩国语里的"새끼손가락"可以表示约定，也具有情人之意；在印度小拇指意为去上厕所（홍민표 2010:149-150）。홍민표(2010:149)调查发现，62.7%的韩国人认为小手指具有约定意义，30.6%的韩国人认为具有情人意义，这种文化显然与日本极其相像，因为74.8%的日本人认为小手指具有情人意义，23.3%的日本人认为具有约定意义。

与牛有关，汉语有"对牛弹琴"，形容和某人无法交流，日语中是"馬の耳に念仏 和马说话"，出现的动物是马，英语是"Pearls Before Swine (comic strip)"，出现的动物是猪。韩国语在表达此类概念时有多种表达，其中"쇠귀에 거문고 뜯기"与汉语一致，此外还有"쇠귀에 경읽기"与"말 귀에 염불"，意为对着牛或马念佛，此时在动物上与汉语和日语有一致之处。此外，韩国语还有更多样的表达，如"송아지 천자（千字）가르치듯"意为教牛学字，"너하고 말하느니 개하고 말하겠다"意为还不如对狗说话呢。除了与动物有关的表达外，韩国语还有与墙壁有关的"벽 보고 얘기하다、담벼락하고 말하는 셈이다"。

比喻被雨淋得湿漉漉时，汉语用"落汤鸡"或"落水狗"，韩国语也有类似的"비 맞은 장닭 같다"，但此外还有与鱼类有关的"메기를 잡다""비 맞은 꼴뚜기"，与老鼠有关的"물에 빠진 생쥐"，与服饰有关的"물주머니가 되다"。在英语中则有"drowned rat"，意思是"淹死的老鼠"。也就是说，在汉韩英三种语言里，英语的表达最少，韩国语的表达最多，汉语与韩国语有重合部分，都有与"鸡"有关的表达，韩英出现了重合部分，都有与"鼠"有关的表达。

比喻贿赂时，韩国语有"기름칠(--漆)"，指上油、抹油，现在用来指行贿。德语里也有类似的表达，并且对象更加具体，是用

"j-m die Hünde schmieren 往手上抹油"来比喻收买某人(김수남 2003:206)。汉语"抹油"有时也俗指贿赂，类似的还有"揩油"，多指以非法手段谋取利益或占便宜。汉语还有更加具体的"脚底抹油"，比喻溜得很快或溜之为妙，无贿赂意义。

13.7 文化与感情色彩

语言的感情色彩具有很强的文化性，影响语言感情色彩的因素主要有价值取向、联想意义、时代变化以及各自不同的语言特点。

13.7.1 价值取向与感情色彩

东西方文化在价值取向上有时表现出相似性，有时又表现出较大差异，这些都表现在语言的感情色彩之上。

13.7.1.1 价值取向一致

即使是不同的文化背景，有时也会表现出相似的价值取向，表现在语言上就会在不同语言中产生相似或近义表达。

例如，很多语言里都有与手的状态有关的惯用语。其中，韩国语有"손(이) 거칠다"，意思是手很粗糙，比喻有偷盗这样的习惯。德语有"klebrige Hünde haben 黏糊糊的手"(김수남 2003:209)或"klebrige Finger haben(ugs) 黏糊糊的手指"或"lange/krumme Finger machen 把手指伸长或弯曲"，也表达偷盗概念(김수

남 2003:213)。汉语一般用"手(脚)不干净、手伸得太长"或"莫伸手，伸手必被捉"。三种语言里的这些表达都具有消极的感情色彩，因为在三种文化里偷盗都是被主流价值观所不齿的，并且偷盗一般都会用到手，所以各种语言里用具有消极意义的概念，如"粗糙、黏糊糊、伸(长)、弯曲、不干净"等来表达不合常态的手部动作，借此比喻偷盗。

韩国语里手湿也具有消极意义，如"손을 적시다"意为用水把手弄湿了，消极意义很强，指涉足不好的事情，如(4)，这与德语的"黏糊糊的手/手指"具有相似之处。

(4) 감방에서 나온 게 언제라고 벌써 그런 일에 다시 손을 적시려 하는지 모르겠군. 从监狱里出来才多久啊，就又开始干那样的事情，真不知怎么想的。

13.7.1.2 价值取向不一致

不同文化对事物的认知具有不同的价值取向，尤其是东西方文化在价值取向之上有较大差异，这种价值取向也会影响到语言的感情色彩，从而使不同语言里的语言形式具有了感情色彩上的不同。

1) 钓鱼

与钓鱼有关，韩国语有很多表达，其中"낚시"意为钓具、钓鱼的行为，也比喻骗人的手段，惯用语"낚시를 던지다"比喻使用手段骗人。派生词"낚시질"也比喻使用不正当手段骗人。动词"낚다"除了比喻骗人外，还俗指勾引异性或突然抓住。鱼饵意义的"낚싯밥、미끼"都比喻为了骗人或动物而准备的东西或手段。

汉语单音词"钓"多用于"沽名钓誉、放长线钓大鱼"，双音词

"钓鱼"多作定语，如"稳坐钓鱼台、钓鱼网站、钓鱼执法、钓鱼式推销"等，这些表达都具有欺骗意义。

如上，汉韩语言里与钓鱼有关的表达都具有消极意义。可见：与"钓"有关的语言意义具有一定的消极共性，因为要想钓鱼，就需要动用各种手段、花招，需要对对方实行骗术，而这些在传统儒家思想中都是被批判的，所以导致与"钓"有关的事情产生了消极的隐含意义。相反，英语的"fish"就没有这样的消极意义。

2）自由

东西方文化中对"自由"的解读不同。子女长大自己出去生活，在西方父母眼里是被赞许的行为，而在韩国文化里，这种行为意味着想离开父母为所欲为地生活，父母会为此而担心、责备甚至哀痛(김숙현等 2001/2007：199)，因此韩国语"독립하다(獨立)"并没有积极意义。

再看"자유부인(自由夫人)"[02]，这个词虽然字面意义指新时代女性，但实际指的却是不顾自己的责任和义务，一心享受放纵生活的、不可取的女性，具有强烈的贬义色彩(김숙현等 2001/2007：199)。这种贬义的产生与韩国人对女性所持有的传统的价值定位是"居家型的贤妻良母"有关。

在汉语里，"独立"与"自由"一般表达比较积极的感情色彩。

3）牛

牛的特点是体格大、力气大，但牛的这种特点并没有被韩国人所看好，这从俗语里可以看出来，如(5)，意为牛不管体格再壮，力

---

02 韩国曾于1956年上映了电影《自由夫人》。

气再大，也无法做王，这些俗语都用来比喻只有力气是无法办大事的，办大事尤其是做首领需要优秀的品性和智谋。而汉语也有"蛮劲"，表达的也是消极意义，看来中韩两个国家的人对力气的看法是比较一致的。这与西方文化崇尚力量、勇气有很大不同，这也是东西方文化的差异之一。

(5) a. 소가 크면[세면] 왕 노릇 하나
　　 b. 기운이 세면 소가 왕 노릇 할까
　　 c. 기운이 세면 장수 노릇 하나
　　 d. 힘 많은 소가 왕 노릇 하나
　　 e. 힘센 소가 왕 노릇 할까

牛尾巴在不同文化里也具有不同的感情色彩，例如，在埃及文明中，法老身后总是被画上一条公牛尾巴，象征法老内在的野性、攻击性和阳刚之气，而法老也被称作"强悍的公牛"(吉普森 2018:65)。可见，在埃及，牛尾具有积极的感情色彩。相反，汉语有俗语"宁为鸡头勿为牛尾"，韩国语有俗语"쇠꼬리보다 닭 대가리가 낫다"，也就是说，受中韩两国价值取向的影响，牛尾在汉韩两种语言里具有消极的感情色彩。

4) 砂子

很多语言里都用砂砾来作比喻，英语里的"grit"本义是砂砾，此外还产生了比喻意义为勇气、坚毅，这种比喻意义的产生是着眼于砂砾个体的性质，即坚硬、不易发生变化，而人如果具有这样的品质，就成了勇气、坚毅。但在中韩两种文化里，却将视角着眼于群体，强调一堆砂砾所能起的作用，因此就产生了消极的否定意义，如(6)。自然界的砂砾其实具有上面两种性质，但西方文化强调个体，而东方文化强调集体，因此使砂砾产生了两种截然不同的比喻意义。这其实反映了东西方文化观察视角与价值取向的不同，西方人关注个体，而东方人更容易从整体上来看待事物，关注整体与周围事物的关系，以及事物之间的发展变化。

(6) a. 一盘散沙

b. 모래 위에 쌓은 성/모래 위에 선 누각[집] 沙上楼阁

c. 모래 위에 물 쏟는 격 就像往沙子上倒水

d. 모래로 방천한다 用沙子防洪

e. 모래로 물[내] 막는다 用沙子防水

f. 모래에 싹 난다 沙子上发芽

总之，同样的事物产生不同的意义完全是因为不同文化背景下具有不同认知的人们对事物所产生的联想思维不同而导致的。

5) 水

很多语言里还用水来比喻人的性格，汉语中有"上善若水、君子之交淡如水、柔情似水"等，属于积极意义。英语中有"as unstable as water"比喻变化无常，"as weak as water"比喻身体虚弱、意志薄弱、性格懦弱，属于消极意义。

关于汉英两种语言出现的感情色彩差异，司维(2016:51)认为这是因为，中国因河流带来的自然灾害程度远小于西方海洋文明下的海洋灾害，因此中西方对水的情感截然相反，并且中国人还淡化甚至忽视了水代表危险与困境的负面形象，反而突出了水的正面形象色彩，相反，西方人则突显了水的负面形象色彩。因此导致汉英两种语言里的水，尤其是表达性格意义时具有了不同的感情色彩。

再看韩国语，与水有关的"맹물"或"맹물단지"指什么也没掺的水，形容人时比喻做事不成熟的软蛋，"맹물"还可用于"맹물같은 소리"，指没有实际内容的话，表达的都是消极意义；韩国语还产生了与水有关的俗语"물에 물 탄듯 술에 술 탄 듯"，比喻没有主见或主心骨，言语行动不分明。之所以出现这种消极意义，是因为韩国人喜欢有性格的人，不喜欢没有性格的人，没性子的人还被认为是不聪明的，而水一般是淡而无味、柔软的，因此，用水比喻性格、言行时就具有了消极的感情色彩。

6) 移动、搬家与挪树

与搬家文化有关，不同文化里产生了不同的语言形式与意义。例如，英语俗语"a rolling stone gathers no moss"意思是"滚石不生苔，转业不聚财"，隐含的是对移动的否定；但在美国却被用于正相反的意义，被认为是"If you keep on moving, you will not get rusty"，即只有不停地转动，你才不会生锈，也就是说鼓励人们的移动(铃木孝雄 2005:35)。而美国人的这种认识显然与美国文化有关，因为美国人对空间更敏感(이주영 1995:1)，根据1980年的统计，美国人一生平均搬家13次(英国是8次，日本是5次)，并且换10次工作(타임-라이프 북스 편집부 1988)，所以Brooks(2004/2008:94-99)认为"美国的例外主义[03]就是追求能量、频繁的移动、更好的生活"。正因为美国人这种看重移动的文化观念，才导致同样的俗语在美国产生了不同的意义。

---

03 美国例外主义(American Exceptionalism)又被称作"美国卓异主义"或"美国优越主义"。

汉韩两种语言里有与挪树有关的表达,韩国语有"나무도 옮겨 심으면 삼 년은 뿌리를 앓는다",意思是挪树树病三年,有两个比喻意义,第一个比喻干某事后会带来后续整理工作和建立新秩序等种种困难;第二个比喻不管什么东西换地方安顿下来需要很长时间。在韩国语里这个俗语一般多用来告诫不能经常搬家,类似的俗语还有"곡식은 될수록 준다",意思是粮食数一遍少一点,家是搬一点少一点,强调的是"人过日子要想过好,就不能老搬家"。汉语里与挪树相关的是"人挪活树挪死",强调的是"人不能像树那样,要想得到重用,就要挪地方"。

7) 前后门

在中韩两种文化中,建筑物的前门一般是正门,而后门则是偏门,是备用的门。因此汉语"走后门"具有了贬义。韩国语也不例外,"앞문"意为前门,没有比喻意义;"뒷문"意为后门,可比喻用不正当的方法或手段来解决问题。

与中韩两种文化不同,加拿大纽芬兰文化中"人们从来不走前门,即进入起居室(客厅)的门,除非是骑警或殡葬人员。……因为从厨房门进屋,'意味着'我们是邻居或亲戚,也就是说像家人一样熟悉。从前门进屋,则'意味着'死亡和麻烦"(奥莫亨德罗 2017:18)。

8) 吐口水

吐口水自古以来是个嫌恶的信号(维萨 2015:289),并且具有文化共性,例如韩国有民间传说,有一个貌美的女子与人通奸被发现后在山岗上投身而亡,人们经过此山岗时都会扔石头、吐口水以示对此女子的厌恶(조지훈 1996:208)。这种文化也反映在语言形式

上，如韩国语"침(을) 뱉다"指认为非常卑鄙或者认为很脏而蔑视。

在特殊的地理环境里，吐唾液可能是正相反的意义。如弗兰克·赫伯特所著的《沙丘》(潘振华译)里有这样的情节:那弗雷曼人盯着公爵……他故意朝桌沿那里弯下腰，朝明亮的桌面上啐了一口唾沫。……大家都怔在那儿，艾达荷接着说:"感谢您，斯第尔格，感谢您赐予的生命之水。我们接受它，视它像生命一般珍贵。"艾达荷也将一口唾沫吐在公爵面前的桌子上。他对身旁的公爵说:"大人，请注意水在这儿非常珍贵。那是尊敬的表示。"

13.7.2 联想思维与感情色彩

除了价值取向之外，也有一些与自然事物有关的表达之所以产生感情色彩的差异，更多的是受它们自身特点的影响，导致人们对它们的联想意义出现了褒贬之差。

例如，与鸡有关，汉语有"宁为鸡口、无为牛后""杀鸡焉用牛刀""牛鼎烹鸡"等，鸡与牛对举，一小一大，意思不言而喻。此外，还称平庸的人为"鸡鹜";用"鸡鸣狗盗"来比喻小才小技、小偷小摸;用"鸡虫得失"比喻细微的无关紧要的得失;汉语方言里还用"草鸡"形容人胆小软弱或举止猥琐。这些意义都具有消极性。

英语里也有很多与鸡有关的表达，如"cock one's snook 瞧不起某人""cock up 把……弄糟""a hen-pecked man 怕老婆的人、妻管严""dressed chicken 白条鸡(去毛和内脏)""Don't chicken out. 不要害怕/退缩""chicken-hearted 胆小的""be no spring chicken 老大不小、不再年轻""a chicken-and-egg problem 因果难定的问题""Like hen,like chicken. 龙生龙，凤生凤"，从感情色

彩来看，一般都具有消极性。

　　韩国语里也有很多与鸡有关的表达，如俗语"관청에 잡아다 놓은 닭"比喻不知所以被拉到陌生之地后而晕头转向的人，"닭 물 먹듯"比喻不论什么事不管内容如何随便应付了事的样子，"멱부리 암탉이다"用来嘲笑那些连眼前的东西都不知道的人，"쇠고집과 닭 고집이다"比喻非常固执。韩国语还有惯用语"닭 발 그리듯"，比喻写字或画画的水平非常差，汉语也有"像鸡挠的"类表达。[04]

　　孵了小鸡的母鸡经常把小鸡挤压控制于足下，但并不会伤害它们，所以阿克拉族有符号"Akoko nan"，意为母鸡腿，意思是孩子需要父母爱的约束(吉普森 2018:71)。

　　如上，鸡作为常见的家禽，虽然具有种类之别，但形态特点、习性等具有很强的共性，但汉英韩、阿拉克族等四种文化中所关注到的鸡的特点与联想意义却有很大差别，具体到感情色彩上，在汉韩英三种语言里基本都具有消极的感情色彩，在阿拉克族语言中则是积极的感情色彩。

13.7.3 搭配、联想与感情色彩

　　英语绸缎为"silk"，形容词"silken"意为丝织的、柔软光洁的、柔和的、温和的、轻柔的等，这些联想意义具有积极的感情色彩。但是这个词有时也会形成"silken dalliance"这样的搭配，意思是"优雅的废话"，因为搭配的是消极意义的中心语"dalliance"，因此整个词组也具有了消极意义。

　　韩国语里绸缎有外来语"실크"，但很少用于比喻意义，具有

04　写字不好在上海话里被叫作"蟹爬"。

比喻意义的是汉字词"비단(緋緞)"，绸缎的特点是美丽、光滑，韩国人对它的认识主要是用穿绸缎来比喻生活好，比喻外表美、心灵美、语言美，还比喻道路平坦，因此"비단"具有了积极的感情色彩。并且这个词一般不修饰消极意义的词语。

汉语"绸缎"多用来比喻云彩、油菜花、水面等，根据前后搭配，发现"绸缎"多具有积极或中性的感情色彩。

(7) a. 彤云密布在天际，犹如鲜艳的绸缎，非常美丽。(网络)

b. 我举目四望，田间大片大片的油菜花好像黄色的绸缎。(网络)

c. 湖面好像一面明亮的镜子，又好像一片随风微漾的绸缎。(网络)

如上，词语的感情色彩不仅受联想意义的影响，也受前后搭配的影响，即使词语本身具有积极意义，但有时也会与消极意义的词语搭配，从而使词组具有了消极性。

13.7.4 时代与感情色彩

感情色彩也具有时代特征，下面主要分析两类词语所表现出来的感情色彩的时代变化。

首先看狗在各文化里的感情色彩以及时代变化。"早期中国文化中，狗的文化意象是正面的，在古代神话中，狗被认为是拥有神力的，开天辟地的盘古形象就是狗头人身。原始社会因为生产力低下，人口死亡率很高，所以女性在当时备受崇敬，而狗作为多产的动物之一，便与妇女产生了联系，奉狗为女性的图腾，白狗还被列为祥瑞之物。狗作为六畜之一，入列十二生肖，无不体现古人对狗的图腾崇拜。"（刘巍 2021:191）但随着社会的发展，狗的形象越来越被贬化，因此产生了大量贬义表达，如"狼心狗肺、狐朋狗友、狗仗人势、狗眼看人低、狗改不了吃屎、狗嘴里吐不出象牙"等。不过发展到现代社会，社会上又出现了"狗系男友、小奶狗、小狼狗、狗狗眼、撒狗粮"等具有褒义的流行语。之所以出现这种不同，与狗在不同时代的地位与作用有关，最初的狗是具有神力的，之后逐渐成为守家护院的六畜之一，并且成为肉食来源之一，因此狗的形象就出现了不断下滑的趋势，但现在，狗对人们的意义已经从家畜、肉类动物逐渐发展为宠物、陪伴，甚至逐渐变成了家庭的一份子，因此其形象也逐渐出现了提升。从感情色彩上来看，也出现了由褒到贬、再从贬到褒的过程。

在韩国文化中，狗具有很强的消极意义，如俗语"삽살개(의) 뒷다리"比喻就像狮子狗的后腿一样干瘦、不像样。"들개"俗指没事乱逛、到处乱跑的人。"하룻강아지"用来嘲笑社会经验不足、只有浅薄知识的年轻人。此外，狗的全身上下除"狗嘴"之外几乎都被韩国人拿来作比喻，表达的并且都是消极意义，如"개눈깔"俗指看不清人的眼睛，"개코"比喻没什么看头的、不起眼的东西，"개뿔"比喻不可能的东西，"괴발개발、개발새발"比喻写字非常草，"개뼈다귀"比喻一无是处的人。"개"还发展成了前缀"개-"，所表达的都是消极意义，所结合的词根也都具有消极性，这种演变方向符合狗给人的普遍印象。但随着社会的发展，前缀"개-"开始与积极意义的词根结合，形成了积极意义的派生词，如(8)。但是"개-"的这种肯定意义现在还无法与固化的消极意义产生关联，因

此这种肯定意义是否具有生命力还需要时间来验证[05][06]。

(8) a. 개미남:미남 중의 미남
    b. 개이득:큰 이득을 봄
    c. 개맛:아주 맛있다

与中韩两种文化相比，西方文化中狗多是正面形象，把狗当成和人类平等的存在。在英语中，狗往往代表人，并且被认为是人类最忠实的朋友和伴侣，甚至是不可或缺的家庭成员之一，所以英语出现了具有积极感情色彩的"Lucky dog 幸运儿""love me, love my dog 爱屋及乌"等表达。

与西方文化类似，日本文化中狗的形象也多是正面的、积极的，例如，日语有俗语"犬は三日飼えば三年恩を忘れぬ 养狗三年，它记你一辈子的恩情"以及"犬馬の心/犬馬の労 犬马的衷心/犬马之劳"，这些俗语都刻画了狗的正面形象，即知恩图报、忠诚。（刘巍 2021:191）

综上所述，在西方以及日本文化里，狗都具有比较积极的感情色彩；在韩国社会里，狗一般具有比较消极的感情色彩，但现在也出现了向积极意义发展的倾向；在中国社会里，狗的形象则具有了更加明显的时代特色，时代不同其感情色彩也不尽相同。

再看与婊子有关的词语的感情色彩变化。英语的"bitch"是辱骂妇女的专用语，但1968年在《The Bitch Manitesto 婊子宣言》

---

05 有人认为这种积极意义与前缀"개-"的消极意义相矛盾，让人感到别扭《동아일보, 2015.04.16)》。

06 [손진호 어문기자의 말글 나들이]불편한 '개'의 전성시대

之后，很多具有较强女性意识的女明星开始频繁自称"bitch"，使这个词的语义开始中性化，表达"不在社会规则中故步自封的叛逆者"之意，受欧美文化的影响，汉语的"婊"也发生了从贬义词到中性词的变化过程，出现了"绿茶婊、心机婊、汉子婊"等新词[07]，并且可用于自称。从这些词语的感情色彩的变化可以发现，词语的感情色彩归根结底反映的是不同时代、不同文化背景下的人的认知，具有很强的文化性，女性地位低下、女性意识低微的时候，"bitch、婊"都是贬义词，当女性社会地位提升、女性意识增强的时候，这些词的感情色彩也随之上升了。

13.7.5 语言特点与感情色彩

汉语要求语言表达必须准确、明白，但英语与韩国语却并不具有这样的特点。例如，美国有俗语"The apple doesn't fall far from the tree"，意思是苹果成熟时不会掉在离树太远的地方，比喻孩子和父母非常相似。韩国语有俗语"오이 덩굴에서 가지 열리는 법은 없다"比喻有其父必有其子。但英语与韩国语既可以表达积极意义，也可以表达消极意义。但是汉语要求语言表达明确，所以当表达消极意义时，汉语用"上梁不正下梁歪"或者"有其父必有其子"；如果是正面的意义，汉语用"虎父无犬子"。也就是说，英韩两种语言的特点使相关俗语没有明显的感情色彩，相反，汉语的语言特点使同一概念出现了两种具有明显不同感情色彩的表达。

语言表达的句式也与感情色彩有关。例如，韩国语有肯定句形式的俗语"약방에 감초、건재 약국에 백복령"，比喻总是参与某事

07　《字媒体》：「还是你老公厉害」，经典婊言婊语每条都能把你肺气炸！

的人或必要的东西，所以表达的一般是中性意义。相反，法语里一般用否定结构的"没糖的药房"或"不识字的教书先生"，所表达的是否定意义。

13.8 文化与语言艺术

"汉语艺术的发展史首先是一部中华文化不断发展的历史。楚辞、汉赋、魏晋文学、唐诗、宋词、元曲、明清戏曲小说，时代精神在这里沉淀，形成了不同时间文化中不同艺术风格的汉文学语言艺术"（高长江 1992:74）。

例如，汉赋最大的特征是铺陈、渲染、摹写。李泽厚（2009/2017:83）认为汉赋这种艺术特点的形成与当时"江山的宏伟、城市的繁盛、商业的发达、物产的丰饶……"密切相关，"尽管呆板堆砌，但它在描述领域、范围、对象的广度上，却确乎为后代文艺所再未达到。它表明中华民族进入发达的文明社会后，对世界的直接征服和胜利……自然环境、山岳江川、宫殿房屋、百土百物以及各种动物对象，所有这些对象都作为人的生活的直接或间接的对象化存在于艺术中，人这时不是在其自身的精神世界中，而完全融化在外在生活和环境世界中，在这琳琅满目的对象化世界中"。没有汉代的极大繁荣和昌盛，也就不会产生汉赋这种艺术形式。

有的社会受宗教的影响，关于外貌的描写也出现了与众不同之处，例如，伊斯兰教曾是土耳其的国教，这种宗教文化要求女性要用面纱遮脸，只露着眼睛，所以土耳其的文学作品中关于女性的描写一般都不出现鼻子与嘴，因为从人的一般视线去看，鼻子与嘴是看不到的(鈴木孝雄 2005:60-62)。

语言艺术除了广义的文学艺术之外，还包括作为语言的微观组成部分的修辞、语法、词汇、惯用语(习语)、俗语(谚语、歇后语)等，这些也无一例外地受到文化的影响，使每一个个体的语言艺术成分也具有了文化性，虽然这些个体的文化性不像整体视角上的语言艺术那样特点突出，但个体是整体的组成部分，要想研究好整体，必须从个体开始，尤其是在外国语言文化研究中。外国语言文化研究应该从细微处开始，逐渐走向整体、全局研究。

例如，韩国是秩序文化社会，对长辈问候要行礼，并且根据双方身份、性别的不同有非常复杂的行礼方式，而这种文化也影响了语言表达，如汉语里的"抬手不打笑脸人"在韩国语里是"절하고 뺨 맞는 법 없다 抬手不打行礼人"，如果说汉语的表达具有世界共性，那么韩国语的表达则具有民族特性，这种具有民族特性的语言表达是文化造成的。

如果能对外国语言文化的每一个细微之处都分析透彻，那么就有可能从全局角度来全面分析外国语言和文化，否则只能流于空谈。

13.9 文化与外来语借用

外来语的借入也受到文化的影响。在吸收外来语时，多义词的单义化是最为鲜明、也最容易被语言使用者和研究者感知的一种调整(李艳、施春宏 2010:60)，具体而言，如改变义项数、所指范围或感情色彩义，进行义位归并等，而不是把外来词义原封不动地植入本语言。这也是一种文化的作用，即借入方文化对外来语的取舍。

例如，"boomerang 부메랑"本是澳大利亚西部和中部原住民的一种武器，是弓形的木棍，扔向对方时如果无法命中目标就会重新返回，汉语称作"回飞镖"。但是随着文化的交流，这个词被韩国人借用，并且仅借用了比喻意义，如(9)。

(9) a. 우리 은경혜한테 겨눴던 칼이 우리한테 부메랑이 돼서 우리 목에 꽂히기 전에 결판 낼 수밖에.《인형의 집, 46회》我们刺向殷敬慧的匕首在反过来插上我们的脖子之前，我们得拼死一搏了。

   b. 나도 처음에는 화부터 냈는데 문득 부레랑 같다는 생각이 들었어요.남의 자식 눈에 피눈물 냈으니까…《밥상 차리는 남자, 34회》开始我也很生气，但突然感到这好像是报应啊。我们让别人的孩子痛苦……

对外来语的这种语义选择其实也是思维和认知在起作用，并且还受韩国语语言特点的影响，从而使其具有了丰富的语境义。但韩国语的这些语境义译成汉语时都无法对应"回飞镖"。

此外，面对同样的外来事物，美国人将"boomerang"用来指孩子成人后又搬回家与父母同住，称作"回飞镖族"，不过美国的"回飞镖族"给父母交房租[08][09]。

如上，面对来自澳大利亚的同一外来语，中韩美三国人在输入这个外来语时，汉语采取了意译的方式，而韩国语采取了音译的方

---

08 http://www.sxrb.com/sxrb/cban/c3/2405096.shtml

09 而对同样的这样一个群体，韩国人将其称作"언어족 大马哈鱼族"，借助的是大马哈鱼的洄游特性，反映了韩国人拥有丰富的鱼类生物知识以及渔业生产对韩国人的重要性。

式，并且在三种语言中也发生了各自不同的语义变化。

13.10 小结

在异文化背景下，文化与认知对语言的影响是多方面的，主要表现为造字、构词、命名之上，其次还表现在词汇数量、语言形式以及语义的发展之上，文化也会影响感情色彩与语言艺术的表现，还影响外来语的借用。

关于事物命名，命名理据因人们的观察视角与关注点不同而不同。

文化的重要性与词汇数量成正比。文化会影响到语义的发展，并且会影响具体语言形式的有无、多少以及语义的多少。其中文化背景的有无直接决定语言形式的有无，关注点与比喻联想的不同会产生不同的语言形式，或者同类语言形式产生不同的意义，或者出现多种语言交叉对应的情况。

语言的感情色彩具有很强的文化性，同样的行为在不同文化里具有不同的价值判断与联想意义，这些都会带来感情色彩的变化，有时感情色彩还受搭配的影响。感情色彩不是一成不变的，会随着时代的发展而发展。不同语言具有不同的的表达特点，这也会使不同文化背景下的语言表达产生感情色彩的差异。

从大的方面来看，文化也会影响各自语言的宏观表达特点。

跨文化背景下不同语言对外来语的借用也会出现不同，尤其是当外来语是多义词时，借用哪一个或哪几个语义，在此基础上又会产生怎样的语义引申等等，这些也有可能出现不同。

第十四章

汉韩语言差异的
影响因素

14.1 引论

    人们的感受与解释之所以出现差异，是因为大多数事物、性质和事件都很复杂；它们由可分的部分组成一个整体，这些部分之中有的与当事人的目的相关，有的无关，而人们一般都会把注意力集中在那些重要的部分上，而忽略其余的部分(帕默尔 2016:80)。

    因人而异的感受与解释排除个人差异之外，主要与主体的文化、思维、世界观有关。正像尼斯贝特(2017:38)所说："不同的经济力量维持着不同的社会结构，不同的社会实践和不同的教育方式会使人们关注环境中不同的事物。对不同事物的关注会使人们对世界产生不同的理解。不同的世界观反过来又强化了人们的不同关注点和社会实践，不同的世界观也会加强感知和推理过程的差异，这又会强化各自的世界观。"也就是说，基于不同文化背景的人具有观察事物的不同的关注点、理解方向以及理解的深度和广度，而这反过来又会影响和促进文化的加强，从而使不同文化背景的人逐渐拥有了不同的思维方式，而这些不同也势必反映在语言之上。

    造成语言差异的因素有很多，本章主要从文化背景、熟悉度与重要性、比喻联想思维、关注点等方面去分析造成汉韩两种语言差异的原因。

14.2 文化背景缺失

语言是现实的体现，是人们在体验的基础上形成的。文化背景不同一般会导致相关语言形式出现不同。如果文化背景缺失那么一般会导致不会产生类似的文化联想，换句话说，文化背景生活的缺失会导致语言形式的缺失或比喻意义出现不同。

例如，韩国语里皮鞋没有特殊意义，但汉语有"穿上皮鞋"这种表达，指的是提干（当干部），汉语之所以有这种表达，是因为中国的战士一般只穿胶鞋或布鞋，干部才穿皮鞋。吕叔湘(2008/2011：56)将这称作背景知识。这里所说的背景知识，也就是我们所说的文化。正因为有这种文化，才会有"穿上皮鞋"这种表达，并被一般人所理解。韩国语里之所以没有这种表达方式，是因为韩国军队没有这种文化，所以韩国人形不成这种认知。同样是中国人，如果没有对军队生活的了解，也很难理解这种转喻意义。

下面主要看与韩国有关的例子。例如，韩国有这样一个典故，说高阳郡守去看坡州牧使闲谈期间，随行的官奴在外面等得无聊，就开始拔客舍院子里的杂草，由此产生了"파주 객사 마당 풀은 고양 관노청에서 뽑는다"，之后产生了"고양 밥 먹고 파주 구실한다"(김동진、조항범 2001：45)。中国没有这样的典故，自然也无法产生相关表达。

韩国人喜欢吃干的明太鱼，干明太鱼在北部地区做好后一般要南下卖给中间商，在收到货款之前很长一段时间要一直住在别人家里，每天无事可干，只是睡觉，在这种文化背景下，产生了俗语"북엇값 받으려고 왔나"，字面意义是：你是来收干明太鱼货款的吗？但其实是讽刺那些在别人家里天天睡大觉的人。这个俗语文化性非常强，汉语没有类似的俗语。

韩国人吃黄花鱼一般都是做成咸鱼用绳子一条条地串起来晒干，根据这种制作特点，韩国语里有"굴비처럼 줄줄이 像黄花鱼一样一条条地"，比喻很多事情一条条地全出来了。中国人吃黄花鱼的方式与韩国人不同，所以没有产生类似的用法。

韩国还有一种火车文化，就像中国火车上总是会有人推着装满饮料、点心、水果的小推车销售东西一样，韩国与中国的情形差不多，韩国这些在火车上推车卖东西的都是弘益会的成员，在经过乘客旁边时他们总会说"심심풀이 땅콩이나 찐 계란 있어요. 有解闷的花生和煮鸡蛋了"，时间长了大家都模仿，从而使"심심풀이 땅콩"具有了普遍性，也具有了比喻意义，这个惯用语里花生的意义已消失，仅剩下解释性内容——"심심풀이"的意义。

韩国传统韩服的上衣袖子不是用完整布料裁剪下来的，而是在腋下和袖口缝上其他布料做成的，这些另外连上的部分称作"동"，据此"동"可比喻事物与事物的连接，也比喻从何时起到何时结束的一段期间，或者从哪儿到哪儿的空间。与"동"相关有很多惯用语，其中"동(을) 달다"指重新接上继续说；"동(을) 대다"可以指中间不断开继续，也指使话说得通顺有条理；被动形式的"동(이) 끊기다"指后面跟不上，断了；动宾形式的"동(을) 자르다"指把关系断掉或切割成长块。因为中国的服饰里没有相当于韩服"동"这样的构成，所以也无法产生这样的语言形式和用法，所以"동"以及惯用语意义就具有了很强的民族性和文化性。

传统韩屋中紧连着房子悬空着铺设在地面上方的板子称作"마루"，用于连接外部与各个房间，它的下面是悬空的，与此相关有俗语"마루 밑에 볕 들 때가 있다"，意思是就像厅下面黑乎乎的地方也会有阳光射入一样，比喻任何事情都不会一成不变的。中国建筑中没有这种空间，所以自然也不会产生这样的俗语。

14.3 文化背景不同

语言源于现实，文化背景不同会产生各自不同的语言表达，有的文化里甚至不会产生相关语言表达。

饮食具有很强的文化性，尤其是食用方式的文化性更强。例如，中韩两国人都喜欢吃炒栗子，中国多为糖炒栗子，外表非常光滑，一般炒栗子的表面也是比较光滑的，但韩国是火烤栗子，烤好后栗子皮会翘起来，参差不齐，根据这种特点，韩国语有俗语"군밤 둥우리 같다"，比喻穿衣戴帽不干净、不利索，松松垮垮的。但汉语却没有类似的表达，相关的有"火中取栗"，但意义不同。

与住居文化有关，韩国自古以来是席地而坐的坐式文化，在席地而坐的状态下，人要想站起来首先要将弯曲、蜷缩的腿脚活动一下、伸展开来，因此韩国语里比喻逃跑时用与腿有关的"다리야 날 살려라"，还有与膝窝有关的"오금아 날 살려라"，有时也说"걸음아 날 살려라"。相反，对高坐文化的中国人来说，腿、膝窝的重要性并不那么突出，因此不会产生类似表达。

韩国席地而坐的文化也催生了发达的坐垫文化，并且有了惯用语"돗자리를 깔다"，指算命，之所以产生这种意义与韩国的算命先生都是拿张席子铺在地上算命的这种习俗有关。中国的算命先生大多是坐小马扎或小板凳的，很少见到有铺席算命的。不过中国的算命先生在场所选择上具有明显特点，那就是喜欢在天桥底下算命，所以就有了"去天桥底下算命"这类表达，并且还出现了网络小说《天桥的算命先生》。

与文化生活以及性格文化有关，韩国人喜好唱歌跳舞，并且性格比较急躁，所以有了俗语"씨 보고 춤춘다、오동 씨만 보아도 춤춘다、오동나무만 보아도 춤을 춘다"，意思是看到梧桐树的种子

就想象梧桐树长成后做成的伽倻琴而禁不住跳起舞来，比喻操之过急。中国文化里与梧桐树有关有"栽下梧桐树引来金凤凰"。

与教育有关，韩国大学实行学分制，考试成绩分A、B、C、D、E、F等级别。因为手枪的形状与英文大写字母"F"相像，所以韩国语里把考试得F称作"권총을 차다 戴手枪"，如果两门不及格称作"쌍권총을 차다 戴双枪"。但是中国大学考试成绩一般实行的是百分制，所以无法产生这种比喻联想与语言形式。

与生活文化和娱乐生活有关，例如，拐杖是一种并不生疏的东西，汉韩两国语言里都产生了比喻意义。首先，韩国语有惯用语"쌍지팡이(를) 짚고[들고] 나서다"，比喻积极反对或干预某事，如(1)，汉语可直译成"双拐妈妈"，但需要加双引号。韩国语还有俗语"지팡이를 짚었지"，意思是已经获得了在某地长足发展的基础，是用拐杖比喻助力。汉语有两种表达，其中"拐杖"只有具体意义，而"拐棍"可以比喻作为借助力量的人或事物，与韩国语有类似之处。此外，在中国，因赵本山的小品也使得"上拐"产生了一定的文化意义。但韩国语的拐杖没有类似的文化意义。

(1) 당신 그렇게 자식 결혼에 반대하다간 쌍지팡이 엄마로 찍혀.《그래 그런 거야, 10회》你如果这样反对孩子的结婚，会被称作"双拐妈妈"的。

与文学作品有关，因为中国有民间传说《八仙过海》，人们对其中出现的人物非常熟悉，所以有歇后语"狗咬吕洞宾——不识好人心"。韩国语类似的有俗语"등을 쓰다듬어 준 강아지 발등 문다"，意思是抚摸小狗的后背结果被咬了，这只是对生活经验的一般性描述。

471

在中国，明朝学者江盈科编有一部《雪涛小说》，提到一个故事，夫妻两人从一个鸡蛋开始幻想今后如何致富，但最后鸡蛋被打破，致富梦想也随之破灭。因此汉语里有了俗语"一个鸡蛋的家当"。与鸡蛋有关，韩国语有俗语"알 까기 전에 병아리 세지 마라、까기 전에 병아리 세지 마라"，意思是在成事之前就先计算会得到的利益的话没有好处，这些俗语只是对生活经验的描述。

在形容人翘着腿坐时，汉语经常用"翘二郎腿"，这个名称的来历与二郎神有关(黄斌 2015:33)，韩国语多称作"가위다리"，这是韩国人根据这种坐姿的形态特点将其与剪子联系起来所产生的比喻命名，与文化背景无关。

有时汉韩两种语言都涉及文化背景，例如韩国语有俗语"함흥차사"，朝鲜初期太祖李成桂将王位传给太宗李芳远之后住在咸兴，太宗派到太祖那里的差使都没有回来，要么被杀要么被扣留，因此产生了这个俗语。汉语里类似的有歇后语"韩湘子出家——一去不回"，韩湘子是中国古代传说中的八仙之一，传说他出家学道没有再回家。因为两个国家的文化背景不同，所以产生了不同的语言形式。

14.4 重要性与熟悉度不同

事物在某种文化里的重要性以及为人们所熟悉的程度也会影响该事物能否被拿来作比喻，能否产生比喻意义。

14.4.1 重要性

同一事物在不同文化里的重要性不尽相同，重要的事物一般容易产生比喻联想，产生相关语言形式以及意义。反之，一般不会或者较少产生相关语言表达。

对中国人来说，糕不是典型的中国文化符号，尤其是对北方人来说，他们都管糕叫作"年糕"，因为平时不常见，只有过年的时候才吃到，因此汉语里与糕有关的表达与寓意比较少。相反，韩国有发达的糕文化，糕是非常普遍的零食，所以韩国语产生了与糕的制作、装饰、食用等有关的极其丰富的表达。例如，韩国语用"떡(이)되다"比喻烂醉如泥，利用的是打制好的年糕非常柔软这一特点。"떡 먹듯"指像吃年糕一样稀松平常，如(2)，汉语一般用"像吃饭一样"。因为有的年糕很黏，所以有了俗语"떡 떼어 먹듯"，意思是要像撕年糕吃一样不能犹豫。

(2) 그는 거짓말을 떡 먹듯 한다. 他撒谎就像吃饭一样, 习
    惯了。

韩国人过年时还喝糕汤，所以韩国语里"떡국을 먹다"比喻又长一岁，俗语"떡국이 농간한다"比喻因年纪大有经验而能够负责并处理事情，"떡국 값이나 해라"意思是办事要符合自己的年龄，要对得起自己的年龄。韩国语里年龄增大一岁可以说"나이를 먹다"，这应该与韩国人过年都吃年糕汤有关。中国人过年一般都吃饺子，吃饺子是表达人们辞旧迎新之际祈福求吉愿望的特有方式。按照我国古代记时法，晚上11时到第二天凌晨1时为子时。"交子"即新年与旧年相交的时刻。饺子意味着更岁交子，过春节吃饺子被认为是大吉大利。

对韩国人来说各种酱是非常重要的调味品，表示发誓时，韩国语用俗语"내 손에 장을 지지다、손바닥에 장을 지지겠다、손가락에 장을 지지겠다、손톱에 장을 지지겠다"，意思是在手上、手掌上、手指上、手指甲上煎酱吃，这几个俗语的程度是逐渐加强的，如(3)。汉语里没有"在手上煎酱"，一般在表达这种意义时，汉语多用"如果……我就不姓……"的表达。不过，贵州方言里有"在手上煎鸡蛋"。

    (3) 니가 드림에 입성하면 내 손에 장을 지져!《최고의 연인, 76회》如果你能进军DREAM公司，我就在我手上炒酱吃。

酱文化的发达使得韩国的酱缸也具有了文化性，韩国语里酱缸为"장독、장항아리"，有惯用语"장독 깨다"，比喻把重要的东西打碎或者惹祸。有时也用"장항아리 깨다"比喻失言。

豆子在韩国农业生产中占据非常重要的地位，因此很多与种豆子有关的表达产生了特殊意义，具有很强的文化性。例如，"콩심기하다"意为种豆子，比喻两脚在钢丝绳上交换着前行的表演形式。与种豆子有关还有俗语"가물에 콩(씨) 나듯"，意思是遇到天旱，豆子发芽不全，稀稀拉拉的，比喻某事或东西很少。

14.4.2 熟悉度

语言的产生也与相关事物或事件的熟悉度密切相关，只有熟悉了，才能了解相关特点，并且在需要表达新概念时才能信手拈来用于比喻。如果对相关自然物的熟悉度不够，那么一般无法产生相关语言形式。

韩国多山，居民区都位于山与山之间的洼地，处于这样的地理环境中举目所见都是山，因此有了"건넛산"，指对面的山，与此相关有俗语"건넛산 돌 쳐다보듯"，指呆呆地看，就像看与自己没有任何关系的东西一样。"건넛산 쳐다보기"指做事时不认真总是走神，而"건넛산 보고 꾸짖기"意为指桑骂槐，指鸡骂狗。这些俗语都是对韩国多山这种地理环境的反映，反过来，汉语的"指桑骂槐、指鸡骂狗"则与中国古代农村生活密切相关，因为中国北方种植的多是桑槐，而鸡狗也是农村常见的。反映韩国多山地理环境的还有"먼 산을 보다"，用遥看远山来比喻不理睬。而中国人表示不理睬时，与地理环境有关的表达是"抬头看天"，而不是"抬头看山"。当然汉语里也有"采菊东篱下，悠然见南山"这样的诗句，但表达的意境是心情的闲适和祥和，而不是不理睬或者不认真。韩国人有时还用"먼 산도 보이다"来比喻天气晴好，这也与韩国多山的地理环境有关。

中国传统的生产方式为农业，因此对农产品非常熟悉。相反，韩国传统的生产方式虽然也有农业，但作为半岛国家，渔业也是非常重要的谋生手段，因此非常熟悉各种鱼类。在比喻耳朵的形态时，山东泰安方言里有时会说"耳朵像扁豆皮"，虽然是批评对方听力不好，不记事，但这个比喻本身却利用了耳朵与扁豆的形态相似性。相反，韩国语里比喻耳朵时一般用"조가비 贝壳"，反映的是渔业文化的影响。比喻因非常寒冷而被冻透时，韩国人用常吃的冻明太鱼作比喻，即"동태가 되다"，意思是冻成冰冻明太鱼了。但对中国人来说，因为不太熟悉这种渔产品，所以一般用常见的"冻成冰棍"。

韩国语里经常用与蕨菜有关的惯用语"고사리 같은 손""고사리밥 같은 손"来比喻小孩子柔嫩胖乎的小手。之所以如此，是因为蕨菜是韩国人饭桌上不可或缺的蔬菜之一，中国人虽然也吃蕨菜，但区域限制很明显，蕨菜并不是饭桌上常见的，很多人对蕨菜的特点不清楚，所以自然就难以产生比喻意义。偶尔汉语会用"小嫩黄瓜手"[01]，但用的不多。

獐在韩国古代生活中占据很重要的地位，因此产生了很多与獐有关的表达。例如，因为獐容易受惊，睡觉时很警醒，因此产生了惯用语"노루 잠자듯"，比喻睡觉不踏实，中间醒多次；也比喻只睡了一点。但对现代中国人来说獐并不是熟悉的动物，所以汉语里没有类似的比喻表达。

综上所述，事物的重要性与熟悉度是产生相关语言形式以及比喻意义的前提，但是这并不代表就一定会产生语言形式与比喻意义。例如，人体是人们非常熟悉的，韩国语很多人体表达都产生了比喻意义，但有时汉语却没有产生相关的语言表达或比喻意义。之所以出现这种现象，是因为语言形式的产生还受人们的联想思维与关注点等的影响。

14.5 比喻联想不同

比喻联想的不同可分为两大类型，第一是比喻联想的缺失，指的是在相应的文化里虽然有相关的文化背景或事物，但却没有产

---

01   马庆株（1998:89）在谈到形容词时曾提到"小嫩黄瓜手"。

生相关的比喻联想以及相应的语言形式。可以分为两个小类型，一类是汉语里出现比喻联想的缺失，一类是韩国语里出现比喻联想的缺失。比喻联想的不同还有一个类型，指的是汉韩两种语言在表达同一概念或者比喻同一物体时采用的喻体不同或形成的比喻表达不同。

14.5.1 中国人比喻联想缺失

有时很多文化现象在中韩两国都存在，但韩国语里可以用语言表现出来，但汉语却没有与这种文化直接相关的语言形式或比喻意义，具体可以分为如下六种类型。

14.5.1.1 汉语词语(组)无比喻意义

首先看词语的例子。例如，鱿鱼眼睛小，五官不突出，所以中韩两国人都认为鱿鱼长相很丑，山东滨州方言中鱿鱼被称作"丑眼儿"，但本身并没有产生比喻意义。韩国语里的"오징어"却产生了比喻意义，比喻人长得丑，是用鱿鱼来比喻人的长相。

有一种大肚子海鱼，汉语称作"大肚佛鱼、土布鱼"，之所以称作佛鱼，可能是因为它的长相与大肚弥勒佛具有相似性，但这种鱼并没有被赋予比喻意义。这种鱼在韩国语里称作"뚝지"或"멍텅구리"，因为鱼长相丑、行动迟缓，经常遇险无法逃脱，所以"멍텅구리"被用来比喻没有判断力、分不清是非的蠢人(김동진、조항범 2001:103)。

螃蟹有蟹壳甲，可能在韩国人眼里这种蟹壳甲看起来像小房子，所以韩国语里用"게딱지"比喻房子又小又破。而汉语没有这种

比喻。螃蟹的尾部也非常小，所以"게꽁지"比喻知识或才能很少或拿不出手。但汉语的相关表达却没有比喻意义。

与治疗手段有关，中医治疗有"（艾）灸"，韩国语称作"뜸질"，可以比喻打人，但这个意义还没有成为词典意义。用冷敷或热敷的方法来治病韩国语称作"찜질、찜"，也指泡温泉、热水、热沙子来发汗治病，此外还俗指挨打。汉语相关的"艾灸、冷敷、热敷"等治疗方法都没有产生比喻意义。

再看与词组或惯用语有关的例子。例如，日常生活中，人们可能都会出现偷听的生活经验，韩国语用与耳朵有关的惯用语"귀(를)주다"来表达，如(4a)；这个惯用语也指小心地告诉别人，如(4b)。"귀(를) 주다"之所以有两层意义，是因为偷听和悄悄告诉别人的时候都有共同的身体语言，即凑得很近，并且耳朵使劲地凑向说话者。中国文化里也有这样的身体语言，但汉语不存在这种具象化表达，而是多用抽象表达"偷听、悄悄告诉"等，有时根据语境可译成"竖着耳朵"，如(4a)，但后面的"偷听"不能省略，不仅因为后面有宾语"两个人的谈话"，还因为汉语里"竖着耳朵"只是具体的动作。

(4) a. 책을 보는 체하면서 두 사람 말에 귀를 주었다. 一边装着看书，一边(竖着耳朵)偷听两个人的谈话。

b. 이미 누군가가 그에게 귀를 주었다. 已经有人悄悄告诉他了。

14.5.1.2 汉语无词语

此类型指的是虽然有相关的自然现象或生活现象，但汉语里却没有产生相关的词语。

例如，中国人日常生活中表达金钱时多用手指做出"点纸币"的动作，但并没有形成相关的语言形式，如果用语言来表达，只能用"钱、票子、大钞、大洋"等来指称钱币，但这些都与数钱的动作无关。韩国语里一般提到钱都是用拇指和食指做出一个圆形的模样，这好像与过去多使用铜钱有关，并且韩国语口语中会用名词"동그라미 圆形"来指钱。

与骨头有关，韩国语有"통뼈、용가리뼈、용가리통뼈"等词语，这些词语都产生了比喻意义，其中"통뼈"指并在一起的下臂的骨头，可以比喻力量大或心胸宽广、意志坚强。"용가리뼈"用来嘲笑那些很特别的人(박완서《소설어사전》)，而"용가리통뼈"比喻手腕骨头大，力气大，块头大，不胆怯的人；有时也用来嘲笑那些没有底气却很傲慢的人。"잔뼈"指还没有长好的又小又弱的骨头，也指又细又小的骨头。汉语没有类似的词语与比喻意义。

与婴幼儿吃饭有关，过去很多时候需要父母咀嚼后再喂给孩子，韩国语里将这种吃饭方式称作"밥물림"，中国的父母虽然也有这种喂食方式，但却没有产生相关的词语。

中韩两国人为了让鸟类在冬天有食吃会故意留少量果实在树上不摘，这反映的是道教尊重生命、重视人与自然万物和谐相处的思想。在这种思想影响下，韩国语产生了词语"까치밥"，其语义还扩展到了经济领域，指能让大家共赢的余地、甜头等。中国虽然也有这种为鸟留食的文化，但却没有专门的词语来表达。所以"까치밥"译成汉语需要根据语境意译成解释性表达。

14.5.1.3 汉语无词语与惯用语

此类型指的是韩国语里不仅有命名式的词语还有惯用语，但汉语里却并不存在相关的语言形式与意义。

汉语有"后脑勺",韩国语里后脑勺为"뒤통수",并且还有细致的区分,中间部分称作"꼭뒤",有惯用语"꼭뒤(를) 누르다、꼭뒤(를) 지르다",都指被势力或力量所压制,如(5)。"꼭뒤(를) 지르다"还指抢着说话或行动,两者都有使动形式"꼭뒤(를) 눌리다、꼭뒤(를) 질리다"。"꼭뒤가 세 뼘"意思是头顶心有三拃,指非常傲慢的样子。但汉语一般不再对"后脑勺"进行细致区分,也没有相关的惯用表达。

(5) 당장에라도 누가 잡아갈 듯한 강박감이 노상 꼭뒤를 누르고 있었던 것이다。《유현종, 들불》总觉得马上就有谁来抓自己,这种感觉一直压制着他。

过去有江湖卖药的,这样的人韩国语叫作"약장수",并且可以用来嘲笑那些能说会道的人,还出现了惯用语"약을 팔다"比喻花言巧语骗人,有时也单纯指闲聊。汉语"卖药的"是词组,不是词语,并且没有相关的比喻意义。

中韩两国人都有拿灯芯或棉芯放到别人鼻子里使其痒痒的顽皮行为,汉语没有相关的语言表达,但韩国语里可以用词语"코침"来表达这种行为,并且还有惯用语"코침(을) 주다",指刺激鼻子,还比喻使别人烦、发火,第二个意义从基本义发展而来。

与生病吃药有关,小孩子一般不喜欢吃苦涩的药,为防止孩子闭嘴不吃,需要用筷子把孩子的嘴翘开,起这种作用的筷子韩国语叫作"전지",其惯用语"전지를 물리다"比喻强制某人做某事。中国人也有这种喂药方法,但却没有这种词语和惯用语。

14.5.1.4 汉语无惯用语

此类型指的是汉语虽有相关词语，但却没有产生类似于韩国语的惯用语以及比喻意义。

1) 人体

韩国语可以用头上开始长头发的惯用语"머리에 털 나고"比喻年龄小，如(6)，汉语"长头发"没有此意义，一般意译成"从小"。

(6) 나는 머리에 털 나고 지금까지 손목시계를 찬 적이 없었다. 我从小到大就没戴过手表。

中韩两国都有口水文化，中国人有时用吐口水来表示所有权，如对某个东西感兴趣，不想让别人占有时，可以围着这个东西吐唾液表示所有权，但却没有相应的语言表达。韩国语有惯用语"침 발라 놓다"，是用抹上唾液来表示归自己所有的动作，如(7)，这里"침을 바르다"要么用于疑问句，要么用于否定句，表达的都是否定意义。

(7) 니 까짓 것 뭔데 우리 찬빈이한테 침을 발라, 바르긴.《내딸 금사월, 15회》你算干什么的？竟然敢觊觎，觊觎我们灿彬。

韩国人尤其是女人在哀求对方时，会双手合十上下搓动来表示祈求，这与苍蝇总是不断地搓动前面的两只脚的动作特点非常相似，所以韩国语有了惯用语"파리 발 드리다"，比喻苦苦哀求对

方。但中国人没有类似的肢体语言来表达哀求，因此也就无法与苍蝇的动作关联起来，也就无法产生类似的惯用表达。

2) 医学

与医学有关的相关例子非常多。例如，疟疾是古代致死率非常高的疾病之一，发作时疼痛难忍，所以韩国语有了惯用语"학을 떼다、학질(을) 떼다"，比喻为摆脱难受、困难的状况而费尽力气，出一身汗；或比喻被折磨得够呛。汉语里的"疟疾"没有这样的惯用语表达与意义。

麻疹在过去也是致死率很高的疾病，所以韩国语产生了惯用语"홍역(을) 치르다"，比喻遭受大的磨难或困难，但汉语"麻疹"没有相关惯用语与比喻意义。

伤寒也是过去非常令人害怕的疾病，伤寒的典型症状是畏寒、持续高热，所以韩国语有惯用语"염병을 떨다"，比喻做奇怪的事情或坏事，汉语"伤寒"没有相关的惯用语与比喻意义。

3) 动物

与牛蹄子有关，韩国语有"뻗친 쇠발"，字面意义是已经伸出去的牛脚，比喻已着手的事情，汉语没有与此相关的惯用语。

与麻雀有关，韩国语有惯用语"참새 물 먹듯"，比喻吃东西少量但吃多次的样子，与鸡有关有惯用语"닭 물 먹듯"，比喻不论什么事不管内容如何随便应付了事的样子。这两个惯用语与麻雀和鸡的习性有关，但汉语没有类似惯用语与比喻意义。

与小龙虾有关，韩国语有"가재(를) 치다"，因为小龙虾喜欢倒退着走，所以这个惯用语比喻把买来的东西退回去。汉语没有类似相关表达。

鲶鱼身体黏滑，人们抓鲶鱼时一般不会很顺利，所以韩国语有了惯用语"메기를 잡다"，是借抓鲶鱼来比喻事情没有按照预期那样发展，汉语里不会对抓鲶鱼产生此类联想意义，一般多用与鲶鱼无关的"抓瞎"。

4) 饮食

中韩两国人都有吃麦芽糖的习惯，麦芽糖的制作过程是:煮熟的米与切碎的"麦芽 엿기름"搅拌均匀发酵，在这一过程中米就会转化成麦芽糖汁液，或者说是麦芽使米失去了踪影，据此，韩国语有了惯用语"엿기름을 넣다"，比喻把别人的东西藏起来据为己有。但汉语没有产生类似的惯用语与比喻意义。

土豆与地瓜等农作物收获时是秧子下面一串果实，因此韩国语用"고구마 줄기 地瓜梗"或"고구마 줄줄이 一串串地瓜"来比喻拖泥带水弄出很多问题。韩国还有成串的糖块，韩国语一般用"줄줄이 사탕 串糖"来形容东西或人多，一串串的。虽然中国文化里也有这些食物，但没有根据如上特点而产生相关的惯用表达以及比喻意义。

5) 乐器

与笛子有关，韩国语有惯用语"피리를 불다"，俗指在后面怂恿、操纵。而"가죽피리"是放屁的隐语。有时"피리"单独用也比喻消极意义。但汉语里"笛子"没有产生惯用表达以及比喻意义。

6) 风俗信仰

中韩两国都有占卜的风俗，占卜需要卦桶，韩国语有惯用语

"산통(을) 깨다"，比喻反对而使进展顺利的事情出现问题，被动形式的"산통이 깨지다"比喻进展顺利的事情被搞砸。汉语里没有相对应的表达。

7) 游戏

中国有"老鹰抓小鸡"的游戏，但没有产生相关的比喻表达或意义。相反，韩国语里有惯用语"병아리를 본 솔개"，意思是就像伺机抓小鸡的老鹰一样，比喻伺机准备抢夺时机或东西的人。

14.5.1.5 无相关俗语

俗语是人们根据比喻联想思维对日常生活中的常见事物、现象或事态展开联想使其产生一定比喻意义而形成的一种语言形式。但因为受不同文化背景下人们联想思维与认知差异的影响，所以有的事物、现象或事态在韩国语里会产生俗语，但在汉语里却没有产生俗语。

1) 人体

手指甲与脚趾甲的生长速度不同，前者长得快后者长得慢，根据这一特点，韩国语里用"손톱은 슬플 때마다 돋고 발톱은 기쁠 때마다 돋는다"比喻人生中痛苦比欢乐更多。但汉语没有类似的俗语与比喻意义。

与眼疾有关，韩国语产生了俗语"안질에 고춧가루"，意思是有眼疾时反而还往眼睛上撒辣椒面，出现这种俗语一是因为韩国人具有非常突出的"辣椒"文化，辣椒是韩国人身边非常熟悉之物，另外也与韩国人的联想思维有关，但中国人没有这么突出的背景文化以及联想思维，所以没有出现相关的俗语。

2) 动物

与燕子有关，韩国语有俗语"곡식에 제비 같다"，比喻清廉的人，其共享基础是"燕子不吃粮食的习性"，虽然世界各地的燕子可能都有这个特点，但中国文化里没有类似表达与意义。

蟋蟀在每年阴历七月开始鸣叫，韩国语有俗语"빨리 알기는 칠월 귀뚜라미라"，比喻非常伶俐、非常有眼力，是用蟋蟀来比喻人有眼力。汉语没有类似表达与意义。

韩国语还有俗语"지네 발에 신 신긴다"，因为百足虫脚很多，如果给百足虫都穿上鞋则非常费劲，也比喻孩子多了父母受苦。汉语没有相关俗语。

与蟾蜍尾巴有关，韩国语有俗语"두꺼비 꽁지(만) 같다"，比喻非常小，就像没有一样。汉语没有相关俗语。

3) 地理环境

例如，与朝阳有关，韩国语有俗语"식전에 조양(朝陽)이라"，意思是天大亮后阳气已动，没了任何用处，汉语没有相似的表达与意义。如果早上大雾，反而白天会太阳光极强，这是一种生活经验，韩国语有俗语"아침 안개가 중 대가리 깬다"，意思是阳光太强，能把和尚的光头都晒裂了，也就是说，韩国人将这种生活经验与佛教徒秃头的特点关联了起来。中国文化里没有产生这样的联想与表达。

4) 饮食

面条喝了后马上就能饱肚子，但不久就会产生饥饿的感觉，这是中韩两国人都会产生的生理感觉，汉语里并没有据此产生特殊的

语言形式或意义，但韩国语有了俗语"국수 먹은 배"，比喻食物不太抗饿的情况，也可比喻没有实际内容、很松散。

5) 出行

韩国语有俗语"온몸의 힘줄이 용대기 뒤 줄이 되었다"，其中"용대기(龍大旗)"指封建帝王出行时位于队列前侧的旗帜，旗帜迎风飘扬时系绳是绷紧的，俗语的字面意义是全身的神经像龙大旗的系绳一样紧绷绷的，比喻人极度紧张、兴奋的状态。中国古代也有这种出行文化，但并没有产生这样的比喻性俗语以及意义。

6) 住居

韩国传统韩屋过去是稻草房顶，需要每年换房顶，根据这一文化背景韩国语有了俗语"기와집 물려준 자손은 제사를 두 번 지내야 한다"，意思是继承了瓦屋的子孙一年应该给祖先祭祀两次，因为瓦屋不用经常换房顶，而草屋每年换房顶非常麻烦，还很累。中国过去虽然也有草屋，但却没有产生类似的俗语。

7) 医学

过去天花是致死率非常高的疾病，汉韩两种语言里也产生了一些相似表达，但有时也会出现不同。例如，韩国人认为天花是瘟神发怒，因此产生了俗语"노염은 호구별성(戶口別星)인가"，现在这个俗语多用来嘲笑爱发火的人。但汉语"瘟神"没有相关的俗语以及意义，与瘟神有关的歇后语有"瘟神下界——百姓遭难"。

8) 乐器

中韩两国还有一些共同拥有的乐器，例如，与琵琶有关，韩国

语里有俗语"비파 소리가 나도록 갈팡질팡한다",意思是来回走路而使裤裆里发出啪啪的声音,比喻遇到某事不知如何是好地转来转去的样子。这是用琵琶的声音来比喻身体发出的声音,汉语没有此类联想意义与表达。

9) 风俗信仰

中韩两国都有地神、灶王神这样的信仰,也都有供奉灶王爷神像、为其举行祭祀、供奉食物的习俗。韩国语因此产生了很多的俗语,如"지신에 붙이고 성주에 붙인다、터주에 놓고 조왕에 놓고 나면 아무것도 없다、시형님 잡숫고 조왕님 잡숫고 이제는 먹어 보랄 게 없다",都比喻本来东西就很少,给这个一点,给那个一点,就所剩无几了。此外还有俗语"터주에 붙이고 조왕에 붙인다",比喻把东西撕开到处贴。汉语没有类似意义的俗语形式。

10) 棒槌

韩国语有俗语"홍두깨 같은 자랑",其中"홍두깨"意为棒槌,因为棒槌又粗又大,所以俗语比喻值得大书特书的自豪之事。虽然俗语的意义能够理解,但"棒槌"与"值得自豪的事情"之间能够被联系起来具有很强的文化特性。中国文化里也有棒槌,但却没能产生这种表达与比喻联想。

14.5.1.6 复杂类型

中韩两国人都关注到有的螃蟹喜欢寄居在其他生物如螺壳内,汉语将其命名为"寄居蟹",韩国语将其命名为"조갯속게",并且产生了比喻意义,指身体非常瘦弱无法干活的人,并且还有俗语"조개 속의 게",比喻非常柔弱、无任何活力的人。汉语多用"弱不禁

风"来形容这样的人，但"寄居蟹"没有产生比喻意义，也没有相关的惯用语与俗语。

中韩两国过去都有"黥刑"，是一种在人体上留下印记来作为惩罚的刑罚，韩国语称作"경을 치다"，这个表达发展到韩国现代社会，语义发生了变化，表示教训或斥责别人，如(8)。挨打的人称作"경을 칠 놈"或"경 칠 놈"，由此又产生了骂人的话"경칠"(김동진、조항범 2001:41)，相当于汉语的"找打"。与此相关，韩国语还有俗语"경치고 포도청 간다"(조항범 2004(1):91)，意思是已经挨了骂了，却还到衙门里去找打。汉语里这种刑罚称作"刺青、刺字"，一般没有特殊的比喻意义，也没有产生相关的惯用语与俗语。

(8) a. 괜한 불똥을 튀어서 경 치기 전에 정신들 차려.《옥중화, 11회》大家都好好干活，不要惹祸上身找不舒服。
b. 내가 까불다 경치지 말랬지.《보보경심:려, 7회》我告诉过你，不要轻举妄动，以免受罚。

14.5.2 韩国人比喻联想缺失

有的文化现象在中韩两国都存在，但在汉语里可以用语言表现出来，但韩国语却没有相关的语言形式，只能用解释性的表达。

例如，人们干活时往往有先往手上吐一口唾液的习惯，与此有关，汉语有成语"唾手可得"，比喻非常容易获得。韩国人干活时虽然也有这样的动作，但没有形成相关的惯用语。

日常生活中，鞋子如果小于脚的尺寸那么穿起来就很不舒服，所以汉语产生了特殊意义的"小鞋"，专指那些在背后使坏点子整人或利用某种职权寻机置人于困境的人，也指上级对下级或人与人之间进行打击报复，这些都称为"穿小鞋"。在口语中也经常与"找小脚"连用，完整的说法就是："找小脚，穿小鞋"。但韩国语没有相似的表达以及意义。

14.5.3 比喻联想不同

比喻联想的不同可分为两类，第一类指的是在面对同一事物时所产生的联想思维不同，因此产生了不同的比喻表达；第二类指的是在表达同一概念时采用了不同的事物作喻体。

14.5.3.1 不同的比喻表达

例如，在描写月亮时，中韩两国对"月亮"的形态描写各不相同，如(9)，韩国人将月亮视为"공(球)、공의 반쪽 球的一半、가늘게 细细的"，或者用"호박 蒲团式的大南瓜"来描写月亮。再看(10)，中国人将初月、弦月、满月分别比作了"钩""弓"或"轮、盘、镜"等。"区分两者的不同，可以发现韩语是从立体的角度去看待月亮，而汉语则是从平面的形状(钩、弓、轮、盘)或亮度、明度(镜)等角度去观察的。"(王芳 2020:508)因此产生了不同的比喻表达。

(9) a. 달은 매일 조금씩 다르게 보인다. 공처럼 보이기도 하고,
공의 반쪽처럼 보이기도 하고, 가늘게 보이기도 한다.

　 b. 하늘에는 호박처럼 맑고 어슴푸레한 달이 걸려 있었
다.<펄벅, 대지(중:아들들)>

(10) a. 因初月如钩, 故称银钩、玉钩。

b.因弦月如弓，故称玉弓、弓月。

c.因满月如轮如盘如镜，故称金轮、玉轮、银盘、玉盘、金镜、玉镜。

再看另外一种类型。韩国语有俗语"쌍태 낳은 호랑이 하루 살이 하나 먹은 셈、범 나비 잡아먹듯、주린 범의 가재다"，比喻饭量很大但却吃不着东西、量不够。这些俗语更多地利用了夸张联想，因为小虫子、蝴蝶、小龙虾几乎不可能与老虎产生交集，因此不可能出现"老虎吃虫子、抓蝴蝶吃、抓小龙虾"这样的经验，因此这种联想是一种不具备现实基础的联想。汉语有"饿虎扑食、饿虎扑羊"，比喻动作迅猛，这些成语是具备现实基础的。也就是说，中韩两国人虽然都关注到了老虎扑食这样的事件，但与其发生关系的动物却出现了不同，汉语成语更多的是一种写实性的描述，而韩国语是一种非现实的联想。

14.5.3.2 不同的喻体

有时在比喻同一概念时，汉韩两种语言也会出现喻体的不同，这是非常常见的类型。

例如，在比喻紧紧缠住时，中韩两国都选择了沾附能力强的事物作喻体，不同的是韩国人联想到的是"낙지 八爪鱼"，如(11a)。中国人联想到的是"常春藤"，如(11b)，这两种比喻的不同与各自不同的地理环境和常见物有关。

(11) a. 해숙의 손가락들이 성난 낙지발들같이 창길의 손목을 감았다.《포구, 형태 의미 분석》海淑的手指就像发怒的八爪鱼触角牢牢地抓住了昌吉的手腕。

b. 这回，喀秋莎并没有抵抗，而是像常春藤一样缠住
了叶飞。《桃运兵王，20章》

比喻非常炎热时，中韩两国人都联想到了做饭的器具，但具体
到微观细节，韩国人联想到的是做饭的铁锅，所以有了"가마솥 더
위"，中国人联想到的是蒸笼或火炉，因此汉语有了"热得像蒸笼"
或与城市有关的"中国四大火炉"等表达。

比喻腿粗不好看时，汉语多用"大象腿"，韩国语经常用"무다
리 白萝卜腿"，汉韩所采用的喻体各不相同。

比喻毫不动摇、高高耸立的样子时，韩国语多用惯用语"끌로
박은 듯"，字面意义是就像把凿子插在那儿，汉语一般不用"凿子"
作喻体，一般多用"木头橛子"。

14.6 关注点与比喻联想不同

二十世纪法国著名哲学家和思想家梅洛·庞蒂曾说，身体在本
体论和认识论维度上存在着本质缺陷，但又是人类认识能力中必然
的、重要的部分，通过这种认识能力，我们能够对事物进行不同视
角的观察并以此形成了一个世界；他还说"正因为身体的这些局限，
所以身体必须栖居于某个特定的地方，这个局限性正好给我们一个
感知或观察的视角，而正是通过这个视角，我们可以获取事物存在
的相关信息；同时我们可以随意变动身体所处的场所，这就允许我们
从不同的视角感知事物，从而将从不同角度获得的信息组成客观事
物"(转引自舒斯特曼 2014:80-81)。不同文化背景的人对同一事物的

关注点虽然有时出现相同之处，但很多情况下会出现不同，因此表现在语言形式上也会出现不同。

14.6.1 关注点相同

有时中韩两国人在观察事物时会产生相同的关注点，但这也并不意味着会产生同样的语言形式或意义。

例如，中韩两国人都关注梅花鹿，汉语之所以如此命名，是因为在中国人眼里，鹿身上的白色斑点状似梅花，但对韩国人来说，有俗语"녹비에 가로왈"，意思是韩国人把梅花鹿的这些斑点看作是"曰"字，因为"曰"字拉长了就是"日"字，因此俗语比喻没有自己的主见，别人怎么说就怎么说，一会这样，一会那样。总之，虽然中韩两国人面对同样的动物并同时关注到了它的形态特点，但因此产生的联想思维不同，因此产生了不同的语言形式与意义。

中韩两国人都关注以"硬"著称的牛角，但中国人多用"钻牛角尖"或"钻死牛角"来比喻费很大的劲去研究不值得研究或无法解决的问题；另外，由于钻牛角尖的话，肯定是越钻越钻不动，路越来越窄，所以也可比喻思想方法狭窄。而韩国人却基于"牛角很硬"这一点产生了俗语"쇠뿔도 단김에 빼라"，意为牛角要趁热拔，对应的汉语是"趁热打铁"，因为铁也具有硬度强这一特点。

中韩两国人都关注丝瓜成熟、干燥后表皮有皱的形态特点，所以韩国语"수세미"产生了比喻意义，指皱皱巴巴的或很脏的东西。汉语则产生了歇后语"秋丝瓜——皮皱了"，与韩国语的语言形式与意义都出现了差异。

形容受打击后的感受时，中韩两国人都关注眼睛的感受，并且

都用"星"来比喻，具体而言，汉语用"眼冒金星"，这里的"金"用来形容眼前所出现的晃动的幻影，是用颜色来比喻物体。韩国语多用与星星有关的"별이 번쩍번쩍하다""별이 왔다 갔다 하다""별이 보이다"等表达，有时也用闪电来表达类似意义，如"눈 앞에서 번개가 번쩍하다"。在这些语言形式里，表达眼前晃动的幻影时，韩国语用的是拟态词"번쩍번쩍하다、번쩍하다"或表示来回走动的"왔다 갔다 하다"，这是用动作来描述动作。

综上，即使关注点相同，但在将事物或事态语言化的时候，汉韩两种语言还是表现出了较大的差异。

14.6.2 关注点不同

面对同样的事物，如果关注点不同，一般会导致产生不同的比喻联想，从而产生不同的语言形式与意义。这里主要分析一般命名、比喻命名、非命名式比喻、猜字游戏等四种类型的汉韩差异。

14.6.2.1 一般命名

1) 动物

汉语"松鼠"与韩国语的"다람쥐"指同一种动物，从命名方式来看，双方在这种动物的种属上来说是一致的，即都用"鼠 쥐"来命名，但在修饰语上却出现了不同，汉语着眼于这种动物的栖息地为松林，所以起名为"松鼠"，但韩国语着眼于这种动物行动迅速而起名为"다람쥐"。其中前置成分"다람"是意为跑的动词"닫다"的名词形式(조항범 2014:273)。

汉语"田鼠"是根据喜欢栖息在田地以及它的长相来命名的。韩国语的田鼠原型是"豆地鼠",是动词"뒤지다 翻"的原型词"두디다"的词干"두디-"与名词"쥐"结合形成的合成词,这种命名的理据是田鼠喜欢翻地的生活习性和长相(조항범 2014:278)。

汉语"蟾蜍"是视其为虫,属于种属命名。韩国语名叫"두꺼비",조항범(2014:353)认为这个词是意为"厚"的形容词"둗겁다"的词干"둗겁-"与后缀"-이"结合形成"둗거비",之后又经过变形最终成了"두꺼비",理据是蟾蜍的皮非常厚,并且身体也非常厚实。这属于形态命名。

汉语"白鹳鸟"也称作"黑尻、皂君",分别关注的是身体和尾部的不同颜色。这种鸟韩国语称作"황새",是意为"大"的前缀"황-"与词根"새"结合形成的派生词,意为大鸟,其命名理据关注的是体形大小。

汉语"大尖头蝗"的命名着眼于体积与头部的形态。韩国语里称作"방아깨비",是碓的古语"방하"与"아비"结合形成的"방하아비",之后发生变形,命名的理据是这种蝗虫如果抓住它的后腿,它就会像捣米一样动弹(조항범 2014:343),关注的是蝗虫的动作特点。

2) 植物

有一种花夜晚开放,所以汉语叫作"月见草",韩国语称作"달맞이꽃",两者都是用月亮来表达夜晚之意,但是从种属来看,汉语视作"草",韩国语视作"꽃"。此外,汉语还有一个名称是"夜来香",这种命名着眼的是它的香气和夜晚开放的特点。这种花在韩国语里还被称作"개달맞이꽃",因为韩国的这种花没有香气,反而有一种臭味(이규태 1991:133-134),所以前面添加了具有消极意义的

前缀"개-"。

汉语有"野玫瑰、野蔷薇",这种命名方式利用的是这种植物与玫瑰、蔷薇的相似性。韩国语也有"들장미"的称呼,这种命名与汉语类似。但韩国语还有另外一个称呼为"찔레"。从构词来看,"찔레"是动词"찌르다"与后缀"-에"结合形成的派生词,意为扎人的(박기환 2009:221)。也就是说,韩国语的固有词命名方式关注的是这种花有刺、扎人这一特点。

3) 食物

汉语有"甜瓜",命名理据是味觉,即甜味的瓜。韩国语为"참외",这里的"참-"是前缀,意为好的、真的。"외"是"오이 黄瓜"的略称,黄瓜也被称作"물외",即"물오이"(박기환 2009:222)。也就是说,韩国人将甜瓜视为黄瓜的一种,派生词中出现的词根"외"表达类属意义。

4) 一般事物

灯笼中有一种节日玩具,在灯内点上蜡烛,烛产生的热力造成气流,令轮轴转动。轮轴上有剪纸,烛光将剪纸的影投射在屏上,图象便不断走动。对这种灯笼,有几种称呼,古称"蟠螭灯(秦汉)、仙音烛、转鹭灯(唐)、马骑灯(宋)",现在多称作"走马灯",其中"走马灯、马骑灯"之所以得名,是因为这种灯的各面多绘有古代武将骑马的图画,灯转动时看起来好像几个人你追我赶一样(搜狗百科)。"转鹭灯"的得名也与转动特点有关,"蟠螭灯"得名应该是源于这种灯上多会有蟠螭图样,"仙音烛"之所以得名是因为烛点燃时引动机关、发为音乐。韩国也有这种灯,一般称作"영등(影灯)",是根据剪纸的影子投射在屏上这一特点而得名,也就是说在

命名上，韩国语与汉语的关注点是不同的，即两国人在看到具有多种特点的事物时所关注的特点不同。但韩国语"영등"在用于比喻意义时，利用的却是这种灯转动的特点，如(12)，也就是说，韩国语的命名和比喻意义在关注点上出现了不同。

> (12) 땀을 흘리는 것을 보고, 수건을 집어 대령을 한다 부채
> 질을 한다 하며 시중이 영등 같다.《염상섭, 취우》看
> 到自己流汗，仆人们就像走马灯似的，有拿毛巾待命
> 的，有拿扇子扇风的。

关于金属，汉语的"有色金属"和"黑色金属"都关注于颜色，韩国语的"비철금속(非鐵金屬)"和"철화합물(鐵化合物)"都关注于成分。

再看眼镜，汉语有"隐形眼镜"，命名理据是：这种眼镜是隐于眼睛内部的。相反，韩国语直接用外来语"콘택트렌즈(contact lenses)"，意思是接触性镜片，即直接与眼睛接触的。

14.6.2.2 比喻命名

中韩两国人也有很多独具特色的比喻命名。面对同一事物的特点时，中韩两国人的比喻联想有时是不同的，而具体会产生什么样的联想，与事物本身的特点、对用作喻体的事物特点的熟悉度、人的认知以及不同的文化等密切相关。下面主要分析本体是植物、动物、一般具体事物、人、抽象事物等的命名。

1) 植物

有一种蘑菇,汉语学名为"虫形珊瑚菌",俗名为"豆芽菌"(图
1-1),这两个命名方式分别着眼于与虫子、豆芽的形体相似性。同
样的事物,韩国语叫作"국수버섯",因为在韩国人眼里,这种蘑菇
的形态像切好的面条。还有一种"草菇",中国人视其为"草",其
中一个品种如图(1-2)所示,韩国语称作"총각버섯(總角--)",之所
以如此命名,是因为这种蘑菇的形状极似男性的阴茎。

2) 动物

先看鸟类。图(1-3)这种鸟学名叫"鹡鸰",韩国语俗名为"할
미새",从取名上看应该是因为长相像前额斑白的老奶奶而得名;相
反,汉语的俗名为"张飞鸟",因为这种鸟周身为黑,只有额头是白
的,像极了京剧里张飞的形象,因此而得名[02]。

图(1-4)这种鸟汉语学名为"白头鹎",俗名为"白头翁(鸟)",
因为中国人的关注点是:它的头是白色的。这种鸟韩国语称作"검은
이마직박구리"或"줄무늬머리직박구리",也就是说,韩国人的关
注点不是白头,而是"黑色额头"或"有条纹的头"。

继续看图(1-3)和图(1-4),韩国语与汉语分别是"할미새 老婆
婆鸟"与"白头翁",都采用了以老人来喻物的方式,两者比喻的是
不同对象的不同特点,前者强调额头,后者强调头顶,并且作喻体
的人也具有性别之分,前者是女性,后者是男性。

再看带鱼的命名,中韩两国人都着眼于带鱼的形态,但中国人
认为带鱼看起来像带子,所以取名为"带鱼",而韩国人却认为带鱼
看起来像剑,所以取名为"갏치",之后又变形为"갈치"。

---

02   此解释源自高丽大学《중한사전》。

[图1] 植物、鸟类命名

　　刺猬在韩国语里是"고슴도치"，其原型为"고솜돝"，是"고솜+돝"结构，而朝鲜为"가시도치"，所以"고솜"与"가시"对应，意为刺，"돝"与"도치"对应，意为猪，也就是说，"고슴도치"的造词原理利用了刺猬与野猪的形态相似性(조항범 2014:268)。相反，中国人在为刺猬造词时仅着眼于"毛带刺"，所以称之为"猬"，而不是与"野猪"关联。

　　再看与外来物种有关的动物命名。例如，对中韩两国人来说，作为非洲物种的河马这种动物最初是生疏的，中国人称其为"河马"，是将其视作"河里的马"，因为马是中国人熟悉的陆地动物，两者从形象上又比较相似，从而两者被联系起来。韩国人在面对河马时直接沿用了中国传来的汉字词名称"하마(河馬)"，不过老百姓又为它起了一个俗称——"물뚱뚱이"，即水中的大胖子，其中"뚱뚱이"指胖人，在前面加上意为水的"물"，是用人来形容不太熟悉的河马。两种文化都借用了熟悉的事物来为河马命名，都注意到了喜欢在水里活动这个特点并反映在语言符号上，这是具有共性的一面，但在采取何种具体手段和方法来命名时却表现出了很大差异，从"河马"这个词中可以发现中国人注意到它与马的相似点，从"물뚱뚱이"中可以发现韩国人关注的是这种动物体型大这一特点。

3) 一般事物

比喻一般事物时，汉韩两种语言有时用人体语言作喻体，但所涉及的人体器官却并不是一一对应的。例如，韩国语里皮鞋头可用人体词"코"来表达，如"구두코"，之所以产生这种意义，是因为韩国语"코"的原型是"고"（이남덕 1985 I:363; 박기환 2009:228），意为圆形，而皮鞋头大部分也是圆头的，尤其是过去的橡胶鞋。用于此意义时，汉语用"头"，与韩国语着眼于形状相比，汉语着眼于位置，用的是"头"的"最前端"之意，不过与韩国语的"코"相同的是，"头"也有"圆形"这一特点。

再如，在比喻孔状东西时，韩国语可以用"코 鼻子"作喻体，如"단추코、그물코"，这两个词都着眼于鼻孔的形状。相反，对应的汉语分别是"扣(子)眼、网眼"，汉语是用"眼睛"来作喻体。

汉韩两种语言有时也可以用一般事物作为喻体来比喻其他一般事物，例如与价钱低有关，韩国语可以叫作"똥값 屎价"，也可以叫作"갯값 狗价"。汉语一般用"白菜价"。

白居易有一首诗《问刘十九》，诗中有"绿蚁新醅酒，红泥小火炉"，这里的"绿蚁"指的是酒浆上飘着的米粒，即酒糟，是用蚂蚁来比喻酒糟。但韩国语用的是"술구더기"或"구더기"，是用蛆虫来比喻酒糟。当然，韩国语也用"개미"来称呼，但这种表达应该是受了汉字词"녹의(綠蟻)、부의(浮蟻)、주의(酒蟻)"的影响。

4) 人

汉韩两种语言也经常用其他事物来为人命名，可分为两种类型。第一种类型是汉韩两种语言用同一个事物作喻体，所命名的却是不同的概念。例如，汉韩两种语言都用腰鼓作喻体来比喻人，其中汉语有"腰鼓兄弟"，比喻兄弟辈里居中的那一个较差，这是从古

代腰鼓"两头大中间小"这一特点而产生的比喻意义。韩国人也关注到了腰鼓的这个形态特点，所以用腰鼓"两头大"这一特点来比喻人的长相，如果脑门特别大的人一般称作"짱구 머리"，其原型是"장구머리"，之后发生变音成了"짱구머리"，而后又省略了"머리"，最终成了"짱구"(조항범 2014:151-152)。有时也称作"장구대가리"。但《표준국어대사전》中只收录了"짱구"，"장구머리"用作了建筑用语。也就是说，汉韩两种语言在比喻人时，虽然都利用了腰鼓的形态特点，但中国人的关注点在"腰鼓中间的腰很细"之上，韩国人的关注点在"腰鼓的两头很大"之上，关注点的不同导致可以比喻的本体出现了不同，概念也出现了不同。

第二种类型是汉韩两种语言在表达同一概念时各自使用了不同的喻体事物。例如，比喻恶狠狠的眼神时，汉语一般用刀作比喻，叫作"眼刀"，多形成"一记眼刀"结构。韩国语里一般用枪作比喻，如"눈총"比喻恶狠狠的眼神，惯用语"눈총(을) 맞다"比喻被别人厌恶，"눈총(을) 쏘다"形容瞪人。

关于用以咀嚼的牙齿，汉语命名叫"臼齿"，韩国语为"방석(方席)니"，分别是用"臼"和"방석(方席)"来命名，虽然都是以形态来命名，但中国人关注的是这种牙齿有凹凸，因此将其与臼联系了起来，相反韩国人关注的是这种牙齿方方正正、很大，因此将其与坐垫联系了起来。

关于面部凹陷，韩国语称作"보조개、볼우물"，这分别是用贝、水井来作比喻，汉语一般称作"(喝)酒窝、梨涡"，分别与喝酒时所形成的面部形态以及梨的形态有关。

关于发型，在头中间挽个簪形成的发型，汉语叫作"丸子头"，韩国语叫作"똥머리"。前者用食物来命名，后者用排泄物来命名。韩国语还有"바가지머리"，指的是用瓢扣在头上剪出来的头型，类

似的头型汉语里称作"茶壶盖头、锅盖头"或"西瓜头、蘑菇头"，虽然都是形态命名，但韩国语喻体是瓢子，汉语喻体分别是茶壶盖、锅盖、西瓜、蘑菇。

如果是头发蓬乱的人，汉语一般用比喻形式的"头发像鸡窝一样"，喻体是"鸡窝"；韩国语有时用"까치집、까치둥지 喜鹊窝"作比喻，有时也用"머리는 새집이다"，用的是上义词"鸟窝"。如果头发不服帖总是直愣愣的，韩国语称作"도가머리"，因为道士的发型是在头顶上挽一个发髻，汉语里一般没有这样的比喻。

关于人的能力，如果人没有能力、不像样，韩国语里叫作"쭈그렁밤송이 瘪的栗苞"，汉语一般用"歪瓜裂枣、干瘪的枣"等来表达。

14.6.2.3 非命名式表达

汉韩两种语言里经常因为关注点不同而产生非命名式的不同的词语、惯用语或俗语。有时也会因为比喻联想思维的不同而产生不同的比喻意义。

1) 人体

某种动作行为可能与多个人体器官相关，如果人们关注到的是各自不同的器官，那么就会产生不同的语言形式与意义。

例如，比喻将所知道的告诉他人时，韩国语分别用与牙齿、嘴巴有关的惯用语"이빨(을) 까다、주둥이(를) 까다"，汉语一般用"嚼舌头"。比喻口才好时，韩国语用与牙齿有关的"이빨이 세다"，汉语多用"好嘴(子)"。之所以出现这种交叉对应，是因为说话这一行为与牙齿、嘴巴、舌头等器官都发生关系，但因为中韩两国人的关注点不同，所以产生了不同的语言形式与意义。

表达关心、注意听时，人们可以有多种肢体语言或心理活动，韩国语主要用与耳朵有关的表达，如"귀가 번쩍 뜨이다、귀가 솔깃하다"。汉语在表达类似的意义时，有时也用"耳朵竖了起来"，但一般多用"怦然心动、心里一动、眼睛一亮"，之所以出现这些表达，是因为人们关心某物时不仅会出现耳朵上的动作，也会伴随心理上的变化以及眼神的变化。

人们在持观望态势时可以出现多种肢体语言，中国人所联想到的意象与眼睛有关，所以多用"眼睁睁看着"，关注的焦点在眼睛上，而韩国人所联想到的意象与手指动作有关，多用"손가락을 빨다"，这个惯用语意义指无东西可吃、无钱可花，在这种意义的基础上发展出了观望意义，如(13)。

(13) 나 폭탄 하나 있다. 봉수가 그렇게 당하고 쫓겨났는데 나라서 뭘 손가락만 빨 줄만 아나?《불야성, 8회》我有他一个把柄。风洙就那样被玩弄之后撵走了，你们以为我就只会眼睁睁地光看着吗？

人们也会关注到不同人体器官之间的关系，如果关注点不同也会出现语言形式的不同。例如，中韩两国人都关注胳膊和腿的关系，但因为关注点的不同产生了不同的俗语。其中，汉语有"胳膊拧不过大腿"，着眼于胳膊与大腿的力量对比，"有胳膊有腿"着眼于胳膊和腿的作用。韩国语也关注胳膊和腿的作用，但产生的是俗语"팔 고쳐 주니 다리 부러졌다 한다"，意思是修好了胳膊，又说腿断了，比喻不顾脸面总是提出一些过分的要求，也比喻接连不断地发生事故。也就是说，韩国语更关注胳膊、腿的损伤，所以才出现了与维修有关的表达。

2) 事态

人们在观察事态时，因为事态具有非常丰富的特点或要素，如果人们关注到的是不同的特点或要素，那么就会产生不同的语言形式与意义。

与杀猪有关，传统的杀猪一般包括几个环节，如：磨刀、烧水、动刀子、褪毛等。面对这些共同的环节，中韩两国人的认识和注意力并不相同，这些不同也都反映在语言上。其中中国人认为与杀猪有关的直接行为是"磨刀"，所以《木兰辞》中就有"小弟闻姊来，磨刀霍霍向猪羊。"而《三国演义》中曹操刺杀董卓不成逃到吕伯奢家中后，因为听到磨刀的声音而误杀了吕伯奢一家，这里提到的"磨刀"其实也是因为被联想成了准备杀猪或杀人。与中国人相反，韩国人主要关注烧热水褪猪毛，所以有了俗语"물 끓이면 돼지밖에 죽을 게 없다"，字面意义指烧开水就意味着猪要死了，还比喻品质恶劣、受到谴责的人终究会被铲除。

人们日常生活中有撸鼻涕的经验，汉语有与老太太撸鼻涕有关的歇后语"老太太撸鼻涕——手拿把掐；把里攥；手拿把儿攥；手拿把攥"，用来比喻胸有成竹，关注的是撸鼻涕的方式与结果。与老太太的方式相反，男士有的不是用手撸鼻涕或挤鼻涕，而是把鼻涕弄到地上或天上，这样脏不了手，韩国语与此相关有俗语"손 안 대고 코를 푸는 격"，是用撸鼻涕的方式来作喻体。韩国语还有名词形式的俗语"손 안 대고 코 풀기"，比喻不费劲就轻松完成。汉语撸鼻涕没有此类意义的相关表达。也就是说，虽然撸鼻涕有多种方式，但中韩两国人分别关注了不同主体的不同行为方式与结果，因此产生了不同的语言形式与意义。

与水渠有关，汉语有成语"水到渠成"，关注的是水渠的形成，强调的是水的作用。相反，韩国语产生了惯用语"물꼬를 트다"，字

面意义是打开水渠，关注的是放水后的结果与作用，如(14)，对应的汉语是"营造、缓和关系"等。

> (14) a. 군 당국자는 '회담의 물꼬를 트기 위한 분위기 조성을 위해 북한에 많은 여지를 준 것'이라고 말했다.《동아일보, 2017.07.18》军方负责人谈到："为了营造可以进行会谈的氛围，已经给朝鲜提供了很多的方便"。
> b. 이젠 이런 식으로 물꼬를 트는 거지.《전생에 웬수들, 40회》现在就是通过这种方式来缓和关系的。

汉韩以及朝鲜语都有与"门的开关"有关的表达，汉语为"户枢不蠹"，意思是门轴不受虫蛀，比喻常运动的东西不容易受侵蚀，现在也比喻人经常运动可以强身。对同样的事物和事态，韩国语仅着眼于次数的多少，如"문 돌쩌귀에 불 나겠다"指门开关次数太多了，而在朝鲜语里却可用来指人员来往非常多。

与打灯笼有关，中国人多关注灯笼的照明作用，所以有了"打着灯笼找不着"，比喻罕见。相反，韩国人关注的是打灯笼人的职业特点，有俗语"들고 나니 초롱꾼"，意思是提着灯笼就是"초롱꾼"，比喻人没有干不了的活，类似的还有"메고 나면 상두꾼 들고 나면 초롱꾼"，并且这个俗语还比喻人因时因地没有干不了的活。

比喻从事农业生产时，韩国语用惯用语"땅을 파다"，是用干农活时的经常性动作"挖地、刨地、翻地"来比喻职业。相反，汉语多用俗语"面朝黄土背朝天"来表达，是用人弯腰干农活时身体的空间状态来比喻职业。另外，汉语方言中干农业还称作"啃坷拉"，是利用农业的基础"土地、土块"来比喻职业。

3) 动物

中韩两种文化都关注鸡的生理特点与排泄物,鸡没有尿道,尿与大便同出,所以鸡的大便水分很大,分不清到底是尿还是大便,对这一现象中韩两国人的关注点各不相同,中国人关注的是生理特点,所以产生了俗语"小鸡不尿尿,各有各的道",比喻各人有各人的办法。相反,韩国人关注的是排泄物的特点,所以韩国语产生了俗语"병아리 오줌",比喻精神恍惚、陈腐的人。

中韩两种文化都着眼于刺猬身上刺多这一特点,汉语多形成"猬立、猬列、猬附、猬合、猬起、猬结蚁聚"等比喻词,主要着眼于刺猬毛的形态特点。相反,韩国语有俗语"고슴도치 외[오이]따 지듯[걸머지듯]",意思是就像刺猬摘了黄瓜背在身上一样,比喻背了一身债,这种比喻意义的产生是因为韩国人将多刺的黄瓜与刺猬联系起来,在此基础上使之与"负债累累"产生了联想,因为多刺和多债给人带来的结果都是不好的,也就是说,比喻意义的产生源于形态和结果的相似性。

4) 植物

白菜具有多种形态与功用特点,韩国人关注的是白菜帮的颜色,所以经常用白菜帮如"씻은 배추 줄기 같다"来比喻人长得白净,而汉语关注白菜的形状和大小,所以出现了"大白菜",并且有时用"大白菜"来比喻人长得肥胖(电视剧《小院飘香》)。

5) 一般事物

汉韩两种语言还都用豆腐渣作比喻,汉语有"豆腐渣工程 부실공사",关注的是豆腐渣不结实的特点。相反,韩国语有"비지땀을흘리다",是用豆腐渣来比喻大汗淋漓,关注的是豆腐渣散落时的形

505

态特点。

比喻失势的人重新得势或已消失的恶势力重新活动起来时，韩国语有俗语"묻은 불이 일어났다"，意思是被掩埋的火又着起来，是用"火的重新燃烧"比喻因害怕有后患或掩盖起来的事情又露出了头，表达此意义时，汉语多用"死灰复燃"，两者分别关注的是同一事物的两个方面，一个注意的是火，一个注意的是灰。

面对同样的疾病，中韩两国人有时也会出现关注点上的不同。例如，与白内障有关，韩国人关注其形态特点，并且将其颜色、形态特点与牡蛎关联起来，因此有了比喻性的命名"굴젓눈이"，中国人关注割除白内障的手术与动作，所以有了歇后语"割除白内障——刮目相看"。

6) 人物

韩国人对中国文学作品非常熟悉，代表性的就是《三国演义》与《西游记》，其中涉及的很多历史或虚构的人物都被赋予了比喻意义，但因为文学作品中的相关人物是立体的，会涉及众多的事件以及由此所树立起的丰富形象。中韩两国人在将其发展成语言表达的过程中的视角与联想思维不同，因此所产生的语言形式以及意义并不一致。

汉语里与曹操有关主要有"掌上观文、对酒当歌、望梅止渴、老骥伏枥、割须断袍、割发代首、味如鸡肋、兵贵神速、说曹操曹操到"等语言形式。韩国语里与曹操有关有很多俗语，其中"조조는 웃다 망한다"比喻得意洋洋地笑，不知道什么时候就会倒霉；"조조의 살이 조조를 쏜다"比喻过分炫耀自己的能耐，总有一天会被那个能耐毁了自己。朝鲜语也有俗语"조조와 장비는 만나면 싸움"，比喻势均力敌的人只要见面就会较量一番。

刘备的大将有赵子龙，中国文化里与赵子龙有关有"不败将军、单骑救主"等说法。韩国语里则产生了俗语"한(漢)의 조자룡(趙子龍)이 창을 들고 선 듯"，意思是守立一旁让人不敢通过，而受保护的一方则感到非常踏实、放心。此外，还有"조자룡이 헌 창[칼] 쓰듯"，比喻花钱用物非常大方。汉语没有类似表达。

《三国演义》中还有一个人物是吕布，中国文化里有很多歇后语，如"吕布挺矛——有勇无谋""吕布杀董卓——大义灭亲""吕布叛荆州——出尔反尔""吕布马超——不相上下"等。韩国人也关注吕布使方天画戟武艺出众这一点，产生的俗语是"여포(呂布) 창날 같다"，比喻非常锋利、尖锐。汉语没有类似表达。

韩国人对《西游记》也耳熟能详，中韩两国古代建筑物的檐角屋脊上常常会排列着一些数目不等的小动物作为装饰，其中就有孙悟空。韩国语里有"오공이(悟空-)"，意思是与房顶上坐着的孙悟空很像，用来嘲笑那些长得短小精悍的人。但汉语没有出现类似的关注点与联想意义。

14.6.2.4 猜字游戏

猜字属于文字游戏的一种，虽然韩国人猜字也都是以汉字为中心，但对同一个汉字，不同民族的人的观察视角和认识不同，所以使得猜字游戏也具有了强烈的文化性，这也使得中韩两国的猜字游戏表现出了很大不同。

例如，关于"六"字，汉语可以设如下字谜：

(15) a. 一个跳蚤跳上炕，两个跳蚤后面上。

　　 b. 八个蚂蚁抬棍棍，一个蚂蚁棍上困。

　　 c. 一点八

d. 十八点

e. 一点一横两眼一瞪

f. 成立兴中会

g. 芳心有托眉当展

h. 全厂生产

i. 三星错落映天涯

j. 双双对对芳心许

k. 天上星星参北斗

l. 下厂就生产

m. 先礼而后兵

n. 辛苦无干夜自嗟

o. 一生自立

p. 九五计划为重点

q. 残星三两点，孤雁横空飞

r. 两颗种子埋地下，一颗破土已发芽《百度知道》

与中国人将"六"从这些角度来观察相反，韩国古典小说《春香传》为"六"所设的字谜是"두 단이 없는 역(亦)자"，意思是"亦字没有下面的草捆子"，这是把"亦"下面的"撇""竖钩"看作了草捆子，所以是"六"(박갑수 2013:496)。

韩国语里还有一些汉字猜字游戏：

(16) a. 나무 위에 서서 보는 글자가 무슨 자냐? 站在树上看到的字是什么字？

b. 비 맞고 있는 입 셋 가진 무당이 무슨 글자냐? 拥有三张被雨淋的大口的巫婆是什么字？

c. 우물 정자 가운데 점찍은 것이 무슨 자냐? 井字中间
点了一个点是什么字？

d. 깍지란 글자가 무슨 자냐? 叫豆荚的字是什么字？

e. 곰배팔이가 사람 치는 것이 무슨 자냐? 胳膊伸不直的
人打人是什么字？

f. 나무 위에서 나팔 부는 글자가 무슨 자냐? 站在树上
吹喇叭是什么字？

g. 돌 위의 문장 명필이 무슨 자냐?(박갑수 2015:44-46)
石头上站着大文豪和大书法家，是什么字？

如上，(16a)的答案是"親"，而(16b)的答案是"靈"。这两个
字谜的猜字方式与汉语类似。

韩国语有很多字谜都是借用生活经验和常识来猜字，如(16c-
e)。具体而言，(16c)的答案是"퐁당 퐁(井)"，因为扔石入井、石
落水里会发出"퐁당"的声音。(16d)的答案是"大"，因为韩国语里
豆子被标记为"太"，下面的点被看作豆粒，掉了豆粒就是豆荚，而
"太"掉了点就是"大"。(16e)的答案是"以"，左边的竖提被看作
"곰배팔이 胳膊伸不直的人"，而右边的撇和捺被看作是"人"，中
间的点被看作石头，因为韩国语里惯用语"돌을 던지다"意为打
人。这三个谜语中把"点"分别看作了石头、豆粒、石头。

(16f)的答案是"桑"，因为在树上吹喇叭会发出嘟嘟嘟的声
音，而"桑"字上面是三个"又"字，而"又"字在韩国语里用固
有词表达是"또，또，또"，这与喇叭声音发音一致。汉语的相关谜
面是"又逢三春"。

(16g)的答案是"碧"。因为韩国语里"문장(文章)"可以转喻
大文豪，"명필(名筆)"转喻大书法家，而被韩国人熟知的大文豪代

表是李白，大书法家是王羲之，所以"碧"中"王""白"分别代表王羲之和李白。汉语里与此相关的字谜很多，如比较通俗的"王大娘和白大娘，并肩坐在石头"或"王先生白小姐坐在石头上，猜一个字"，也有"与君共话《红楼梦》"[03]。

韩国语还有一些脑筋急转弯型的猜字游戏，如：

(17) 수풀 림 안에 사내 남, 계집 녀 한 자가 무슨 자냐?(박갑수 2015:44-46)树林里有一男一女，是什么字？

(17)的答案是"뻔(하다)"，因为一男一女在树林里会发生什么事情，是明摆着的，而韩国语里意为明摆着的词语是"뻔하다"。这个字谜利用的是生活常识，类似于中国的脑筋急转弯。

还有一些是借助猜字游戏而形成了相关词语的隐语，如(18)。

(18) a. 달러(弗):두활이, 절
　　b. 남음(男陰):새
　　c. 노인(老人):세 다리(서정범 1986:41)

美金在韩国语里为"달러"，并被标记为汉字"弗"，拆开是两把弓，因此隐语是"두활이"；"弗"又是"佛"的组成部分，而"佛"又与"寺"相关，"寺"在韩国语里称作"절"，所以"절"成了美金的隐语。男性生殖器"남음"的固有词是"좆"，其形态与"조"相似，而"조"又与汉字词"조(鳥)"同形，鸟的固有词又是

03　与君，君即君王，取王；共话，说话即，白(表白)，《红楼梦》又名《石头记》，取石组合起来就是碧。

"새", 所以 "새" 成了 "남음" 的隐语。老人因为一般会拄拐棍, 所以是三条腿, 因此 "세 다리" 成了老人的隐语, 这个隐语的形成过程与生活现象有关。

如上, 猜字游戏具有很强的民族性和文化性, 即使面对同样的猜汉字游戏, 不同的人、不同的民族会有不同的角度和拆法。并且韩国语还有固有词、汉字词和外来语之分, 可以在三种类型的词汇之间进行转换, 具有很强的民族性。

14.6.3 关注点数量不同

面对同样的事物、事态, 不同文化的人也会出现关注点数量的不同, 因此就会出现语言形式与语义的不同。

14.6.3.1 脚踏两只船

韩国语有与腿有关的惯用语 "양다리를 걸치다" 或 "두 다리를 걸치다", 此外还有与 "길마" 有关的 "두 길마(를)[길(을)] 보다", 意思是如果一方出现问题就会于己不利, 所以为避免出现这种情况而脚踏两只船。对应的汉语是 "脚踏两只船" 或 "劈腿", 韩国人关注的主体都是腿, 但中国人既关注腿也关注脚。

14.6.3.2 步行

与步行有关, 汉语多用 "11路", 因为两条腿并在一起, 就像阿拉伯数字 "11", 又因为中国的公交路线都是用阿拉伯数字表示的, 所以在中国人的认知里就产生了两者的相关性和相似性, 从而产生了 "步行" 与 "公交车" 之间的比喻联想。韩国人也有类似的

联想，但用的是"11호 자가용"，这里"자가용(自己用)"为私家车，所以是用"11路自驾车"来比喻步行，这种表达与汉语有相通之处，但又有不同。不仅如此，因为韩国人坐车用动词"타다"，人用两条腿走路就像骑着赤脚马一样，因此靠自己的脚走路还用"정강말을 타다 骑马"来比喻。

14.6.3.3 脱鞋

与脱鞋有关，汉韩两种语言里都用与鞋有关的动作来比喻不如他人优秀，其中韩国语用"신 벗고 따라도 못 따른다"或"발(을) 벗고 따라가도 못 따르겠다"，还有四字成语"족탈불급(足脱不及)"，意思是脱了鞋追都追不上，比喻能力、力量或才干等太突出，别人不可企及。汉语则有两种表达，除了"脱鞋也追不上"，还用相反意义的"提鞋都不配"，虽然都是用鞋来比喻能力的高低，但韩国人只有一种视角，而中国人还有一种视角是在后面追着想去碰对方的鞋后跟、给人提鞋但却够不着。

14.6.3.4 包子

中韩两国人都吃饺子与包子，并且都关注到了饺子、包子最大的形态特点是鼓鼓的，汉语里常用"包子脸"来比喻多肉的圆圆脸，韩国语则出现了"두 볼이 만두처럼 부풀어오르다"，意思是"两颊鼓鼓的，像含了饺子似的"。此外，韩国人还关注到了饺子或包子的外表非常光滑这一特点，所以还用"밀만두(-饅頭)"来嘲笑那些油滑的人，汉语没有此类表达。

14.6.3.5 草莓

与草莓有关，韩国语有"딸기코"，汉语有"草莓族"，从这两种语言表达可以发现两国人民对草莓的联想与关注点不同，韩国人关注的是草莓的外表有突出的小斑点[04]，中国人关注于草莓怕挤压、非常娇嫩的特点，所以"草莓族"比喻一遇到压力就崩溃。

与草莓相关，韩国语还有俗语"달리다 딸기 따먹듯"，字面意义是边跑边摘草莓吃，结果是摘不了几个，所以比喻饭菜量不够吃的。但中国人没有关注摘草莓这样的动作。

14.6.3.6 黄牛、牛

黄牛这种家畜拥有很多特点，例如，力量大、饭量大、喊叫的声音大、脾气倔强等，与此相关，"황소"比喻蠢笨、力气大或饭量大的人，"황소바람"指从狭窄的缝隙里刮进来的强风，"황소고집"比喻非常固执，"황소힘"指非常大的力气，"성난 황소 영각하듯"意思是就像发火的黄牛叫一样，比喻大声喊叫让人害怕的样子。

与黄牛有关，汉语多用"老黄牛"比喻老老实实勤勤恳恳地为人民服务的人。但韩国语里的"황소"一般不用来比喻勤劳。比喻勤劳时用的是上位范畴词"소"，如俗语"소같이 벌어서[일하고] 쥐같이 먹어라"，意为要像牛一样坚持不懈地工作、挣钱，要像老鼠一样少吃，也就是说要努力工作挣钱，但生活要节俭。当然也有惯用语"소 같이 일하다"比喻勤劳。汉语一般多用四字格"当牛做马"来比喻辛勤劳作，与韩国语相比，还出现了"马"。

中韩两国还都关注牛的脾气倔强，韩国语有"소 죽은 귀신 같

---

04 韩国语的"딸기코"对应汉语的"酒糟鼻"，虽然都着眼于鼻子的颜色和坑坑洼洼的特点，但韩国人看到这种鼻子联想到的是草莓，而中国人联想到的是酒糟。

다""쇠 멱미레 같다"比喻非常固执、有韧性的人。也有词语"쇠고집"以及下位范畴词"황소고집",汉语一般用上位范畴词"牛脾气"。

如上,汉韩两种语言对黄牛、牛的关注点很多,并且处于交叉对应的复杂状态。

14.6.3.7 蜘蛛网

蜘蛛网非常突出的特点有四个,其一是网眼多,其二是可以致闯入网内的入侵者于死地,其三是柔软纤细,其四是结网需要很长时间。韩国人主要关注第二个特点,所以"거미줄"产生了比喻意义,指为控制他人而在多个地方设下的陷阱、网等,如(19),汉语一般不用"蜘蛛网"而用"天罗地网",因为在中国人眼里,柔软纤细的蜘蛛网无法与捕捉犯人的"网"产生联系,如(20),此时汉语关注的是"蜘蛛网"的第三个特点。汉语里"蜘蛛网"还着眼于第一个特点,如(21)。

韩国人还关注蜘蛛网的第四个特点,产生了两个俗语"입에 거미줄 치다"与"목에 거미줄 치다",意思是嘴上或喉咙里可以结蜘蛛网,指没饭吃,这是将"结网需要很长时间"这一客观现实与"不吃饭"结合起来,从而形成了这样的俗语。汉语"结蜘蛛网"没有特殊意义。

(19) 경찰이 곳곳에 쳐 놓은 거미줄을 뚫고 범인은 유유히 사라졌던 것이다. 罪犯突破警察在各处设下的天罗地网,悠悠然地消失了。

(20) a. 只是当时这希望比蜘蛛网还细微,细得近乎虚幻。

b. "天网"是法律之网,纵使你有万般手段,在法律面

前，什么义气，什么同盟，不过是不堪一击的"蜘蛛网"。(例句均出自《北大中文语料库》)

(21) 互联网好比是"蜘蛛网"，将企业、团体、组织以及个人跨时空联结在一起……《北大中文语料库》

如上，中韩两国人对蜘蛛网的关注点以及多少不同，因此产生了各自不同的比喻意义以及相关表达。

14.6.3.8 河豚

与河豚有关，中韩两国人民因为观察角度和认知的不同，导致所产生的语言形式也出现了很大不同。与叫声有关，因河豚被捕获出水时会发出唧唧的声音，中国人把它联想成猪叫声，所以取名"豚"。但韩国人却想象成咬牙的声音，所以有了俗语"복의 이 갈듯"，意思是就像河豚大声磨牙一样，比喻因深仇大恨而咯吱咯吱地咬牙。与形态有关，韩国语有俗语"복 치듯 하다"，比喻随便摔打东西的样子。汉语里根据河豚遇到危险会迅速胀肚子的特点有歇后语"河豚浮在水面上——气鼓气涨、气鼓鼓"或者"气得成了河豚"。与河豚的大肚子有关，韩国语有惯用语"복의 배"，多用来嘲笑那些肚子大的人或嘲笑那些财产多的人。此外，还有俗语"복쟁이 헛배 부르듯"，比喻没有内容，只会虚张声势。与毒性有关，汉语有歇后语"墨鱼肚肠河豚肝——又黑又毒"，但韩国语没有类似的表达。

14.6.3.9 狗

中韩两国人都关注狗眼，汉语有"狗眼看人低"，韩国语有"개눈깔"俗指识人不清。两国人还都关注狗鼻子，汉语仅强调嗅觉

好，但韩国语里"개코"还关注其模样的普通，并且还赋予其隐语意义，指刑警或皮鞋。两国人还都关注狗腿，汉语"狗腿子"指为恶势力效力的人，但韩国语的"개다리"却可以根据狗腿不直这一特点来修饰器物，如(22a)；也可以修饰其他抽象词来表达不合礼法的(22b)、不是通过正常渠道的(22c)以及放肆的、令人讨厌的(22d)。此外，中国人还关注狗嘴，有"狗嘴里吐不出象牙"。韩国人还关注"개발 狗脚""개고기 狗肉"以及"개뿔 狗角"等。与狗脚有关有俗语"개 발에 진드기 떼서 내치듯"，指就像把让人非常闹心的狗爪子上长满的螨虫一下子都清掉了一样，比喻将跟在身边、让人心烦的东西一下子除掉的行动。与狗肉有关有俗语"개고기는 언제나제맛이다"意思是狗肉永远是那个味，比喻自己天生的东西是很难骗人的。与狗角有关，"개뿔도 모르다"指什么都不知道，"개뿔도 아니다"指没有可以特别拿得出手的能力，"개뿔도 없다"指没有任何的钱财、名誉或能力。

(22) a. 개다리소반、개다리밥상
　　　 b. 개다리상제
　　　 c. 개다리참봉、개다리출신
　　　 d. 개다리질

如上，尽管狗的外貌特征是相同的，但中韩两国人对它的关注点有很多没有交集，即使出现交集，要么所赋予的意义不同，要么意义的多少出现不同。

14.6.3.10 井底之蛙
关于"井底之蛙"，韩国语有两种表达，一种是"우물 안 개

构里"，这与汉语"井底之蛙"意义一致；第二种是"우물에 든 고기"，韩国人注意到了在井底下的青蛙一般无法蹦出井外，而井底或泉水下面的鱼则更无出头之日，所以与"샘에 든 고기""함정에 든범"等都比喻无法摆脱困难处境只能等待最后的命运了。此时对应的汉语多是"瓮中之鳖"。

14.6.3.11 黄鼠狼

"黄鼠狼"这种动物有很多特点，但中韩两国文化里对这种动物的认识却有很大差异。其中，汉语里与此相关的歇后语多与黄鼠狼吃鸡有关，如"歇后语大全"网站[05]上与黄鼠狼有关的歇后语共66条，如表1所示，其中1-27条直接与鸡有关，而第28条虽然没有出现"鸡"，但黄鼠狼进宅子就是为了偷鸡，这不言自明。

[表1] 汉语里与"黄鼠狼"有关的歇后语

	歇后语		歇后语
1	黄鼠狼吃鸡毛——填不饱肚子	15	黄鼠狼拉小鸡——有去无回
2	黄鼠狼的脾气——偷鸡摸蛋	16	黄鼠狼立在鸡棚上——不是你也是你
3	黄鼠狼等食——见机(鸡)行事	17	黄鼠狼偷鸡——专干这行的
4	黄鼠狼觅食——见机(鸡)行事	18	黄鼠狼吞鸡毛——填饱肚子就行
5	黄鼠狼蹲在鸡窝里——投机(偷鸡)	19	黄鼠狼嘴下溜出的鸡——死里逃生
6	黄鼠狼躲鸡棚——不是偷也是偷	20	黄鼠狼拖着鸡毛掸——白欢喜；空喜一场

05 http://xhy.5156edu.com/page/z8088m2802j19642.html

	歇后语		歇后语
7	黄鼠狼给鸡拜年——没安好心;来者不善	21	黄鼠狼嘴下逃出的鸡——好运气
8	黄鼠狼给鸡送礼——不怀好意	22	鸡吃黄鼠狼——怪事一桩;怪事
9	黄鼠狼给鸡做笑脸——没安好心	23	黄鼠狼嘴下溜出的鸡——死里逃生
10	黄鼠狼见了鸡——眼馋	24	鸡斗黄鼠狼——找死/寻死/送死
11	黄鼠狼借鸡——有借无还	25	鸡遇黄鼠狼——胆战心惊;命难逃
12	黄鼠狼进鸡窝——灾难临头；没安好心；无孔不入；有空就钻	26	老母鸡斗黄鼠狼——不是对手
13	黄鼠狼钻鸡笼——想投机(偷鸡)	27	黄鼠狼间难卦——凶多吉(鸡)少
14	黄鼠狼看鸡——越看越稀	28	黄鼠狼进宅——来者不善

　　66条歇后语中剩余的其他38条都与黄鼠狼有关，有的与黄鼠狼身上有臭味有关，有的与黄鼠狼爱美有关，但是没有歇后语是与黄鼠狼的尾巴产生关系的。

　　与汉语相反，韩国语里与黄鼠狼有关的俗语多与黄鼠狼尾巴有关，如《표준국어대사전》有10条俗语，如表2所示：

[表2] 韩国语里与“黄鼠狼”尾巴有关的俗语

分类		俗语	意义
用途	1	족제비 잡아 꼬리는[꽁지는] 남 주었다	黄鼠狼抓住后，把尾巴给别人，比喻把最重要、最需要的给别人。
	2	족제비 잡으니까 꼬리를 달란다	说你抓住黄鼠狼了把尾巴给我吧。用来讽刺那些脸皮厚得想抢夺别人得来不易的最重要东西的行为。
	3	족제비 잡은 데 꼬리 달라는 격	

	4	족제비는 꼬리 보고 잡는다	黄鼠狼最有用的部分就是尾巴，捉黄鼠狼是为了得到尾巴。比喻事情都有因果关系，也比喻不管什么事情都要看它的用处再选择合适的人来做。
	5	족제비 난장 맞고 홍문재 넘어가듯	比喻狼狈逃窜的样子。
脸面	6	족제비도 낯짝이 있다	连黄鼠狼都要脸呢。
	7	족제비도 낯짝이 있어 숨을 구멍을 가린다	
贪吃	8	족제비 밥[밤] 탐하다 치어 죽는다	比喻贪吃必遭殃。
屁臭	9	족제비 지나간 곳에 노린내 풍긴다	比喻事情都有发生的原因；做坏事必然会留下痕迹。
拉屎	10	족제비 똥 누듯	比喻一点一点挤眼泪的样子。

如上，这些俗语中与黄鼠狼的用途有关的有五条，其中俗语1-4都与尾巴有关，俗语5与黄鼠狼被打后逃跑有关，而这些俗语的产生都是因为黄鼠狼的尾巴可以做"狼毫"。俗语6、7与脸面有关，是借用黄鼠狼还有脸有皮呢来告诫人们。俗语8-10分别与黄鼠狼贪吃、屁臭、拉屎有关。通过这些俗语可以发现，对韩国人来说，黄鼠狼更多的是肯定或中性意义。

与黄鼠狼有关，韩国语还有"업족제비"，指传说能给带来财运的黄鼠狼，有俗语"업족제비가 비행기를 탔다"，意思是能给家里带来财运的黄鼠狼坐飞机逃跑了，比喻家族败落，万事皆黄。

如上，黄鼠狼对韩国人来说是一种吉祥的动物，与其相关的俗语更多的是强调它的用途、脸面、带来财运。相反，汉语里与黄鼠狼有关的歇后语都是贬义的，这说明中国人对黄鼠狼的认知是消极的、否定的。

14.6.3.12 斧子

斧子是常见的工具之一，因此汉韩两种语言里拥有大量关于斧子的表达，这些表达反映了中韩两国人对斧子的不同认识类型。韩国语里相关的俗语如表3所示：

[表3] 与"斧子"有关的韩国俗语

分类			俗语	比喻意义
武器		1	도끼 가진 놈이 바늘 가진 놈을 못 당한다	拿着斧子这种大号武器而照顾对方的话，反而会败给拿针的人。
		2	바늘 가진 사람이 도끼 가진 사람 이긴다	
作用	改正缺点	3	도끼가 제 자루 깎지 못한다	比喻自己的缺点自己难以改正。
		4	도끼가 제 자루 못 찍는다	
	砍自己脚	5	도끼로 제 발등 찍는다	搬起石头砸自己的脚。
		6	낯익은 도끼에 발등 찍힌다	
		7	믿는 도끼에 발등 찍힌다	
	枕着睡觉	8	도끼를 베고 잤나	比喻没睡好，很早就起来了。
再利用	肯定	9	도끼는 날을 달아 써도 사람은 죽으면 그만	东西可以修修再用，但人死却不能复生。
		10	도끼는 무디면 갈기나 하지 사람은 죽으면 다시 오지 못한다	
	否定	11	도끼라 날 달아 쓸까	比喻某物无法继续使用。
斧子把		12	빠진 도낏자루	比喻言行粗暴、没有人性、虚张声势的人。
斧刃		13	벼린 도끼가 이 빠진다	好容易锻好的斧子刃断了，变得很难看，比喻费尽心思准备的东西很快就不能用了。

与其他工具的关系	14 도끼 등에 칼날을 붙인다	往斧背上贴刀刃，比喻想把不相符的东西贴在一起的无谋之举。
煮水	15 도끼 삶은 물	没有一点味道、没有任何内容。

如上表所示，韩国语里斧子的相关俗语，首先注意到了"도끼"的多义性，一个是武器意义（1、2），一个是工具意义（3-11）。其次，很多俗语与斧子的作用有关，这些作用又分为三种类型，分别是改正缺点（3、4）、砍自己的脚（5-7）、枕着睡觉（8），当然这些作用并不具有积极性。第三，有的俗语与斧子刃磨一下可以再利用有关（9-11）。第四，有的俗语与斧子的结构有关，如斧子把（12）、斧刃（13）。第五，有的俗语利用了关联思想，注意到了斧子与其他工具的关系（14）。第六，有的俗语发生了语义的飞跃，如煮斧子的水（15），这与斧子的形态、作用等没有任何关系。

下面再看中国人所联想到的关于斧子的关注点以及相关意义，如表4所示：

[表4] 与"斧子"有关的汉语表达

分类		歇后语
典故	武器	1 二郎爷举斧子——神劈（神批）
		2 程咬金的斧子——头三下（比喻做事起初声势很大后不能坚持）、头三下狠
		3 程咬金的三斧子——虎头蛇尾、后劲不足
		4 程咬金的本事——三斧头的硬工夫、就那么三斧头、三斧子、三板斧

			5	鲁班的斧子——准得很
	工具		6	鲁班门前抡斧子——不自量力
			7	鲁班门前问斧子——讨学问来了
	饭碗		8	木匠手里夺/借斧子——砸人饭碗
作用	砍东西	方式	9	木匠的斧子———面砍
			10	手下斧子——一面砍
			11	偏刃斧子——一边砍
		对象地点	12	斧子破毛竹——斫节、着急
			13	斧子砍在树根上——伤了根本
			14	背着斧子进树林——不砍不得过
		地点不对	15	床底使斧子——不碍上就碍下、碰上碰下
		对象不对	16	用斧子裁衣裳——粗制滥造
		力度不够	17	三斧子砍不入的脸——好厚
大小			18	小孩儿拿斧子——好大的家伙
锋利			19	木匠的斧子口——摸不得、碰不得
与其他工具的关系			20	吃铁屙斧子——真有贼肚子
			21	一斧子碰在钉子上——卷了刃
			22	刀子对斧子——硬对硬
			23	刀子遇见斧子——是个对手
			24	铁锤砸斧子——硬碰硬
			25	一锛子两斧子——没分寸
			26	千日斧子百日锛(ben 削平木料的工具)——苦学苦练

　　如上，汉语里关于斧子的歇后语明显要比韩国语丰富得多。两国语言里关于斧子的俗语或歇后语虽然有共性的地方，例如都关注到了斧子作为武器(1-4)、工具(5-7)的功能、作用(8-17)以及与其他

工具的关系(20-26)，但汉语歇后语也有特殊的用法，如注意到了斧子形态的大小(18)、斧刃的锋利与否(19)等，并且汉语的斧子还有一个突出特点，就是很多与典故(1-7)有关。这是从宏观角度去分析，如果从微观视角继续看每个俗语或歇后语的内容，就会发现，韩国语与汉语几乎没有类似的地方。

总之，与斧子有关的俗语或歇后语表达之丰富反映了中韩两国人对斧子这种事物的多角度细致观察和联想，但也反映了不同文化对同一事物观察角度和认识的差异之大。

14.7 多种因素的影响

前面已经从文化背景、重要性与熟悉度、比喻联想、关注点等角度分析了造成汉韩两种语言出现差异的表现。但这些影响因素并不是独立存在的，很多情况下是综合起作用的。

例如，中韩两国人都关注眼睛与土或沙子的关系，但韩国人联想到是土葬文化，古代土葬掩埋尸体时土会进入人的眼睛，所以韩国语有俗语"눈에 흙이 들어가다[덮이다]"，比喻死亡。相反，中国人联想到的是一般生活经验，即眼睛里进入杂质会很不舒服，因此汉语有了否定结构的"眼里不揉沙子"，有两个意义，分别是不容人或眼亮心明。

中韩两国人都关注大喇叭，因为喇叭的作用是扩散声音，所以汉语的"大喇叭"多比喻乱传话。相反，韩国人关注的是大喇叭的形态特点，因此大喇叭意义的"당나발(唐喇叭)"用来嘲笑那些因为高兴而咧大的嘴，也比喻嘴巴肿得很厉害。"당나발"之所以产生这

两个意义，是因为发生了两次比喻联想思维。

与人睡觉有关，形容小孩伸展开四肢睡觉的样子时，韩国语用"나비잠"命名，关注的是孩子睡觉时四肢伸展的样子像蝴蝶，而汉语用"虎抱头"命名，主要关注的是上肢动作。两种表达首先产生的是关注点不同，在此基础上又分别产生了不同的联想比喻意义。

与服饰有关，人们日常生活中有时会将双手交叉放入袖子中，尤其是韩国人穿韩服时，因为男性韩服一般袖子都很肥大，所以一般喜欢持袖手的动作。韩国女性穿传统韩服一般都是将双手隐于前襟下面，而结婚礼服的袖子则非常肥大，因此也需要持袖手的动作。虽然中韩两国人都有袖手的生活体验，但韩国人着眼于手在袖子里的动作，所以有了惯用语"소매 속에서 놀다"，比喻手的动作或行为偷偷完成而不被人察觉，也就是说，是用袖子比喻隐秘之处。而汉语着眼于做出这种动作的人的心思，所以有了成语"袖手旁观"，比喻置身事外，不予过问。

汉韩两种语言都有与给人穿鞋有关的表达，汉语是给人"穿小鞋"，韩国语是"연못 골 나막신을 신긴다"，意思是给别人穿"연못 골"生产的舒适的木屐，因为古代韩国"연못 골"这个地方出产的木屐最舒适，俗语比喻对面前的人拍马屁。也就是说，虽然同是给人穿鞋，但汉语关注的是鞋的大小和舒适度，韩国语关注的是鞋的产地和舒适度。总之，文化背景、关注点以及比喻联想思维等的不同最终使得汉韩两种语言形式出现了不同，比喻意义也不一致。

与女性体型有关，有的女性胸部很平坦，在对这种体型进行描述时，中韩两国人所联想到的喻体出现了不同，汉语有"飞机场"或"一马平川"等表达，而韩国语则产生了比喻结构"가슴이 연적(硯滴) 같다"(민현식 1995:31)。受中国文化背景以及谐音文化的影响，汉语还产生了"太平公主、长平公主"《咬文嚼字 2003(3):5-

6》这样的表达，相反，因为韩国没有这样的文化背景，所以无法产生相似表达，而是产生了"가슴이 빈약하다"(민현식 1995:31)类直抒性表达，与汉语用"平"来表达相反，韩国语是用"贫弱"来表达。

14.8 小结

造成汉韩语言差异的因素有很多，其中文化背景的缺失会直接导致相应语言里难以出现相关的语言形式，如果文化背景不同一般会导致语言形式的不同，有时也会出现某一方没有相关语言形式的情况。

即使具有同样的现实与文化背景，但根据其重要性程度的不同，不同文化的人对某种事物或事件的熟悉度也会出现不同，这也会导致语言形式出现不同，一般而言重要且熟悉的事物容易成为本体，也容易成为喻体。成为喻体的事物容易产生相关的语言形式与比喻意义。

在跨文化环境下，即使面对同样的事物或事态有时也会出现比喻联想的不同。这种不同主要表现为比喻联想的缺失，也就是说在某一文化背景下难以产生比喻联想，那么相关事物的特点或要素就难以成为喻体，就不会产生相关的语言形式。即使两种语言里都出现比喻联想，但有时也会出现不同的比喻表达，或者在表达同一概念时出现不同的喻体。

被人们关注到的成为本体的事物或事态一般都具有多个要素或特点，在跨文化环境下，人们在关注点上会出现差异，即使有时关注事物或事态的同一特点，但在通过联想、比喻等过程抽象化为语言形式时也会出现不同。如果出现关注点多少的不同，那么更容易造成语言形式多少的不同。

中韩两种文化里都有猜字谜的文化活动，字谜其实是对字本身或相关意象的描述，面对同一事物，由于中韩两国人的视角不同，所以可以产生丰富多彩的字谜，即使在同一文化圈内也会产生很多不同形式的字谜。

影响语言的各个因素虽然有时独立起作用，但很多情况下是某几个共同起作用，因此使汉韩两种语言表现出了更多的微观之处的差异。

第十五章

意象与汉韩
语言差异

15.1 引论

虽然中韩两国的地理环境、生产方式、经济政治形态、社会文化具有不同之处，但每种文化的社会生活要素具有很强的共性，一般的生活形态也有很多的相似之处。例如，中韩两国人都会关注人们之间的关系、智力情况、事物发生可能性、心理感情、性格、动作行为状态等概念范畴。

在表达这些抽象的社会现象与概念时，一般需要借助已有的具体事物，展开丰富的联想思维，才能最终将现实概念化，并形成相关的语言表达。在这个过程中就会形成所谓的"意象（image）"，意象指的是"对一个事物或情形由于识别和理解方式的差别——凸显的部分不同，采取的视角不同，抽象化的程度不同等等——而形成的不同的心理印象"（陆俭明、沈阳 2016:261）。意象是直觉创造出来表现人的主观情感的（申小龙 2014:28）。不同文化圈的人对事物、事件、人或者现象有不同的认识结构，即拥有不同的"schema 先验图式"（De Mooij 2004:181），这里所说的先验图式其实就是意象。

在同一文化背景下，"意象"是约定俗成的，具有社会共享基础的。"意象"具有多面性，在不同文化背景下，人们对同一事物的关注角度与视角是不同的，并且对同一事物所产生的"意象"也会产生差异。表现在语言上，"各种语言的象征性成分不同，所以即使在表达相似的意义时，各种语言也都用不同的方式来说话"（兰格克1992:276-277），也就是说喻体的选择受到文化因素的影响而产生不同，而这反映的则是人们类比思维的不同。

例如，汉语有"一日为师，终生为父"，但在韩国忠清南道公州方言中却把教师称作"어멈"，表达的是"一日为师，终生为母"（서정범 2005:134），也就是说，在面对"老师"这一职业或概念时，中韩两国人所关注的视角、关联思维以及所产生的"意象"是不同的，所以表现在语言载体上，汉语用"父"作比喻，韩国语用"어멈"作比喻。

另外，还有一种现象，就是对不同事物不同角度的观察使不同事物产生了相似的引申意义。例如，英语的"bad"本义是"开放的"，因为开放意味着不加遮挡和易受伤害，所以最终产生了"坏"之意（段义孚 2017:44）。而汉语"坏"，本义是倒塌或者未烧过的砖瓦、陶器，倒塌的东西自然不好，而未烧制的东西质地不好，难以长期使用，所以也产生了"不好"之意。虽然，英语"bad"是从空间意义发展而来，而汉语"坏"是从事件或物品发展而来，但最终两者产生了相似的意义。因此使得不同文化在表达某一概念时所使用的具体语言形式与意象出现不同。在跨文化对比中这种不同属于典型的差异对比。

之所以出现这样的现象是因为人们在概念化的过程中会借用已有的或熟知的事物或事态来作比喻，尽管不同的事物或事态从宏观方面具有很大差异，但具体到微观细节却可能出现相似之处或者可以发生相似的比喻联想以及语义引申，这就导致出现这样一种现象：可以用不同事物或事态来表达同样的概念意义。这就是前面在语言象似性中所提到的语义引申路径的象似性。

这种语义引申路径的象似性也可以出现在跨文化环境里。这就导致在中韩两种不同文化背景与语言特点下，表达同一概念意义时出现了语言形式以及喻体的不同，而这就造成中韩两种文化所形成的意象的不同，有时还会出现语言形式多少的不同，而这也造成了两种文化背景下所形成的意象多少的不同。

本章主要分析汉韩两种语言在表达关系、智力、可能性、心理感情、性格、动作行为状态等方面的概念时所表现出的中韩两国人在认知、意象以及类比思维等方面表现出来的差异。

15.2 关系与意象

与"关系"相关的概念范畴有很多下位分类，这里仅对一些比较典型的下位分类进行分析。表示关系的表达既有词语，也有很多俗语和惯用语，但俗语出现的更多。

15.2.1 词语

与关系意义有关，韩国语有很多词语表达，如与线绳有关的"끈、새끼、줄、선(線)、라인(line)、고리、가닥、맥(脈)"，与后背、丘陵有关的"등、언덕"，与路桥有关的"길、다리"，还有与"后"意义相关的"뒷손、뒷문、뒷구멍、뒷배、뒷수발、뒷시중、배후(背後)、백、빽、뒷백、뒷빽、벗바리"等，也就是说，在韩国人的认知里，抽象的关系概念与线绳、后背与丘陵、路桥、后面等意象具有关联性，因此这些词或相关的惯用语都用来比喻关系概

念。相反，中国文化里的关系概念一般与"山、大树、台、圈"等意象相互关联，因此产生了"靠山、背靠大树好乘凉、后台、一个圈子、朋友圈"等语言形式。

再如，与可以依赖的资本有关，这个概念在中国文化里与"伞"的意象发生关联，因此产生了"保护伞"；相反，这个概念在韩国文化里与盔甲、保护膜的意象发生关联，因此使得"갑옷 盔甲"与"보호막 保护膜"产生了比喻意义，如(1)。汉韩两种语言虽然都是用具体的物品来作比喻，但具体的事物不同。

(1) a. 그럼 뭔가 서이사를 건들지 못하는 갑옷이 하나 있어야겠네요.《김과장, 18회》那么得需要一个保护伞，让他们动不得徐理事。

b. 맞아요.그래야 박회장이 보호막 없어질 테니까요.《김과장, 19회》对。只有这样，朴会长才会失去自己的保护伞。

15.2.2 俗语

用俗语所表达的关系意义有多种类型，本章主要分析常见的十二种类型。

第一，与关系转换有关。汉语有"三十年河东三十年河西""三十年风水轮流转"，是用河东和河西、风和水来比喻处境的转变。如(2)所示，韩国语是用阳地和阴地、车轮、水车、陀螺的转动来比喻。

(2) a. 음지가 양지 되고 양지가 음지 된다. 阴阳互转。

b. 양지가 음지 되고 음지가 양지 된다. 阴阳互转。

c. 음지도 양지 될 때가 있다. 阴地也有转为阳地的时候。

d. 귀천궁달이 수레바퀴다. 贵贱穷达如车轮。

e. 부귀빈천/빈부귀천이 물레바퀴 돌듯. 富贵贫贱就像水车轮子旋转一样。

f. 흥망성쇠와 부귀빈천이 물레바퀴 돌듯 한다. 兴亡盛衰与富贵贫贱就像水车轮子旋转一样。

g. 이 팽이가 돌면 저 팽이도 돈다. 这个陀螺转，那个陀螺也会转。

第二，物以类聚，汉韩两种语言都喜欢用动物来表达这样的意义，但在所涉及的动物上有很大差异，如表1所示：

[表1] "物以类聚"与意象

	俗语	意象	对应汉语
1	가재는 게 편	小龙虾和螃蟹	狼狈为奸、狐朋狗友、猫鼠同眠、蛇鼠一窝、一丘之貉
2	검둥개는 돼지 편	狗和猪	
3	검정개는 돼지 편		
4	이리가 짖으니 개가 꼬리(를) 흔든다	狼和狗	
5	솔개는 매 편(이라고)	鹰和游隼	
6	검정개 한패[한편]	黑狗、颜色	
7	가재는 게 편이요 초록은 한 빛이라	小龙虾和螃蟹，草绿	

如上，韩国语的这些俗语都比喻模样、情况差不多、有缘分的人才会在一起，并且会互相照顾，所形成的意象主要与动物有关，其中有"小龙虾和螃蟹"(1)、"猪和狗"(2、3)、"狼和狗"(4)、"鹰和游隼"(5)、"黑狗"(6)等，并且有的还与颜色有关，如6、7两个俗语，是以动物的外表颜色来判断事物的关系，这些意象中出现最多的与狗有关。汉语所形成的意象也多与动物有关，具体如"狼狈""狐狗""猫鼠""蛇鼠""貉"等，并且多具有贬义。

第三，形影不离，如表2所示：

[表2] "形影不离"与意象

	俗语	意象	对应汉语
1	거미 줄 따르듯	蜘蛛和线	形影不离、如影随形、夫唱妻随、一唱一和、流水桃花、比翼双飞
2	줄 따르는 거미	线和蜘蛛	
3	상추쌈에 고추장이 빠질까	生菜包饭和辣椒酱	
4	바늘 가는 데 실 간다	针和线	
5	실 가는 데 바늘도 간다	线和针	
6	바늘 따라 실 간다	针和线	
7	바늘 가는 데 실 가고 바람 가는 데 구름 간다	针和线、风和云	
8	바람 간 데 범 간다	风和虎	
9	봉 가는 데 황 간다	凤和凰	
10	메밀 벌 같다	荞麦和蜜蜂	

如上，在比喻形影不离时，韩国人联想到的意象主要有"蜘蛛与蜘蛛网、包饭与辣椒酱、针与线、风与老虎、凤与凰、荞麦与蜜蜂"等，而中国人联想到的意象是"形与影、夫妻、唱和、流水桃花、比翼双飞"等。韩国语俗语很多没有用否定词，但汉语有否定

结构的"形影不离"。

第四，关系密切，如表3所示：

[表3]"关系密切"与意象

	俗语	意象与意义	对应汉语
1	변죽을 치면 복판이 운다	敲边中间响，敲墙梁响，比喻关系非常紧密。	牵一发而动全身、敲山震虎、唇亡齿寒
2	벽을 치면 대들보가 울린다	比喻只给一点暗示就能心领神会。	一点就透、心有灵犀一点通

如上，在比喻关系密切时，韩国人联想到的意象主要与"敲边、敲墙"有关，中国人所能联想到的意象是"敲山震虎、牵一发而动全身、唇亡齿寒"。另外，俗语2还有第二个比喻意义，比喻只给一点暗示就能心领神会，此时中国人的意象是"一点就透、心有灵犀一点通"。

第五，关系不密切，如表4所示：

[表4]"非密切关系"与意象

	俗语	意象与意义	对应汉语
远亲关系	소금 실은 배만 하다	装满盐的船也会受到侵蚀变得有咸味，比喻多少有点类似远亲的那种关系。	无关痛痒、毫无瓜葛、毫不相干
非紧要关系	불 없는[꺼진] 화로 딸 없는[죽은] 사위	没有直接的姻缘或断了关系而变得没有或不紧要的关系。	

"非密切关系"分为两类，一类是远亲关系，韩国人所联想

到的意象是"装了盐的船"与"咸味"之间的关系。一类是非紧要关系，韩国人所联想到的意象有两个，一个是"火"与"灭火的火炉"之间的关系，另外一个是"岳父岳母"与"死了女儿的女婿"之间的关系。汉语里在表达类似的关系意义时所形成的意象是"无关痛痒、毫无瓜葛"等。

第六，上行下效，如表5所示：

[表5]"上行下效"与意象

	俗语	意象	意义
1	꼭뒤에 부은 물이 발뒤꿈치로 내린다	后脑勺上的水流到后脚跟。	上梁不正下梁歪、空心萝卜种不好
2	이마에 부은 물이 발뒤꿈치로 흐른다[내린다]	额头上的水流到后脚跟。	
3	정수리에 부은 물이 발뒤꿈치까지 흐른다	头顶上的水流到后脚跟。	

如上，比喻如果长辈、上司做坏事，那么这种坏影响会影响到下面的人这种意义时，韩国人所联想到的意象是：从后脑勺、额头、头顶往下倒水肯定流到脚后跟。表达同一概念时，中国人所联想到的意象主要是与建筑有关的"上梁不正下梁歪"，还有与农业有关的"空心萝卜种不好"，或者用直抒性表达"上行下效"。

第七，差不多，如表6所示：

[表6] "差不多" 与意象

	意象与意义		对应汉语
1	뻗정다리 서나 마나	直腿站不站都一样。	比喻没什么区别。
2	앉은뱅이 앉으나 마나	瘫子坐不坐都一样。	
3	쌍언청이가 외언청이 타령한다[타령이다]	双豁子嘴嘲笑单豁子嘴,比喻看不到自己的大缺点反而埋怨别人的一点瑕疵。	五十步笑百步、目不见睫
4	깨어진 냄비와 꿰맨 뚜껑	破了的铝锅与修好的锅盖,双方差不多。	
5	뒷간 기둥이 물방앗간 기둥을 더럽다 한다	厕所的柱子笑话磨坊里的柱子脏,比喻自己更有问题,但却反过来笑话别人的小毛病。	
6	가마가 솥더러 검정아 한다	大铁锅(底部)说釜(底部)是黑鬼。	比喻只看到别人的缺点看不到自己的缺点。
7	가마/가마솥 밑이 노구솥 밑을 검다 한다		老鸹飞到猪腚上——光看见别人黑了
8	숯이 검정 나무란다	木炭训斥黑的东西。	
9	오리 알에 제 똥 묻은 줄 모른다	就像鸭子看不到自己蛋上沾了自己的大便一样,人们一般也认识不到自己的缺点。	

如上,在比喻差不多时,韩国人所联想到的意象有五类,第一类与人体畸形(1-3)有关,如"直腿子"与"站立","瘫子"与"坐下"以及"双豁子嘴"与"单豁子嘴"。第二类与饮食器具(4)有关,如"铝锅"和"锅盖";第三类与脏东西(5)有关,如"厕所柱子"与"水磨坊柱子";第四类与黑色东西(6-8)有关,如"大铁锅(底部)"与"釜(底部)"、"木炭"与"黑色";第五类与大便(9)有关,如"鸭子"与"鸭蛋上的大便"。

具体而言，俗语1、2比喻没有任何区别。俗语3-5比喻看不到自己大的缺点反而埋怨别人的一点瑕疵。俗语6-8比喻只看到别人的缺点，看不到自己的缺点。俗语9意为认识不到自己的缺点。

中国人所联想到的意象是与逃跑有关的"五十步笑百步"，但汉语是缺点小的人笑话缺点大的人，这与韩国语正好相反。汉语还有"目不见睫"，比喻没有自知之明，只见远处，不见近处。中国人联想到意象还有"老鸹"与"猪腚"。

下面再看其他关系意义的俗语，如表7所示：

[表7] 其他"关系"意义与意象

分类			俗语	意象与意义	对应汉语
八	选择	1	나중 꿀 한 식기 먹기보다 당장의 엿 한 가락이 더 달다	过一会儿吃的一碗蜂蜜不如现在先把一根麦芽糖吃了。	百鸟在林不如一鸟在手。
		2	나중에 꿀 한 식기 먹으려고 당장 엿 한 가락 안 먹을까		
九	剥削	3	개 등의 등겨를 털어 먹는다	把狗背上的糠抖搂下来吃掉，比喻去抢夺不如自己的人的东西。	雁过拔毛、榨取民脂民膏、搜刮、刮地皮
十	骨肉相残	4	망둥이 제 동무 잡아먹는다	虾虎鱼吃自己的同伴或小鱼。	骨肉相残、煮豆燃豆萁
		5	망둥이 제 새끼 잡아먹듯		
		6	제 갖에 좀 난다	皮革上有了蛀虫后，最终的结果是蛀虫也活不了，皮革也坏了。比喻同胞或亲族之间起纷争对谁都没有好处。	

十一	不相容	7 물과 기름	比喻互不融合的表层关系。	水火不容
		8 찬물에 기름 돌듯	比喻互不相融，各是各的。	
十二	无依无靠	9 막대 잃은 장님	丢了盲杖的盲人。比喻失去依靠、束手无策的处境。	形单影只、形影相吊
		10 무 밑둥 같다	就像萝卜根一样。比喻没人帮助、很孤独的处境。	

第八，比喻选择(1、2)时，韩国人所联想到的意象是与饮食有关的"꿀"和"엿"的对比，中国人所联想到的意象是与鸟有关"百鸟"与"一鸟"的对比。

第九，比喻剥削意义(3)时，韩国人联想到的意象是"吃狗背上的糠"，中国人联想到的意象是"雁过拔毛"或与人有关的动作意象，如"榨取、搜刮、刮地皮"等。

第十，比喻骨肉相残(4-6)时，韩国人联想到的意象有两类，一类是与渔业生产有关的虾虎鱼，一类是与服饰有关的皮革和蛀虫。中国人联想到的意象也有两类，一类是与人体有关的"骨肉相残"，一类是曹植的《七步诗》："煮豆燃豆萁，豆在釜中泣。本是同根生，相煎何太急"，这是农业生产的反映。

第十一，比喻不相容(7、8)时，韩国人联想到的意象有两个，都是水与油的关系。中国人联想到的意象是水与火的关系。

第十二，比喻无依无靠(9、10)时，韩国人联想到的意象有两类，一类是盲人与盲杖的关系，一类是与萝卜根有关的意象。中国人联想到的意象是与影子有关的"形单影只、形影相吊"等。

15.3 智力与意象

表示不聪明时，韩国语有动词"모자라다"，其基本义是不够数，也就是说人如果不够数，就是缺心眼，就是傻。这种比喻思维具有文化共性。

例如，汉语里表示傻瓜时多用"半吊子、二半吊子、二百五"，形容犯傻，或者做事不认真，吊儿郎当等意义。因为在古代中国，一千钱为一吊，五百钱为"半吊子"，比"半吊子"更差的称"二半吊子"，就是"二百五"了，这些表达背后隐含的思维也是"人不够数就是傻"。

韩国语里也经常用数字或钱数来表达"傻"意义，这些数字有"半、三、七、八"等，此外还有非数字的表达，具体如表8所示：

[表8] "傻瓜" 与意象

表达	意义	例子
반푼이(半-)	半吊子、二半吊子	반푼이 같은 녀석!《아이가 다섯, 42회》傻瓜! 아들을 반푼이로 키운 내 탓이지.《가화만사성, 17회》都怨我把儿子养成了个二半吊子。
반편(半偏)/ 반편이		머리를 다쳐 반편이 됐고.《농민신문, 2014.12.22》头受伤成了傻瓜。
반병신 (半病身)		잡혀간 목사들은 죽이거나 반병신을 만들어 놓고.《딴지일보, 2017.07.07》把抓去的牧师们要么杀了，要么弄成残废。
반거들충이 (半——)	半途而废的人	음성언어와 문자언어를 자유자재로 구사하지 못한다면 평생을 반거들충이로 사는 수밖에 없다.《세계일보, 2005.12.14》如果不能自由使用口头和文字语言，一辈子就得像傻瓜一样活着。

반거충이 (半一)	半途而废的人	오토바이도 못 타면 반거충이 신세를 면키 어렵다.《한겨레21, 2016.05.08》如果不会骑摩托车就容易成为废人。
서푼이	傻瓜	
칠푼이		니 어미를 이렇게 칠푼이로 만든 게 누군데 그래?《내딸 금사월, 31회》把你妈弄成傻瓜的是谁啊, 你们还这样?
칠뜨기	傻瓜	자리가 사람을 만든다고 그자는 칠뜨기 티를 많이 벗고 있었다. 都说位置造人, 他身上的憨气已去了很多了。
칠삭둥이 (七朔一)		
칠홉송장	精神糊里糊涂、行动像呆子一样的人。	
팔삭둥이	8个月出生不足月的孩子。嘲笑人不灵透。	
바사기		
여덟달반 (一一半)		
팔푼이	贬低那些想法愚蠢, 办事不利的人。	저, 저 팔푼이 같은 놈!《여자의 비밀, 14회》你, 你这个傻瓜! 우리 아들 팔푼이로 만들고 신이 나서 쇼핑질이나 다녀!《천상의 약속, 8회》你把我儿子弄成傻子, 你倒有闲心逛街购物啊? 그래, 그래, 너 팔푼인 것 어디 하루 이틀이냐?《아이가 다섯, 13회》算了, 算了, 你这傻乎乎的样子, 又不是一天两天了。
팔불출 (八不出)	非常蠢的人	방송인 현영이 아들에 대해 팔불출 면모를 드러냈다.《서울경제, 2018.04.09》广播人玄英成了夸赞儿子的傻瓜。
팔불용 (八不用)		

팔불취 (八不取)	非常蠢的人	
초남태 (初男胎)		사소한 언쟁에도 주먹이 촉발되는 초남태. (网络)[01]一点口角就动拳头的傻瓜。
명정(銘旌)	嘲笑没能力的人却不守本分、过度行动。	

如上，与"반(半)"有关，有"반푼이、반편(半偏)、반편이、반병신"，指不够数，所以就有了"傻"义。此外"반거들충이(半———)"指半途而废的人，也称作"반거충이(半———)"。"서푼"指三个一分的叶钱，比喻非常不起眼的东西，如果用于"서푼이"，则多指人是傻瓜。"칠"也用来指不足数，所以"칠푼이、칠삭둥이(七朔—)、칠뜨기"比喻憨傻。此外，韩国的体积单位是"되"，而"홉"是"되"的十分之一，"칠 홉"不够一升，所以"칠 홉 송장"也比喻人糊里糊涂的。"팔푼이"也比喻人很蠢。

有时"서푼이、칠푼이、팔푼이"可放在一起表示强调，如电视剧《월계수 양복점 신사들, 15회》中，当看到女儿동숙不仅把母亲的一大笔钱偷出来给男友성준，并且在성준被骗子把钱都骗走后，还替他说话，为他着想，母亲不禁气得骂道：

(3) 팔푼이! 칠푼이! 서푼이! 이것! 傻瓜！笨蛋！蠢死啊，
你！

与八有关，还有"팔삭둥이、팔삭동、바사기、여덟달반"，都

---

01   https://motif_1.blog.me/30097778087

指八个月的孩子，即不足月的孩子，其中"바사기"是从"팔삭이八个月"演变而来的，汉语的"八"发音为"바"，而"삭이"发音为"사기"，所以为"바사기"(김동진、조항범 2001:110)。因为不足月，所以不灵透，因此"팔삭둥이、바사기、여덟달반"也都指傻瓜[02]。韩国语还有"팔불출、팔불용、팔불취"，指非常蠢的人。

表示蠢的还有"초남태"，本指头胎生的男孩。而"명정(銘旌)"多用来嘲笑那些没能力却不守本分、过度行动的人。

15.4 可能性与意象

韩国语里表达可能性的俗语有很多，如表9所示：

[表9] "可能性"与意象

		俗语	意象与意义	对应汉语
一	1	간장이 시고 소금이 곰팡 난다[슨다]	酱油酸、盐长毛。比喻绝不可能的事情。	吹网欲满、煎水作冰、钻火得冰、乌头白马生角、蹇人升天、海中捞月
	2	밤나무에서 은행이 열기를 바란다.	盼望栗子树结银杏。比喻企盼不可能实现的事情。	
	3	고양이가 알 낳을 노릇이다[일이다]	猫下蛋。比喻没有一点可能性的谎话一样的事情。	
	4	돌부처보고 아이 낳아 달란다.	让石佛生孩子。比喻愚蠢得寄希望于完全不可能实现的对象或事物。	

02　不过与"칠삭둥이、팔삭둥이"不同，"육삭둥이"仅指不足月的孩子。

二	5	하늘이 두 쪽 나도 우리는 헤어질 수 없다.	天崩地裂也不分手。	比喻不可能出现；比喻感情深。	海枯石烂、石烂江枯、枯木生花、枝末生根、蒸沙成饭、煎水作冰
	6	기암절벽 천층석(千層石)이 눈비 맞아 썩어지거든	奇岩怪石、千层石被雨雪侵蚀腐烂。		
	7	금강산 상상봉에 물 밀어 배 띄워 평지 되거든	金刚山顶峰变沧海桑田。		
三	8	개뿔 같은 소리	就像狗角一样的话。	比喻说胡话。	龟毛兔角、童牛角马、天栗马角
	9	개 풀 뜯어먹는 소리	就要狗吃草一样的话。		
	10	지렁이 갈빗대 (같다)	就像蚯蚓的肋骨。	比喻没准头的话。	
	11	지렁이 갈비다			
	12	여드레 삶은 호박에 도래송곳 안 들어갈 말이다	就像圆锥钻不动煮了八天的南瓜一样的话。	比喻非常荒唐的话。	
	13	삶은 호박[무]에 이(도) 안 들 소리	就像牙齿咬不动煮南瓜一样的话。		
	14	거북의 털[터럭]	龟毛。比喻无论如何也找不到的东西。		
	15	거북이 등의[잔등이에] 털을 긁는다	挠龟毛。比喻愚蠢得企图寻求显然永远得不到的东西。		
四	16	송편으로 목을 따 죽지	用松糕刎颈自杀。	比喻遭遇不可理喻之事而非常冤屈、悲痛。	平路跌死马、浅水淹死人、阴沟里翻船
	17	거미줄에 목을 맨다	用蜘蛛网上吊。		
五	18	고려 적 잠꼬대(같은 소리)	高丽时代的梦话(一样的话)。比喻脱离现实的胡话。		痴人说梦、白日做梦

如上，这些俗语共分五类，首先看第一类(1-4)，比喻不可能

实现的事情或无法改变的事情时，韩国人所联想到的意象是"酱油酸、盐长毛、栗子树结银杏、猫下蛋、石佛生孩子"。相反，中国人联想到的意象是"吹网欲满、煎水作冰、钻火得冰、乌头白马生角、塞人升天、海中捞月"等。

再看第二类(5-7)，比喻不可能出现的事情或者间接地表达感情深时，韩国人所联想到的意象是"天地崩裂，海枯石烂、高山变沧海桑田"，与中国人所联想到的意象具有相似之处，但汉语的"沧海桑田"更强调世事变化大，而不是不可能，此外，中国人联想到的意象还有"石烂江枯、枯木生花、枝末生根、蒸沙成饭、煎水作冰"等。

第三(8-15)，比喻说胡话、说谎话、说荒唐的话，或者寻找不存在的东西，以及寻找不存在东西的愚蠢行动等意义时，韩国人所联想到的意象是不存在的事物，例如"狗角、蚯蚓的肋骨、煮熟的南瓜用圆锥钻不透或者用牙齿咬不动、乌龟长毛、摸乌龟毛"等，都是与动植物有关的意象；中国人联想到的意象也都与动植物有关，如"龟毛兔角、童牛角马、天栗马角"等，但具体所涉及的动植物与韩国语只有"龟毛"是一致的，其他各不相同。

第四(16、17)，比喻遭遇不可理喻之事而非常冤屈、悲痛时，韩国人联想到的意象是弱小无力的东西(松糕、蜘蛛网)却造成了极坏的后果(自杀、上吊)，其中松糕是韩国代表性的饮食。中国人联想到的意象是"平路跌死马、浅水淹死人、阴沟里翻船"等。

第五(18)，比喻不合事理的话时，韩国人联想到的意象是高丽时代的梦话，俗语中"잠꼬대"指睡觉时说的本人并不知道的胡话，也比喻不合事理的话。因为梦话本来就不靠谱，如果是高丽时期的梦话其否定意义则会更加深一层，是双重的夸张和否定。中国人联想到的意象是"痴人说梦、白日做梦"。

如上，韩国语的这些俗语都是借助不可能出现的事物或现象来表达更抽象的意义，表达如上意义时，韩国人与中国人所联想到的意象以及所涉及到的事物几乎都各不相同，至于为什么出现这样的意象差异，好像只能从文化差异的角度去解释。

15.5 心理感情与意象

中韩两国人都常用身体语言来表达心理感情，但在具体的喻体上却表现出不同，有时还表现为同一身体语言在中韩两种语言里表达的意义各不相同。

15.5.1 脸红

造成脸红的原因很多。其中一类是因害羞而脸变红，韩国人有多种联想意象，如表10所示，在描述害羞的表情时，韩国语用"홍시、말고기 자반、꽃물、홍당무"等。

[表10] "害羞"的韩国意象	
表达	例句
홍시 (紅柹)	얼굴이 홍시처럼 빨개지고 가슴 두근거리고.《미워도 사랑해, 4회》脸红得像红苹果，心也扑通扑通直跳。
말고기 자반	버썩 무안당한 김 군수는 얼굴이 말고기 자반같이 벌겋게 달아 있었다.《현기영, 변방에 우짖는 새》突然被弄了个没脸的金郡守，脸像马肉一样腾地一下红了。

꽃물	그녀의 눈은 늦가을의 옻나무 잎처럼 불그스레하게 꽃물이 퍼져 있었다. 《문순태, 타오르는 강》她的眼睛像晚秋的漆树叶一样泛着红晕。
홍당무(紅唐-)	친구들이 놀리자 그의 얼굴은 홍당무가 되었다. 朋友们一取笑他，他的脸就羞得像红萝卜一样红。

造成脸红的原因还有喝酒、寒冷等，"홍당무"也比喻因喝酒而脸红，或者形容被寒风吹得脸红，如(4a)。与喝酒脸红有关，韩国人产生的联想意象还有"주토(朱土) 광대를 그리다"，字面义是画红脸的戏子，用来嘲弄那些一喝酒脸就成了红布的人。此外，还有俗语"선짓국을 먹고 발등걸이를 하였다"，因为"선짓국"是红颜色的牛血汤，而"발등걸이"意为倒挂，俗语的字面意思是喝了牛血汤又被来了个倒立，所以可以比喻喝酒后脸红的人。此外还有"원숭이 볼기짝인가"，是用猴子屁股来比喻因喝酒而脸红。

韩国语里有时也用辣椒来比喻脸红，如(4b)，但未说明脸红的原因。

(4) a. 찬 바람이 불어오면 홍당무처럼 볼이 붉어지고.《allure, 2017.12.04》冷风一吹，脸就变得像红萝卜一样通红……

b. 얼굴이 고추처럼 빨갛게 달아올라…(网络)脸红得像辣椒。

如上，韩国语里与脸红有关的意象主要与"红柿、马肉、花染色、红萝卜、红脸的戏子、牛血汤、倒立、猴子屁股、红辣椒"等有关。

下面再看汉语里与"脸红"有关的意象，北大中文语料库中检索到的形容脸红的表达共73条，直接进行描写的有55条，如表11所示：

[表11] 与"脸红"有关的中国意象

1.	[脸红得]象鸡冠一样...	29.	[脸红得]像猴腚...
2.	陈勇的[脸红得]像炭火...	30.	[脸红得]像猴屁股...
3.	张倒三角的[脸红得]发黑。	31.	[脸红得]象喝醉了酒...
4.	[脸红得]像煮熟了的蟹...	32.	小红的[脸红得]像个熟透了的苹果。
5.	龙哥的[脸红得]像一块红布...	33.	[脸红得]如脚下踩烂的西红柿。
6.	一张秀[脸红得]活像"苹果到秋天"。	34.	吴芝圃的[脸红得]成了红布...
7.	[脸红得]不得了，红得就像是阳光...	35.	另一张[脸红得]如同红砖。
8.	使她的[脸红得]像朵山茶花。	36.	比鲍里斯的[脸红得]厉害多了...
9.	她的[脸红得]像酒，嘴唇像浸在酒里的...	37.	[脸红得]更加厉害...
10.	[脸红得]像雄鸡冠子...	38.	[脸红得]像西红柿，在欢快地交谈...
11.	军代表[脸红得]像个童子鸡...	39.	怒气冲冲，[脸红得]像芍药一样...
12.	说话[脸红得]象初打鸣的小公鸡。	40.	伊万诺芙娜[脸红得]像煮熟了的虾...
13.	[脸红得]成了个熟桃子。	41.	瑟瑟发抖，[脸红得]像甜菜...
14.	严班长的[脸红得]冒血...	42.	[脸红得]就像煮熟了的虾米。
15.	阿臭[脸红得]像关公...	43.	克丽珊娜的[脸红得]更是如同火烧一般...

16. 柳黄鹂儿[脸红得]像海棠春雨...

17. [脸红得]像萝卜。

18. 说润润当时[脸红得]厉害...

19. 登时[脸红得]像倒血一样...

20. 顿时[脸红得]像鸡血！

21. 垂下了头，[脸红得]发烧。

22. 三巡过后，[脸红得]像关公了。

23. 那张白净的[脸红得]像猪肝一样。

24. 得那时她的[脸红得]利害。

25. 齐涌上来，[脸红得]近乎紫涨。

26. 白酒的男人[脸红得]像猪肝...

27. 潘佑军[脸红得]像熟透了破了皮儿的桃。

28. 一路暴晒[脸红得]像个煮熟的螃蟹...

44. 他[脸红得]跟血一样。

45. 菊子胖[脸红得]象个海螃蟹。

46. 我的[脸红得]冒出火来...

47. 周石松的[脸红得]很可怕。

48. 胖妇人的[脸红得]象太阳...

49. 祥子的[脸红得]象生小孩时送人的鸡蛋。

50. 伊姑娘的[脸红得]和红墨水瓶一样了...

51. 虽然他的[脸红得]象蒸熟的螃蟹似的...

52. 莫大年的[脸红得]象抹着胭脂似的。

53. 小坡的[脸红得]象个老茄子似的...

54. 小刘的[脸红得]跟煮熟的对虾一样。

55. 柔嘉[脸红得]像斗鸡的冠...

如上，汉语里在形容脸红时用了各种比喻，其中最多的是植物，有"苹果、熟透的苹果、山茶花、熟桃子、破了皮的桃、海棠、萝卜、西红柿、芍药、甜菜、老茄子"等。其次是动物，有"螃蟹、煮熟的螃蟹、蒸熟的螃蟹、海螃蟹、鸡冠、斗鸡的冠、童子鸡、小公鸡、鸡血、血、煮熟的虾、煮熟的对虾、猪肝、猴腚、猴屁股"，第三是一般事物，有"炭火、火烧一般、冒火、红布、酒、红砖、生小孩送的鸡蛋、胭脂、阳光、太阳"等,第四是人物关公。汉语这些表达中,关于导致脸红的原因,需要根据上下文去判断。

综上所述,汉韩两种语言在形容脸红时的意象虽然有重合的地方,如"萝卜、猴子屁股"等,但很多情况下并不一致。

15.5.2 哭

与哭有关,韩国人联想到的意象很丰富,如表12所示:

[表12] 与"哭"有关的韩国意象

		韩国语	意象与意义
动作	1	앵두(를) 따다	哭
	2	기름(을) 짜다	哭
	3	물 끓듯 하다	就像煮沸的水,比喻掉眼泪。
状态	4	닭의 똥 같은 눈물	像鸡屎般大的眼泪,意为伤心欲绝。
	5	족제비 똥 누듯	就像黄鼠狼拉屎,比喻一点一点地往外挤眼泪的样子。
	6	비 오듯	就像下雨,比喻眼泪或汗珠一行行地淌下来。
	7	억수	瓢泼大雨,比喻流个不停的眼泪、鼻血。
	8	눈물바다	泪流成海,比喻大家一起哭泣或一次流很多眼泪。
原因	9	눈이 여리다	眼睛很软,指心软,爱流眼泪。
	10	콧등이 시큰하다	鼻梁很酸,因某事而激动或伤心眼泪欲滴。

如上,与哭有关的表达中,有的是描述哭的动作,都是惯用语

形式，其中惯用语"앵두를 따다"是与樱桃有关的"摘樱桃"，中国人所联想到的与植物有关的意象是"梨花带水"，与植物"梨花"有关。韩国人联想到的意象还有与榨油有关的"기름(을) 짜다"，汉语一般用"挤眼泪"。

韩国语还有很多与哭的状态有关的表达，其中有的意象与鸡屎有关，如俗语"닭의 똥 같은 눈물"；有的与黄鼠狼大便有关，如俗语"족제비 똥 누듯"也是挤眼泪，但强调的是量很少。韩国人联想到的意象有的与下雨有关，如惯用语"비 오듯"与词语"억수"都强调泪水的量很大，"눈물바다"强调多人一起哭或一次性流很多泪。中国人联想到的意象有的与下雨有关，如"泪如雨下"；有的意象多是与植物有关的"滚瓜"或者"豆大的"，如(5)。

(5) a. 贾政听了，那泪珠更似滚瓜一般滚了下来。《红楼梦（三十三回)》
    b. 豆大的泪珠顿时夺眶而出。《北大中文语料库》

在强调哭泣的原因时，韩国人联想到的意象都与人体器官有关，如惯用语"눈이 여리다"与"콧등이 시큰하다"，分别指心软而流眼泪，因激动或伤心而流眼泪。与眼睛有关，汉语没有与韩国语类似的相关意象，但有时多用"眼睛发红"或"眼睛发潮"等来表达想流眼泪。与鼻子有关，汉语有时也用"鼻子发酸"来比喻类似的感情意义。

15.5.3 吃惊、害怕、发抖、无法动弹

比喻因一点小事就大惊小怪时，韩国人经常联想到的意象与动物有关，如"부엉이 방귀 같다、노루가 제 방귀에 놀라듯、토끼가 제 방귀에 놀란다"，意思是猫头鹰、獐或兔子被自己所放的屁吓一跳。中国人产生的联想意象有"蜀犬吠日"。

吃惊有时伴随着害怕这种心理，在表达类似心情时，中国人联想到的意象有"一朝被蛇咬十年怕井绳"，是根据"蛇"与"井绳"的相似性将二者联系了起来。而韩国人在表达类似意义时联想到的却是多种形式，利用的是三种思维方式：第一，利用的是事物的相似性，如"자라 보고 놀란 가슴 소댕[솥뚜껑] 보고 놀란다"是根据"乌龟"和"铁锅盖"的形态相似性而将两者联系起来，"뜨거운 물에 덴 놈 숭늉 보고도 놀란다"是利用"热水"与"热锅巴汤"的形态和热度相似性而将两者联系起来。第二，利用了事物之间的相关性，如"불에 놀란 놈이 부지깽이[화젓가락]만 보아도 놀란다."利用的是"火"与"烧火棍"的相关性而将两者联系起来。第三，综合利用了相似与相关两种思维，如"더위 먹은 소 달만 보아도 헐떡인다"首先利用了"中暑"与"太阳"的相关性，其次利用了"太阳"与"月亮"的形态相似性。

如果是表达吃惊、害怕、不知所措，韩国人所联想到的意象是与鱼叉有关的"갈고리 맞은 고기"，意为就像被鱼叉打中的鱼那样，比喻遇到非常危急的情况不知如何是好。中国人联想到的意象有"累卵之危、鱼游沸鼎"等。

害怕一般还伴随着发抖这种肢体语言，当比喻因害怕而发抖时，韩国语有与屠宰文化有关的俗语"푸줏간에 들어가는 소 걸음、관에 들어가는 소(의) 걸음"，意思是就像进肉店的牛一样，比喻哆哆嗦嗦地害怕或者不情愿而被迫去做的样子。汉语一般用"胆

战心惊"或"战战兢兢"。

与发抖有关，中国人联想到的意象还有"抖得像筛糠一样"，主要指因惊吓或寒冷而发抖，因惊吓而发抖前面已经分析过，如果是与惊吓无关的发抖，韩国人联想到意象有三类：第一，有与巫俗文化有关的"신장대 떨듯"，意思是就像巫婆招神下降时用的棍子或树枝，韩国巫婆在跳大神时一般会拿着招神用的棍子不断地晃动。第二，有与杨树有关的"사시나무 떨듯"，虽然中国也有杨树，中国人肯定也都见过杨树叶随风瑟瑟作响的样子，但因为文化和认知视角的不同，并没有产生类似的类比联想，但韩国人注意到了杨树随风舞动的样子与人发抖时样子的相似性，所以就产生了此类表达。第三，有与饮食和住居有关的"식은 죽 먹고 냉방에 앉았다 就像喝了凉粥坐在冷房子里"，这与韩国的暖炕文化有关，因为在追求"热炕头即幸福"的这种思维下，喝凉粥住冷房子自然成了非常态的令人关注的对象。

那么韩国语里为什么没有筛糠这种意象呢？这需要从认知视角去解释，虽然韩国人吃的大米等谷物也会有糠，但韩国人关注的是糠的用处，所以用"겨 주고 겨 바꾼다. 用糠换糠"比喻做无用或愚蠢的事情，而中国人关注的是筛糠时的样子与人发抖时样子的相似性，所以就产生了"抖得像筛糠"这类比喻。

人害怕时还会出现一种肢体语言，那就是无法动弹，这种身体状态表现在整个身体之上，韩国人联想到的意象与膝弯有关，所以有了惯用语"오금을 못 쓰다[추다/펴다]"，指某事非常吸引人或者人因为害怕而一动不动，相反，中国人联想到的意象与腿或腿肚子有关，因此形成了"拉不动腿"或"腿肚子转筋"等惯用表达。

15.5.4 担心、难受

比喻内心的苦楚无法向他人提起自己一个人难受担心的样子时，韩国人联想到的意象与牛和哑巴有关，分别是"우황 든 소 앓듯、벙어리 냉가슴 앓듯"。表示无法平息内心的愤怒而难受得不知如何是好时，韩国人所联想到的意象是与牛和牛黄有关的"우황 든 소 같다"。在比喻两类概念意义时，中国人联想到的意象一般是"哑巴吃黄连——有口难言"，当然用于第二个概念意义时，汉语也可以用直抒性的"敢怒不敢言"。

15.5.5 生气、着急、发火等

生气、着急、发火等心理感情很多情况下是交织在一起的，如果要细分的话，可以分为如下四种情况。

第一，比喻非常生气或感到冤枉心里就像烧开了锅一样冒火时，韩国人联想到的意象是发酵，用的是动词"괴다"。此时中国人联想到的意象一般与火有关，多用"冒火"来表达此类意义。

第二，比喻内心忧愁、担心、着急等心理感情时，韩国人联想到的意象主要有三种类型，第一类与煮东西有关，如表13所示：

[表13] "生气、着急、冒火"与意象

表达	意象与意义	对应汉语
1 물 끓듯 하다	就像水在沸腾，比喻闹哄哄、泪眼婆娑；比喻激烈的思想感情。	冒火、泪眼婆娑
2 죽 끓듯 하다	就像粥在沸腾，比喻心急如焚。	心急如焚

3	질탕관에 두부 장 끓듯	就像泥汤罐里煮豆腐一样，比喻内心有忧愁、冒火。	冒火
4	제 속(을) 제가 끓이다	自寻烦恼，比喻自己做无谓的担心。	自寻烦恼、庸人自扰
5	바글바글	比喻着急上火；比喻小虫子或动物、人等聚集在一起，人头攒动的样子。	上火

如上，液体煮沸时伴随翻滚的动作还有四散的热气，韩国将其与人忧愁、担心、着急等心理活动联系了起来，具体而言，有的与烧水有关，形成的是惯用语1，有的与煮粥有关，形成的是惯用语2，但两个惯用语的意义也并不相同，煮水的意义要比煮粥的意义更丰富，还可以比喻泪眼婆娑。有的与煮豆腐有关，相关的是与汤罐有关的俗语3。有的是直抒性的表达，如俗语4。有的与煮沸的状态有关，形成的是副词"바글바글"。

比喻忧愁、担心、着急时韩国人联想到的第二类意象是"血干了"，形成的是惯用语"피가 마르다"，这是将身体视为装满液体的容器。

比喻着急上火时，韩国人联想到的第三类意象是"속이 타다"。此时与中国人的意象比较一致，因为中国人在表达上述心理感情与活动时所联想到的意象主要与"火"有关，所以有了"冒火、上火、心急如焚、火冒三丈"等表达。

第三，比喻发火时，韩国人联想到的意象有两种情况，第一种与煮水时的盖子转动、被掀动有关，形成的是惯用语"꼭지가 돌다、뚜껑이 열리다"。这种比喻表达的出现源于[火是容器里沸腾的液体]这样的认知思维(권연진 2017:210)。韩国人联想到的第二种意象是把房顶顶破了，形成的是惯用语"지붕을 뚫다"，这是将身体视为房屋的一种隐喻，根据[火是具有强大力量的气体]这一认知思

维，所以发火生气的结果就是将屋顶顶破了。

汉语类似的表达有"炸开了锅""人声鼎沸"等，但都主要形容喧闹、混乱，没有感情意义。所以中国人在表达类似情感时所联想到的意象主要与"火""气"有关，多用"上火、冒火、来气、气炸了肺、气得喘不过气来、怒气冲天、怒气冲冲、怒火满腔、怒发冲冠、怒火中烧"等，源于[身体是容器][火是身体中产生的气]这样一种认知思维。汉语的这种认知与中国哲学和医学中的"气"密切相关(Kövecses 2005:69; 2006:158)。

第四，人们生气时还有一类表现就是盯着别人看，此时韩国人所联想到的意象是与猪有关的"모주 먹은 돼지 벼르듯"，中国人所联想到的意象是与老虎有关的"虎视眈眈"或者与鹰、鹗有关的"鹰瞵鹗视"。

15.5.6 等待、着急

人们在期待、等待某个人、某种结果或某个消息时，会表现出多个生理动作，例如头部会出现张望的动作，心里会出现着急的状态，因此等待就与着急这种感情紧密联系在了一起，并且这种心理状态表现在肢体上就有了多种表现形式，中韩两国人对这些心理与肢体感觉的联想意象出现了不同。

韩国人联想到的意象与眼睛、脖子的状态有关，因此有了惯用语"눈이 빠지게 기다리다"或"목이 빠지게 기다리다"，分别用了两个身体器官"眼睛、脖子"，中国人所联想到的意象与眼睛、头有关，所以有了"眼巴巴、翘首企盼"，其中"翘首企盼"与韩国语的"목이 빠지게 기다리다"出现了具体肢体部位的不同。

此外，韩国人除了联想到了伸长脖子的形态特点，还联想到了嗓子的感觉，所以多用 "목(이) 마르게" 或 "목마르게" 来比喻，如(6)。相反，中国人关注的是人头部的肢体语言，因此有了 "翘首期盼"，此外还关注内心的感受，所以有了与 "心" 有关的 "焦急"。

(6) a. 가출한 아들이 돌아오기를 목이 마르게 기다리다. 焦急地等待离家出走的儿子回来。

b. 오래전에 헤어진 가족을 목마르게 기다렸다. 翘首期盼分离很久的家人归来。

15.5.7 后悔

比喻极度后悔时，韩国人联想到的意象与骨头有关，如惯用语 "뼈저리다、뼈아프다、뼈속 깊이" 或 "뼈에 사무치다"。中国人联想到的意象虽然也与人体有关，但多用 "痛彻心扉" 或者用 "把肠子都悔青了"。

15.5.8 泄气、傲慢

汉语里经常用 "气" 来表达人的心理状态，如 "泄气、垂头丧气" 等，与此相关，韩国人联想到的意象是鼻子的状态，如 "코(가) 빠지다" 指因烦心事而没精神，没力气。韩国语还有俗语 "코가 쉰 댓[석] 자나 빠졌다"，意为鼻子耷拉得老长，这是用夸张的手法来比喻因烦恼、痛苦的事情一大堆而精疲力竭的样子。

汉语还用 "气焰" 来比喻人傲慢的精神状态，多用于 "气焰高

涨、气焰嚣张"，具有贬义。韩国人联想到的意象依然与鼻子的状态有关，如"코가 세다"，此外也有相反意义的"코를 납작하게 만들다"指将他人的气焰打下去；而"코가 납작해지다"指被别人羞辱了或没了底气，颜面尽失。

15.5.9 高兴、不高兴、讨厌

当韩国人高兴时经常做出的肢体动作是"拍膝盖"，因此产生了惯用语"무릎(을) 치다"，指知道令人吃惊的事情、回想起某种模糊记忆或者非常高兴时而拍膝盖。表达同样的心理感情时，中国人常用的肢体动作是"一拍大腿"。之所以产生肢体动作与语言表达的不同，可从席地而坐文化与高坐式文化的不同去考虑，在韩国，男人是盘腿而坐，女人是屈膝而坐，保持两种坐姿时手的位置一般都是放在膝盖上的，但中国很早就开始座椅文化，坐在椅子上时胳膊肘多自然地放在椅子两边的撑上，两手自然放在了大腿之上，所以当表示吃惊或高兴时，韩国人自然就有了拍膝盖的动作，相反，中国人就有了拍大腿的动作。

当人们不高兴时可以有多种肢体感觉，中韩两国人经常联想到的意象与头的感觉有关，除了都可以用"头疼"与"머리가 아프다"之外，韩国语还有"머리가 무겁다"，用的是重量感觉，汉语用"头大"，用的是体积感觉。

比喻非常讨厌时，中韩两国人也有不同的意象，韩国人联想到的意象是"입에서 신물이 난다、이에 신물이 돈다[난다]"，即嘴里泛酸水，这与韩国语里"酸"所具有的消极意义有关。中国人所联想到的意象与牙齿有关，多用"恨得牙痒痒"，因为人产生讨厌之情

时，经常出现的生理动作就是咬牙。

15.5.10 没有兴趣

韩国人喜欢借助不同动物间的关系来展开联想，比喻没有任何兴趣，如"개 닭 보듯、소 닭 보듯、닭 소 보듯、닭 쫓던 개"等与鸡狗、鸡牛等动物有关，中国人所能联想到的与动物有关的意象有"鸡飞狗跳、鸡零狗碎、指鸡骂狗"，虽然都与鸡狗有关，但这些成语的意义与韩国语不同，所以与韩国语语义一致的汉语多是直抒性成语"兴味索然、相看两厌"等。

15.6 性格与意象

15.6.1 怨天尤人

在表达怨天尤人时，韩国人所联想到的意象主要与俗语有关，如表14所示：

[表14] "怨天尤人" 与意象

俗语	意象与意义	对应汉语
1 서투른 숙수가 (피나무) 안반만 나무란다	厨艺不好的厨师埋怨案板不好。	
2 국수를 못하는 년이 피나무 안반만 나무란다	不会做面条的人埋怨案板不好。	
3 서투른 무당이 장구만 나무란다	不会跳神的巫师埋怨鼓不好。	拉不出屎来怨茅厕、打不出浆糊来怨勺子、过不去河赖裤裆大
4 굿 못하는 무당 장구 타박한다		
5 글 못한 놈 붓 고른다	不会写文章的人挑剔笔。	
6 글 잘 못 쓰는 사람은 붓 타박을 하고 농사 지을 줄 모르는 사람은 밭 타박을 한다	不会写文章的人埋怨笔不好，不会种地的人埋怨地不好。	
7 글 잘 못 쓰는 사람은 붓 타박을 하고 총 쏠 줄 모르는 사람은 총 타박을 한다	不会写文章的人埋怨笔不好，不会打枪的人埋怨枪不好。	

　　如上，这些俗语主要嘲笑本身没本事却不承认而怨天尤人的人，其意象主要表现为"厨师骂案板、巫师骂腰鼓、不会写字怨笔不好、不会种地怨地不好、不会打枪怨枪不好"，强调各行各业都存在这样的人，说明了人性的普遍性，所涉及的被埋怨的对象有"案板、腰鼓、笔、地、枪"等。

　　中国人在表达类似概念时所形成的的意象与韩国人不同，主要有"拉不出屎来怨茅厕、打不出浆糊来怨勺子、过不去河赖裤裆大"等，还有相反意义的"人笨不要怪刀钝，刀钝不要怪豆腐硬！"所涉及的被埋怨的对象有"茅厕、勺子、裤裆、刀、豆腐"等。

15.6.2 两面派

比喻两面派时，韩国人所联想到的意象为蝙蝠，蝙蝠是骑墙派的象征，如"박쥐의 두 마음"比喻机会主义者的狡猾心理。中国人所联想到的意象是"两面派、骑墙派"等。

比喻根据周围环境变化而搬来搬去的人时，韩国人所联想到的意象是候鸟"철새"，由于候鸟随着季节的变化而变换自己的栖息地，所以"철새"产生了贬义，并且还出现了"철새팬"，指的是自己喜欢的明星今天换一个明天换一个的粉丝。中国人所联想到的意象是"墙头草"。

15.6.3 圆滑

比喻圆滑时，中国人联想到的意象是"快刀切豆腐——两面光"，意思办事干脆利落有能力，能摆平当事双方，使当事者双方都满意，两面都讨好。这是用食物语言来来作比喻。韩国人联想到的意象与鹅卵石有关，有俗语"장바닥의 조약돌 닳듯、장마당의 조약돌 닳듯"，是用市场上的鹅卵石来比喻人的性情变得非常圆滑。

15.7 动作、行为、状态与意象

与动作、行为、状态有关的表达中有的与积极意义有关，有的与消极意义有关，并且消极意义更突出。

15.7.1 吃饭

与吃饭有关，韩国人联想到的意象有时与"때 灰"有关，例如比喻情况好转可以填饱肚子时，韩国语联想到的意象与"배의 때 肚子里的灰"有关，形成的是肯定结构的惯用语"배의 때를 벗다"，汉语一般用"填饱肚子"。

比喻吃饱时，韩国人联想到的意象与"목구멍의 때 喉咙里的灰"有关，形成的是惯用语"목구멍의 때(를) 벗기다"，意为吃饱，中国人联想到的意象有"酒足饭饱、撑肠拄腹、暖衣饱食"等。

比喻吃不饱时，韩国人联想到的意象也与"때 灰"有关，形成的是否定结构的惯用语"목구멍 때도 못 씻었다"，中国人联想到的意象有"食不果腹、不知肉味、并日而食、衣单食缺、肚束三篾、饥肠雷动、饥肠辘辘"等，但都不与脖子有关。

15.7.2 反复说

比喻反复说话时，韩国人所联想到的意象有多种形式，如与口有关的"입이 닳다 嘴被磨破""입이 마르다 口干舌燥"，与农业有关的"논 이기듯 밭[신] 이기듯 拾掇土地"，与麦芽糖有关的"엿장수 가위질 소리 卖麦芽糖的剪子声音"，与歌曲有关的"노래 부르다 唱歌""타령 唱曲"，与吃饭有关的"씹다、되씹다 反复咀嚼"，与动物有关的"앵무새 鹦鹉"等。虽然语义多少有区别，但韩国语的表达之丰富却具有很强的文化性。

在表达类似意义时，中国人所联想到的意象主要与口有关，如"说得嘴皮子都破了""说得口干舌燥""赞不绝口、反复说"等，其他类型的意象较少见；虽然汉语有"鹦鹉学舌"，但多用来比喻模仿，而不是反复说。

15.7.3 偏听偏信

表达偏听偏信时，韩国人联想到的意象都与耳朵的形态有关，共有七种类型，其中"귀가 얇다[엷다]"与"귀(가) 여리다"分别是耳朵薄和耳朵根子软；惯用语"귓구멍이 넓다[너르다/크다]、귓문이 넓다、귓구멍이 나팔통 같다"与词语"팔랑귀"都与耳朵眼或耳朵大有关，俗语"귀가 항아리만 하다"意为耳朵像缸一样大，来者不拒，偏听偏信。

中国人在表达此类概念时，有的意象也与耳朵有关，如"耳朵根子软"，但用的更多的是动词"偏听偏信、偏听则暗"或名词"一面之词"。

15.7.4 计较

比喻拿不起眼的事情而争个是是非非时，中国人联想到的意象与话语、嘴舌有关，如"你一言我一语"或"多嘴多舌"等。韩国人联想到的意象有的与农业有关，如"콩 났네 팥 났네 한다、콩이야 팥이야 한다"，是用黄豆与红豆的种植来作比喻；有的与麻雀有关，如"참새가 기니 짧으니 한다"是用计较麻雀的大小来作比喻。

15.7.5 攻击、找茬、报复、害人

表示趁人不备从从背后袭击对方时，韩国人联想到的意象是
"뒤통수를 치다"，即打人的后脑勺，中国人联想到的意象是主动形
式的"背后捅刀子、打冷枪、放暗箭"或被动形式的"被人捅刀子/
暗算、遭人算计"，有时也用"阴、坑"等来表达。

比喻找茬时，中国人联想到的意象有与人体有关的"抓小辫
子"，韩国人所联想到的意象主要是与植物有关的"꼬투리를 잡
다"，"꼬투리"的基本义是豆荚。

比喻报复时，中国人联想到的意象有"穿小鞋"，韩国人联想到
的意象多与饮食用语有关，如"물먹이다、골탕먹이다、매운 맛을
보여주다"分别与"使喝水、让他喝骨头汤、让他尝尝辣味"等有
关。

比喻表面上装作为他人好、内心却想害人时，中国人联想到的
意象与阴阳有关，如"阴奉阳违"；有的与刀具有关，如"笑里藏
刀、背后捅刀子"等。韩国人联想到的意象有"등 치고 간 내먹다
敲背吃肝"或"병 주고 약 준다 让别人得病再给药"。

15.7.6 奉承

在比喻奉承他人时，韩国人所能联想到的意象有三类，其中一
类与不同时代的出行方式有关，如"가마를 태우다、비행기를 태우
다"，是用坐轿、坐飞机来作比喻；第二类意象是送瘟神，如"싸리
말을 태우다"；第三类意象是侏儒提裤子，如"난쟁이 허리춤 추키
듯"等，韩国人根据这三类不同的意象来比喻奉承别人，其共通之
处是相关的动作都是向上的。

中国人在表达奉承意义时所能联想到的意象也是向上的动作，如"吹捧、捧上天、奉承"，有时也用"溜须拍马"或"花言巧语"，此时的意象虽然不是向上的动作，但都是对他人谄媚时所表现出的言行。

15.7.7 无力

比喻人行动迟缓、没有力气时，韩国人联想到的意象有两类，有的与动物有关，如"서리 맞은 구렁이[병아리]"意思是霜打的蟒蛇/小鸡，也比喻失去势力和所有希望的人；有的与植物有关，如"시든 배추 속잎 같다"意思是就像蔫了的白菜心一样，比喻没有任何力气地软瘫下来。在表达这些意义时，中国人联想到的主要是植物，如"霜打的茄子"，是用茄子来比喻人。

如果是比喻说话无力，韩国人联想到的意象与南瓜叶有关，如"시든 호박잎 같은 소리"比喻没有任何霸气和激情的话，汉语一般用"说话就像没吃饭一样"，也可以用"说话就像霜打了的茄子"。

15.7.8 一下子来很多

比喻人来了很多时，中韩两国人都有与动物有关的联想意象，但汉语"蜂拥而至"用的是"蜂"，韩国语用的是多种动物，如表15所示，这些俗语分别与"송사리 鳉鱼""방게 三尺厚蟹""참새 麻雀"等有关。

俗语	意象与意义	对应汉语
송사리 끓듯	就像鳉鱼群在涌动，形容无数东西拥挤在一起。	
봄물에 방게 기어 나오듯	就像三尺厚蟹从春天化冰后的水里涌出一样，比喻这里那里一涌而出的样子。	蜂拥而至
참새 떼 덤비듯	就像麻雀群冲上来，比喻一次冲过来很多的样子。	

[表15] "一下子来很多" 与意象（表头）

15.7.9 因小失大、因小得大

汉韩两种语言里有很多因小失大意义的俗语，如表16所示：

[表16] "因小失大、以小得大" 与意象

分类		俗语	意义	对应汉语
因小失大	1	노적가리에 불 지르고 싸라기 주워 먹는다	在谷堆上放火后捡碎屑吃。	丢了西瓜拣芝麻、赔了夫人又折兵、买椟还珠、丢了黄牛撵蚊子、拔颗钉子毁堵墙、得不偿失、入不敷出、顾小失大
	2	노적 섬에 불붙여 놓고 박산 주워 먹는다		
	3	재산을 잃고 쌀알을 줍는다	丢了财产捡大米。	
	4	기름을 버리고[엎지르고] 깨를 줍는다	撒了油拣芝麻。	
	5	동냥하려다가 추수 못 본다	因去乞讨而错过了秋收的好机会。	
以小得大	6	바늘 잃고 도끼 낚는다		丢了芝麻捡西瓜

566 语言与文化

如上，与因小失大有关，韩国人所联想到的意象都与食物有关，如"烧谷堆捡碎屑、丢财产捡大米、撒了油捡芝麻、去乞讨错秋收"。中国人所联想到的意象也有与食物有关的，如"丢了西瓜拣芝麻"，与《三国演义》有关的是"赔了夫人又折兵"，与其他典故有关的是"买椟还珠"，此外还有与动物有关的歇后语"丢了黄牛撵蚊子——因小失大"，与建筑有关的歇后语"拔颗钉子毁堵墙——因小失大"，此外还有较为抽象的"得不偿失、入不敷出、顾小失大"等。

表达因小得大时，韩国人联想到的意象有"丢了针得到斧头"，汉语可以用"丢了芝麻捡西瓜"。

15.7.10 事半功倍

汉韩两种语言还有很多与事半功倍有关的表达，如表17所示：

[表17] "事半功倍"与意象

	俗语	字面意义	对应汉语
1	임도 보고 뽕도 딴다	既见了情人又摘了桑叶[03]。	一举两得、一箭双雕、一石二鸟、一本万利、渔人之利、两全其美
2	원(도) 보고 송사(도) 본다	既见了县令又打了官司。	
3	원님도 보고 환자(還子)도 탄다	既见了县令又借了粮食。	
4	굿 보고 떡 먹기	既看了戏又吃了年糕。	
5	굿도 볼 겸 떡도 먹을 겸		
6	꿩 먹고 알 먹는다[먹기]	既吃野鸡还吃蛋。	
7	꿩 잡고 알도 먹고	既抓了野鸡还吃了蛋。	
8	가재 잡고 고랑 치고	既抓了小龙虾还堆起了沟垄。	

---

03 莎士比亚的《维纳斯和阿度尼斯》里曾提到，欧洲的恋人如果在桑树下接吻的话，那

如上，在表达事半功倍时，韩国人联想到的意象是"爱人会面和摘桑叶、见县令和诉讼或借粮食、看跳神和吃年糕、吃山鸡和吃山鸡蛋、抓小龙虾和堆沟垄"等，这些不同的意象虽然并无关联，但韩国人却都拿来比喻一举两得。中国人联想到的意象有"一箭双雕、一石二鸟、一本万利、渔人之利、一举两得、两全其美"等。

除了俗语之外，韩国语还有与抓兔子有关的惯用语，一个是"두 마리 토끼를 잡다"，指一石二鸟，如(7a)。有时也用"세 마리 토끼를 잡다"，如(7b)，汉语有时用"三驾马车"。

(7) a. 그럼 우리 두 마리 토끼 한 번 잡아보지요.《최고의 연인, 72회》那我们就同时来捉这两只兔子吧。

b. 1983~1987년 경제수석으로 성장, 물가, 국제수지의 세 마리 토끼를 한꺼번에 잡은 사람이 사공일이다.《동아일보, 2017.01.04》1983-1987年司空壹作为经济首席执行官把经济增长、物价、国际收支这三驾马车驾得非常好。

15.7.11 狼吞虎咽

汉韩两种语言里有很多俗语是描写进食动作的，如表18所示：

么就会像桑葚那样迎来爱情的果实。这与韩国人一边采桑一边见恋人非常相似。

[表18] "狼吞虎咽" 与意象

		俗语	意象与意义	对应汉语
吃	1	남양 원님 굴회 마시듯	就像南阳县令吃生牡蛎一样。	狼吞虎咽、风卷残云
	2	두꺼비 파리 잡아먹듯	就像蟾蜍捉苍蝇吃一样。	
	3	사냥개 언 똥 들어먹듯 [삼키듯]	就像猎狗吃冰冻大便一样。	
螃蟹闭眼	4	마파람에 게 눈 감추듯	就像南风里的螃蟹闭眼一样。	
	5	게 눈 감추듯	就像螃蟹闭眼一样。	
搂草	6	중의 벗은 아이 마구 풀 끌어 넣듯	就像脱了衣服的孩子搂草一样。	

　　形容吃得快、多时，韩国人联想到的意象共有三类，第一类与吃有关，如"县令吃生牡蛎、蟾蜍捉苍蝇、猎狗吃大便"。第二类与螃蟹闭眼有关。第三类与孩子搂草有关。其中第一类出现了表示吃喝的动词，第二、第三类没有出现与吃有关的动词。

　　中国人联想到的意象有"狼吞虎咽"或"风卷残云"，前者出现了表示吃的动词"吞、咽"，后者没有出现相关动词。

15.7.12 随大流

　　比喻没有原则或主见，只是随大流，跟着别人走等意义时，韩国语也有很多俗语，如表19所示：

[表19] "随大流" 与意象		
俗语	意象与意义	对应汉语
1 망둥이가 뛰면 꼴뚜기도 뛴다	虾虎鱼跳望潮也跳。	人云亦云、东施效颦、亦步亦趋，随波逐流
2 망둥이가 뛰니까 전라도 빗자루도 뛴다	虾虎鱼跳全罗道扫帚也跳。	
3 숭어가 뛰니까 망둥이도 뛴다	梭鱼跳虾虎鱼也跳。	
4 잉어가 뛰니까 망둥이도 뛴다	鲤鱼跳虾虎鱼也跳。	

如上，韩国人联想到的意象主要与虾虎鱼有关，其中俗语1、2中虾虎鱼在前，如"虾虎鱼跳望潮也跳、虾虎鱼跳全罗道扫帚也跳"；俗语3、4中虾虎鱼在后，如"梭鱼跳虾虎鱼也跳、鲤鱼跳虾虎鱼也跳"，这些俗语中共同出现的是虾虎鱼，另外出现的是望潮、梭鱼、鲤鱼，此外还有全罗道的扫帚。

与韩国人拿鱼类来作比喻相反，中国人联想到的意象是"人云亦云、东施效颦、亦步亦趋，随波逐流"等。

15.7.13 坐以待毙

比喻难以逃脱、坐以待毙时，韩国语有很多俗语，如表20所示：

[表20] "坐以待毙"与意象		
俗语	意象与意义	对应汉语
1 가마솥에 든 고기	釜中之鱼	鱼游釜中、釜底游鱼、落网之鸟、落网之鱼、瓮中之鳖
2 독 안에 든 쥐	瓮中之鼠	
3 덫 안에 든 쥐	鼠夹之鼠	
4 푸줏간에 든 소	庖肆之牛	
5 그물에 든 고기요[새요] 쏘아 놓은 범이라	落网之鸟、中箭/枪之虎	
6 그물에 걸린 고기[새/토끼] 신세	落网之鱼/鸟/兔	

　　如上，韩国人联想到的意象主要与动物有关，分别是"釜中之鱼、瓮中之鼠、鼠夹之鼠、庖肆之牛、落网之鸟、中箭/枪之虎"等。不仅如此，俗语6与俗语1-5不同的是后面添加了"신세"，意为落网之鱼(鸟、兔)的命运。

　　中国人联想到的意象主要有"鱼游釜中、釜底游鱼、落网之鸟、落网之鱼、瓮中之鳖"等，其中前四个与韩国人的意象一致，第五个"瓮中之鳖"在韩国语里没有出现。

15.7.14 狐假虎威

　　比喻仰仗或倚仗别人的权势来欺压、恐吓人时，韩国语有很多俗语，如表21所示：

[表21] "狐假虎威"与意象

	俗语	意象与意义	对应汉语
1	대신 댁 송아지 백정 무서운 줄 모른다	大臣家的牛犊不怕屠夫。	狐假虎威、驴蒙虎皮、攀龙附凤、狐虎之威、骥尾之蝇、狗仗人势、仗势欺人、恃势凌人
2	대신 집 강아지 범 무서운 줄 모른다	大臣家里的狗不怕虎。	
3	원님 덕에 나팔[나발] 분다	与县官同行所以被敲锣打鼓地欢迎。	
4	사또 덕분에 나팔 분다		

如上，韩国人联想到的意象主要与官员家的家畜、官员下属有关，俗语1、2分别是"官员家的牛犊不怕屠夫、官员家的狗不怕虎"，比喻依靠别人的权力而狐假虎威。俗语3、4是"因为与县官同行所以被敲锣打鼓地欢迎"，比喻沾别人的光受到礼遇而耀武扬威、装腔作势。

中国人所联想到的意象主要与动物有关，如"狐假虎威、驴蒙虎皮、攀龙附凤、狐虎之威、骥尾之蝇、狗仗人势"等，其中与韩国语重合的动物有"狗"，此外，汉语还有很多直抒性的表达，如"仗势欺人、恃势凌人"等。

15.7.15 幸灾乐祸

比喻幸灾乐祸时，韩国语有很多俗语，如表22所示：

[表22] "幸灾乐祸" 与意象

		俗语	意象与意义	对应汉语
一	1	불난 집에 기름 붓다	火上浇油。	火上浇油、落井下石、伤口上撒盐、幸灾乐祸、坐视不救
	2	불난 데 풀무(风箱)질한다	朝着失火的人家拉风箱。	
	3	불난 집에 부채질한다	冲着失火的人家/冲着火扇蒲扇。	
	4	타는 불에 부채질한다		
	5	불난 집에 키(簸箕) 들고 간다	拿着簸箕去失火的人家/地方用簸箕扇风。	
	6	불붙는 데 키질하기(扬簸箕)		
	7	불난 집에 가스통 던지다	往失火的人家里扔煤气罐。	
二	8	끓는 국에 국자 휘젓는다	用勺子搅滚开的汤。	

如上，在比喻幸灾乐祸时，韩国语联想到的意象主要有两类，一类与火灾有关，一类与做饭有关。其中，与火灾有关的意象有"火上浇油(1)、朝着失火的人家拉风箱(2)、冲着失火的人家或冲着火扇蒲扇(3、4)、拿着簸箕去失火的人家或着火的地方用簸箕扇风(5、6)"，随着时代的发展，还出现了"往失火的人家扔煤气罐(7)"，可以说是动用了各种能动用的工具来搞破坏。第二，与做饭有关的意象是"用勺子搅滚开的汤"。

中国人所联想到的意象也有"火上浇油"，其次还有"落井下石、伤口上撒盐"或抽象意义的"幸灾乐祸、坐视不救"等。

15.7.16 立锥之地

在形容没有土地时，韩国语有很多表达，如表23所示：

[表23] "立锥之地"与意象

		表达	意象与意义	对应汉语
一	1	송곳 박을 땅도 없다	连立锥之地都没有。	弹丸之地、一矢之地、立锥之地、一席之地、方寸之间
	2	제 땅이라고는 메밀 씨 모로 박을 땅도 없다	连荞麦尖立足的地方都没有。	
	3	벼룩 꿇어앉을 땅도 없다	连跳蚤的立足之地都没有。	
二	4	고양이 낯짝[이마빼기]만 하다	就像猫脸一样大。	

　　如上，韩国人所联想到的意象主要有两类，第一类是俗语（1-3），第二类是惯用语（4）。首先看前三个俗语，从所联想到的喻体来看，都是借助极小物——跳蚤、锥子、荞麦种子的尖来表达，即连这些极小的东西立足的地方都没有，可见程度之深。另外，俗语3还比喻非常狭小、一点空隙都没有。再看惯用语"고양이 낯짝[이마빼기]만 하다"，所形成的意象是"猫脸"，比喻非常窄。

　　与韩国人相反，中国人所联想到的意象主要有"弹丸之地、一矢之地、立锥之地、一席之地、方寸之间"等，没有出现动物、植物，只有一般事物，如"弹丸、矢、锥、席、方寸"。此外，汉语的这些表达与韩国语的惯用语更相似，用的是肯定句，而韩国语的俗语用的都是否定句。

15.7.17 瘦死的骆驼比马大

　　在比喻有某些特长的人即使突然穷困了也不会太差时，韩国人联想到的意象与富翁、高宅大院有关，如"부자는 망해도 삼 년 먹을 것이 있다、부잣집이 망해도 삼 년을 간다"，意思是富翁即使破

产也能撑三年，"큰 집이 기울어도 삼 년 간다"中的"큰 집"虽然意为高宅大院，但其实转喻的是富翁。在表达同样的概念时，中国人联想到的意象是"瘦死的骆驼比马大、破船还有三千钉"，分别与动物、船有关。

15.7.18 偷鸡不成蚀把米

比喻想做某事却没有收获还遭受了损失时，韩国人联想到的意象主要与动物有关，其中与鸡有关的是"꿩 잃고 매 잃는 셈"，意为山鸡和鹰都丢了；与螃蟹有关的是"게도 구럭도 다 잃었다[놓쳤다]"，意思是捉蟹不成还丢了蟹篓。中国人联想的意象主要与鸡有关，如"偷鸡不成蚀把米、鸡飞蛋打"等。

15.7.19 安静

比喻没有任何东西、非常安静时，韩国人所联想到的意象主要与各种常见动物有关。例如，根据蚂蚁非常小的特点，韩国语有惯用语"개미 새끼 하나 볼 수 없다"，比喻一个人也找不到；"개미 새끼 하나도 얼씬 못한다"意为除了被允许的人之外，没有任何人露面。除了用蚂蚁作比喻外，韩国语里还用狗作比喻，如"개 새끼 한 마리 얼씬하지 않다、검정개 한 마리 얼씬하지 않다"。有时也用老鼠作比喻，如"쥐 새끼 한 마리 얼씬하지 않다"。

表达相似意义时，中国人所联想到的意象中，有与动物有关的"鸦雀无声、鸦默雀静"，有与人有关的"夜深人静"。

15.7.20 是金子总会发光的

比喻只要有才能就一定会被发现时，韩国人所联想到的意象与麝香有关，因为麝香的突出特点是香气宜人且持久，所以有俗语"싸고 싼 사향도 냄새 난다"，比喻不管再努力地隐藏但终究会暴露的，也比喻有才能与德望的人即使不故意宣传也会被人们知道。类似的俗语还有"싸고 싼 향내도 난다"。中国人在表达类似概念时所联想到的意象有的与金子有关，如"是金子总会发光的"；有的是直抒性表达，如"天生我材必有用"。

15.7.21 华而不实

比喻华而不实时，韩国人所联想到的意象与食物有关，有"속 빈 강정(의 잉어등 같다)、사탕붕어의 겅둥겅둥이라"等惯用语，所涉及的"강정、사탕붕어(沙糖-)"都是用大米做成的中空的点心，因此这两个惯用语都产生了华而不实之意。与韩国人相反，中国人所联想到的意象有与植物有关的"空心萝卜"，有与外貌和服饰有关的"金玉其表、虚有其表、金玉其外、败絮其中"，有与行为有关的"花拳绣腿"等。

15.7.22 搬起石头砸自己的脚

比喻本来想害别人结果害了自己时，中国人联想到的意象是"搬起石头砸自己的脚"，韩国人联想到的意象很多，如与斧子有关的"제 도끼에 제 발등 찍힌다"；与刑罚有关的"제 오라를 제가

졌다", 这个俗语还比喻自己做了某种坏事而使自己身败名裂；与天有关的俗语 "하늘 보고 침 뱉기", 意为面向天空吐唾液，最终还是掉到自己脸上，比喻祸患回到自己身上，类似的俗语还有 "누워서 침 뱉기、하늘에 돌 던지는 격"。

15.7.23 煮熟的鸭子

比喻可惜之情时，中韩两国人形成的意象都与动物有关，其中中国人形成的意象与鸭子有关，如 "煮熟的鸭子要飞了"。韩国人形成的意象有的与山鸡有关，如 "꿩 놓치다、꿩 놓치게 생겼어요" 意为 "到手的山鸡就要飞了"；有的与螃蟹有关，如俗语 "구럭의 게(도) 놓아주겠다[놔주겠다]" 意为 "筐子里的螃蟹也都要放了"；有的与鱼有关，如(8)中的 "다 잡은 물고기"，汉语不用 "逮住的鱼"，也是用 "煮熟的鸭子"。

(8) 다 잡은 물고기 푸닥질 한 번 치고 놓치면 돼?《우리집 꿀단지, 2회》煮熟的鸭子怎么能让它飞了？

汉语有时也用否定结构的 "煮熟的鸭子别让它跑了"，韩国语多用 "다 된 밥 죽 쑤지 마"，意为做好的米饭不要熬成粥了。

15.7.24 刻舟求剑

比喻死板、不灵活时，中国人形成的意象是 "刻舟求剑"，韩国人形成的意象有多种形式，其中 "물 위에 수결(手決) 같다"

意为在水面上签字，比喻没有任何的效力或结果，这与汉语"刻舟求剑"都强调水是流动之物，在这之上所做的事情都是无效、无用的。韩国语还有俗语"구름장에 치부(했다)"，意思是在云彩上记账，除了表达与"刻舟求剑"一样的意义外，还比喻轻易地忘记所见所闻。韩国语还有惯用语"배 지나간 자리"，比喻没有留下任何痕迹的状态，如(9)，与"刻舟求剑"一样，出现了"船"，但韩国语是名词惯用语，汉语是动词性成语。

(9) 이제 와서 증거를 찾아봐야 이미 배 지나간 자리일 뿐이다.现在再来找证据那不过是刻舟求剑罢了，上哪儿去找啊？

15.7.25 告诫

在告诫人们不要出头时，中国人形成的意象有"出头的椽子先烂、枪打出头鸟、树大招风、木秀于林风必摧之"等，分别与建筑、狩猎、风/树木等有关。韩国人形成的意象是与伐木有关的俗语"나무도 쓸 만한 것이 먼저 베인다、곧은 나무 쉬[먼저] 꺾인다[찍힌다]"，意思是有用或挺直的树先被砍掉，比喻有能力的人先被收拾。

韩国人还从一种积极的角度来看待条件不好的人或事物，如俗语"굽은 나무 선산 지킨다"意思是歪七扭八的树反而能长久。中国人也关注到了类似的人或事物，但形成的是歇后语"歪脖子树——值(直)不得；成不了材；根子不正；难治(直)"等，也就是说，中国人的视角是对此类人或事物的否定，这与韩国人的视角是

正相反的。

15.7.26 束手无策

比喻失去了依存之地而束手无策或进入了无法施展才能的境地时，中韩两国人所联想到的意象都与动物有关。其中，中国人所联想到的意象有"龙游浅水遭虾戏，虎落平阳被犬欺，得志猫儿雄过虎，落毛凤凰不如鸡"，其中常用的是"虎落平阳被犬欺"和"落毛凤凰不如鸡"。韩国人联想到的意象是"산 밖에 난 범이요 물 밖에 난 고기라"，意思是出山的老虎，出水的鱼。

虽然汉韩两种语言的意象相似，但语言形式却有很大不同，首先语法结构不同，汉语是一般主谓复句结构，韩国语是定中结构的谓语句；其次，出现的具体动物不同，汉语里经常出现的是"龙和虾、虎和狗、猫和虎、凤凰和鸡"，韩国语经常出现的是"山和虎、水和鱼"。

15.7.27 窝里横

比喻只会在家里耍横发脾气时，韩国人联想到的意象都与人有关，如"이불 속[안]에서 활개 친다"意为在被窝里逞能，"다리 부러진 장수 성안에서 호령한다"意为断腿将军在城内发号施令。中国人联想到的意象有与韩国语类似的"窝里横"，还有很多是与动物有关的歇后语，如"耗子扛枪——窝里横""狐狸洞里扛扁担——窝里横""螃蟹洞里打架——窝里横"，分别与耗子、狐狸、螃蟹有关。

15.5.28 还没学会走路就想跑

比喻行为超前时，中国人联想的意象与人有关，如"还没学会走路就想跑"，韩国语也有类似的"걷기도 전에 뛰려고 한다"，此外，韩国人联想到的意象还有与鸟类有关的"푸둥지도 안 난 것이 날려고 한다、털도 아니 난 것이 날기부터 하려 한다"，意思是翅膀还没硬就想飞。

15.7.29 添枝加叶

比喻在叙述或转述别人的话时添上原来没有的内容时，韩国人联想到的意象很丰富，有与植物有关的"가지(를) 치다、가지(를) 뻗치다"，如(10a)，多用于话语；有与动物有关的惯用语"새끼(를) 치다"，比喻就像繁殖一样，使基础的东西延伸或者增添使膨胀，这是用繁殖语言来比喻抽象事物，如(10b)；还有与小明太鱼有关的惯用语"노가리를 까다 明太鱼产卵"，这个惯用语强调的是添油加醋地撒谎。

(10) a. 소문이 가지를 쳐서 크게 부풀었다. 传闻一传十十传百，越来越荒唐。

b. 유명인의 교통사고 소식이 새끼를 쳐서 죽었다는 말까지 돌았다. 有名人士的交通事故消息被添枝加叶，甚至有人还说当事人已经死了。

在表达相同的概念时，中国人联想到的意象有与植物有关的"添枝加叶、有枝添叶、枝节横生"、与饮食有关的"添油加醋"以及与数字有关的"一传十十传百"。与韩国语既有相同之处亦有差异。

15.8 语言形式与意象

语言形式可以分为词语、词组、惯用语、俗语、成语、诗句等。当表达相同或相似的某一概念时,不同文化背景下有时会产生相同的语言形式,有时会产生不同的语言形式。前面已经分析了汉韩两种语言在表达不同范畴的概念时所形成的意象与语言形式。此外,在表达同一概念时,汉韩两种语言有时还会出现语言形式多少的不同。根据笔者所掌握的语料,汉韩语言形式多少的对应可以分为四类,即一对一、多对一、一对多、多对多。受笔者所掌握语料的限制,也有可能出现语言形式的多少不太准确的地方。

15.8.1 一对一

此类型指的是在表达某一概念时,中韩两国所联想到的意象都是一个,但具体形式不同。例如,比喻缠人时,韩国人联想到的意象与虱子有关,如"진드기처럼 달아붙다",意思是像虱子似的贴在身上。中国人联想到的意象为"狗皮膏药"。

比喻果断、干脆时,韩国人联想到的意象是与砍树有关的"생나무 꺾듯",中国人联想到的意象是与金属有关的"斩钉截铁"。

比喻高风亮节时,韩国人联想到的意象是"찬물에 돌(같다)",意为就像凉水里的石头。汉语的"高风亮节"与风有关。

15.8.2 多对一

此类型指的是在表达某一概念时，韩国人联想到的是多种意象，但中国人联想到的常见的意象只有一种。

例如，比喻钱的作用大时，汉语一般用"有钱能使鬼推磨"，韩国语有7个俗语，如表24所示：

[表24] "有钱能使鬼推磨"与意象

俗语	字面意义
1 돈만 있으면 귀신[두억시니]도 부릴 수 있다	有钱能使唤鬼。
2 염라대왕도 돈 쓰기에 달렸다	能否使唤阎王就看用钱多少。
3 염라대왕도 돈 앞에는 한쪽 눈을 감는다	有钱能使阎王睁一只眼闭一只眼。
4 돈만 있으면 처녀 불알도 산다	有钱就能买到处女的睾丸。
5 돈을 주면 뱃속의 아이가 기어나온다	有钱就能让肚子里的孩子自己爬出来。
6 돈이라면 호랑이 눈썹이라도 빼온다	只要给钱就是老虎的眉毛也能弄来。
7 돈이면 나는 새도 떨어진다	只要有钱天上飞的鸟也能掉下来。

如上，俗语1与汉语最接近，俗语2-3与阎罗王有关，俗语4-7具体强调钱是如何发挥威力的，主要表现为钱能够使不可能的事情成为现实，如"买到处女的睾丸、让肚子里的孩子自己爬出来、弄到老虎的眉毛、让天上的飞鸟掉下来"等。

再如，比喻听烦了时，韩国人所联想到的意象都与耳朵有关，其中"귀(가) 따갑다"的字面意义是耳朵疼，但实际表达的意义是难听、刺耳，第二个意义指听过多遍，不想再听；韩国语还有四种表

达，如"귀(가) 아프다、귀에 딱지가 앉다、귀에 못이 박히다、귀에 싹이 나다"，所涉及的意象是"耳朵疼、耳朵长茧子、耳朵像钉了钉子、耳朵发芽"。表达之多反映了韩国人对说话唠叨的反感。中国人所联想到的意象多是"耳朵长茧子了"。

15.8.3 一对多

此类型指的是在表达某一概念时，韩国人所联想到的一般是一种意象，但中国人联想到的是多种意象。

例如，韩国语有俗语"비 틈으로 빠져나가겠다 穿行于雨雾之中"，比喻行动或动作非常敏捷，而汉语多用"风驰电掣、迅雷不及掩耳之势、电光石火、眼明手捷、雷厉风行、流星赶月、大步流星、星驰电走、弩箭离弦、动如脱兔"等，没有与"雨"有关的表达。

比喻时间快时，中国人联想到的意象是与动物有关的有"白驹过隙、窗间过马、乌飞兔走"等，涉及"白驹、马、乌和兔"等；韩国人联想到的与动物有关的意象是与螃蟹有关的惯用语"게 눈 감추듯"，因为螃蟹眼睛小、闭眼的速度非常快。

汉语里表示考试不理想时，多用"考了个大鸭蛋"来表示零分，用"考试拉稀了"表示考砸了，用"落榜"来表达重要考试的失利，有时也会用"兵败滑铁卢"比喻战争的失利。在表达类似意义时，韩国语多用"미역국을 먹다"，因为"미역국"很滑，所以意为考试滑下来了，如(11)。

(11) 조들호가 약속드리겠습니다. 신영일 내정자께서는 샴페

인 대신에 미역국을 드시게 해 드리겠습니다.《동네변
호사 조들호, 18회》我赵德浩给大家保证，我会让被提
名人申英日吃大鸭蛋而不是两根油条加鸡蛋。

15.8.4 多对多

此类型指的是在表达某一概念时，中韩两国人所联想到的都是
多种意象，前面所分析的几乎都是此类型，下面简单看一组例子。

比喻小事一桩、轻松等意义时，汉韩两种语言都有多种语言形
式，其中韩国语有五种表达方式。

第一，韩国语有俗语 "누워서 떡 먹기"，如(12)，汉语多用
"小菜一碟、小事一桩"，虽然都表示轻松，但汉语强调因量少而能
轻松吃掉。

(12) 일차 테스트야 누워서 떡 먹는 거지.《월계수 양복점 신
사들, 18회》对你来说，初试还不是小菜一碟/小事一
桩啊。

第二，韩国语还有 "주먹으로 물 찍기" 比喻轻而易举，汉语
里与 "手" 有关的成语有 "举手之劳、手到擒来、信手拈来、得心
应手、唾手可得、拿手好戏、易如反掌、手到病除、轻而易举"，其
中 "轻而易举" 虽然没有 "手" 字，但却隐含着用手之意。

第三，韩国语里的 "약과(藥果)" 可以比喻情况已经不错了，
或者这种程度什么也不是。例如电视剧《사랑이 오네요, 58회》中，
看到手下员工金代理专门在中秋节带了很多好吃的来看自己，신다희

高兴地表示感谢，而金代理拿起一个"약과"说到：

(13) 이 정도는 약과죠.

这句话中的"약과"虽然好像指的是蜜饯，但用的却是"약과"的比喻意义，即"这是小事一桩，不值一提"，所以这里的"약과"是双关意义。类似的还有(14)，这句话里的"약과"用的是比喻意义，译成汉语为"小意思"。

(14) 사장님의 성화치고 그 정도는 약과인 줄 알게. 要说老板
的火气啊，你要知道这是小意思了。

第四，韩国语"껌"有时也比喻小菜一碟，如(15a)。有时"풍성껌"也有此意，如(15b)。

(15) a. 이 정도는 나한테 껌이지.《내딸 금사월, 5회》这对
我来说是小菜一碟。
b. 필요한 것이야 알아보는 게 풍성껌이지요.《내딸 금
사월, 33회》打听这些必要的东西对我来说是小事
一桩。

第五，韩国语还有俗语"새 발의 피"，比喻非常不起眼的东西或者极小的分量，如(16)。

(16) 수 백억의 비자금이 밝혀졌으니 제가 고발한 마마스 기
밀 유출 같은 건 새 발의 피가 됐습니다.《사랑이 오네

요, 108회》现在他数百亿(韩币)的秘密资金都被捅出来了，我告发的他向玛唛思泄露机密一事已是小事一桩了。

如上，韩国语可以用肢体动作如"躺吃、拳头砸水"或与食物有关的"年糕、蜜饯、口香糖"以及与动物有关的"鸟脚之血"来比喻不值一提的东西或容易的东西，汉语涉及的肢体动作有"举手之劳、手到擒来、信手拈来、得心应手、唾手可得、拿手好戏、易如反掌、手到病除、轻而易举"，食物有"小菜一碟"，此外还有"小事一桩、小意思"等。

15.9 小结

概念是抽象的，概念在语言化的过程中具有很强的文化性，即使是在同一文化背景下，在表达同一概念时也可以利用比喻思维借用多种喻体形成多种意象，产生多个语言形式，因此就会产生多个近义表达。如果是在跨文化背景下，那么表达同一概念的语言形式就会出现更大的文化差异。

本章主要分析了汉韩两种语言在表达关系、智力、可能性、心理感情、性格、动作行为与状态等方面的联想意象与语言形式的不同。这些概念都属于上位范畴，包括很多下位范畴，在表达相应的下位范畴概念时，中韩两国人所联想到的意象表现出了很大的差异性，所形成的语言形式更是表现出了很大不同。并且很多情况下并不是一对一的情况，而是多表现为多对一、一对多、多对多等对应类型。

　　如果在两种文化背景下关于某一概念同时出现多种意象与多个语言形式，可以说明相关概念在两种文化中都占据很重要的地位。

第十六章

语法与汉韩
语言差异

16.1 引言

张志公(1982)认为"所谓语言环境，从比较小的范围来说，对语义的影响最直接的是现实的语言环境，也就是说话或听话时的场合以及话的前言后语。此外，大致一个时代、社会的性质和特点，小至交际双方个人的情况，如文化教养、知识水平、生活经验、语言风格和方言基础等，也是一种语言环境"(苏宝荣 2008:51-52再引用)。这里提到的小范围的语境义就是狭义的语境义，即一般意义上的语境义。而广义的语境义指的是人所处的整个社会环境，包括交际双方的情况。

在本研究中，广义的语境义指的是大的文化背景，即前面第十四章所提到的影响汉韩语言形式与意义出现差异的因素。狭义的语境义主要指汉韩两种语言的不同特点尤其是语法特点，具体表现为搭配、韵律、肯定与否定或疑问、语态、比喻结构、融合度、灵活性、句子成分、语体、修辞、单复句等方面的不同。

16.2 搭配不同

如果我们仅知道词的语义，但"这不代表就会流利表达，因为除了词汇意义、形态，还需要掌握词语的用法，而用法就是一个词语的搭配关系。'搭配'是一种结构关系或横组合关系，也就是一个词在同一句子或同一文本中跟其他词的意义关系。"(王芳 2020:186)这种搭配其实就是语境，Sinclair(1991)认为语境是以某中心词(keyword)为中心的左右n个单词，也可以是在句子中与中心词形成语法关系的单词，并将中心词前后四个单词的结合看做搭配语境(王芳2020:186)。关于汉韩两种语言因搭配所出现的不同，本章主要从主体、动宾搭配、主谓搭配、定中搭配等方面去分析，另外分析多义词的搭配以及惯用语与临时搭配的区别。

16.2.1 汉语有固定的主体

汉语的很多表达一般要求明确主体，但韩国语却没有这样的限制。例如，汉语有成语"如鲠在喉"，其中"鲠"是"在喉"的主体，韩国语有惯用语"목에 걸리다"，意为卡在嗓子眼，但没有具体说明是什么东西卡住了，也就是说没有出现主体，因此具体运用时可以搭配相关的东西形成动作的主体，如(1a)中出现的主体是"과제"，比喻事情进展不顺利被卡住；有时也可以出现抽象事物，如(1b)中出现的主体是"말"，比喻别人说的话让听者担心、心里放不下。也就是说，中韩两国人都关注"东西卡在嗓子眼"这一事态，但汉语出现了"鲠"，所以搭配受限，相反，韩国语惯用语没有出现主体，因此具体语境中的搭配就可以出现主体，因此显得搭配非常灵活。

(1) a. 과제가 목에 걸렸는데 그런 일은 나중에 하기로 하자.
课题现在卡住了，那种事情以后再做吧。

    b. 아직까지 돈을 마련하지 못한 어머니는 다음 주가 막내 등록금 마감일이라는 말이 하루 종일 목에 걸렸다.
母亲到现在还没筹够钱，但下周就是老小交学费的最后期限了，这句话让母亲一整天都是如鲠在喉。

16.2.2 动宾搭配不同

汉韩动宾搭配的不同表现为三种类型，第一，韩国语可以带多种类型的宾语或行为对象很灵活，但汉语的宾语比较受限。

例如，韩国语有动词性派生词"채찍질"，指抽鞭子，也比喻催赶、督促或者鼓励、激励，有时与汉语"鞭策"对应，如(2a)；但汉语"鞭策"后面只能带"人"作宾语，不能带"错误"作宾语，所以(2b)对应的汉语是"剖析错误"。

(2) a. 앞으로도 방황하는 이들에게 도움이 되고 채찍질이 되는 글 많이 부탁드립니다. 希望今后您也多写一些对这些彷徨的人有用的、起鞭策作用的文章。

    b. 그는 자신의 잘못에 대해 스스로 채찍질을 가했다. 他自觉剖析了自己的错误。

第二，韩国语与汉语的名词可以对应，但当用于动宾结构的惯用语时，因为汉语有固定的动宾结构的惯用语或成语，所以韩国语名词所对应的汉语名词无法进入惯用语结构。

例如，韩国语"주머니"比喻把捞到的好处藏起来的地方，汉语用"小金库"作比喻。韩国语还有动宾结构的惯用语"딴주머니(를) 차다"或"두 주머니(를) 차다"，指将留作他用的钱抽出一部分单独保管归自己用。此时汉语多用动宾结构的成语"中饱私囊"，其中与动词形成固定搭配的名词是"私囊"，而不是"小金库"，但是"私囊"一般也不能单独使用，只能出现在成语中。

第三，韩国语名词可以形成动宾、状谓、单独作谓语等多种搭配，汉语里与不同的韩国语搭配对应的名词各不相同。

例如，韩国语名词"바닥"可比喻人生事业处于低谷，如(3a)，"바닥"可以形成动宾结构的惯用语"바닥을 치고 오르다/일어나다"，意为"摔倒了再爬起来"，此时汉语多用动宾结构的"跌入低谷"，与"바닥"对应的是名词"低谷"。另外，当"바닥"作状语表方向时，如(3b)，对应的汉语是成语"名声扫地"或"一败涂地"，与"바닥"对应的是"地"。"바닥"还可以单独用作谓语，如(3c)，此时根据语境对应的汉语是意译的"一落千丈、不好"等，汉语这些表达只能作为一个整体来与韩国语对应。

(3) a. 하루하루 살다 보면 어떤 날에 희망이 보이기도 하고 어떤 날에 바닥을 치기도 하는 거야. 《우리집 꿀단지, 18회》 一天一天地生活着，有时会看到希望，有时也会跌入低谷。

   b. 나를 바닥으로 끌어내리려고? 你想让我名声扫地/一败涂地吗？

   c. 엄마 기분 완전 바닥이야. 《천상의 약속, 22회》 妈妈现在的心情是一落千丈/一点也不好。

16.2.3 主谓搭配不同

有时汉韩两种语言用于动宾搭配时可以对应，但韩国语还可以形成主谓搭配，此时与汉语无法对应。

例如，韩国语"벌집"意为蜂窝，有惯用语"벌집을 건드리다、벌집 쑤시어 놓은 것 같다"意为捅了马蜂窝，既可以指具体意义，也比喻动了不该动的人或地方，此时可与汉语同样是动宾结构的"捅了马蜂窝"对应，如(4a)。

但韩国语"벌집"还可作主语，与动词"터지다"结合形成主谓搭配，如(4b)，但汉语"马蜂窝"一般很少与其他动词搭配，因此(4b)需要意译成"出现麻烦"。"벌집"还可与动词"되다"结合形成主谓搭配，如(4c)的主体是"마음"，汉语需意译成"心里不好受"。

(4) a. 한아름 너 왜 벌집을 건드린 거야? 왜?《최고의 연인, 63회》韩雅琳你为什么去捅这个马蜂窝啊？为什么？

b. 이해인을 건들리면 더 벌집 터지겠지. 우는 아이에겐 사탕이 최곤데.《사랑이 오네요, 36회》如果动李海仁，肯定会出现更大的麻烦。要想哄哭泣的孩子，最好用糖块。

c. 그러다가 우리 은수 마음 벌집만 될까봐 못 물어보겠어.《빛나라 은수, 10회》我怕我一问，恩秀心里不好受，所以没敢问。

16.2.4 动宾或主谓结构不同

有时韩国语用于主谓结构，而汉语用于动宾结构。例如，中韩两国文化都喜欢用钱来比喻爱财，韩国语经常用主谓结构的"돈독(이) 들다/오르다"，如(5)。相反，汉语用的是动宾结构的"钻到钱眼里"，具体动词、结构与对象都各不相同。

> (5) 제대로 돈독이 올랐어요. 아주 돈타령을 지으시지!《쾌걸 춘향, 9회》真是钻到钱眼里去了。干脆作一首"咏钱曲"得了。

有时韩国语动宾、主谓结构都可以，但汉语多用于固定的动宾结构。例如，韩国语可以用门来形容说话的嘴，称作"말문(-門)"，如(6)，汉语有时也用"说话不带把门的"，比喻乱说话，也是把口看作了"门"，所以才有"把门"，但表达说话意义时多用于否定句，汉语还有"话匣子"，有"打开话匣子"。但韩国语"말문"搭配灵活，可以与带宾动词"떼다"或反义词"막다"等结合形成动宾搭配，也可以与被动词"막히다"结合形成主谓搭配，而汉语"话匣子"却只能与"打开"结合，也不能用于被动结构的主谓搭配，所以与韩国语的动宾结构对应的是汉语"开口(6a)、把嘴堵住(6b)"或"说不出来(6c)"。

> (6) a. 말문을 떼다 开口说话
>
>   b. 클린턴은 '(트럼프처럼) 쉽게 도발당하고 전쟁을 일으키겠다고 하는 사람은 핵무기를 다뤄선 안 된다'고 지적하며 트럼프의 말문을 막았다.《동아일보, 2016.9.28》克林顿·希拉里指出："(像特朗普这样)轻

易就被激怒说要挑起战争的人不能来管理核武器",
一下子把特朗普的嘴给堵住了。

c. 그런데 막상 동희씨 얼굴보니 말문이 또 막혀요.《천
상의 약속, 90회》但是看到道姬你的脸后，却又说不
出来了。

类似的还有很多，例如，比喻很多人聚在一起玩乐或者看令人
兴奋的热闹时，韩国语用惯用语"굿을 치르다、굿이 벌어지다"，
分别是动宾结构与主谓结构，动作是"치르다、벌어지다"，动作对
象和主体是"굿"，在表达相关意义时，汉语用的都是动宾结构的
"唱闹剧"或"唱大戏"，对象是"闹剧、大戏"，动作是"唱"，很
少用主谓结构的表达。

16.2.5 主谓或定中结构不同

有时汉韩两种语言用于主谓结构时对应，但韩国语还可以继
续变形形成定中结构，但汉语却无法继续变形。例如，汉语有俗语
"伤口上撒盐"，比喻对遭受痛苦和不幸的人恶意伤害使其更加痛
苦，韩国语也有同样结构的"살을 에고 소금 치다"。与汉语相反，
韩国语还有定中结构的俗语"살을 에고 소금 치는 소리"，比喻让
人心痛的尖刻、辛辣的话，汉语"伤口上撒盐"一般不能再做定语
形成定中结构。

16.2.6 定中搭配不同

　　韩国语里有"문턱(門-)"，除基本意义外，还比喻某件事开始或完成的时刻，如(7)形成的是定中结构"가을로 들어서는 문턱"。汉语"门槛"虽然也可以与时间搭配，如(8)，但一般不与季节搭配。所以(7)译成汉语时需要意译。

　　(7) 계절이 가을로 들어서는 문턱에 서 있다.现在正是秋天时节/时间已经迈入秋季。

　　(8) a.站在创业20周年门槛上的柳传志此时内心也同样忐忑不安。

　　　　b.跨入80年代门槛，变幻着的消费需求陡然间出人意料地盯住了彩电。

　　　　c.在与共和国同时跨入45周岁门槛前，王林和结束了赴日一年的学术交流，回到了祖国。(例句均出自《北大中文语料库》)

　　韩国语"반석(盤石/磐石)"指又宽又平的大石头，也比喻事物、思想或基础等非常坚固，如(9)。汉语多用于"坚/稳/静/安如磐石"类固定结构，并且搭配比较受限，如(9a)当修饰国家时可以互相对应，但(9b)所示，当修饰誓约时，汉语一般不用"磐石"来修饰，因为汉语比喻誓约时有固定搭配"海誓山盟"。

　　(9) a.이 나라를 더 튼튼한 반석 위에 앉도록 다스려 주셔야 합니다.《박종화, 금삼의 피》您要将国家治理得坚如磐石才行。

　　　　b.반석같이 굳은 언약 海誓山盟

16.2.7 多义词搭配不同

韩国语有的词语是多义词，不同义项因为具体意义与抽象意义的不同对应的汉语也会出现不同。

例如，韩国语"불구덩이"是多义词，具体意义为火坑，如（10a），抽象意义比喻非常危急、痛苦的境地，如（10b）。相反，汉语在表示具体意义时多用"火堆"，而表示抽象意义时多用"火坑"，因为"坑"是凹进去的，有进去就出不来之意。也就是说，汉语里需要分别用"火堆"与"火坑"所表达的意义在韩国语里是"불구덩이"的两个义项。

（10）a. 불구덩이에서 나온 시계는 장인어른의 것으로 확실하다면.《내딸 금사월, 33회》如果从火堆里找到的手表确实是岳父的……

b. 부모가 돼서 불구덩이로 들어가는 자식을 말릴 수 없는 게 도저히 용납 안 돼.《내딸 금사월, 27회》作为父母，眼看着孩子往火坑里跳却阻挡不住，我实在是受不了。

16.2.8 惯用语与临时搭配的不同

韩国语有惯用语"소 먹듯 하다、소같이 먹다"用来指吃得很多，汉语也用固定结构"食量大如牛"来表达饭量大，但因结构不同，所以与韩国语惯用语一般无法替换，如（11），对应的汉语是临时搭配"吃得像牛一样多"。

(11) a. 점심때 소 먹듯 했더니 사람들이 아침 안 먹었느냐고
묻는다. 午饭时我吃得像牛一样多，所以大家都问我
是不是没吃早饭？

    b. 옆방 학생은 저녁을 소같이 먹고도 밤이 깊어지면 먹
을 것을 찾느라 부엌 근처를 기웃거린다. 隔壁房间的
学生晚饭即使吃得像牛一样多，但到深夜就又在厨
房里转悠着找东西吃。

16.2.9 交叉对应

有时汉韩两种语言的对应是交叉的，例如，韩国语有"콩알"，
意为豆粒，因为豆粒非常小，所以"콩알"可比喻非常小的人或东
西，如(12a)，用于人时，汉语多用"小豆丁、小不点"；用于物时，
如(12b)，汉语多用"一丁点"。

(12) a. 콩알 만한 것 언제 이렇게 자랐어?《아이가 다섯, 16
회》那个小不点/小豆丁什么时候长这么大了啊？

    b. 당신 그런 마음 콩알만큼도 없었다고 말할 수 있어?
《불어라, 미풍아, 10회》你敢说那种想法你一丁点
都没有吗？

汉语"豆"比喻小意义时多用于成语中，如"目光如豆、一灯
如豆、胆小如豆"等，其中"胆小如豆"只有状态意义，韩国语类
似的有惯用语"가슴/간이 콩알만 하다[해지다]"，比喻因不安或焦
急而心放不下，如(13)，虽然出现了"콩알 豆粒"，但因为表达的是

动态意义，所以译成汉语用"心缩成一团"，因为汉语相关的成语表达不具备动态意义。

(13) 무서운 폭음을 듣고 가슴이 콩알만 해졌다. 一阵吓人的
巨响传来，我的心不禁缩成了一团。

综上，韩国语的"콩알"与汉语"豆"有时虽然可以对应，但有时并不对应。

16.3 韵律不同

韵律是语言的形式特征之一，不同语言有不尽相同的韵律特征。在词汇方面，每种语言中的词在语言形式上都有着由韵律决定的特定规则(董秀芳 2011:7)。汉语韵律的表现之一就是韵律词的使用。而韵律词的表现之一便是音节。郭绍虞(1979:444)认为"汉语对于音节，看得比意义更重一些"，沈家煊(2011:10)认为"讲汉语的语法结构类型，单音节和双音节的区分甚至比名词和动词的区别还重要"，潘文国(2002:246)则认为"音义互动是汉语组织的最根本规律。这个规律从语用出发，实际上体现了汉语从音韵，到语形，到语义的所有规律，是所有这些方面规律的综合"。这些论述都说明了韵律与音节对汉语的重要性。

虽然韩国语也具有自己的韵律特征，但与其相比，汉语更注重韵律搭配，因此使得汉韩两种语言产生了很多差异。

例如，韩国语"눈"可以形成多种惯用搭配，但相对应的汉语

多是三种形式，分别是"眼睛、眼、目"，其中(14a、14c、14d)与单音词"眼"对应，(14b)与双音词"眼睛"对应，有时也可以用单音词"眼"，(14e)与单音节"目"对应，之所以出现这样的不同是受到了汉语韵律以及语义固定搭配的影响。

    (14) a. 눈에 안 띄다 不起眼

         b. 눈 둘 곳을 모르다 眼(睛)不知往哪儿看

         c. 눈 깜짝할 사이 眨眼间

         d. 눈(에) 어리다 在眼前晃来晃去

         e. 눈바래다 目送

    汉语喜欢对称结构、四字格，但韩国语没有此类语言特点，有时也会因此出现差异。例如，比喻说出心里话时，韩国语用"가슴을 열다"或"마음을 열다"，出现了身体器官"가슴"与"마음"。汉语一般用四字格"敞开胸襟/心扉、推心置腹"等，出现了三个身体器官"胸、心、腹"，汉语之所以出现"腹"，与汉语对称结构、四字格的韵律要求有关，也与古代人认为"肚子是思想的工具"这一认识有关。

    有时还会出现更加复杂的现象。例如，韩国语里门扇为"대문짝(大門-)"，多用来比喻大，如(15)，其中，有时可以与汉语"门扇"对应，如(15a)，因为这时只是单纯的现象描写。但当"대문짝"用作修饰语时，汉语一般不用"门扇大的"，用的比较多的是"斗大的"，如(15b)，这可以从汉语节律的角度去解释，因为"斗"是单音词，可以与"大"结合形成双音词，而"门扇"是双音词，在此基础上继续进行构词比较受限。再看(15c)，当修饰脸时，汉语有两类对应方式，其中(15c')对应的是一般结构的"脸

大的像(一)扇门",但汉语常用的是四字格"脸大如门/斗/饼/盆"
等,如(15c'')。

(15) a. 대문짝처럼 크다 像门扇一样大

b. …사진을 대문짝만하게 올렸다. 斗大的照片登上了
报纸。

c. 대문짝만한 얼굴

c' 脸大得像(一)扇门

c'' 脸大如斗、脸大如饼、脸大如盆

16.4 肯定、否定或疑问的不同

汉韩两种语言里有时出现相似的语言形式,但在肯定与否定或
疑问句的使用上却会出现差异,因此导致两种语言所表达的语义出
现了复杂对应的现象。根据语法结构的不同,可以分为十个类型。

16.4.1 汉语多用否定句,韩国语多用肯定句

有时汉语经常用于否定句,而韩国语多用于肯定句,根据两者
之间的语义对应方式又可以分为三个小的类型。

16.4.1.1 意义一致

此类型指的是汉韩两种语言虽然肯定与否定结构不同,但表达

的意义一致。例如，比喻没有人不喜欢自己的家或家庭时，汉语用否定结构的"狗不嫌家贫"，韩国语用肯定结构的俗语"새도 제 보금자리를 사랑한다"，意为"连鸟都喜欢自己的窝"，与汉语语义一致。再如，比喻凡事要提前准备时，汉语有否定结构的"未雨绸缪"，是借下雨前修缮房屋来作比喻；韩国语有肯定结构的俗语"우립 만드는 동안에 날이 갠다"，意思是做雨帽的时候天晴了，与汉语语义一致，不过强调的是不提前做准备的后果。总之，虽然表达同样的意义，但汉韩两组俗语或成语不仅肯否定结构出现了不同，并且所涉及的事物也出现了不同，第一组的汉韩主体分别是"狗"与"鸟"，第二组涉及的汉韩对象分别是"房屋"与"雨帽"。

16.4.1.2 意义相反

此类型指的是韩国语用于肯定结构，汉语多用于否定结构，两种语言表达的意义相反。

例如，汉语多形成"人非木石、身非木石"等否定结构，强调人都有感情。相反，韩国语有汉字词"목석(木石)"，多比喻像树、石头一样没有任何感情的人，如(16)用于肯定句，所以无法与汉语对应，需要根据语境意译。

(16) 엄마는 사랑도 모르는 돈벌레, 목석이야.《밥상 차리는
남자, 27회》妈，你就是个不懂爱情的守财奴、冷血汉！

韩国语里出现的很多中国历史人物与其在中国的形象和语言表达并不一致，有的还出现很大的不同。例如，《三国演义》中有一个人物叫吕蒙，《资治通鉴》卷六十六《孙权劝学》中提到，孙权劝

吕蒙学习，后来鲁肃过浔阳与之交谈后大惊说"吾谓大弟但有武略耳，至于今者，学识英博，非复吴下阿蒙"。汉语里多用否定结构的"非复吴下阿蒙"，强调"士别三日当刮目相待"，表达积极意义，而韩国语多用"오하아몽(吴下阿蒙)"来嘲笑有勇无谋的人。

再看与动物有关的例子。例如，与龙和泥鳅有关，这两种动物都是生长在水里的，并且形状相近，所以中韩两种文化里都拿龙和泥鳅来进行对比，但是角度和认识并不相同，韩国语里更多的是肯定意义，汉语里更多的是否定意义。其中，韩国语"미꾸라지 용 됐다、미꾸라지 천 년에 용 된다"都强调泥鳅能变成龙，但汉语有歇后语"小泥鳅跳龙门——妄想成龙、泥鳅跳龙门——痴心妄想/妄想"，强调泥鳅不可能成为龙。

中韩两国对泥鳅力量的认识也不同，其中韩国语有俗语"미꾸라지 속에도 부레풀은 있다"，意为泥鳅也有鱼鳔，比喻不管再不起眼、再贫穷的人也都有自己的想法和傲气；"미꾸라지 한 마리가 온 웅덩이를 흐려 놓는다、미꾸라지 한 마리가 한강 물을 다 흐리게 한다"意为一只泥鳅能把一池水或整个汉江的水都搅浑，强调的是泥鳅所起的坏作用很大，这三个俗语都是对泥鳅力量的肯定，相反，汉语有"泥沟里的泥鳅——翻不了浪/掀不起大浪"，是对泥鳅力量的否定。

与蚂蚱有关，根据蚂蚱爱蹦的特点，韩国语有惯用语"메뚜기 뛰다"，比喻到处串门或到处走，多用于肯定结构，如(17)。汉语里根据同一特点也产生了相似的比喻，但多用于否定结构的歇后语，如"秋后的蚂蚱——蹦跶不了几天"，与韩国惯用语肯定句表达肯定意义相比，汉语的歇后语是否定句，表达的是否定意义，并且其主体是"秋后的蚂蚱"，是蚂蚱的下位范畴词。

(17) 3박을 모두 휴양관에서 보내기엔 너무 심심해서, 망상
오토캠핑장-용대 휴양관-용대 데크에서 각각 1박씩 하
는 것으로… 결국 휴가 내내 메뚜기 뛰다 왔습니다.(网
络)3个晚上都在休养馆度过的话太无聊了，所以在望
祥五土野营地、龙垈休养馆、龙垈野营地各住了一
晚，结果整个假期就到处跑了。

　　再看与肢体语言有关的例子。汉语有一句俗语是否定结构的
"打人别打脸，骂人别揭短"，这反映的是一种社会和谐思想，韩国
人也具有这种思想。但韩国语里与打脸有关的词语"뺨치다"却多用
于肯定句，是用打别人的脸来比喻超越比较的对象，如(18)。

(18) a. 프로 기사 뺨칠 정도의 바둑 실력 超越职业棋手的围
棋实力。
b. 전문가 뺨치게 잘 알다 知识比专家知道的都多。
c. 어른 뺨치다 超过大人。

　　如上，汉语的"别打脸"与韩国语的"뺨치다"的语义和用法
是相反的。

16.4.1.3 汉语无比喻意义

　　此类型指的是韩国语用于肯定结构表达否定意义，汉语相关词
没有比喻意义，与其对应的是一般否定词或否定结构。

　　例如，韩国语有"땅바닥、발바닥"，都比喻水平很低，如
(19ac)用于肯定句，(19b)用于疑问句，但表达的都是否定意义，汉
语"地板"或"地"都没有这样的比喻意义，译成汉语时用的都是

否定结构"一点……也不、不要、没有"等。

(19) a. 예의가 땅바닥이다. 一点礼貌也不懂。

　　 b. 어떻게 애비나 애들이나 염치는 발바닥이야?《우리
　　　 집 꿀단지, 17회》怎么不管是爸爸还是孩子们都这
　　　 么不要脸啊？

　　 c. 사람 보는 눈이 발바닥이야.《그래 그런 거야, 9회》
　　　 是她没有识人的眼光。

16.4.2 汉语多用否定句，韩国语多用疑问或否定句

　　汉韩两种语言还经常用数量词来强调次数多，汉语经常用于否定句，而韩国语多用于疑问句或否定句，如(20)是疑问句，当然也可以用于否定句，如"한 두 번 아니다"。对应的汉语一般多用否定句"不是一两次了"。

(20) 내가 당신한테 공수표 당한 건 한 두 번이야?《가족을
　　 지켜라, 106회》我被你骗了又不是一次两次了。

　　再看与人体有关的例子。中韩两种文化里都有用身体部位无毛来比喻勤奋忙碌、用有毛来比喻懒惰的这种思想意识。汉语多用否定结构的"股无胈，胫不生毛"来比喻忙碌勤奋。相反，韩国语却利用了"人的手掌心是不长毛的"这一特点形成了疑问形式的俗语"손바닥에 털이 나겠다"，意思是懒得手掌心都该长毛了吧？用来嘲笑那些不干活的人，但背后隐含的意义是对勤劳的肯定。也就是

说，从语法结构来看，韩国语是用推测语气来表达对懒惰的否定，是嘲笑的口气。而汉语是用否定句来表达对勤奋的肯定意义。

16.4.3 汉语多用于否定句，韩国语肯定与否定都可以

一个人快乐高兴时，如果看他的嘴角的话，会发现嘴角都是上扬的，所以韩国语里"입꼬리를 올리다"表示高兴，当用于否定句时，表达的是告诫不要太高兴，如(21)。汉语表示高兴时，一般多用否定结构的"嘴都合不上了"，而(21)中的韩国语已经用了否定句，汉语"嘴都合不上了"如果再加否定就不成句了，所以要意译成"不要高兴得太早了"。

(21) 입꼬리를 너무 올리지 마라. 니 매형 회장직 못 내려놔.《천상의 약속, 83회》你不要高兴得太早了。你姐夫是不会卸任会长一职的。

16.4.4 汉语用于否定句，韩国语用于比较肯定句

汉语有"宁为鸡头勿为牛后"，对应的韩国语是"쇠꼬리보다 닭 대가리가 낫다"，两者比喻方式一致，但是汉语是鸡头在前，后半句是否定句；相反，韩国语是牛尾在前，用的是肯定结构的比较句式。

16.4.5 汉语用于否定句，韩国语用否定意义的词语

韩国语里"개뿔"表达的是否定意义，如(22)，但句子结构不是否定结构，译成汉语一般会出现否定词，形成"什么弟弟不弟弟的"。

> (22) 나중에 알고 보니까 동생은 개뿔! 어떤 놈하고 눈 맞아
> 서 야반도주했잖아. 그 인간!《천상의 약속, 8회》后来
> 才打听到什么弟弟不弟弟的啊！她和某个小子对上眼
> 半夜跑了！她！

16.4.6 汉语用于疑问句，韩国语用于否定句

汉语有疑问形式的"覆巢之下，焉有完卵"，韩国语有否定结构的俗语"엎어진 둥지에는 성한 알이 없다"，两者只是在语法形式上有区别，汉语出现了疑问词"焉"，韩国语用的是否定句，但所表达的意义一致。

16.4.7 汉韩都有肯否定句

此类型指的是在表达同一概念时，汉韩两种语言都有肯定句，也都有否定句，但是也有一定的倾向性。例如，与急性子有关，汉语有肯定结构的"王蓝天吃鸡蛋"，还有否定结构的"心急吃不了热豆腐、心急吃不得热汤饭"等。韩国语在表达急性子时，既有肯定结构的俗语，如(23a-e, g-1)；也有疑问结构的俗语，如(23f)；也有

否定结构的俗语，如(23mn)。并且与汉语相比，韩国语用于肯定句的俗语更常见。

(23) a. 우물 들고 마시겠다

　　 b. 싸전에 가서 밥 달라고 한다

　　 c. 보리밭에 가 숭늉 찾는다

　　 d. 우물 가에 숭늉 찾는다

　　 e. 떡방아 소리 듣고 김칫국 찾는다

　　 f. 급하면 콩마당에서 간수 치랴

　　 g. 개 머루[약과] 먹듯

　　 h. 개가 약과 먹은 것 같다

　　 i. 밀밭만 지나가도 주정한다

　　 j. 보리밭만 지나가도 주정한다

　　 k. 가랑잎에 불 붙기

　　 l. 괄기는 인왕산 솔가지라

　　 m. 떡 줄 사람은 꿈도 안 꾸는데 김칫국부터 마신다

　　 n. 털도 안 뜯고 먹겠다 한다

16.4.8 汉语多用肯定句，韩国语多用否定或疑问句

有时汉语经常用于肯定句，此类型又可以分为两大类，一类是汉韩两种语言意义一致，一类是汉韩两种语言的意义正好相反。

16.4.8.1 意义一致

此类型指的是汉韩两种语言虽然肯定与否定结构不同，但表达

的意义一致。

例如，韩国人认为，一个人如果没有或无法确定自己的血缘关系则没有了根本，尤其是在谈及婚嫁时，如果当事人是孤儿或被收养的孩子则会备受歧视。韩国语里"没有根本"称作"근본없다"，这个词还被韩国人用来嘲笑、贬低他人。汉语里不用这种否定表达，但在谈及婚嫁时常用"知根知底"来比喻非常了解对方因而非常放心。也就是说，虽然汉韩两种语言的肯否定结构不同，但所反映出的思想是一致的。

汉语还有肯定句结构的"吃饭穿衣量家当"，强调过日子要符合自己的本分。韩国语有否定结构的俗语"장 없는 놈이 국 즐긴다、없는 놈이 자두치떡 즐겨한다"，字面意义分别是家里没酱的人却喜欢喝汤、没钱的人却喜欢吃两尺大的年糕，都用来比喻不合身份地喜爱奢侈。汉韩两种表达虽然肯否定结构不同，但表现得都是对奢侈的否定。

再看与肢体语言有关的例子。韩国语有否定结构的惯用语"허리를 못 펴다"，指过着受人束缚的生活，如(24)，汉语一般用肯定结构的"点头哈腰"。汉韩两种表达所表现的肢体语言以及比喻意义是一致的。

(24) 허리를 못 펴고 굽실거리며 지내다. 对他人点头哈腰地
    过日子。

此外还有一种类型，即汉韩两种语言虽然没有一般意义上的否定词，但却分别使用了相反词，因此也可以看作是一种特殊的肯否定结构。例如，韩国语有"팔이 들이굽지[안으로 굽지] 내굽나[밖으로 굽나]"，意思是胳膊都是往里拐的，哪有往外拐的啊？比喻人

的感情更倾向于与自己近的人。类似的还有"손이 들이굽지 내굽나"意为手是往里握，哪有往外握的啊？相反，汉语经常用相反结构的"胳膊肘往外拐"，比喻干了损害自己的亲朋好友或供职部门的事，并且还有歇后语"胳膊肘往外拐——吃里扒外"。汉语虽然用了相反的结构，但与韩国语的两个俗语所表达的思想却是一致的。

16.4.8.2 意义相反

此类型指的是汉语用于肯定句，韩国语用于否定句或疑问句，汉韩所表达的意义也正相反。

例如，汉语有"生米煮成熟饭"，比喻事情已经做成了，不能再改变。韩国语类似的有否定结构的俗语"익은 밥이 날로 돌아갈 수 없다"，意为熟饭变不成生米了；此外还有疑问形式的俗语"쑨 죽이 밥 될까"，意思是粥还能变成米饭吗？两个俗语都比喻事情做错了后悔也没用。汉语是肯定结构，韩国语是否定结构，所表达的意义也是相反的，前者强调不能改变，后者强调的是后悔没用。

16.4.9 汉语多用肯定句，韩国语肯否定句都可以

与扣子有关，韩国语有肯定结构的俗语"첫단추는 잘 끼워야 한다"，比喻开始最重要，此时汉语多用于肯定结构的"扣好人生第一粒扣子"，前面多与"人生"搭配。但韩国语还有否定结构的"단추를 잘못 끼웠다、단추는 잘못 채웠다"，比喻不合拍。但汉语的"扣扣子"一般不用于否定结构。

16.4.10 汉语多用肯定句，韩国语肯、否、疑问句都可以

汉语多用肯定句，韩国语既可以用于肯定，也可以用于疑问句或否定句，当都用于肯定句时，汉韩可以对应，当韩国语用于疑问句或否定句时，无法与汉语对应。

例如，汉语有四字格"嗤之以鼻"，这个词的用法比较固定，搭配很受限。韩国语里与此相关的是"콧방귀"，多用于惯用语"콧방귀를 뀌다"中，有时可以对应，如(25a)；但韩国语可以用于疑问句，有时还用于否定形式的"콧방귀도 안 나오다"，这两种句式一般不能与汉语"嗤之以鼻"对应，如(25bc)，需要意译。

> (25) a. 남편은 언제나처럼 '넌 아직 멀었다'며 콧방귀를 뀐다.《동아일보, 2018.01.13》丈夫一如既往地对她嗤之以鼻，并说："你还嫩着呢。"
>
> b. 그깟 것 던져준다고 해서 내가 콧방귀를 뀔 줄 알았어?《우리집 꿀단지, 57회》她以为给我那么点破东西，我就认了吗？(不再管春儿的事情了)。
>
> c. 그 사람이 하는 짓을 보니 콧방귀도 안 나왔다. 看他干的好事，连理都不想理他了。

16.5 语态不同

中韩两国人对同一事件认识的不同有时会导致汉韩两种语言出现主动、使动、被动等语态上的不同。

首先看与饮食有关的一些动作，例如，煎咸鱼时一般要整个地

翻过来翻过去的，根据这种形象意义韩国语产生了两个词语"자반뒤지기하다、자반뒤지기"，字面意义是给咸鱼翻身，这是一种使动意义，但实际意义指在农乐活动中敲小鼓的人前滚翻、后滚翻的动作，也指摔跤比赛中位于对手下方的选手身体往后把对方压倒的技术。与咸鱼有关，汉语多用"咸鱼翻身"，是一种主动意义，与韩国语的"给咸鱼翻身"不同，所以汉语比喻处于困境中的人或经济状态不好的人一下子出现转机或好转的情况，也比喻本受轻视的人或物时来运转、身价不同往昔。当然，与汉语的"咸鱼翻身"有关，也有人认为是从粤语"咸鱼返生"演变而来的[01]，但不管是"翻身"还是"返生"，汉语用的都是主动意义，而不是使动意义。

再看与火有关的表达。火会给人带来伤害，对此，韩国语有正反两种表达，一是使动意义的"불(을) 주다"，指给别人屈辱或伤害，二是被动意义的"불(을) 받다"，指受到别人的侮辱或伤害，也就是说韩国人既注意到了事件的主体也注意到了事件的受体，但汉语只有"引火烧身"，强调的虽然是受体的感觉，但表达的是一种主动意义。

有时韩国语句子虽然是主动结构，但表达的意义却是被动意义。例如(26)中的"구설에 오르다"与"구설수에 오르내리다"虽然形式上是主动结构，但表达的是被动意义，因此译成汉语时对应的都是汉语的被动句。

(26) a. 남의 구설에 오르다 被人搬弄口舌
　　 b. 그런 구설수에 오르내리다니?《우리집 꿀단지, 104
　　　　회》竟然被别人嚼舌头？

01　粤语发音字典-咸鱼返生发音，粤语发音字典[引用日期2014-10-28]

16.6 比喻结构不同

此类型指的是在表达同一概念时，汉韩两种语言的比喻表达在结构上出现不同。例如，比喻雨下得非常大时，韩国语用"主体+动作"结构的"물 퍼붓듯"，即水泼下来，如(27)，汉语也用与水有关的表达，用的是"工具+动作"结构的"瓢泼似的"。

(27) 물 퍼붓듯 하는 장맛비가 일주일 동안 내렸다. 瓢泼似的梅雨下了有一周。

16.7 融合度不同

融合度指的是一个语言形式的固定性，词语的融合度最高，其次是成语、习语、惯用语、俗语，词组、短语的融合度最低。汉韩两种语言有时虽然有相似的表达，但在语言形式的融合度上会出现较大差异。

例如，比喻奉献时，汉语有诗句"青山处处埋忠骨，何须马革裹尸还"，但"埋忠骨"没有成为习语。相反，韩国语有惯用语"뼈를 묻다"，是用把骨头埋在哪里来比喻为单位或组织奉献终生。

正因为汉韩两种语言很多相似意义的表达的融合度不同，所以使得它们在灵活性上表现出了很大差异。

16.8 灵活性不同

一般情况下，汉语表达具有固定性强的特点，而韩国语具有灵活性强的特点，这里主要看五种类型。

16.8.1 词:俗语、句子

此类型指的是韩国语是词，汉语是俗语或句子。例如，韩国语里有"배째라"，指发生了自己应该负责任的事情但却装作没事人或者想回避责任时多说这样的话。汉语有俗语"要杀要剐看着办"，而韩国语"배째라"多用作一个词，如(28)，所以在表达相关意义时，汉语多用口语化的惯用语"看着办吧、豁出去了、赖、耍赖皮"等。

(28) a. 걸리면 배째라 그러구요.《내조의 여왕, 7회》如果被抓住了，就让他们看着办吧。

b. 배째라의 심보인지 어제 밤 외박까지 했다니까.《내 딸 금사월, 10회》不知道她是不是豁出去了，昨天晚上都没回家睡觉。

c. 배짜라는 완전 모전자전이네.《최고의 연인, 108회》看来耍赖皮是子承母业啊。

韩国语里还有词语"코대답(-對答)"，指不高兴或认为没什么大不了的而应付似地回答，因为是词语，所以用法灵活，汉语虽然偶尔用"用鼻子嗯了一声"，但因为是句子，所以用法很受限。

16.8.2 惯用语:成语

此类型指的是韩国语是惯用语，汉语是成语。例如，比喻婚姻破裂时，汉语里经常用主谓结构的"破镜难圆、覆水难收"，一般很难再变换形式形成新的表达。韩国语里多用与瓢子有关的动宾结构的惯用语"쪽박(을) 깨다"，虽然可以直译，如(29a)；但汉语一般还是用主谓结构的"破镜难圆"，如(29b)；韩国语有时也可用定中结构的"깨진 쪽박"，译成汉语时虽然可以直译成定中结构，如(30a)；但更符合汉语习惯的是主谓结构，如(30b)。

(29) 이혼 안 하고 서류만 부부면 뭐해? 쪽박은 이미 깨졌는데.《아이가 다섯, 7회》

    a. 不离婚，只做户口本上的夫妻，有什么用啊？反正镜子已经破了。

    b. 不离婚，只做户口本上的夫妻，有什么用啊？反正已经是破镜难圆了。

(30) 너와 나는 이미 깨어진 쪽박이고 쏟아진 물이야.《우리 갑순이, 42회》

    a. 我和你已经是破了的镜子、难收的覆水了。

    b. 我们两个的关系已是破镜难圆、覆水难收了。

如上，同样概念的惯用语与成语在具体运用时，韩国语惯用语表现出了非常灵活的一面，而汉语成语很固定，很难再拆开灵活使用。

16.8.3 惯用语:俗语

此类型指的是韩国语是惯用语,汉语是俗语。例如,韩国语有惯用语"목을 매다",其本意指上吊,不过现在多用来指纠结于某处,无法离开,其对象多是人,如(31)。汉语类似的是俗语"一棵树上吊死",如(31a),但这个结构已经固化,一般无法再拆开灵活使用,所以当前面有间接对象时,与韩国语对应的多是"纠缠",如(31b'');当然网络语言里偶尔也会有(31b')这样的用法,但是这属于临时活用,汉语用的更多的是"纠缠"。

> (31) a. 그 깟 계집애가 뭐라구 이렇게 목을 매?《우리집 꿀
> 단지, 71회》那种丫头片子有什么啊?你这样一棵树
> 上吊死。
> b. 너 아직도 우리 수호한테 목매니?《우리집 꿀단지,
> 93회》
> b' 你还想吊在我们秀浩这棵树上啊?
> b'' 你还要纠缠我们秀浩啊?

再看与鼻子有关的例子。汉语有肯定结构的俗语"牵牛要牵牛鼻子",也有否定结构的俗语"不要被人牵着鼻子走",这些用法非常固定。与此相关,韩国语产生的都是惯用语,如"코를 꿰다 牵鼻子"指抓住把柄或弱点,如(32ab)。被动形式的"코가 꿰이다 被牵鼻子"指被抓住把柄或弱点,如(32c)。这些都无法与汉语俗语对应,而是需要意译成与鼻子无关的惯用语。

> (32) a. 내가 이런 거 하나 주고 코라도 꿸까봐?《내조의 여
> 왕, 11회》你以为我给你这个,会当做把柄吗?

b. 다 큰 자식들 코 꿰고 있을 수도 없고. 《가화만사성,
22회》孩子都是大人了，我们又不能总是把他们拴
在我们的裤腰带上。

c. 그는 옆 사람에게 무슨 코가 꿰이었는지 꼼작도 못한
다. 他好像被旁边的人抓住了什么小辫子，一点儿也
不敢轻举妄动。

韩国语有与胳膊有关的惯用语 "팔을 걷어붙이다"，意为挽袖
子，也有与袖子有关的 "팔소매를 걷다"，还有加强形式的惯用语
"두 손 두 발 다 걷어붙이다"，意为撸起袖子、卷起裤腿，大干
一场。但因为这三个惯用语本身只出现了动作，所以用法很灵活。
相反，汉语多形成 "撸起袖子+加油干" 这种带解释性成分的固定结
构，因此用法很受限。

16.8.4 俗语:成语

此类型指的是韩国语是俗语，汉语是成语。例如，汉语有成语
"枯木逢春"，用法与意义比较固定。相反，韩国语却有众多的相关
俗语，如表1所示:

[表1] 与 "枯木逢春" 有关的俗语	
俗语	意义
1 마른나무에 꽃이 피랴	比喻对没有希望的东西寄予厚望。
2 고목에 꽃이 피랴	

3	고목에 꽃이 핀다	枯木开花、结果，比喻寒门出贵子。
4	죽은 덤불에 산 열매 난다	
5	죽은 나무에 꽃이 핀다	比喻没有父亲的孤儿成功后光宗耀祖；比喻已灭亡的东西重新展现生机；比喻不幸之人重见阳光，拥有各种荣誉。
6	죽은 나무 밑에 살 나무 난다	枯树之下长出小树，比喻苦尽甘来。

如上，这些俗语既可以用于反问句(俗语1、2)，也可以用于肯定句(俗语3-6)；对应汉语的"枯木"，韩国语有多种表达，如"마른 나무、고목、죽은 점불、죽은 나무"；表达"逢春"意义时，韩国语用的是"꽃이 피다、산 열매 나다、살 나무 나다"。这些俗语所表达的思想也各不相同，俗语1、2表达了对枯木逢春的怀疑，俗语3-6都是以肯定句的形式对枯木逢春的现象进行了肯定，其中俗语3-5比喻寒门出贵子，俗语5除了此意义外，还有三个比喻意义。俗语6比喻苦尽甘来。

16.8.5 复杂类型

此类型指的是韩国语有多种灵活多变的语言形式，可以表达相应的多种意义，相反，汉语语言形式与意义都比较固定、单一。

例如，比喻模仿、人云亦云时，韩国语有俗语"앵무새는 말 잘하여도 날아다니는 새다"，意思是虽然鹦鹉很善于模仿人说话，但终究不过是只鸟而已，主要用来挖苦那些话说得天花乱坠却不实践的人。也可以有缩略形式的"말은 앵무새"。并且"앵무새"单独使用也可以比喻反复说同样的话，如(33)。但因为汉语"鹦鹉"多

用于"鹦鹉学舌"这样的成语，很难单独作定语，因此"앵무새"可以译成"千篇一律"。

(33)'앵무새'답변을 반복하다 重复同样/千篇一律的答复。

再如，比喻做事有所顾忌不敢下手时，汉语有成语"投鼠忌器"，韩国语也有类似意义的俗语"쥐를 때리려 해도 접시가 아깝다、독을 보아 쥐를 못 친다"。韩国语还有名词形式的"독 틈에서 쥐 잡기"，比喻为了争取小的成果有可能会带来更大的损失。也就是说，因为韩国语俗语句子结构的变化，从而使其意义也发生了变化。

16.9 句子成分不同

此类型指的是汉韩两种语言里的相关表达在具体运用时根据所作句子成分的不同而导致无法对应。这一点其实与融合度和灵活性也密切相关，因为汉语融合度与灵活性一般多弱于韩国语，所以在做句子成分时也表现出了固定性强的特点。

16.9.1 谓语:状语

此类型指的是韩国语作谓语的时候，而相应的汉语多作状语，因此两者难以对应。例如，韩国语有与刀把有关的惯用语"칼자루를 휘두르다"，比喻使用权力，有时可以对应汉语的"大刀阔斧"，也出

现了"刀",与韩国语具有相关性,如(34a);但有时汉语并不能使用"大刀阔斧",如(34bc)。因为汉语"大刀阔斧"多用作状语,很少单独作谓语,(34a)中因为韩国语句尾有"인사 개편을 했다",所以可以将"칼자루를 휘두르면서"译成"大刀阔斧地"。但(34bc)中的韩国语谓语是"칼자루를 휘둘렀다""칼자루를 휘두르려는 모양인데",所以需要意译成"处理事务"或"威胁、整"。

> (34) a. 신임 장관은 취임하자마자 칼자루를 휘두르면서 인사 개편을 했다. 新任长官刚一上任,就开始大刀阔斧地进行了人事改组。
>
> b. 산업 현실을 모르는 기획재정부와 금융위원회가 금융 논리로만 칼자루를 휘둘렀다.《동아일보, 2016.12.14》企划财政部和金融委员会不懂产业现状,只会动用金融逻辑处理事务。
>
> c. 니가 나랑 진의원의 약점을 잡고 칼자루를 휘두르려는 모양인데.《내 남자의 비밀, 88회》你这是想拿我和陈议员的弱点来威胁/整我……

16.9.2 状语:谓语

此类型指的是韩国语多用作状语,相反汉语的相关表达多用作谓语,因此不能形成对应。例如,"박"是"머리통"的俚俗语,多形成惯用语"박(이) 터지다",指事情困难、复杂让人操心,如(35)中韩国语用的是副词形式作状语。汉语里与"박(이) 터지다"对应的是"头大了"或"头炸了",但这两个表达一般多作谓语,而无法

作状语，所以与韩国语的状语用法对应的与人体有关的汉语是"抓耳挠腮"。

(35) 너 지금 무슨 생각을 박 터지게 하는 것이냐! 你现在抓耳挠腮地在想什么啊？

韩国语还用惯用语"머리 하얗다"来比喻没有任何想法，当做谓语时，如(36a)，与汉语"大脑一片空白"对应。韩国语有时也用副词形式，如(36b)，因为汉语"大脑一片空白"只用作谓语，不能用作状语，所以(36b)中的"하얗게"译成汉语是副词"全"。

(36) a. 내가 그 집에서 뭘 했는지 하나도 기억 안 나, 머리 새하얘.《내딸 금사월, 24회》我一点也想不起在他家干什么了，大脑一片空白。

   b. 사고났던 날 우리 기억 하얗게 날려 보내준 것 차라리 너무 다행이고 고맙다.《내 남자의 비밀, 18회》他把出事那天的关于我和他的记忆全丢了，我觉得这反而是好事，让人感谢。

16.9.3 状语:定语

此类型指的是韩国语多用作状语，相反与此相关的汉语多用作定语，因此导致两者并不能对应。例如，韩国语有"채질"，意为鞭打，比喻用东西责打，如(37)中的"채질"作状语，虽然可以将其直译成"鞭子"，如(37a)。但汉语里在比喻教育方式时有固定的定中

结构的"棍棒教育"，如(37b)所示，此时的"棍棒"作定语，而不是状语。如果按照韩国语的句子结构还可以译成(37c)，此时的"棍棒"是作状语。但笔者认为，汉语的"棍棒教育"是惯用结构，所以(37b)的译法更符合汉语的表达习惯。

(37) 채질로 아이들을 다스리려 해서는 안 된다.
    a. 教育孩子不能用鞭子打。
    b. 教育孩子不能采用棍棒教育的方式。/教育孩子不能是棍棒教育。
    c. 教育孩子不能用棍棒打。

16.9.4 定语:谓语

此类型指的是韩国语有时在句子中用作定语来修饰中心语，但汉语一般多用作谓语，而不用作定语，因此导致两者并不能一一对应。例如，"좌초(坐礁)"指船触礁，也比喻陷入困境，汉语有时也用"触礁"作比喻，但需要加引号以示是特殊用法，如(38a)；"触礁"一般不用作定语，所以(38b)中韩国语定语形式的"좌초된"译成汉语时对应的是"陷入困境的"。

(38) a. 개혁이 좌초되다 改革"触礁"/受挫/失败
    b. 좌초된 협상 陷入困境的协商

16.7.5 复杂类型

有时还会出现比较复杂的类型，也就是说语义、语法结构、韵律等会同时起作用影响汉韩的对应。

例如，汉韩两种语言都用"画饼"作比喻，汉语"画饼充饥"比喻用空想来安慰自己或用来欺骗别人。韩国语的"그림의 떡"却比喻可望不可即的事情，如(39)，对应的汉语是对称结构的名词词组"镜中花水中月"。

"画饼充饥"与"그림의 떡"之所以无法对应，除了语义有区别外，也与两种语言的语法结构以及语言特点密切相关，因为韩国语"그림의 떡"是名词结构，所以可作各种句子成分，但汉语的语言特点是讲究语义明确，所以"画饼充饥"是完整的句子，其语义已被限定住，在句子中的用法很受限。

(39) a. 신용등급이 높지 않은 서민들에게는 그림의 떡이라는 지적이 나오고 있습니다.《한국경제TV, 2019.05.30》有人指责说:这对信用等级不高的市民来说只不过是镜中花水中月。

   b. 지역 건설업체의 2호선 시공 참여가 '그림의 떡'이 되고 있다.《노컷뉴스, 2019.07.09》地区建筑企业参与(地铁)2号线施工逐渐成了镜中花水中月。

16.10 语体不同

汉韩两种语言在语体上的不同，以韩国语为中心去分析的话，常见的主要有三种类型。

第一，有时韩国语口语喜欢用书面性比较强的表达。因此使得韩国语口语具有了书面性强、古朴色彩浓厚的特点。相反汉语在表达相关意义时反而喜欢用较口语化的表达。

其中代表性的就是医学语言，韩国语里大量的医学语言用于日常生活，尤其是大量医学专用汉字词用于日常生活，因此使口语具有了书面性的特点。相反，汉语即使是用医学用语来表达日常生活现象，一般也会换用较口语化的词语。例如，在表达相同的概念时，韩国语汉字词"약골(弱骨)、병골(病骨)"对应汉语"病秧子、药罐子"；汉字词"체증(滯症)"对应汉语"堵塞"，如(40a)；汉字词"마비(麻痹)"对应汉语"瘫痪"，如(40b)；汉字词"경색(梗塞)"对应汉语"僵局、紧张"，如(40c)；汉字词"암(癌)"对应汉语的"毒瘤子"，如(40d)，与韩国语汉字词相比，汉语显得更加口语化。

(40) a. 도로가 극심한 체증을 빚고 있다. 道路出现严重堵塞。

b. 사고로 교통이 완전히 마비되어 있다. 因为事故，交通完全瘫痪了。

c. 관계가 경색 국면에 접어들다 关系陷入僵局。

d. 밀수는 경제 발전의 암이다. 走私是阻碍经济发展的毒瘤(子)。

再看与人体语言有关的例子。例如，眼珠子掉下来韩国语为"눈이 빠지게[빠지도록] 기다리다、눈알이 빠지게[빠지도록] 기다리다"，指焦急得长时间等待。汉语在表达此类意义时，虽然有成语"望眼欲穿"，但多用于书面语，有时可与韩国语对应，如(41a)；

但口语中更多用直抒性的口语化的抽象表达，如(41bc)中的"着急、等急了"等。

(41) a. 지금쯤 눈 빠지게 아빠를 기다리고 있을 거야.《천상
　　　 의 약속, 16회》现在她可能正望眼欲穿地等爸爸回
　　　 来呢。

　　 b. 아범이 얼마나 눈 빠지게 기다리고 있는데?《최고의
　　　 연인, 82회》他爸等得该多么着急啊？

　　 c. 얼른 가. 태준이 눈 빠지겠다.《천상의 약속, 16회》
　　　 快去吧。泰俊该等急了。

第二，有的韩国语表达也具有俚俗性强的特点，尤其是一些与固有词有关的惯用语或俗语，有时汉语一般用比较书面性的表达。例如，比喻母亲不同时，韩国语有惯用语"배가 다르다"，如(42)。汉语相同的表达是"不是一个肚子养的"，但这种表达俚俗性太强，所以平时多用"同父异母"来表达。

(42) 태윤이 배가 달라도 니 동생이야.《다시, 첫사랑, 7회》
　　　 泰允虽然不是我生的/泰允虽然和你同父异母，但是你
　　　 弟弟啊。

第三，有时韩国语的某些语义虽然用于标准语中，但汉语相应的表达与意义只存在于方言中。例如，韩国语里揪鼻子为"코를 싸쥐다"，比喻因没脸或被批评而抬不起头来，汉语有"刮鼻子"，但只有在方言里才表达被批评或斥责意义。

16.11 修辞不同

汉韩两种语言有时还会出现修辞的不同，例如韩国语有俗语"물이 깊을수록 소리가 없다"，意为有城府有德望的人不会耀武扬威、虚张声势，是正面描述手法，而汉语一般用"半瓶醋乱晃荡"，是反面讥讽手法。

此外还有一种修辞是明抑暗扬，这主要表现在汉语之上。汉韩两种语言有时虽然在字面意义上一致，但因为汉语后面还会添加具有相反意义的内容，因此使所表达出的意义与韩国语出现不同。

例如，在形容人说话时，韩国语有"입이 도끼날 같다"，字面意义为嘴像斧刃，比喻说话太直、太炝，如(43)。汉语里与此类似的有"刀子嘴"，但后面一般经常会出现"豆腐心"，属于明抑暗扬，具有较强的褒义性，因此导致与韩国语无法对应。

(43) 그 사람 하는 일이 자로 잰 듯 꼼꼼한 건 좋은데 입이 도끼날 같은 건 무척 거슬리더군. 那个人干工作非常仔细，像用尺子量身定做一样，但说话太呛/不养人，有点让人受不了。

明抑暗扬也表现在俗语或歇后语之上，例如，韩国语有俗语"사람은 백지 한 장의 앞을 못 본다"，意思是人们连一张窗户纸前面的事情都看不懂，比喻人对未来一无所知，这是对窗户纸隔断作用的否定认知。汉语也有"隔着一窗户纸"，但后面一般多与"一捅就破"结合，强调的是差距极小、并不神秘，最终表达的是肯定态度。

16.12 单复句不同

比喻遇到危机情况不管碰到了什么就会抓住不放时，韩国语有俗语"물에 빠지면 지푸라기라도 잡는다[움켜쥔다]"，意为如果落水就是草芥也会紧紧抓住，用的是条件与让步从句，汉语里一般用"抓住救命的稻草"或"抓住最后一根稻草"，没有出现条件或让步从句，并且"稻草"前面出现了修饰语"救命的、最后一根"，语义更明确。

16.13 小结

本章主要从语法角度分析了造成汉韩语言差异的类型，代表性的语法表现有搭配、韵律、肯否定与疑问句、语态、比喻结构、融合度、灵活性、句子成分、语体、修辞、单复句等方面的不同。

其中，搭配主要表现为主体是否出现以及动宾搭配、主谓搭配、定中搭配等的不同，有时也会出现多义词的各个义项搭配不同。

韵律的搭配主要受汉语单音词、双音词、四字格等的影响。

关于肯否定句，句式的不同有时会使得语义正相反，但有时也会出现意义一致的情况。

融合度、灵活性与句子成分的不同有时会交织在一起，因为融合度低意味着灵活性差，也使得作句子成分时比较受限。

语体的不同主要表现为韩国语口语具有书面性、古朴色彩浓厚等特点，有时也会出现相反的情况。

修辞与单复句的不同也会导致汉韩两种语言出现差异。

第十七章

语义与汉韩
语言差异

17.1 引论

前面已经分析，人类在观察事物时会受到身体的限制，因此观察事物时会出现关注点与视角的差异，并且人们观察、分析事物的这些视角具有很强的个体性、民族性与文化性。同时，事物或事态又具有多种特点或要素，虽然不同文化背景下的人有时会同时关注到同一特点或要素，但很多情况下所关注到的特点或要素会出现明显的差异。并且，由于不同文化的人受各自的文化背景、思维与认知等的影响，在将事物的特点或要素抽象化为语言的过程中也会产生文化差异。相关语言形式形成之后还会继续发生变化，最经常出现的就是产生语义引申。在语义引申的过程中，依然会受到事物、事态以及人们思维认知特点的影响，因此最终会导致相关语言形式出现意义的不同。

这些意义的不同主要表现为对事态认识的不同、对事物形态认识的不同、感情色彩的不同、类似的比喻表达意义并不相同，有时还会出现交叉对应的情况。

17.2 对事态认识的不同

一个事态既包括动作行为，也包括各个相关者，例如主体、对象、工具等。不同民族的人在观察同一个事态时，有时会同时关注某一点，并赋予其相似的比喻意义，但也会在某些观察视角上出现不同，从而形成不同的语言形式与意义。

17.2.1 磨制东西

关于用磨石磨制东西这样一个事态，所涉及的有磨制工具——磨石、动作、动作对象、动作结果等。中国人关注到了被磨制的对象，所以有了俗语"铁杵磨成针"，视角的关注点在铁杵逐渐变细变小这一结果的变化之上，但韩国人没有这一认知。关于磨制工具，中韩两国人都关注到了磨石，韩国语有汉字词"지려(砥礪)"，指在磨石上磨，比喻研磨学问或品性，着眼于所被磨的事物，这与汉语"砥砺"意义相同，即关注的是"磨制"这一动作，两者反映的都是中国人的认知与思维。相反，韩国人关注到的是磨石本身，有俗语"숫돌이 저 닳는 줄 모른다"，意思是磨石不知道自己被磨损，因为在磨刀剪等东西的同时，磨石自己也在被磨损，但是自己的这种变化却不易被觉察，因此韩国语俗语根据磨石的这种变化来比喻虽然不显山不露水地一点点地减少，但积累下去结果却让人吃惊。总之，关于磨制这一事态，中国人的关注点在磨制的对象与磨练这个动作本身之上，而韩国人的关注点在磨石本身之上，表现在语言上则是产生了不同的语言表达以及意义。

17.2.2 切东西

关于切东西这一事态，中韩两国人都关注到了用刀切这一核心动作，但中国人关注的是刀切之后的结果或状态，即被切过之处非常整齐划一，因此汉语有了比喻表达"像刀切的一样"或"一刀切"，比喻搞统一主义，如(1)，其对象多是抽象的现象或事件，强调结果的整齐划一。

(1) a. 在一个省内，县、市内也不能"一刀切""齐步走"。
 b. 在教育工作中搞"一刀切"、"一锅煮"，叫娃娃同成年人一样地听报告、搞活动、开批判会。(例句均出自《北大中文语料库》)

与中国人相反，韩国人关注的是"切"这一动作是否做得到位，因为切东西时最常规的动作就是"一切到底"，所以韩国语与刀切有关的动词"깎다"多用来表示礼节礼貌很到位，如(2)，其对象从一般事物发展成了人，强调行为的郑重。另外，刀切的结果是将事物破坏掉了，给对方造成伤害，根据这一特点，韩国语动词"깎다"产生了另外一个比喻意义，指使体面或名誉受伤害，如(3)，对象是抽象的体面或名誉。因为切的动作方向是向下的，所以"깎다"还可以与表示下意义的"내리다"结合形成合成词"깎아내리다"，比喻对人格或权威等进行诋毁，使下降。

(2) 앞으로 세라 형님으로 깍듯하게 모셔.《당신은 선물, 69회》以后你要把世拉当姐姐一样对她要克尽礼仪。
(3) 너희집 체면을 깎지마 이거야.《가족을 지켜라, 110회》你意思是不能给你们家的颜面抹黑，是吧？

综上，面对切东西这一事态，中韩两国人各自关注的是不同的方面，并形成了各自不同的表达以及相关的语义，从而使得双方难以对应。

17.2.3 出行

关于利用交通手段出行这一事态，涉及交通工具、出发、抵达等方面。中国人多关注抵达，所以多利用交通手段的到站，如"船到码头车到站"来比喻事情成功、完成了、可以歇歇脚了等意义，表达的是功成名就的满足感。

相反，韩国人多关注交通工具的出发与驶离，例如公交车、火车出发叫作"버스 떠났다""기차 떠났다"，多比喻为时已晚或分手之意，如(4)。

(4) 누가 미리 알려줬으면 덜 까불었을 텐데. 어쩌나? 기차 떠났네.《사랑이 오네요, 10회》如果有谁提前告诉你的话，你就不会这么嚣张了。但是怎么办呢？后悔已经晚了。

如上，韩国人通过交通手段的驶离所表现出的这种对离别、分手等的慨叹心理其实也是一种民族心理的反映。作为一个从农耕社会发展起来的民族，安居已渗入骨子里，所以对离别有种无意识的抗拒，这种思想也反映在了语言上，这也反映了韩国人重感情的性格。但中国人一般没有这种表达方式，一般用直抒性的表达，如"晚了、结束了"。这反映了中韩两国人不同的观察视角和情感认知。

17.2.4 画水墨画

关于用水墨作画这一事态，所涉及的有工具——水墨、涂抹的动作、作画的过程、产品——画作等方面。中国人主要关注工具，所以汉语的"水墨"成了多义词，其中第一个指水和墨，多指一种不着彩色，纯以水墨点染的绘画法；第二个指水墨画，是用材料转喻产物；第三个意义指浅黑色，常形容或借指烟云，是用材料来转喻颜色。

韩国人主要关注作画时的动作、过程及其产品，因此有了惯用语"수묵(을) 치다"，指把水墨涂在错误的地方进行掩盖，也可比喻悄悄地把错误删掉、藏起来，这种比喻意义的产生是根据作画的常态性动作"不断涂抹修改"所引发的比喻联想，并且将对象扩大到了"错误"。韩国人还关注到图画或字被水浸湿后的形态特点，所以有了惯用语"수묵(이) 지다"，意为"花了"，如(5)。

(5) 눈물이 떨어져 편지가 수묵 지다. 眼泪掉到信纸上，信全花了。

17.3 对事物形态认识的不同

具体的事物从形态与结构来看一般都有整体与部分、内外、表里的不同，而这也表现在语言上。

637

17.3.1 整体与部分

此类型指的是中韩两国人观察事物时的关注点具有整体与部分之差，因此导致汉韩两种语言出现语言形式与意义的不同。具体可以分为两大类。

第一，韩国人关注集体特征。例如，与麻有关，中国人关注麻多纤维这一个体特点，从而形成了"密密麻麻、杀人如麻"等表达。相反，韩国人多关注麻团这一集体特征，所以有了"삼단 같은 머리 麻团一样的头发"，还有"삼단 같은 불길 麻团一样的大火"，比喻熊熊燃烧的火苗。

第二，中国人关注事物的集体或整体特征。例如，因有些品种的石榴籽洁白如玉，韩国人经常用石榴籽来比喻牙齿长得好看，这是着眼于石榴籽个体的形状、颜色而产生的比喻。相反，中国人是从整体角度来观察石榴籽，如"促进各民族像石榴籽一样紧紧抱在一起，共同团结奋斗、共同繁荣发展。"(中国共产党十九大报告)，这是用石榴籽之间非常结实、没有任何缝隙来比喻团结一致。

汉语有俗语"宁为鸡头，毋为牛后"或"宁为鸡头，勿为凤尾"，韩国语有"닭의 부리가 될지라도 소의 꼬리는 되지 마라、닭의 입이 될지라도 소의 꼬리는 되지 마라、닭의 볏이 될지언정 소의 꼬리는 되지 마라"等三个俗语，其中汉语的"牛后"与"凤尾"都与韩国语的"소의 꼬리"对应，但汉语的"鸡头"却与韩国语的"닭의 부리/입 鸡嘴""닭의 볏 鸡冠"对应，韩国语是用部位"鸡嘴、鸡冠"来转喻整体"鸡头"。

与人的肢体语言有关，面对人们安稳睡觉的形态，韩国人的关注点在脚上，所以有了语"발(을) 뻗고[펴고] 자다、두 발 뻗고 자다"，如(6)。韩国人关注的是人的部分肢体语言，相反，中国人的关注点在人的整体形态上，所以经常用的是"四仰八叉躺着睡觉"。

(6) 여기가 니가 두 발 뻗고 자는 집이 아니야.《아이가 다
    섯, 14회》这里可不是你四仰八叉躺着睡觉的地方。

17.3.2 内外

此类型指的是中韩两国人关注有内外之分的事物时出现视角的
不同。例如，韩国人经常用"뇌에 우동사리"来比喻人头脑蠢笨，
这里的"우동사리"是一种宽面条，粗度类似中国的拉面或手擀面，
两者之所以发生联系，是因为团成一团的面条看起来与人的大脑回
路具有相似性[01]，也就是说，韩国人关注的是大脑的外形特征，如
(7)，有时也用"뚝배기 우동 大碗面"来嘲笑那些想法蠢笨的人[02]。
相反，表达此意意义时，汉语有"豆(腐)渣脑筋"或"浆糊"，而
"豆(腐)渣"和"浆糊"借助的是与脑汁的形态相似性，也就是
说，中国人关注的是大脑的内部特征。

(7) 머리통에 뇌 대신 우동사리 들었니?《불야성, 6회》你脑
    袋里装的不是脑子/浆，是浆糊/豆(腐)渣吗？

17.3.3 表里

有时中韩两国人对同一事物表里的认识会出现不同。例如，中

---

01 韩国人在真正指称食物时多用"라면사리、우동면발"等表达，除非是专门卖"우
    동"的面店，一般用"우동사리"时都是比喻意义。

02 https://namu.wiki/w/우동사리

国有"无字碑",但这种无字碑更强调石碑的主人,要么是难以对石碑主人进行评价,要么是石碑主人功劳盖天难以用文字表述。所以汉语的"无字碑"关注的是碑的主人。相反,韩国人却关注石碑本身,因为竖起的高高大大的碑石是为了纪念某个事件或某个人,所以最重要的是碑石上刻的内容,但如果没有刻上文字,那么这个碑石就失去了价值,空有一副高大的形象,也就是说,碑石上的文字起的是画龙点睛的作用,所以韩国语的"몰자비(沒字碑)"主要用来嘲笑那些很有风采但却不识字的人,由此可以发现,在韩国人思想里存在着"识文断字才是一个人真正的风采"这种意识,这与汉语的"金玉其外、败絮其中"是有相通之处的。总之,中国人关注的是石碑所代表的人,即关注的是"里",相反,韩国人关注的是石碑本身,即关注的是"表"。

17.4 感情色彩不同

语义的感情色彩具有中性、消极以及积极之分,汉韩两种语言中与同一事物、事件有关的词语所表达的意义由于受中韩两国人认知与思维的影响有时会出现感情色彩的不同,具体可分为如下七种类型。

17.4.1 消极意义:积极意义

此类型指的是韩国语多表达消极意义,而汉语多表达积极肯定的意义。

例如，韩国语有与星星有关的惯用语"하늘의 별 따기"，比喻很难得到或获得成功，这是消极否定的意义。相反，汉语有"手可摘星辰"，但一般多表达肯定意义。

韩国语里与"동풍(東風)"相关有很多俗语，如"동풍 맞은 익모초"比喻虽然不知道到底是什么事情但却随声附和，"동풍에 곡식이 병난다"意思是谷物成熟的时候却刮起了不合时宜的东风导致农业失败，"동풍에 원두한의 탄식"意思是辛苦经营的事情因意外泡汤后发出的感叹，"동풍 안개 속에 수숫잎 꼬이듯"比喻人心术不正、弯弯肠子多，"동풍 닷 냥이다"用来嘲弄那些乱花钱的人，这些俗语表达的都是消极意义。之所以如此，是因为受韩国地理环境和位置的影响，对韩国的农耕业来说，秋天刮东风不是好兆头，相反，刮南风则有利于作物的生长。汉语里有"万事俱备只欠东风"，此外还有"东风压倒西风""东风吹，战鼓擂"等具有革命色彩的表达，也就是说"东风"对中国人来说具有积极的象征意义。

韩国语里"나사(螺絲)"可以与表示拧紧意义的"죄다"结合，但语用频率不高，日常生活中经常结合的多是消极性动词"풀어지다、풀리다、빠지다、빼주다"等，形成"나사가 풀어지다、나사가 풀리다、나사가 빠지다、나사를 빼주다"等多个惯用语，所表达的意义多与精神松懈、不振作、没有精神等有关。汉语"螺丝钉"表达的都是积极肯定的意义，强调的是螺丝钉的积极作用，如(8)，与其相关的动作多是"发挥作用、紧紧拧在、永不生锈"，有时也与名词"关键"结合，这些搭配都表达积极意义，而不是像韩国语那样所结合的都是消极性的词语。

(8) a. 他认为这个岗位虽然平凡，但它是人民军队这架大机
　　　器上的一颗关键螺丝钉。

b. 哪怕在一个小小的工作岗位上，都要发挥好螺丝钉的作用。

c. 他像一颗螺丝钉，紧紧拧在水泥厂的工作岗位上。

d. "做一颗永不生锈的螺丝钉"，这是雷锋常说的一句话。(例句均出自《北大中文语料库》)

17.4.2 消极意义：积极、中性意义

此类型指的是韩国语多表达消极意义，而汉语多表达积极或中性意义。

例如，韩国语里有"초딩"，指小学生，但一般多用来嘲笑别人没文化，经常形成"초딩 주제에"类结构，表达的是消极意义。汉语里"小学生"是没文化、热爱学习的代名词，中国人经常说"要愿意当小学生"，表达的是一种谦虚的学习态度，具有积极意义。

韩国语火种为"불씨"，可比喻引起某事件或事情的原因，一般表达的多是消极意义，这种消极意义与"씨"有关。"불씨"对应的汉语是"导火索"。汉语"火种"一般是中性或褒义，如"保留革命的火种"。韩国语还有汉字词"종자(種子)"，指人时具有贬义。汉语"种子"在体育用语中指实力较强的运动员或运动队，属于积极或中性意义。

韩国语有汉字词"낙하산(落下傘)"，比喻招聘或升职等人事活动中的背后力量的秘密支持或那样的力量，属于消极意义。汉语"降落伞"只有具体意义，与韩国语都有从天而降之意的是"空降(兵)"，多指高人，多含有"别的地方挖来的、请来的"之意，推崇的成分更多一些，属于中性意义。

韩国语里"하룻강아지"多用来嘲笑社会经验不足、知识浅薄的年轻人，虽然有时与汉语"初生牛犊不怕虎"对应，但汉语多强调年轻人的闯劲，属于中性或积极意义，所以"하룻강아지 같은"多对应汉语中性意义的"初出茅庐"或贬义非常强的"乳臭未干"。

韩国语里有俗语"배(를) 불리다[채우다]"，指中饱私囊，占据更多财物和利益，表达的多是贬义。汉语虽然也有"填肚子"，但一般多用于"填饱肚子"，意为吃饱饭，解决吃饭问题，属于中性意义。

17.4.3 中性意义:消极意义

此类型指的是韩国语多表达中性意义，而汉语多表达消极意义。

与头的状态有关，韩国语"머리(가) 굳다"指思考方式或思想等顽固，可用于自称，是中性意义；汉语有"头脑顽固"，多具有消极意义，并且很少用作自称。

与蚊子有关，韩国语有俗语"모기도 모이면 천둥소리 난다"比喻人多力量大，属于中性意义。汉语有成语"聚蚊成雷"，但多比喻多人说一个人的坏话或危害大，属于消极意义。

韩国语"자라목"可以比喻比一般人短粗的脖子，也可比喻因冷或没有底气而缩起来的脖子，惯用语"자라목 오그라들듯"意为感到抱歉或者羞耻时而缩起脖子的样子，"자라목(이) 되다"指事物缩起来或气势降下来。这些都属于中性意义。汉语里的"乌龟脖(子)、乌龟颈"指像乌龟式的病理性的脖子，属于中性意义。但汉语还有"缩头乌龟、龟头龟脑"，一般多比喻胆小怕事，是贬义词。

再看与狗有关的表达。韩国语有"개를 줄 수 없다"，没有明

显的贬义。汉语里有"喂狗吃了"，一般多表达消极意义，如"良心喂狗吃了"或"良心被狗吃了"。所以(9)译成汉语是"改掉"。

(9) 매일 복녀는 눈에 칼을 세워 가지고 남편을 채근하였지만, 그의 게으른 버릇은 개를 줄 수는 없었다.《김동인, 감자》虽然福女每天都恶狠狠地催促丈夫，但他那懒惰的习惯却没有改掉。

韩国语里垫脚石为"디딤돌"，指可以踩着行走的散落放着的平平的石头，也可比喻解决某个问题的基础，这是中性意义。汉语"垫脚石"多比喻被别人借以向上爬的人或事物，强调的是被动性，具有贬义。

对动作的特点认识有时也会出现文化差异，例如韩国语有动词"나울거리다、너울거리다"，基本义指水波、衣服或树叶等轻轻地、慢慢地晃动，也指胳膊或翅膀等伸展开轻轻地动，如(10)，多用于女性，没有产生消极的贬义。但汉语里与水波动荡有关的"浪样""她很浪"等所表达的更多的是一种贬义。

(10) a. 너울거리는 치맛자락 晃动的裙角

b.그녀가 춤추는 모습은 마치 학의 날개가 너울거리는 듯했다. 她跳舞的样子就像仙鹤的翅膀在舞动。

17.4.4 积极意义:消极意义

此类型指的是韩国语具有积极意义，但汉语具有消极意义。

例如，韩国语有"그물을 벗어난 새"，比喻摆脱重大危险或险境获得新生，属于积极意义。汉语里类似结构的是"漏网之鱼"，比喻侥幸逃脱的罪犯或敌人，属于消极意义。

韩国语里与卵有关的"알"、前缀"알-"以及合成词"알짜、알짬、얼짜、알차다"等所表达的基本都是积极肯定的意义，相反汉语的"蛋、卵"多用于贬义，如"混蛋、笨蛋、傻蛋、怂蛋、臭蛋"等。

韩国语里"어깨동무"指互相把胳膊放在别人肩上那样站着，比喻关系非常亲密，属于积极意义。汉语有"肩搂着肩、勾肩搭背"，其中"勾肩搭背"有时用于贬义。

17.4.5 积极、消极意义:积极意义

此类型指的是韩国语语义具有模糊性，既可以表达积极意义，也可以表达消极意义；相反，汉语一般多表达积极意义。

与"教科书"有关，韩国语里有派生词"교과서적"，有积极意义，意为成为典范的，也有消极意义，意为呆板、没有现实性的。但汉语里"教科书"一般只有肯定意义。

中韩两国关于星星的联想意义都有积极的一面，意为杰出的、优秀的，例如，韩国语"별"可以指军人的级别，属于"将星级"，汉语也有此意义。不过"별"还有反面意义，指犯前科的次数，如"사기죄로 별을 달았다"。"별"的这两种意义属于积极意义和消极意义兼具的正反引申。但汉语"星"没有这种反面意义。

17.4.6 积极、消极意义：积极、中性意义

此类型指的是韩国语语义具有模糊性，既可以表达积极意义，也可以表达消极意义；相反，汉语一般多表达积极或中性意义。

例如，汉语"全天候"是航天用语，后来语义逐渐扩大，指适于各种天气的，各种天气条件下都适用、都有效或都可运行的，属于积极或中性意义。韩国语"전천후(全天候)"有时表达积极意义，但有时也用于否定意义，如(11)，汉语可译成具有贬义的"万金油"。

(11) 안정 기조를 유지하면서 적정 성장을 회복하는 것이 경제 정책의 핵심 과제라는 이 부총리의 보고는 어느 누구도 마다하지 않을 전천후 정답이다. (网络)李副总理的报告中说在维持安定的情况下，恢复一定的增长是经济政策的核心课题，这是"万金油"似的正确答案，谁也不会不同意。

17.4.7 积极、消极意义：消极意义

此类型指的是韩国语语义具有模糊性，既可以表达积极意义，也可以表达消极意义；相反，汉语一般多表达消极意义。

例如，汉语"挡箭牌"具有贬义，比喻推托或掩饰的借口、理由，韩国语的"방패(防牌/旁牌)"和"방패막이(防牌--)"比喻做某事时可以拿来放在前面的东西或那样的人，既可以用作贬义，如(12a)，对应汉语的"挡箭牌"；也可用作褒义，如(12b)，需要意译成"遮风挡雨"。

(12) a. 주주들의 절대적인 지지를 받는 도윤이가 방패막이
되어줘야 가능해.《다시, 첫사랑, 24회》只有获得股
东绝对支持的道允给我们当挡箭牌，我们才有可能
成功。

b. 앞으로 …어떤 일이 있어도 방패막이 되겠습니
다.《우리집 꿀단지, 24회》以后不管发生什么事
情，我都会为大家遮风挡雨的。

17.5 类似的比喻，意义并不相同

有时中韩两国人会关注同一事物或事态，汉韩两种语言里也会
出现相关或类似的比喻表达，也就是说喻体虽然是相同的，这些表
达可以表达一致的具体意义，但比喻意义却并不一定完全对应，有
的甚至还大相径庭。这种差异可表现为四种类型，第一种是汉韩两
种语言的表达相似，但意义各不相同，第二种类型是韩国语是多义
词，第三种类型是汉语是多义词，第四种是汉韩都是多义词。

17.5.1 互不对应

此类型指的是汉韩两种语言虽然表达一致或相似，但各自的意
义并不一致。

17.5.1.1 人体

同样用头作比喻，韩国语有"머리가 가볍다"，指爽快，心情好。汉语有时也用"头轻快多了"，但多指生病时头从不舒服的状态转好，一般不用来比喻心情。韩国语还有惯用语"머리 위에[꼭대기에] 앉다[올라앉다]"，比喻看透对方的想法或行动，也比喻自高自大看不起别人；汉语有类似的两种表达，一个是"骑在别人头上"，多用来比喻欺压别人，另外一个是"上头"，根据声调的不同，可以表示男女成年仪式、微醉、上级或上面等意义，汉语的两种表达与韩国语意义互不相同。

韩国语有惯用语"눈이 돌다"，比喻生气；汉语相关的动作是"眼珠一转"，后面常跟着"计上心来"，比喻动心眼。韩国语还有"눈알이 핑핑 돌다"，意为眼睛滴溜溜地转，比喻非常忙、节奏快但意识跟不上，表达的是眼睛咕噜咕噜地到处看的样子；汉语"眼睛滴溜溜地转"多指聪明或打主意。

韩国语有俗语"귓불만 만진다"，比喻没有办法只能坐等结果。汉语类似的有"抓耳挠腮、挝耳挠腮、抓耳揉腮"，但一般形容着急的样子。

汉韩两种语言都有与口有关的表达，与用嘴吹气有关，韩国语有惯用语"입김이 어리다"，比喻充满了珍惜之情，但对象是物。汉语也有类似的"呵护"，但强调的是对人的珍惜和爱护之情。同样是用嘴的动作作比喻，韩国语有"입에 달라붙다"指好吃，汉语里也有"挂在嘴上"，但指说话。同样是用长度比喻嘴，韩国语有"입이 밭다[짧다]"，有挑食之意，也有饭量小的意义；汉语也有"嘴短"，但多用于"拿人家的手短，吃人家的嘴短"，指无话可说。同样是用味道来表达嘴，与甜有关，韩国语"입이 달다"比喻胃口好、饭菜好吃，汉语"嘴甜"指说话好听；与苦有关，韩国语"입이 쓰다"

多比喻不高兴，汉语"嘴里发苦"指身体不舒服，"苦口婆心"比喻反复地劝说。同样用樱桃来描写嘴，汉语"樱桃小口"强调的是口小，但韩国语"앵두 같은 입술"强调的是嘴唇像樱桃一样红润。

汉韩两种语言里都关注鼻和口的关系，韩国语有俗语"입 아래 코"，意为鼻子不是鼻子，嘴不是嘴，比喻顺序颠倒了。汉语里也有"鼻子不是鼻子，嘴不是嘴"这类表达，但比喻红脸、生气，脸色非常难看。

汉韩两种语言都有与唾沫有关的表达，韩国语有"입에 게거품을[거품을] 물다"，指非常生气而说个不停的样子。汉语相关的表达有"唾沫星子乱飞、口吐白沫"，虽然与韩国语都是直抒性表达，但意义却与韩国语并不相同，"唾沫星子乱飞"强调不断说话，虽然有时可能是因为生气诉苦而不断说话，但一般不强调生气这种意义。"口吐白沫"多用于"口吐白沫倒下了"，与韩国语相关表达的"生气"意义不同。

汉韩两种语言都用"心里藏着刀"来比喻心理感情，韩国语"가슴에 칼을 품다"比喻心怀不好的想法，如(13)。汉语类似的是"忍字心头一把刀"，强调的是要隐忍，而不是有敌意。

(13) 당신이 그 말을 한 이후로 저 사람은 가슴에 칼을 품고 있으니 조심하시오. 您说了那话之后他就有了敌意，您要小心才好。

同样是用手作比喻，汉语"上手"是多义词，可以指位置中的上座，也可指到手，或开始等。韩国语有"손(에) 익다、손에 오르다"，如(14)，对应的汉语是"熟悉"。

(14) a. 이제 일이 손에 익어서 일을 빠르고 정확하게 처리할
수 있다. 现在工作熟悉了，所以能快速、准确地处
理业务。

b. 어느 정도 손에 오르자 일도 훨씬 수월해지고 여가도
좀 생긴다. 逐渐熟悉后，工作也不那么累了，闲暇
时间也有了。

汉韩两种语言都用填肚子来作比喻，但韩国语惯用语"배(를)
불리다[채우다]"比喻中饱私囊，占据更多财物和利益；汉语"填饱
肚子"意为吃饱饭，解决吃饭问题。

汉韩两种语言都用肠子作比喻，韩国语里的直肠子为"곧은창
자"，比喻人太迂腐，也用来嘲笑饭后马上去厕所的人；汉语"直肠
子"比喻人说话直来直去。

汉韩两种语言都有与表情有关的例子，例如，韩国语有"죽을
상"，字面意义是死相，主要指人不高兴、愁眉苦脸。汉语"死相"
指让人看着感到厌恶的表情、言谈举止、打扮等，两者并不相同，
所以与"죽을 상"对应的汉语是"哭丧着脸"。

17.5.1.2 地理环境语言

汉韩两种语言都有与天地有关的表达，汉语有"上天入地、钻
天入地"形容神通广大，韩国语也有类似结构的俗语"하늘로 올라
갔나 땅으로 들어갔나"，比喻突然间消失。汉语还有"不知天高地
厚"，比喻骄狂无知；韩国语有"하늘 높을 줄 모르다"，多用来形
容物价飞涨。

火很大的作用是照明，所以看着火，会觉得非常明亮，韩国语
有惯用语"불(을) 보듯 뻔하다[훤하다]"比喻将来发生的事情非

常明确，没有任何怀疑的余地，如(15)。汉语有"洞若观火"，指清楚得就像看火一样，形容观察事物非常清楚，如(16)。韩国语强调的是看得明确的结果是没有怀疑的余地，而汉语只是强调看得很清楚。

(15) a. 그렇게 공부를 안 하니 시험에 떨어질 것이 뻔하다.

这样不学习，考试不及格是明摆着的。

b. 어머니가 우리 을숙씨 잡을 게 불을 보듯 뻔한데. —

看就知道阿姨您铁定会教训我们乙淑。

(16) 两个人对罗子浮的鬼花样两个人洞若观火，但都不动声色。《北大中文语料库》

17.5.1.3 动物语言

汉韩两种语言都有"对牛弹琴"，汉语里比喻对不能理解的人白费口舌和力气，有看不起对方的意思，现在也用来讥笑说话不看对象。但韩国语里的"쇠귀에 경 읽기"比喻人很笨。

韩国语还有俗语"보지 못하는 소 멍에가 아홉"，意思是给盲牛带了九个轭头，比喻给没能力的人一大堆的责任，让其不堪重负。汉语类似的有"一牛九锁"，比喻无法解脱。

汉韩两种语言里都有与"冬天的鲤鱼"有关的表达，韩国语是"얼음에 잉어"，意思是冰地里的鲤鱼，强调冬天鲤鱼的珍贵。中国"二十四孝"中有"卧冰求鲤"，虽然这个故事本身也暗示了冬天鲤鱼的珍贵，但故事本身宣传的是对父母的孝道。

汉韩两种语言都用"鸡皮"作比喻，其中汉语多用"鸡皮"比喻老年人，因为人老后皮肤松弛，与鸡皮有相似之处。韩国语的"닭살"指人发生颤栗时所出现的一时性的生理反应——出现像鸡

皮一样的疙瘩，多比喻肉麻。

中韩两国都用乌鸦嘴作比喻，韩国语有汉字词"오훼（烏喙）"，其基本义是乌鸦嘴，现在可以比喻长得像乌鸦的嘴或者非常贪婪的印象，这个比喻意义的产生源于韩国人的思维。因为古代汉语的"乌喙"没有此比喻意义，并且现代汉语产生的"乌鸦嘴"比喻喜欢传话或说话不好听的人，相当于韩国语的"방정맞은 입/사람"，也就是说中国人的思维里没有"乌鸦贪婪"这一联想意义。

中韩两种文化里老鼠都是被打的对象，汉语有"老鼠过街人人喊打"，强调的是"害人的东西大家一致痛恨"。但韩国语却用"쥐 잡듯"来比喻个人打个人，如(17)，译成汉语时多译成"苛刻、臭揍"等。

(17) a. 순금 말로는 너 아래것들 쥐 잡듯이 잡는다면서.《옥
      중화, 41회》我听顺金说你对下人很苛刻。
   b. 아주버니는 그냥 준영 조카를 베드민턴 날개깃으로
      쥐 잡듯이 패고 형님은 막 소리소리 지르고.《아버지
      가 이상해, 11회》大伯哥他拿着羽毛球拍对着准英
      是一顿臭揍，嫂子也大喊大叫的。

汉韩两种语言都有与老鼠尾巴有关的表达，其中汉语里的"老鼠尾巴"多比喻条件很差，力量很小，因为老鼠尾巴很细，如"我跟着你呀，反正一辈子也是个老鼠尾巴，发不粗，长不大"(网络)。韩国语有"월급 쥐꼬리라구요.《연인, 1회》工资只有一点"，是用老鼠尾巴比喻数量少。

汉韩两种语言都关注老鼠与汤的关系，如韩国语有俗语"끓는 탕에 쥐 박는다"，比喻自掘坟墓；而汉语一般关注老鼠屎的坏作

用，如"一粒老鼠屎坏了一锅汤"。

汉韩两种语言都关注动物与油的关系，汉语有儿歌，如"小老鼠，上灯台，偷油吃，下不来。"韩国语里一般是狗与油产生关系，如俗语"기름 먹어 본 개(같이)、기름 맛을 본 개"，意思尝了油味的狗总是想吃油，比喻总是想干某事的样子。

与狗有关，汉语有歇后语"肉包子打狗——有去无回"，类似的韩国语有"죽 쒀어 개 좋은 일 하였다、죽 쒀어 개 바라지다、죽 쒀어 개 준다、풀 쒀어 개 좋은 일 하다"等，意思是熬好的粥喂了狗，比喻费尽心力做的事情被别人抢去，或给无关的人带来了利益。两种语言都是用拿食物投掷给狗作比喻，汉语用的是肉包子，韩国语用的是粥，汉语比喻的是有去无回，而韩国语比喻的是白费劲且给别人带来了好处。

汉韩两种语言里都有与"驴拉磨"有关的表达，汉语有"懒驴拉磨不拉就尿""懒驴上磨屎尿多"，比喻人很懒，偷奸摸滑。韩国语有"연자매를 가는 당나귀"，意思是拉磨的驴，比喻为工作所累，忙得昏天黑地的。汉语侧重懒，韩国语侧重累和忙。

17.5.1.4 植物语言

汉韩两种语言还有与柿子有关的表达，汉语用"柿子专捡软的捏"比喻欺软怕硬，韩国语有"못 먹는 감은 찔어나 본다"，意为吃不上的柿子干脆戳烂它，让别人也吃不上。

汉韩两种语言都用枝叶比喻孩子，汉语有"树欲静而风不止，子欲养而亲不待"（《韩诗外传》），意为没有为父母尽到孝道父母就去世了，但现在比喻不以人的主观愿望为转移的客观规律。韩国语有汉字词"풍수지탄(風樹之歎/風樹之嘆)"，也有俗语"가지 많은 나무에[나무가] 바람 잘 날이 없다、가지 많은 나무가 잠잠할 적

没有"，意思是枝叶茂盛的大树风一吹就会动，没有一天是安安静静的时候，用来比喻孩子多了就天天有烦恼、担忧。

汉语有"木秀于林，风必摧之"，其后面还有一句是"奈何树欲静而风不止"，原来比喻事情不随人愿，现在被用来告诫人们不要出头，否则会招来嫉恨。韩国语里相似结构的俗语是"나무는 숲을 떠나 홀로 있으면 바람을 더 탄다"，比喻人不能离群，否则更容易孤独。

17.5.1.5 服饰语言

汉韩两种语言都有与扣帽子有关的表达，汉语有"扣大帽子"，比喻不经调查就给别人一个不好的评判；韩国语里也有"삿갓(을) 씌우다"，也是扣帽子，但比喻让别人受损失或让其承担责任，如(18)；朝鲜还有"고깔모자를 씌우다"，转喻把别人弄成罪犯。三者虽然都是用扣帽子来比喻使对方蒙受损失，但汉语强调的是评判，韩国语强调的是让人受损或担责，在朝鲜却强调弄成罪犯，程度越来越强。从喻体来看，汉语用的是上义词"帽子"，韩国语与朝鲜语用的都是帽子的下义词。

(18) 그렇게 착해 보이는 사람이 이웃에게 삿갓 씌울 줄을 누가 짐작이나 했겠소? 看起来那么善良的人，谁会想到他会栽赃陷害邻居啊？

汉韩两种语言都用服饰语言作比喻，汉语"缠绵"本义指刺绣、编织的线理不清楚的情况，现在基本义已不再使用，多比喻情谊深厚、亲近、纠缠、久病不愈、连续不断、歌声婉转动听等。韩国语里表示线理不清的是"엉클어지다、헝클어지다"，两者也都

有了比喻意义，可以比喻东西杂乱，事情没有头绪，感情或想法纠缠在一起，如(19)，很少能与汉语"缠绵"对应，对应的汉语多是"千头万绪、复杂、杂乱"等。

(19) 몇 달이 지나서야 엉클어진 감정을 겨우 추스릴 수 있었다. 过了好几个月之后，我才勉强将自己千头万绪/复杂/杂乱的感情整理好。

17.5.1.6 出行语言

韩国语末班车为"막차"，多用于惯用语"막차를 타다"中，如(20)，关注的是末班车之后不会再有车来，即不会再有机会，所以"막차"的隐含意义是"完了、没有机会了"。与韩国人相反，中国人虽然也有"末班车"思想，但强调的是"最后的机会"，形成的搭配是"正好赶上了……末班车""艰难地搭上……末班车"，如(21)。

(20) 이제 인생 막차 탔네. 안됐구만요.《최고의 연인, 69회》现在你遭遇了人生末班车/完了。也真够可怜的。

(21) a. 初出国门的我国船舶工业正好赶上了这趟末班车。

　　 b. 中国足球队艰难地搭上小组出线的"末班车"，1/4决赛的对手是亚洲足坛的劲旅沙特队。(例句均出自《北大中文语料库》)

17.5.1.7 职业语言

这类例子比较少，例如，韩国语有"짚신장이 헌 신 신는다、

갓장이 헌 갓 쓰고 무당 남 빌려 굿하고、대장의 집에 식칼이 논다", 比喻自己的东西都做不了, 自己的事情都处理不了。汉语也有类似的俗语, 如 "卖盐的喝淡汤, 卖席的睡光炕", 与卖货之人有关, 表达的意义是老百姓的困苦、勤俭。这与韩国语是截然不同的两种观点。

17.5.1.8 经济语言

汉韩两种语言都用最小的币值作比喻。其中, 韩国语多用 "반 푼" 来比喻傻瓜, 也可作修饰语, 如 "반 푼도 안 되는 자존심", 译成汉语是 "半分钱都不值"; 还可用于 "어림 반 푼 어치도 없다" 结构, 意为大致推测的话连半分钱的价值都没有, 比喻非常不恰当或没一点根据的话。与韩国语相反, 汉语多用 "半毛钱的关系", 且多用于否定句, 比喻没有任何关系, 如 "两者没有半毛钱的关系"。

17.5.1.9 军事语言

汉语有 "话里藏刀", 比喻心口不一。韩国语也有类似的 "날 (이) 서다" 比喻性格、表达、判断力等非常敏锐, 如(22)中的 "그의 말은 날이 서고" 这句话的结构与汉语一致, 但意义却不同, 译成汉语是 "犀利"。

(22) 그의 말은 날이 서고 조리가 분명하다. 他的话犀利而又条理分明。

汉语有 "开差" 指部队由驻地或休息地出发, "开小差" 原指军人脱离队伍私自逃跑, 现在常用来比喻擅自离开工作岗位或逃避任

务的行为，也比喻思想不集中。韩国语有"출장(出張)"意为出差，隐含的是从常住地出发，但不特指军人，这个词有时也比喻脑子或精神不在家，这种比喻意义的产生与汉语类似，但多指人的脑子不正常，如(23)，并且还仅限于语境义，在这里需要意译成"大脑不正常"，与"开小差"意义不同。

(23) 지금 우리 세진이 말이 안 통해. 걔 정신 지금 출장 갔어. 이럴 상황에도 널 포기 못하겠다고 협박하더라. 죽겠대. 《천상의 약속, 30회》现在和我们熙真讲不通的。她现在大脑不正常。就是在这种情况下，她还威胁我说无法放弃你，要不就死给我看。

17.5.1.10 宗教语言

汉韩两种语言里都有不好好念佛的表达，其中汉语有"小和尚念经——有口无心"，讲的是不认真念佛，强调的是不认真的状态，但并不强调不认真的目的。韩国语有俗语"염불에는 맘이 없고 잿밥에만 맘이 있다"，意思是僧人不好好念佛，只关心供饭，比喻该干的事情不好好干，心思总是放在如何争取利益上。

17.5.1.11 丧葬语言

与丧事有关，韩国语有"사잣밥(을) 싸 가지고 다닌다、사잣밥을 목에 매달고 다닌다、미에 사잣밥을 짊어졌다"，意思是随身带着招魂饭，这与中国的"抬着棺材"有异曲同工之妙，但是汉语表达的是义无反顾、视死如归，而韩国语这些俗语却比喻处境危险不知何时就会丧命。

17.5.1.12 其他

同样是用囊作比喻，汉语有"锥立囊中，其末立现"，比喻人的才华是无法被埋没的。韩国语有俗语"주머니에 들어간 송곳이라"，比喻善恶是藏不住的，必然会显露出来。也就是说，在中韩两种文化里，"锥"所比喻的事物不同，中国文化中比喻才华，韩国文化中比喻善恶。

同样与囊有关，汉语有"智囊"，一般不用于个人，多用于集体。相反，韩国语"슬기주머니"多比喻个人具有与众不同的才能，如(24)。

(24) 그와 같은 슬기주머니에게 이만 일을 처리할 꾀가 없을
리 없었다. 像他这种聪明人，不可能没办法处理这种
小事。

同样是用观棋作比喻，汉语"观棋烂柯"成了"围棋"的别名，而韩国语发展出了俗语"신선놀음에 도낏자루 썩는 줄 모른다、도낏자루 썩는 줄 모른다"，比喻埋头于有意思的事情而忘记时间。

同样是用豆腐比喻人，汉语用"豆腐西施"比喻女性长得白净漂亮，韩国语用"풍년 두부 같다"比喻人白白胖胖的很好看。

同样是根据蜡烛燃烧融化的特点来作比喻，汉语里一般用"烛泪"比喻流泪，因为在中国人眼里，蜡烛融化时是一滴一滴的，与一滴一滴地流眼泪很相似。相反，韩国语用蜡烛比喻流汗很多，如电视剧《서른이지만 열일곱입니다》19集中看到유찬大汗淋漓，유덕수担心地问道：

(25) 촛불마냥 땀도 뚝뚝 흐르고. 이마, 괜찮냐? 你怎么流这
    么多汗啊？喂，你没事吧？

　　同样是用"把儿"与"자루"作比喻，并且都形成了合成词
"话把儿"与"말자루"，但合成词的意义并不一致。"话把儿"比
喻言谈上能被人钻空子的漏洞，如(26)，有时也用于"接话把儿"。
韩国语"말자루"比喻多人谈话时的主动权，如(27)。

(26) 我不过信口开河那么一说, 如今倒成话把儿了。《北大
    中文语料库》
(27) 회의 시간에 그 혼자 말자루를 쥐고 흔들었다. 会议上,
    他一个人掌控了话语主动权而为所欲为。

17.5.2 多对一

　　此类型指的是汉韩两种语言有一致或相似的表达，但韩国语表
达具有多义性，其中一个意义与汉语表达一致或相似，但另外的意
义对应的是其他汉语表达。

17.5.2.1 人体

　　同样是用"脸碰屁股"作比喻，汉语用"拿热脸碰人家的冷
屁股"，对应的韩国语是俗语"소 궁둥이에다 꼴을 던진다"，意为
把脸凑到牛屁股上，与汉语俗语在对象上出现了不同。其次，在意
义上也有不同。韩国语俗语有两个比喻意义，一个比喻不管怎样费
心，怎样投入本钱，也不会有收获，这个意义与汉语一致；第二个意

义是比喻迟钝没有悟性的人不管怎样教育也不会有效果，汉语"拿
热脸碰人家的冷屁股"没有这个意义。

同样是用抹嘴作比喻，汉语的"把嘴一抹"主要表达与吃喝、
利益有关的意义，并且后面还添加其他解释性成分，以使语义更明
确。韩国语"입(을) 씻다[닦다]"有两个意义，第一个指独自得
到利益或得到利益之后装作没事人，但适用范围很广，除了与汉语
"把嘴一抹"对应外，还与"啥也不管、完事、装没事人、装没这
回事、耍赖"等对应。"입(을) 씻다[닦다]"的第二个意义指把不好
的事情或别人的问询当做没发生一样，对应的汉语多是"装没这回
事、不承认、不了了之、瞒"等。

同样是用魂魄的状态来比喻人的精神状态，韩国语惯用语"넋
을 잃다"和"넋(이) 없다"都比喻失魂落魄，两个惯用语也都可比
喻关注于某事物，如(28)，但汉语"失魂落魄"没有关注意义，表
关注时汉语多用"如醉如痴"。

(28) 관객들은 모두 넋을 잃고 신기에 가까운 그의 묘기를 바
라보았다. 人们如醉如痴地欣赏着他那神奇的技艺。

17.5.2.2 动物

同样是用牛毛作比喻，中国人主要关注牛毛的多少，如"多如
牛毛"，与韩国语"쇠털같이 많다"一致，但汉语"牛毛"不用来形
容时间，因为汉语里时间多与长短有关，但牛毛一般都比较短，所
以一般无法与时间产生关联。韩国语"쇠털"却可以形容时间，如
(29)，汉语用"数不清"或"长"来表达。

(29) a. 쇠털같이 하고많은[허구한] 날 数不清的日子

b. 쇠털 같은 날 日子还长着呢。

　　同样是用执牛耳作比喻，韩国语惯用语"쇠귀를 잡다、우이 (를) 잡다"都比喻成为盟主，不过"우이(를) 잡다"还可用于现代生活中，比喻成为某种聚会的头头或管事的人，用来称某人在某方面居领导地位或权威地位。汉语"执牛耳"也有类似意义。不过，韩国语"우이(를) 잡다"还比喻自己随心所欲地处理事情，汉语"执牛耳"无此意义。

　　同样是用蜗牛作比喻，韩国语"와우각상의 싸움"有两个意义，比喻在很小的地方打仗或因很小的事吵架，也比喻小国之间打仗，但汉语的"蜗角斗争、蜗角之争"比喻为了极小的事物而引起大的争执。

　　同样是用翅膀作比喻，韩国语惯用语"날개가 돋치다"意为长了翅膀，有三个意义，可以比喻商品销售速度快，如(30a)；也可比喻传闻快速传播，如(30b)。这两个意义与汉语类似。但"날개가 돋치다"还有第三个意义，比喻钱快速增加，如(30c)，而汉语里的"长翅膀"一般不用于这样的意义，与韩国语对应的是"滚雪球似的"。

(30) a. 이번에 내놓은 신상품은 날개 돋친 듯 팔려 나갔다.
　　　这次推出的新商品就像长了翅膀似的卖得非常好。

　　 b. 나쁜 소문일수록 날개 돋친 듯 퍼져 나가기 마련이다. 越是坏消息传播得越快，就像长了翅膀似的。

　　 c. 안 먹고 안 쓰면서 꾸준히 저축하니 점점 날개가 돋쳐 큰돈이 되었다. 舍不得吃舍不得用，坚持储蓄的结果是钱就像滚雪球似的越来越多。

661

17.5.2.3 植物

同样是用"斩草除根"作比喻，汉语意为除去祸根，不留后患，但韩国语"풀을 베면 뿌리를 없이하라"有两个意义，除了表达与汉语相同的意义外，还比喻不管做什么事情都要彻头彻尾。

汉语有"良禽择木而栖"，比喻优秀的人才应该选择能发挥自己才能的好单位和善用自己的好领导。韩国语有俗语"새도 가지를 가려서 앉는다"，有两个意义，第一个比喻交朋友或选择职业时一定要慎重，这与"良禽择木而栖"一致；第二个比喻要注意观察周围的环境小心处事，"良禽择木而栖"一般不表达此意义。

17.5.2.4 动作行为

与踩钢丝有关，中国人一般只强调危险意义，但韩国人还关注到了踩钢丝的人在保持身体平衡时不断调整身体的动作，所以赋予"줄타기"第二个意义，即比喻根据对自己是否有利一会儿站在这边，一会儿站在那边。

同样是用乘船作比喻，韩国语惯用语"한 배를 타다"比喻共命运，可以表达消极意义；也可表达积极意义。当表达消极意义时，汉语用"上同一条贼船"，当表达积极意义时，汉语用"同舟共济"。

同样是用加油作比喻，汉语"加油"比喻鼓劲，韩国语"기름을 치다"有两个意义，当给自己加油时与汉语"加油"意义一致，如(31a)；如果对象是他人，"기름을 치다"比喻给他人行贿，如(31b)。

(31) a. 그 순간을 위해 우리는 갈고 닦고 조이고 기름을 쳐야 하리라.《대구일보, 2014.11.03》为了那一瞬间的到

来，希望我们要打磨自己、不松懈、不断加油。

b.일이 잘 되게 기름을 쳐야 한다는 식의 거짓말을 하면서 돈을 내도록 유도하는 것이다.《ZDNetKorea, 2002.10.15》一边撒谎说要想把事办成需要给对方好处费，这样诱导着让你交钱。

汉韩两种语言都用"钉/打楔子"作比喻，汉语主要着眼于国际关系、事业等大的方面，强调砸楔子给其他事物或关系所带来的消极性后果，如(32)，一般多用作贬义。韩国语的惯用语"쐐기를 박다"多着眼于事前做准备(33a)、打断别人说话(33b)、毁谤和离间关系(33c)、斩断关系(33d)等方面。其中第三个意义与汉语一致。

(32) a. 白皮书显然是在顺利发展的中日关系中钉了一个楔子。

b. 所谓美德"领导伙伴关系"，是给欧洲联合事业打进一个楔子，还是增添一部发动机，尚须观察。(例句均来自《北大中文语料库》)

(33) a. 내가 호구를 물색할 테니 너 쐐기를 박아.《옥중화, 1회》我去找个好骗的人来，你来一锤定音。

b. 진지하게 얘기를 주고받는 중에 낯선 사람이 나타나 우리 얘기에 쐐기를 박아 버렸다. 我们正在认真谈话时，一个陌生人的出现打断了我们的谈话。

c. 그는 우리 둘 사이에 쐐기를 박으려 했다. 他想在我们两人之间使坏。

d. 동안 망설이던 마음에 차라리 쐐기를 박아주셨네요. 이렇게 알아서 연을 끊어주셨다니?《최고의 연인,

109회》本来之前我还一直在犹豫，结果他给我把
关系斩断了。这样自动地切断了和我的缘分。

17.5.2.5 事物

同样是以镜子作比喻，汉语有"引以为鉴"，意思是以某人或
某事为警戒、借鉴。韩国语有合成词"거울삼다"，有两个意义，第
一个与汉语一致，如(34a)；第二个意义是视为榜样，如(34b)，汉语
"引以为鉴"没有此意，需译成"以……为榜样"。

(34) a. 이번 사건을 거울삼아 교수의 교권이 보장되고, 직원
의 근로권이 확립되며, 학생의 교육권이 확대되는 인
권친화적인 대학문화를 조성해 나가도록 더욱 노력
하겠다.《동아일보, 2016.10.24》我们将以这次事件
为鉴，努力去营造一个人权主义倾向的大学文化，
来保障教授的教学权、事务人员的工作权，并扩大
学生的受教育权。

b. 지난날을 거울삼아 더욱 분발하다. 以过去为榜样更
加奋发图强。

韩国语有俗语"고추보다 후추가 더 맵다"，有两个意义，第
一个与汉语"天外有天，人外有人""强中更有强中手"等对应，但
韩国语这个俗语还比喻体格小的比体格大的人更有才能，更值得信
赖，汉语的两个俗语没有此类意义。

17.5.3 一对多

此类型指的是汉韩两种语言有一致或相似的表达，但汉语表达具有多义性，其中一个意义与韩国语表达一致或相似，但另外的意义对应的是其他韩国语表达。

例如，汉韩两种语言都用背着手作比喻，韩国语为"뒷짐"，惯用语"뒷짐을 지다/짚다"意为只是观看，好像某事与自己无关一样，如(35)。对中国人来说，"背着手"是词组，除此意义之外，还可以表达多种意义，如(36a)中的"背着手"意为趾高气扬；(36b)中的"背着手"表达的是思索状态。

> (35) 교육자치 운운하며 뒷짐 질 상황이 아니다.《동아일보, 2019.06.21》现在不是背着手说教育自治的时候。
>
> (36) a. 爷爷总是背着手走路，那模样真像个"大官"。(网络)
>
> b. 他走起路来，总是背着手、低着头，那神情，好像在思索全人类的前途和命运。(网络)

中韩两国人都将耳屏视作门，分别产生了"耳门"和"귓문(-門)"，但汉语的"耳门"还可以比喻大门两旁的小门。

17.5.4 多对多

此类型指的是汉韩两种语言都具有多义性，但在对应形式上却出现了几种不同类型。

第一种类型是多个意义中有一个以上的意义对应，但是有的意义也会出现不对应。例如，同样是用狗的吃相作比喻，韩国语"개

핥은 죽사발 같다"有三个意义，第一个比喻没有剩余，非常干净；第二个意为吝啬的人也像狗一样把自己的东西打扫得干干净净的，别人休想从这儿捞到任何好处；第三个意义贬称男人的脸蛋非常光滑，因为狗舔过的盘子非常干净。汉语虽然没有"像狗舔过的盘子"这种表达，但有"像狗舔的似的"这种用法，但多用于第一、三个意义，并且用于第三个意义时，一般不形容脸蛋而多形容头发梳得非常亮、光滑。

第二种类型是汉韩表达的多种意义互不相同。例如，同样是用口里呼出的气作比喻，韩国语"입김"指从嘴里出来的热气，比喻对他人施行的影响力，汉语在表达此类意义时多用抽象表达"影响力"，因为汉语类似的"口气"不指口里呼出的热气，而指口臭，或者指说话的气势；也指言外之意，口风；指说话时流露出的感情色彩。也就是说，汉语的"口气"主要是强调说话者流露出来的气势、想法、感情色彩以及他人的感受。

同样是用蜻蜓作比喻，汉语"蜻蜓点水"比喻做事肤浅不深入；也形容轻轻一吻。韩国语有惯用语"잠자리 부접대듯 한다"比喻做事不长久，还比喻沾上马上又掉下来。

17.6 交叉对应

此类型指的是汉韩两种语言里在表达某一意义时有同样的表达，但各自又有不同的表达。

17.6.1 人体

汉韩两种语言有与头、面、脸等有关的表达。其中韩国语惯用语 "머리(를) 내밀다" 意为露头，但对应的汉语是 "露面"。汉语的 "露头" 多用于 "露头露脑"，对应的韩国语是动词 "기웃거리다"，与 "머리(를) 내밀다" 的意义并不相同。韩国语也有 "얼굴을 내밀다[내놓다/비치다]"，与汉语 "露面" 同义，汉语 "露脸" 虽也有此意，但也指显示才能或指因取得成绩而获得荣誉或受到赞扬，脸上有光彩，与韩国语 "면목이 서다" 对应。它们的对应关系如图1所示：

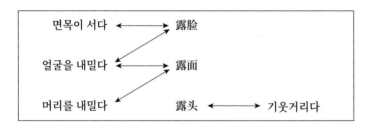

[图1] "露脸、露面、露头" 的汉韩对应

汉韩两种语言还有与口舌相关的表达，如汉字词 "순설(脣舌)" 比喻非常唠叨，惯用语 "순설을 허비하다" 指白白说了一通却没有任何所得。汉语也有 "白费唇舌"，但多用 "白费口舌"，相反，韩国语的汉字词 "구설(口舌)" 一般没有此类用法，而是多用于 "남의 구설에 오르다" 结构，即被人嚼舌头，此时汉语只出现了 "舌头"。

汉韩两种语言都有 "扯后腿"，韩国语 "뒷다리(를) 잡다" 比喻抓住别人的弱点，使无法摆脱；被动或使动形态的 "뒷다리(가/를) 잡히다" 指被别人抓住弱点而无法动弹。汉语 "扯后腿" 比喻利

用亲密的关系和感情牵制别人正当的行动。所以与韩国语"뒷다리를 잡、뒷다리(가/를) 잡히다"对应的汉语一般是"抓住把柄、弱点"等。韩国语还有"발목을 잡다",比喻限制别人的行为,此时对应汉语的"扯后腿"。被动型的"발목 잡히다"对应的汉语是"被牵着鼻子走、被抓住把柄"等。

表达有口福意义时,韩国语常用"다리가 길다 腿长",类似的还有与脚有关的"발이 길다、발이 효자다"等表达。汉语里一般用"鼻子灵(敏)"来表达,但山东淄博方言里的"腿长"也有与韩国语完全一样的意义。

用人体器官比喻至亲时,汉语用"骨肉"或"骨血",但韩国语用"피붙이"或"살붙이",用的是血和肉。

17.6.2 动物

表示骂人时,韩国语与汉语都用动物,如汉语用"狗东西、兔崽子",但韩国语不用兔子,因为兔子在韩国语里比喻孩子可爱,骂人多用"개새끼 狗东西""쥐새끼 老鼠仔"等。两种语言用狗比喻人是一致的,但在兔子和老鼠的比喻意义上出现不同。

形容参差不齐、不好看时,韩国语用"老鼠啃得、小狗啃得"等表达,如(37),汉语多用与狗有关的"犬牙交错""像狗啃得一样",很少用与老鼠有关的表达。

(37) a. 쥐 뜯어먹은 것 같다 就像狗啃得一样。

　　 b. 강아지 깎아[갉아] 먹던 송곳 자루 같다. 就像狗啃过的锥袋一样。

17.6.3 植物

中韩两国人都用植物来比喻人的头，如汉语有"脑瓜"，韩国语里头的俚俗语是"박"，意为匏瓜、瓠、匏芦、葫芦、瓢。并且南瓜、西瓜在韩国语里分别称作"호박、수박"，韩国语还有"골수박(骨--)"，是用西瓜来比喻头盖骨，所以从对应角度来看，"박"与"瓜"某种程度上是对应的。另外，汉语还有"开瓢"，比喻头被打破，这里是根据形态相似性用"瓢"来比喻头。韩国语有惯用语"박이 터지다"比喻事情复杂困难让人头疼，但此时汉语多用"绞尽脑汁"，不用"瓢"。

17.6.4 窗子

汉韩两种语言都用窗子作比喻，韩国语汉字词"창구(窗口)"与汉语"窗口"都可以比喻团体、机关中对外交流、联系的部门，比喻反映或展示精神上、物质上各种现象或状况的事物或地方。此外，汉语"窗口"还用作计算机用语，韩国语用"(작업)창"。卫星发射有"窗口期"，韩国语用外来语"골든타임(golden time)"或词组"최적의 시간"。

韩国语还有俗语"마구 뚫은 창"，意为随便开的窗子，比喻没有任何秩序和顺序、特别随意的行动，汉语没有这种表达与意义。百叶窗韩国语称作"블라인드(blind)"，并且有"블라인드 채용"，指公共机关在招聘员工时不得要求应聘人员填写出生地、学历，不得贴照片。汉语"百叶窗"没有比喻意义。

17.6.5 枪

毛主席的重要思想之一是"枪杆子里出政权",这句话译成韩国语是"총구에서 정권이 나온다",也就是说汉语用"枪杆子"是着眼于枪的整体,而韩国语是着眼于"총구(銃口)",即枪口。韩国语里的枪杆子为"총대",多用于"총대를 매다"表示出面担当大家都不愿出头的公共事务,汉语一般用"扛枪",用的是上位范畴词"枪"。

17.7 小结

本章主要分析了中韩两国人对同一事物或事态、事物形态的不同认识,以及相似的概念所具有的感情色彩的不同,还分析了类似比喻所表现出的不同意义,最后分析了交叉对应的类型。

中韩两国人对事态的认识差异主要表现在对事态主体、对象、动作、结果等的不同之上。对事物形态的认识差异主要表现在整体与部分、内外、表里等方面的不同。感情色彩的差异主要表现为七种类型。类似的比喻形式意义并不相同主要表现为互不对应、一个意义对应或者多个意义都不对应。汉韩表达与意义还会出现交叉对应,这主要是因为文化和认知既有共性也有差异,无法截然分开。

第十八章

汉字词与汉韩语言差异

18.1 引论

对概念的需求以及对概念的有关阐释先于词而存在，因为词不过是概念的明确表达。并且文明和文化可以自外部引入或者从内部发展出一些先前不为一些民族所知的概念(洪堡特 2011:34)。所以，语言随着文化的发展和引入而发生不断变化。

中韩两国所表现出的思维认知不同的最明显体现就是对同一文化的接受和改造，例如儒学、道教以及借自中国的各种文化进入韩国后都发生了适宜于韩国人的变化，这些文化的载体——语言也随之进入韩国人的日常生活，并且也发生了异于汉语的变化。

韩国语汉字词中绝大部分是汉源汉字词，汉源汉字词与中国文化密切相关，但汉源汉字词与中国的汉语词已经属于两种不同的跨境语言，汉字词相对于汉语词来说已经发了很大变化。

有的汉字词可能只出现了语音与形态变化，如"沈菜"传入韩国后，逐渐发生变化，最终变成了"김치"；有的与固有词结合形成了混合词，例如，汉语有"木耳"，是用耳朵来比喻蘑菇，韩国语有汉字混合词"목이버섯(木耳--)"，因为韩国人对汉字不熟悉，所以在"목이"后面又添加了表示类属的固有词"버섯"来做解释。

但也有很多汉字词出现了语义变异，变异的原因主要有两点，第一是地理位置的阻隔，第二是双方社会环境的不同造成的(戴庆厦1994:227)。另外，韩国人的认知、思维方式以及语言特点也会影响到汉字词。例如，外来语进入语义系统后一般都会出现语义缩小的情况，相反很多汉字词出现了语义泛化的倾向(王芳 2020:684)，这种变化无疑是受到了韩国语固有词以及韩国人认知思维的影响。

汉字词在韩国语里发生的变化主要表现为义域的变化，这种变化可分为扩大和缩小两种形式，其中扩大是最普遍的类型，义域缩小出现的较少。其次还表现为现代汉语义域缩小、交叉对应以及在感情色彩、词形、词性等方面所表现出的不同。

18.2 汉字词义域扩大

汉字词义域的扩大表现为三种类型。

18.2.1 汉字词产生新义，古代汉语同形词消亡

有的汉字词从古代汉语被输入到韩国语里之后，产生了其他意义，但古代汉语的同形词却消亡了。

例如，"착복(着服)"是汉字词，除具体意义外，还比喻利用不正当的方法将别人的财产据为己有，如"공금/기부금 착복 私吞公款/捐款"。但这个词在中国古代汉语里仅有具体意义，此比喻意义是输入韩国后产生的，其产生理据应该与人们会将得到的不义之财藏到衣服里有关。现代汉语已经没有这个词语。

汉字词"조각(爪角)"来自于古代汉语的"爪角"，古代汉语里

"爪角"并没有比喻意义，但韩国语里却产生了比喻意义，比喻保护自己的东西，同样的意义现代汉语多用"爪牙"。

汉语"青山流水"多用于古代汉语，现代汉语已几乎不用，但韩国语的"청산유수(青山流水)"现在多用来比喻流畅至极的话语。

汉语"豬突"在古代汉语里曾用作人名，现在已不用，但韩国语的汉字词"저돌(豬突)"现在产生了新义，比喻不顾前后地乱闯乱撞。

汉语"酬酌"多用于古代汉语，现代汉语已几乎不用，但汉字词"수작(酬酌)"却产生了很多新意，比喻互相对话或那样所说的话，也贬称别人的话、行动或计划，并且语用频率很高。

汉语"至贱"多用于古代汉语，现代汉语几乎不用，但韩国语的"지천(至賤)"却产生了新意，指非常多、常见。

汉语"防牌"多用于古代汉语，但韩国语的"방패(防牌/旁牌)"却产生了新意，比喻做某事时可放在前面的东西或人。

18.2.2 汉字词产生新用法，古代汉语同形词已消失或语用频率很低

有的汉字词虽然没有产生新义，但修饰范围扩大，形成了很多特殊的合成词，而汉语的同形词在现代汉语却已经几乎不用。

例如，"총각(总角)"虽然没有产生特殊的意义，但可以形成"총각김치、총각깍두기、총각무、총각미역、총각버섯"等合成词，分别指不同的食物，而汉语"总角"现在已几乎不用。

18.2.3 汉字词产生新义，但现代汉语无相关意义

此类型的汉字词在现代汉语里拥有同形词，但汉字词产生了新义，相反，现代汉语里却没有相关意义。此类型非常普遍。

18.2.3.1 人体

例如，汉字词"이목(耳目)"有三个意义，首先统称耳朵与眼睛，如(1ab)，用于此意义时，汉语"耳目"也指监视人或为别人收集情报者，因为干这种事情的人耳朵、眼睛最重要。"이목"还转喻长相，如(1c)，汉语多用"眉清目秀"。从另外一个角度来看，别人用眼睛、耳朵来关注我，那就是对我的关心和注意，所以"이목"也指注意或关心，如(2)，但汉语"耳目"没有这一意义，这说明韩国语"이목"的这一意义是受了韩国文化的影响，根据不同的语境，"이목"对应不同的汉语，如"看法、视线、闲话、看、注意(力)"等。

(1) a. 이목이 밝다 耳聪目明

　　b. 남의 이목이 되어 주다 成为他人的耳目。

　　c. 이목이 수려하다/뚜렷하다 耳目清秀/眉清目秀

(2) a. 그는 남의 이목 때문에 아무 일도 못했다. 他太在意别人的看法，所以什么事也没能干成。

　　b. 남의 이목을 피하다 避开他人的视线。

　　c. 여자가 혼자 살다 보면 이런저런 일이 생기기 마련이야. 근데 혼자일 수록 항상 오해할 일을 만들지 말고 남의 이목 신경쓰면서 살아야 하는 거야.《불어라 미풍아, 31회》寡妇门前本来就是非多。但越是一个人

住，就越要注意，不能做让人误会的事情，要小心别人说闲话。

d. 사장님, 직원들 이목도 있는데 고정하시지요.《우리집 꿀단지, 47회》老板，员工们都看着呢。请您冷静一下。

e. 그래도 세상 사람의 이목이 있는데 가보시는 게 좋을 것 같습니다.《옥중화, 14회》但是世人都在看着，还是去一趟的好。

f. 언니가 만든 술이 고급 전통주에 이목 끌기에 괜찮더라구요.《우리집 꿀단지, 104회》姐姐做的酒是高级传统酒，所以很引人注意。

g. 이목이 우리 술에 집중되니까 매출에 좋은 영향 있겠지요.《우리집 꿀단지, 103회》大家的注意力都集中到我们的酒上了，那么应该会对销售产生积极影响的。

"골수(骨髓)"本来指骨髓，因为骨髓在人体骨头的内部，所以产生了很多比喻意义，可以比喻内心深处、要点或核心；也可比喻虔诚地信奉某种思想或宗教或对某事非常尽心尽力的人，如(3)。"골수분자(骨髓分子)"俗指某个组织机构中对组织理念极度信仰或对某个上司无条件忠诚的人，如(4)。此外还有"골예수(骨←Jesus)"俗指盲目地信奉并遵循基督教教义的人。有时也用"골수팬"，意为铁粉、狂粉。汉语"骨髓"没有类似的意义。

(3) 최후의 버팀목인 골수 지지층이 있는 것까지 닮았다.《동아일보, 2016.9.01》并且在都有最后的铁杆粉丝

这一点上也非常相像。

(4) a. 좌익 골수분자였다.他曾是个极左分子。

　　b. 이 동네 사람들이나 저나 다 한나라당 골수분자들이
　　　었는데 지금은 다 바뀌었다.《프레시안, 2011.07.11》
　　　这个地方的人和我都曾是(韩国)大国民党的铁杆粉
　　　丝，但现在都不是了。

　　与人体有关还有汉字词"출혈(出血)"，比喻牺牲或损失，可
用于军事上，如(5a)，汉语一般用"流血"；也可用于日常生活，
如(5b)可对应汉语"出血"；用于经济活动时，如(5c)，汉语一般用
"亏本、赔钱"等。汉语"出血"多用于日常生活比喻花钱，且多
比喻人花钱花得不情愿，对应的是韩国语的意义之一，如(5b)。

(5) a. 어떠한 출혈을 내더라도 이 고지는 지켜야 한다. 不管
　　　流多少血/付出多大的牺牲也要把这个高地守住。

　　b. 비행기 티켓부터 장인 장모님 용돈까지 나 이번 달 출
　　　혈이 엄청 심해.《사랑은 방울방울, 13회》飞机票再
　　　加上岳父岳母的零花钱，我这个月已经大出血了。

　　c. 출혈 판매 亏本/赔钱卖

18.2.3.2 自然事物

　　汉字词"풍토(風土)"指某个地区的气候和土地状态，还比喻
成为某事基础的制度或条件，这个比喻意义是在韩国产生的新义。
汉语经常用"风土"来比喻风俗习惯与地理环境。
　　韩国语里"양지(陽地)"除了具体意义外，还比喻得到惠泽的
立场。反义词"음지(陰地)"还比喻无法得到惠泽的处境，也比喻不

正当的地方或东西。汉语"阳地"和"阴地"多用作具体意义，或分别指人世、坟地或墓地。

韩国语还有汉字词"황무하다(荒蕪--)"，这个词本来指对土地不予管理使其无法耕种，也比喻文章没有好好润色，非常粗糙、混乱。汉语"荒芜"一般没有第二个比喻意义。

韩国语还有汉字词"균열(龜裂)"，基本义为就像龟背上的花纹一样裂开，汉语"龟裂"也有此意，另外，两者都表示人的皮肤因寒冷、干燥等原因而出现裂口；但韩国语"균열"还有抽象意义，比喻人际关系出现裂痕，汉语"龟裂"一般不用于此意义，与其对应的多是"裂痕"。

汉字词"귀감(龜鑑)"传入韩国后，意义变成了引以为鉴，值得效仿的模范。汉语"龟鉴"主要比喻警戒和反省，没有产生与汉字词相关的意义。

18.2.3.3 日常生活

例如，韩国语有汉字词"금지옥엽(金枝玉葉)"，这个词本来是对王族的尊称，现在多用来指宝贝一样的子孙，如(6)，没有性别之分，可以指男性，但汉语"金枝玉叶"多指女性，所以与韩国语对应的多是"宝贝"。此外，"금지옥엽"也指云彩的漂亮模样，而汉语"金枝玉叶"没有此类意义。

(6) a. 금지옥엽으로 기르다 当宝贝似的养大。

　　 b. 금지옥엽인 잘난 아들한테 물어보면 되겠네.《월계수
　　　　 양복점 신사들, 8회》你去问问你那宝贝儿子，不就
　　　　 行了？

过去人们生活都是席地而坐，老师讲学也都是坐在一个很大的席子上，后来就有了"丈席"来指讲席[01]，韩国语也有汉字词"장석(丈席)"，意思是讲学的席子，现在多用来转喻学问与德望非常高的人。但现代汉语多用"首席专家"来表达。

与人们的经济活动有关有汉字词"개시(開市)"，指首次开业，做买卖，也可以指一天中头一单生意或开店以来的第一单生意；也指营业开始。"개시"逐渐从经济领域扩展到一般事物，指还没有开始干某事，可以指新开通手机，如(7a)；也可以指衣服第一次穿，如(7b)；也可以指追求人，如(7c)。汉语的"开市、开业、开张"很少有此类用法。

(7) a. 첫 개시로 남구한테 전화해봐.《아임 쏘리 강남구, 42회》新手机刚开通第一个电话打给南九吧。

b. 내가 이것 안 입을래. 개시도 하지 않은 옷 내가 어떻게 입어?《천상의 약속, 8회》我不想穿。你都没穿过的衣服，我怎么能穿啊？

c. 개시도 하기 전에 거절해서 미안합니다.《다시, 첫사랑, 38회》在你追我之前就拒绝你，很对不起。

18.2.3.4 性格

汉语"糊涂"指人头脑不清楚或不明事理；也指事物混乱不清。韩国语也有"호도(糊塗)"，意思是涂浆糊，形容词"호도하다"与汉语"糊涂"意义相似，但语用频率不高，经常用的是动词

01　《礼记. 曲礼上》："若非饮食之客，则布席，席间函丈。"郑玄注："谓讲问之客也。函，犹容也。讲问宜相对容丈，足以指画也。"后因以"丈席"指讲席。

意义，比喻不明确结果，进行一时地掩盖，如(8)，汉语"糊涂"没有这种动词意义。

(8) a. 현실/사건의 본질을 호도하다 掩盖现实/事件的本质。

　　 b. 마치 검찰의 수사가 로비 청탁에 의해 좌우되는 것처럼 호도해 … 《동아일보, 2016.11.18》掩盖事实，就像检察官的搜查都是受腐败行为所左右一样……

18.3 汉字词义域缩小

汉字词义域缩小一般指的是不拥有同形汉语所具有的某个或某几个意义，例如，汉语"星霜"除了比喻岁月，还可以指斑白、艰苦，而韩国语"성상(星霜)"只有岁月意义，或者用作量词，指年数。汉语有"天职"，指天定下的职责，也指应尽的指责，这两个意义的产生时期都很早，但韩国语汉字词"천직(天職)"仅有第一个意义，指天生的职业，没有第二个意义。再如，汉字词"태만(怠慢)"只有一个意义，指不努力、懒惰，如"업무 자세가 태만하다 工作态度懒散"。但汉语"怠慢"却有多个意义，指淡漠、不恭敬；也用作套话，指招待不周到；或者指怠惰放荡，如"二人怠慢军法，吾故斩之。《三国演义》"，这个意义与韩国语有相似之处，但现在用的不多。

汉字词义域缩小有时指的是某个义项的适用范围出现了语义上的缩小，如汉语"发动"多适用于大型事件或群众，如"发动起

义、发动群众", 而韩国语汉字词 "발동(發動)" 在表达此类意义时却多适用于个人。

18.4 现代汉语义域缩小

汉字词没有出现语义缩小, 而现代汉语却出现了语义缩小, 这也是造成汉字词与汉语词出现不同的原因之一。例如 "广告" 本来指广而告之, 现代汉语里 "广告" 多用来指做宣传广告或那样的广告, 但韩国语 "광고(廣告)" 仍然多用来表达广而告之之意。

18.5 交叉对应

这里的交叉对应指的是多个汉字词与多个同形汉语词在语义上具有交叉现象。例如, 难以走出的路称作 "미로(迷路)", 主要指岔路口非常多, 进去之后就难以找到出口的路; "미로" 也可比喻左右为难、找不到解决办法的状态。而汉语 "迷路" 是动宾结构, 相当于韩国语的 "미로에 빠지다", 并且不用于比喻意义, 用于比喻意义的是 "迷途"。韩国语也有 "미도(迷途)", 但只有具体意义, 与 "미로" 的第一个意义相同。

韩国语还有汉字词 "백지(白纸)", 可以比喻成为或恢复没有杂念和成见的状态, 此时与汉语 "白纸" 对应, 但汉语 "白纸" 更多地是强调什么都不知道, "백지" 还可以比喻对对方一无所知, 汉

语"白纸"指的是对一般事情一无所知，所以两者并不一致。汉语"白纸"还比喻一无所有，韩国语"백지"没有此意。韩国语还有"백지장(白紙張)"比喻苍白没有血色的脸，汉语"白纸"也有此类用法，不过也可比喻无力。也就是说，"백지、백지장"与汉语"白纸"的语义是交叉的。

汉语"烂漫"指色彩鲜艳，也指性格坦荡、无做作。韩国语汉字词"난만(爛漫)"也指光彩鲜艳，如(9a)；此外还指鲜花盛开，如(9b)，此时都能与汉语"烂漫"对应。但"난만"还指互相交换的意见非常多，如(9c)，其意义从色彩意义发展到了意见意义，但却没有性格意义。

(9) a. 봄빛이 난만하다 春光烂漫

b. 우리 집 뜰 앞에 심어 둔 두어 나무 월계화도 …난만히 피었다.《한진건, 희생화》我们家院子前面种的两棵月季同样烂漫正当时。

c. 난만한 토론 끝의 결론 充分讨论后得出的结论

18.6 感情色彩不同

有的汉字词与同形汉语词的感情色彩意义一致，例如，汉语的"道学、道学先生"与韩国语的"도학(道學)、도학선생(道學先生)、도학군자(道學君子)"等指那些熟知道德理论知识但不通世事、不知变通的人，都是贬义词。但也有一些汉字词与汉语同形词在感情色彩上是不同的。

18.6.1 韩国语是褒义词

例如，"唐突"在汉语里主要用于古代，是消极意义，指冒犯、亵渎，韩国语的"당돌(唐突)하다"也有此意，但还产生了一个积极意义，指无所畏惧的、大胆的。

韩国语还有汉字词"천진(天真)하다、천진(天真)스럽다"，两个词都是中性意义，指不加修饰的、天然的、纯真的，相反，汉语"天真"的多个意义却具有褒贬之分，除了具有韩国语的意义之外，还指不受礼俗拘束的品行；性格单纯、直率，不做作；还贬称经验不足、幼稚、不成熟。汉韩两种语言的意义差别反映了中韩两国人对事物观察角度的不同，中国人比韩国人多了对"纯真"的反面的观察。正因为汉语"天真"具有多义性，所以用于褒义时，一般会在前后添加"可爱、烂漫、无邪、纯朴、秀丽、憨厚"等褒义词，以使"天真"的语义更加明确；如用于贬义，前面一般添加"太、真"等副词或用于否定句"不要天真"，以使语义明确。

18.6.2 韩国语是中性词

例如，韩国语有汉字词"표방(標榜)"，指以某种名目来宣扬自己的主义、主张或立场，如(10)，还有一个意义指记录别人的善行并宣传，属于中性词。汉语"标榜"意为借用某种好名义加以宣扬，或者指吹嘘、夸耀，是贬义词。

(10) a. 자본주의를 표방하다. 宣扬资本主义。

　　 b. 중립을 표방하다. 宣称中立。

　　 c. 울산시립미술관 개관…'미래형 미술관' 표방《파이

낸셜뉴스, 2022.01.05》蔚山市立美术馆开馆，宣称自己是"未来指向型美术馆"。

　　韩国语还有汉字词"접목(椄木/接木)"，比喻使两个以上不同的现象非常协调地结合在一起，主要用于积极或中性意义。汉语多用于"移花接木"，比喻暗中使用手段，更换人或事物以欺骗他人，是贬义。因此与韩国语对应的是中性意义的"嫁接"。

　　韩国语汉字词"교조2(教條)"与"教条"都可以指要求教徒绝对遵从的宗教信条，此时都是中性意义。但汉语"教条"还等同于"教条主义"，泛指要求人盲目信奉的僵化的原则、原理，是贬义词。

18.6.3 韩国语是贬义词

　　例如，汉字词"대장(大将)"指一群人的头头，也可用来嘲笑那些擅长或喜欢做某事的人，如(11)，表达的多是消极意义。汉语里的"大将"多具有褒义，尤其是日常生活中常说的"大将风度"，比喻行事果断、胸怀宽广、敢于抓起困难问题等，都是积极意义。

　　(11) 거짓말 대장 骗人精、욕 대장 骂人精、싸움 대장 打架大王

　　再如，韩国语有汉字词"우수마발(牛溲馬勃)"，比喻无用之物，具有消极意义。相反，汉语的"牛溲马勃"比喻无用之物可以变成有用的东西，具有积极意义。

18.7 词形与用法不同

韩国语有汉字词"반면교사(反面教師)",意思是从反面给与帮助的人或事情,汉语一般用"反面教材"。

韩国语还有汉字词"숙맥(菽麦)",统称大豆和大麦,也指不分事理、对世间人情世故一窍不通的人,是从汉字词"숙맥불변(菽麥不辨)"演变而来的,汉语"菽麦不分、不辨菽麦"的用法比较固定,但韩国语"숙맥"用法很灵活,译成汉语时多对应"迟钝、死板、傻"等。

根据汉朝韩信攻击赵国的"背水一战"这个典故,韩国语有汉字词"배수진(背水陣)、배수지진(背水之陣)",但汉语一般用"背水一战"。

韩国语还有汉字词"일속(一粟)",比喻非常少的量,汉语多用四字格形式的"沧海一粟"。

韩国语里火车头称作"기관차(機關車)",比喻推动某件事前进的原动力或者具有这种力量的存在,现在汉语的"机关车"等同于"机车",与韩国语比喻意义相同的是"火车头"。

18.8 词性不同

"관문(關門)"指具体的边境或要塞的城门,也指出入国境或要塞的必经之路,也比喻做某事必须经过的部分。古代汉语"关门"可作名词,现代汉语的"关门"是动宾结构的动词,意为"문을 닫다",所以与"관문"对应的多是名词意义的"关、大关"等。

汉语"魅"是名词,指鬼怪,也指吸引人的力量,如"魅力无

边"，也有动词用法，如"魅人"。韩国语只有动词"매료하다(魅了)"，意为魅惑人心，如(12)。

(12) 그렇게 사람을 매료하는 목소리는 처음 듣는다. 第一次
听到具有这种魅人心力的声音。

韩国语汉字词"농락(籠絡)"与汉语"笼络"在概念意义上一致，但韩国语"농락"是名词，多用作中心词或作动宾结构的宾语。相反，汉语"笼络"是动词，多用于主动句，且后面的宾语多是人，而不是抽象的事物。从对应方式来看，(13b)可以与"笼络"对应，但(13a)中"국정 농락"对应的是"对国政的掌控"，(13cd)因是被动意义，对应的汉语是"操纵"。

(13) a. 대통령 주변과 최순실의 국정 농락《조선닷컴，
2016.11.07》总统亲信和崔顺实对国政的掌控
b. 농락을 부리다 笼络
c. 농락에 놀아나다 受人操纵
d. 농락을 당하다 被操纵

18.9 文化背景不同

汉韩两种语言都有"吃醋"，汉语"吃醋"与唐朝宰相房玄龄夫人有关，房夫人宁愿饮"毒酒"而死也不愿意在皇帝面前低头、同意丈夫纳妾，最后却发现杯中是带有甜酸香味的浓醋。韩国语汉

字词"끽초(喫醋)"最早出现于朝鲜时期1690年编纂的汉语词汇词典——《譯語類解下48a》，也就是说"喫醋"是从古代汉语传过来的，这里的"喫醋"就是"吃醋"，但现在词典的解释是将妻子比作每天要各自吃一桶醋和牛奶的狮子，指妻子嫉妒。虽然两个词的比喻意义相同，但是相关的典故介绍却截然不同。

汉韩两种语言都用南山来比喻长寿，如韩国语的"남산처럼 장수하자. 寿比南山"，韩国语里的"남산(南山)"有三个意义，一个指南边的山，特指城外的山；一个指围绕在首尔盆地周围的四座山之一；一个指位于咸镜南道的山。汉语也有"寿比南山"类的表达，但取自终南山。

汉韩两种语言都有东山，与汉语"东山"有关，《诗经·国风·豳风》中有一篇题为《东山》的诗歌，为先秦时代豳地民歌。《晋书·谢安传》中记载："隐居会稽东山，年逾四十复出为桓温司马，累迁中书、司徒等要职，晋室赖以转危为安。"与此相关，汉语有了"东山再起"。韩国语"동산"的原型是"東山"，最早的出处是"祗陁 그 請 야 八十頃 東山 애 黃金을 채 로려니##〈월천56b〉"，后来语义发生扩大，可指村子附近的小山或丘陵，如(14a)；还指在大户人家的花园里所建起的小山或小树林，如(14b)。另外"동산"还可比喻幸福和平的地方，如(14cd)。

(14) a. 우리 마을은 나직나직한 동산들로 둘러싸여 있다. 我们的村子被连片的矮矮的小山丘环绕着。

   b. 정원 안의 동산에는 산에서 캐 온 갖가지 야생화가 곱게 피어 있었다. 庭院中间的假山上开满了从山上挖来的各种漂亮的野花。

   c. 웃음 동산 笑的海洋/一片笑声

d. 놀이동산 游乐场

18.10 小结

韩国语里的绝大部分汉字词都源于中国，但传入韩国之后，受韩国文化与认知、韩国语语言特点以及词汇系统的语义调节等方面的影响，很多汉字词发生了异于汉语词的变化。这些变化主要表现为义域大小的不同，有时也表现为交叉对应，有时会出现感情色彩的不同，有时在表达同一概念时会出现词形的不同，有时也会出现词性与用法的不同，有时还会出现文化背景解释的不同。

参考文献

中文文献

陈丽芳, 从"黄"与"蓝"透视中西文化差异[J], 太原师范学院学报(社会科学版), 2005(4):24-27.

陈新夏、郑维川、张保生, 思维学引论[M], 长沙:湖南人民出版社[M], 1988.

成 龙, 东方文化中的"我"与"他"—中国哲学对主体间关系的建构[M], 北京:中国社会科学出版社, 2015.

戴庆厦, 语言和民族[M], 北京:中央民族大学出版社, 1994.

董秀芳, 词汇化:汉语双音词的衍生和发展(修订本)[M], 北京:商务印书馆, 2011.

冯广艺, 语言生态学引论[M], 北京:人民出版社, 2013.

冯志英, 现代汉语修辞学[M], 天津:天津人民出版社, 2015.

高长江, 文化语言学[M], 沈阳:辽宁教育出版社, 1992.

郭 熙, 中国社会语言学(第3版)[M], 北京:商务印书馆, 2013.

郭绍虞, 汉语语法修辞新探[M], 北京:商务印书馆, 1979.

何九盈, 汉字文化学(第2版)[M], 北京:商务印书馆, 2016.

侯玉波, 社会心理学(第三版)[M], 北京:北京大学出版社, 2013.

黄 斌, "二郎腿"与二郎神有关[J], 文史博览, 2015(12):33.

黄树先, 比较词义探索[M], 成都:四川出版集团, 2012.

蒋 勋, 蒋勋说红楼梦(第二辑)[M], 上海:上海三联出版社, 2014/2015.

匡鹏飞, 从《拍案惊奇》到现代汉语词义演变的考察[J], 江汉大学学报(人文科学版), 2004(02):26-32.

李 艳、施春宏, 外来词语义的汉语化机制及深度汉语化问题[J], 汉语学习, 2010(6):59-68.

李国正, 生态汉语学[M], 长春:吉林教育出版社, 1991.

李鹏程, 当代文化哲学沉思(修订版)[M], 北京:人民出版社, 1994/2008.

李泽厚, 美的历程[M], 北京:生活·读书·新知三联书店, 2009/2017.

联合国教科文组织·世界文化与发展委员会, 文化多样性与人类的全面发展[M], 广州: 广东人民出版社, 2006.

廖文豪, 汉字树(5)——汉字中的建筑与器皿[M], 北京:中国商业出版社, 2015.

林纪诚, 语言与文化综论[A], 顾嘉祖、陆昇, 语言与文化[C], 上海:上海外语教育出版 社, 1988:1-15.

刘 巍, 汉日语言中以"狗"为外号的文化对比及跨文化交际[J], 汉字文化, 2021(01):190-192.

刘丹青, 语义优先还是语用优先——汉语语法学体系建设断想[J], 语文研究, 1995(02):10-15.

刘剑、刘佩珍, 论《黄帝内经》对中医生命伦理思想的奠基[J], 东南大学学报(哲学社 会科学版), 2015(17-02):33-39+146.

卢红梅, 论英汉比喻的文化差异及其互译[A], 刘重德, 英汉语比较与翻译[C], 上海:上 海外语教育出版社, 2006:294-304.

陆俭明、沈阳, 汉语和汉语研究十五讲(第二版)[M], 北京:北京大学出版社, 2016.

罗常培, 语言与文化[M], 北京:北京出版社, 2009/2015.

吕 俊, 也谈翻译中的语言对比问题[A], 对比语言学论文集[C], 王福祥, 北京:外语教学 与研究出版社, 1992:324-332.

吕叔湘, 语文杂记[M], 北京:生活·读书·新知三联出版社, 2008/2011.

马伯英, 中国医学文化史[M], 上海:上海人民出版社, 1994.

马庆株, 汉语语义语法范畴问题[M], 北京:北京语言文化大学出版社, 1998.

马未都, 醉文明+收藏马未都(1)[M], 北京:中信出版社, 2017.

马未都, 醉文明+收藏马未都(3)[M], 北京:中信出版社, 2017.

马未都, 醉文明+收藏马未都(8)[M], 北京:中信出版社, 2017.

潘文国, 字本位与汉语研究[M], 上海:华东师范大学出版社, 2002.

钱冠连, 美学语言学—语言美和言语美(第二版)[M], 北京:高等教出版社, 2004/2006.

钱冠连, 语言人类最后的家园:人类基本生存状态的哲学与语用学研究[M], 北京:商务 印书馆, 2005.

任韶堂, 食物语言学[M], 上海:上海文艺出版社, 2017.

邵敬敏, 前言[A], 邵敬敏, 文化语言学中国潮[C], 北京:语文出版社, 1995.

申小龙, 汉语人文精神论[M], 沈阳:辽宁教育出版社, 1990.

申小龙, 汉语与中国文化[M], 上海:复旦大学出版社, 2014.

申小龙, 语言与文化的现代思考[M], 郑州:河南人民出版社, 2000.

沈家煊, 语法六讲[M], 北京:商务印书馆, 2011.

施 晖、栾竹民, 中日韩三国"性向词汇"及文化比较研究[M], 外语教学与研究出版社, 2017.

司 维, 文化视域下汉英"水"的认知对比研究[D], 北方民族大学硕士学位论文, 2016.

斯大林, 马克思主义和语言学问题[M], 北京:人民出版社, 1971.

苏宝荣, 词义研究与辞书释义[M], 北京:商务印书馆, 2008.

苏金智, 语言跨文化研究管见[A], 陈建民、谭志明, 语言与文化多学科研究[C], 北京:北京语言学院出版社, 1993:44-53.

孙天胜、高思华, 阴阳五行学说是中华民族理性与智慧的结晶从《黄帝内经·素问》的角度考察[J], 管子学刊, 2009(1):46-50.

汪凤炎、郑红, 中国文化心理学(第五版)[M], 广州:暨南大学出版社, 2004/2015.

王 芳, 韩国语汉字词与汉语词的对比研究[M], 北京:商务印书馆, 2020.

王 芳, 韩国语前缀的否定意义[J], 解放军外国语学院学报, 2011(6):62-67.

王 芳, 韩国语前缀语义系统研究[M], 青岛:中国海洋大学出版社, 2013.

王 寅, 语言研究新增长点思考之四:后语言哲学探索——语言哲学、后语言哲学与体验哲学[J], 外语学刊, 2008(4):2-10.

王立军等, 汉字的文化解读[M], 北京:商务印书馆, 2012.

维诺格拉多夫, 词的词汇意义的主要类型[J], 俄文教学与研究, 1958:1-3.

文 旭, 语言的认知基础[M], 北京:科学出版社, 2014.

伍铁平, 比较词源研究[M], 上海:上海外语教育出版社, 2011/2015.

武占坤, 论词义发展的内因根据和外在条件[J], 语言文字学术研究, 2009(1):48-49.

邢福义, 文化语言学(修订本)[M], 武汉:湖北教育出版社, 2000.

许 晖, 古人原来是这样说话的[M], 青岛:青岛出版社, 2015.

许嘉璐, 中国古代衣食住行[M], 北京:北京出版社, 2011/2016.

咬文嚼字编辑部, 咬文嚼字2003合订本[M], 上海:上海锦绣文章出版社, 2014.

叶舒宪, 高唐神女与维纳斯[M], 西安:陕西人民出版社, 2005a.

叶舒宪, 中国神话哲学[M], 西安:陕西人民出版社, 2005b.

游汝杰, 中国文化语言学刍议[A], 邵敬敏, 文化语言学中国潮[C], 北京:语文出版社, 1995:1-15.

张公瑾, 文化语言学发凡[M], 昆明:云南大学出版社, 1996/2007.

张公瑾, 文化语言学发凡[M], 昆明:云南大学出版社, 1998.

张再红, "吃"的隐喻映现规律分析[J], 语言研究, 2010(30-04):123-125.

张之沧、张癌, 身体认知论[M], 北京:人民出版社, 2014.

张志公主编, 现代汉语[M], 北京:人民教育出版社, 1982.

赵金铭, 谐音与文化[J], 语言教学与研究, 1987(1):40-56.

赵毅衡, 趣味符号学[M], 重庆:重庆大学出版社, 2015.

赵毅衡, 哲学符号学:意义世界的形成[M], 成都:四川大学出版社, 2017.

支顺福, 释名析义—万物名称与中外文化探微[M], 上海:上海外语教育出版社, 2012.

周振鹤、游汝杰, 方言与中国文化[M], 上海:上海人民出版社, 2015.

朱 跃、朱小超、鲍曼, 语言与社会[M], 北京:北京大学出版社, 2015.

左 飚, 文化翻译的策略及其制约因素—以《红楼梦》两个全译本对原文本文化信息
的处理方式为例[J], 上海翻译, 2009(1):35-40.

中文译著

(澳)罗伯特·迪克森, 语言兴衰论[M], 朱晓农等译.北京:北京大学出版社, 2010.

(德)J·G·赫尔德, 论语言的起源[M], 洪涛译, 北京:商务印书馆, 2011.

(德)爱娃·海勒, 色彩的性格[M], 吴彤译, 北京:中央编译出版社, 2017.

(德)恩斯特·卡西尔, 人论[M], 唐译编译, 长春:吉林出版集团有限责任公司, 2014.

(德)格尔德·吉仁泽, 直觉—我们为什么无从推理, 却能决策[M], 余莉译, 北京:北京联
合出版公司, 2016.

(德)威廉·冯特, 情感三度说[M], 谭越译, 武汉:湖北科学技术出版社, 2016.

(德)威廉·冯·洪堡特, 洪堡特语言哲学文集[M], 姚小平译, 长沙:湖南教育出版社,
2001.

(德)威廉·冯·洪堡特, 论人类语言结构的差异及其对人类精神发展的影响[M], 姚小平
译, 北京:商务印书馆, 2011.

(法)爱弥尔·涂尔干、马塞尔·莫斯, 原始分类[M], 汲喆译, 北京:商务印书馆, 2015.

(法)海然热, 反对单一语言—语言和文化多样性[M], 陈杰译, 北京:商务印书馆, 2015.

(法)克洛德·列维—施特劳斯, 神话与意义[M], 杨德睿译, 郑州:河南大学出版社, 2016.

(法)克洛德·列维—斯特劳斯, 野性的思维[M], 李幼蒸译, 北京:中国人民大学出版社, 2006/2014.

(法)让·安泰尔姆·布里亚·萨瓦兰, 厨房里的哲学家[M], 付丽娜译, 南京:译林出版社, 2017.

(荷)艾布拉姆·德·斯旺, 世界上的语言—全球语言系统[M], 乔修峰译, 广州:花城出版社, 2008.

(加)罗纳德·沃德华, 社会语言学引论(第五版)[M], 雷洪波译, 上海:复旦大学出版社, 2009.

(加)齐瓦·孔达, 社会认知—洞悉人心的科学[M], 周治金、朱新秤译, 北京:人民邮电出版社, 2013.

(加)约翰·奥尼尔, 身体五态[M], 张绪春译, 北京:北京大学出版社, 2010.

(美)I·戈德伯格, 语言的奥妙——语言入门人人学[M], 张梦井等译, 太原:山西人民出版社, 2003.

(美)Neil R·Carlson, 生理心理学—走进行为神经科学的世界(第九版)[M], 苏彦捷译, 北京:中国轻工业出版社, 2017.

(美)爱德华·霍尔, 无声的语言[M], 何道宽译, 北京:北京大学出版社, 2010/2015.

(美)段义孚(Yi-Fu Tuan), 空间与地方—经验的视角[M], 王志标译, 北京:中国人民大学出版社, 2017.

(美)菲利普·津巴多、迈克尔·利佩, 态度改变与社会影响[M], 邓雨等译, 北京:人民邮电出版社, 2007/2017.

(美)伽达默尔, 哲学解释学[M], 夏镇平、宋建平译, 上海:上海译文出版社, 1994.

(美)加里·R·卡比(Gary R·Kirby)、杰弗里·R·古德帕斯特(Jeffery R·Goodpaster), 批判性思维与创造性思维(第四版)[M], 韩广忠译, 北京:人民大学出版社, 2016.

(美)卡罗尔·恩贝尔、梅尔文·恩贝尔, 人类文化与现代生活(第三版) [M], 周云水等译, 北京:电子工业出版社, 2016.

(美)克利福德·格尔茨, 地方知识—阐释人类学论文集[M], 杨德睿译, 北京:商务印书馆, 2014.

(美)克利福德·格尔茨, 文化的解释[M], 韩莉译, 南京:译林出版社, 2014/2017.

(美)肯尼思·本迪纳, 绘画中的食物—从文艺复兴到当代[M], 谭清译, 北京:电子工业出版社, 2016.

(美)兰格克, L·W, 认知语法概观[A], 王榕培、顾雅云编译, 八十年代国外语言学的新天地[C], 沈阳:辽宁教育出版社, 1992.

(美)理查德·尼斯贝特, 思维版图[M], 李秀霞译, 北京:中信出版社, 2017.

(美)理查德·舒斯特曼, 身体意识与身体美学[M], 程相占译, 北京:商务印书馆, 2014.

(美)路易斯·亨利·摩尔根, 古代社会[M], 杨东莼、马雍、马巨译, 北京:商务印书馆, 1981.

(美)罗伯特·迪尔茨, 语言的魔力—用语言转变信念的神奇旅程[M], 谭洪岗译, 长春:北方妇女儿童出版社, 2016.

(美)玛格丽特·维萨, 饮食行为学—文明举止的起源、发展与含义[M], 刘晓媛译, 北京:电子工业出版社, 2015.

(美)迈克尔·H·普罗瑟(Michael H. Prosser), 文化对话—跨文化传播导论[M], 何道宽译, 北京:北京大学出版社, 2013.

(美)乔治·斯坦纳, 语言与沉默—论语言、文学与非人道[M], 李小均译, 上海:上海人民出版社, 2013/2016.

(美)任韶堂, 食物语言学[M], 王琳淳译, 上海:上海文艺出版社, 2017.

(美)萨利科科·S·穆夫温, 语言演化生态学[M], 郭嘉等译, 北京:商务印书馆, 2017.

(美)萨丕尔, 语言论[M], 陆卓元译, 北京:商务印书馆, 1964.

(美)萨丕尔, 语言论—言语研究导论[M], 陆卓远译, 北京:商务印书馆, 2011.

(美)史蒂芬·平克, 思想本质—语言是洞察人类天性之窗[M], 张旭红、 梅德明译, 杭州:浙江人民出版社, 2015.

(美)威廉·A·哈维兰等, 文化人类学—人类的挑战[M], 陈相超、冯然译, 北京:机械工业出版社, 2014.

(美)约翰·奥莫亨德罗, 像人类学家一样思考[M], 张经纬等译, 北京:北京大学出版社, 2017.

(美)约翰·麦奎德, 品尝的科学[M], 林东涵、张琼懿、甘锡安译, 北京:北京联合出版公司, 2017.

(美)詹姆斯·M·汉斯林(James M.Henslin), 走进社会学—社会学与现代生活(第12版)[M], 林聚任、解玉喜译, 北京:电子工业出版社, 2016.

(日)内山完造, 中国人的生活风景—内山完造漫语[M], 吕莉译, 北京:中国出版集团现代出版社, 2015.

(苏)斯大林, 马克思主义与语言学问题[M], 中共中央马克思、恩格斯、列宁、斯大林著作编译局译, 北京:人民出版社, 1971.

(英)L·R·帕默尔, 语言学概论[M], 李荣等译, 北京:商务印书馆, 2016.

(英)彼得·史密斯、(加)彭迈克、(土)齐丹·库查芭莎, 跨文化社会心理学[M], 严文华
　　等译, 北京:人民邮电出版社, 2009/2015.
(英)克莱尔·吉普森, 如何读懂符号——思索触类旁通的标志意义[M], 张文硕译, 沈
　　阳:辽宁科学技术出版社, 2018.
(英)麦克斯·缪勒, 宗教的起源与发展[M], 金泽译, 上海:上海人民出版社, 2010/2014.
(英)朱尔斯·埃文斯, 生活的哲学——寻找人生意义的12堂哲学课[M], 贝小戎译, 北
　　京:中信出版社集团, 2016/2017.

韩文文献

강신항, 오늘날의 국어생활[M], 서울: 도서출판 박이정, 2007/2008.
강신항·유창균, 국어학사[M], 서울: 민중서관, 1961.
고길섶, 우리시대의 언어게임[M], 서울: 토담, 1995.
고영진, 한국어의 문법화 과정-풀이씨의 경우[M], 국학자료원, 1997.
고은주, 한글전용이 과학 교육을 망쳤다[J], 월간조선, 1998(8): 292.
김동섭, 언어를 통해 본 문화 이야기[M], 서울: 신아사, 2013.
김동진 저, 조항범 편석, 선인들이 전해 준 어원이야기[M], 서울: 태학사, 2001.
김무현, 유가의 교학사상에 관한 연구-효를 중심으로[D], 성신여자대학교 박사학위논
　　문, 2006.
김상근, 한국의 한자수용 역사와 방법[J], 중국어문학, 1990(1): 281-311.
김수남, 몸과 언어의 만남--독일어 신체관련 관용어를 중심으로[A], 성광수.조광제.류
　　분순, 몸과 몸짓 문화의 리얼리티[C], 서울: 소명출판, 2003: 166-216.
김숙현 외, 한국인과 문화간 커뮤니케이션[M], 서울: 커뮤니케이션북스, 2001/2007.
김용경, 토박이말 가게 이름에 나타난 특징 연구[J], 겨레어문학, 2005(34): 27-58.
김윤경, 조선 문자 급 어학사[M], 서울: 동국문화사, 1982.
남기심, 문화유산으로서의 국어[J], 새국어생활, 2001(11): 5-10.
铃木孝雄, 언어로 살펴본 일본 문화[M], 서울: 소화, 2005.
민현식, 국어 문화에 나타난 종교문화의 요소[J], 한국언어문화학, 2004(2): 89-118.
민현식, 국어의 여성어 연구[J], 아시아여성연구, 1995(34): 7-64.
민현식, 한국어의 변화에 대한 사회문화적인 접근[J], 한국언어문화학, 2015(2): 97-

124.

박갑수, 언어 · 문학 · 문화, 그리고 교육 이야기[M], 서울: 역락, 2015.

박갑수, 우리말 우리 문화(하)[M], 서울: 역락, 2014a.

박갑수, 한국어교육과 언어문호 교육[M], 서울: 역락, 2013.

박갑수, 한국인과 한국어의 발상과 표현[M], 서울: 역락, 2014b.

박갑천, 재미있는 어원 이야기[M], 서울: 을유문화사, 1995.

박기환, 성격속의 우리말 어원을 찾아서[M], 서울: 해피&북스, 2009.

박태순, 장인[M], 서울: 현암사, 2009/2010.

서정범, 어원별곡[M], 서울: 범조사, 1986.

서정범, 어원으로 푼 우리 문화[M], 서울: 유씨엘, 2005.

신봉승, TV 드라마 시나리오 창작의 길라잡이[M], 서울: 선, 2001.

심영택, 국어과 교육과 언어 정책[J], 한국초등국어교육, 1997(13): 29-53.

심지은, 곤차로프의 눈으로 본 1854년의 조선[A], 김태준 외, 문학지리·한국인의 심상
　　　공간[C], 서울: 논형, 2005: 394-409.

왕한석, 한국어와 한국사회[M], 파주: (주)교문사, 2008.

이규태, 한국인의 밥상문화(2)[M], 서울: 신원문화사, 2000.

이규태, 한국인의 버릇[M], 서울: 신원문화사, 1991.

이규태, 한국인의 의식구조(3)[M], 서울: 신원문화사, 1983/2011.

이규태, 한국인의 의식구조(4)[M], 서울: 신원문화사, 1983/2011.

이규태, 한국인의 힘(2)[M], 서울: 신원문화사, 2009.

이규호, 우리의 말과 우리 삶[J], 창작과 비평, 1968(4): 692-696.

이기문, 국어 어휘사 연구[M], 서울: 동아출판사, 1991.

이남덕, 한국어 어원연구(Ⅰ,Ⅱ,Ⅲ,Ⅳ)[M], 서울: 이화여자대학교출판부, 1985-1986.

이석규, 언어의 예술[M], 서울: 글누림, 2007.

이어령, 뜻으로 읽는 한국어사전[M], 서울: 문학사상, 2002/2011.

이어령, 흙 속에 저 바람 속에[M], 서울: 문학사상, 2002/2018.

이용주, 국어교육의 반성과 개혁[M], 서울: 서울대학교 출판부, 1995.

이주영, 미국사[M], 서울: 대한교과서, 1995.

이훈종, 민족생활어사전[Z], 서울: 한길사, 1992.

임지룡, 오행설과 관습적 언어 표현에서 감정과 신체 기관의 상관성[J], 언어과학연구,
　　　2005(35): 191-214.

장소원·남윤진·이홍식·이은경, 말의 세상, 세상의 말[M], 서울: 도서출판 월인,

2002/2003.

정 민·강민경·박동욱·박수밀, 살아있는 한자 교과서1[M], 서울: 휴머니스트, 2011.

정재호, 언어와 민족문화[A], 고려대학교 대학국어 편찬실, 언어와 사상[C], 서울: 고려
대학교 출판부, 1995: 99-110.

조지훈, 한국학연구[M], 서울: 나남출판, 1996.

조항범, 국어 어원론(개정판)[M], 청주: 충북대학교 출판부, 2014.

조항범, 정말 궁금한 우리 이야기 100가지(1)[M], 서울: 예담, 2004.

조현용, 우리말로 깨닫다[M], 서울: 도서출판 하우, 2009.

조현용, 한국어, 문화를 말하다--한국어 문화 언어학 강의[M], 서울: 도서출판 하우,
2017.

주강현, 우리 문화의 수수께끼[M], 서울: 한겨레신문사, 1996.

천소영, 우리말의 속살-우리가 꼭 알아야 할 재미있는 어원 이야기[M], 서울: 창해,
2000.

천소영, 한국어와 한국문화[M], 서울: 도서출판 우리책, 2005.

최창렬, 어원산책[M], 서울: 한국학술정보(주), 2006.

최창렬, 어원의 오솔길[M], 서울: 한국학술정보(주), 2002/2003.

최창렬, 우리 속담 연구[M], 서울: 일지사, 1999.

타임-라이프 북스 편집부, 미국[M], 서울: 한국일보 타임-라이프, 1988.

홍민표, 언어행동문화의 한일비교[M], 서울: 한국문화사, 2010.

홍윤표, '아낙네'의 어원[J], 새국어소식, 2003(65).

黒田胜弘, 좋은 한국인 나쁜 한국인[M], 서울: 고려원, 1994.

英文文献

D.Alan Cruse & William Croft, Cognitive Linguistics[M], London: The
University of Cambridge Press, 2004.(인지언어학, 김두식·나익주 역, 서울:
박이정, 2010.)

David Brooks, 보보스는 파라타이스에 산다(On Paradise Drive)[M], 김소희 역, 서
울:리더스북, 2004/2008.

De Mooij, M., Translating Advertising:Painting the Tip of an Iceberg[J], in The

Translator, 2004(10-2):179-198.

Dirk Ceeraerts, Theories of Lexical Semantics[M], Oxford: Oxford University Press, xix+341, 2010.(어휘의미론의 연구 방법, 역사의미론에서 인지의미론까지, 임지룡·김동환 역, 경북대학교출판부, 2013.)

Guiraud, P., Semiology[M], London:R.K.P., 1975.

Fiske, S. & S. Taylor., Social Cognition(2nd edition)[M], New York:McGraw-Hill, 1991.

Hamilton, D.L., and Sherman, J.W., Stereotypes[A], In J.R.S.Wyer and T.K.Srull(Eds.), Handbook of Social Cognition(2nd ed., pp1-68)[C], Hillsdale, NJ:Erlbaum, 1994.

Heine, B., Cognitive Foundations of Grammar[M], Oxford: Oxford University Press, 1997.

Jean Aitchison, Words in the mind[M], Oxford: Blackwell.2003.(언어와 마음, 홍우평 역, 서울:역락, 2004.)

Nakamura, Hajime, Ways of Thingking of Eastern People[M], Hono-lulu:East-West Center Press. 1978.

Sapir, E., Time Perspective in Aboriginal American Culture, A Study in Method[M], Memoir 90, N0. 13, Anthropological Series, Canada Department of Mines, Ottawa:Government Printing Bureau, 1916.

Sinclair, J., Corpus, Concordance, Collocation[M], Oxford: Oxford University Press.1991

Tomasello, M., Constructing a Language:A Usage Based Theory of Language Acquisition[M], Boston: Harvard University Press, 2003.

Ullmann.S., Semantics:An Introduction to the science of meaning[M], Oxford:Basil Blackwell, 1962.(의미론:의미과학입문, 남성우역, 탑출판사, 1988/1992)

Walter J. Ong, The Expanding Humanities and the Individual Scholar[J], PMLA, 1967(82-4):1-7.

Weisgerber, L., Vom Weltbild der deutschen Sprache[J], Düsseldorf, 1953(1).

王芳(왕방)

　　1975年生，女，山东泰安人，文学博士，现为山东师范大学副教授，硕士生导师。主要研究方向为语义学、中韩语言对比。

　　近年来，在《外语教学与研究》《解放军外国语学院学报》《东疆学刊》以及韩国核心期刊上发表论文多篇。在商务印书馆出版《韩国语汉字词与汉语词对比研究》(专著)、《韩国语汉字词学习词典》(编著)，在中国海洋大学出版社出版《韩国语前缀语义系统研究》(专著)。先后独立主持两项国家社科基金后期资助项目，分别是《韩国语汉字词与汉语词的对比研究》(2015-2018)、《认知语言学视域下的韩国语研究》(2020，在研)，主持并完成"海外韩国学"项目"以中国人为对象的韩国语汉字词学习词典的编撰及相关课程的开设"(2012-2015)。

王波(왕파)

　　1975年生，男，山东诸城人，特殊教育学博士，现为潍坊学院特教幼教师范学院教授，主要研究方向为特殊教师教育、特殊教育。

　　近些年来，在《光明日报(理论版)》《中国特殊教育》等发表专业论文30余篇，主持2017年度国家社科基金后期资助项目《特殊教育教师评价》一项、2017年度中国残联盲文项目一项，参与课题项目10余项。

语言与文化

초판 인쇄 2022년 9월　6일
초판 발행 2022년 9월 20일

지 은 이　왕방(王芳) 왕파(王波)
펴 낸 이　이대현

책임편집　이태곤
편　　집　권분옥 임애정 강윤경
디 자 인　안혜진 최선주 이경진
기획/마케팅　박태훈 안현진

펴 낸 곳　도서출판 역락
주　　소　서울시 서초구 동광로46길 6-6 문창빌딩 2층(우06589)
전　　화　02-3409-2055(대표), 2058(영업), 2060(편집) FAX 02-3409-2059
이 메 일　youkrack@hanmail.net
홈페이지　www.youkrackbooks.com
등　　록　1999년 4월 19일 제303-2002-000014호
字　　數　361,225字

ISBN 979-11-6742-326-9　93710